汽车维修技能与技巧点拨丛书

汽车电工
维修技能与技巧点拨

刘春晖 王淑芳 主编

机械工业出版社

本书结合一线汽车电工维修工作实践，以汽车电工维修实践操作及检测维修技能为核心，以解决实际问题为主线，详细解答了汽车电工维修工作中经常遇到的技能操作与检测维修方面的问题，重点介绍了常见的汽车电工维修中的新技术、新的诊断设备、新的诊断方法以及新的维修理念。全书内容包括汽车电气系统实用维修技能与技巧、蓄电池实用维修技能与技巧、汽车充电系统实用维修技能与技巧、汽车起动系统实用维修技能与技巧、汽车照明信号系统实用维修技能与技巧、汽车仪表报警系统实用维修技能与技巧、刮水系统实用维修技能与技巧。书中内容涉及面广，基本涵盖了汽车电工维修工作的方方面面。

本书简明实用、通俗易懂、易学易懂，内容均为汽车电工维修所必须掌握的维修技能和故障检测、诊断的基本技巧。

本书主要供汽车机电维修人员、汽车维修电工、汽车维修一线管理人员使用，也可供职业院校、技工学校的汽车运用与维修、汽车检测与维修技术、汽车电子技术、汽车维修专业的师生学习和参考。

图书在版编目(CIP)数据

汽车电工维修技能与技巧点拨/刘春晖，王淑芳主编. —北京：机械工业出版社，2020.7

(汽车维修技能与技巧点拨丛书)

ISBN 978-7-111-65019-5

Ⅰ.①汽… Ⅱ.①刘… ②王… Ⅲ.①汽车-电气设备-维修 Ⅳ.①U472.41

中国版本图书馆 CIP 数据核字(2020)第 039871 号

机械工业出版社（北京市百万庄大街22号　邮政编码100037）
策划编辑：连景岩　责任编辑：连景岩　徐　霆
责任校对：刘雅娜　封面设计：马精明
责任印制：常天培
北京虎彩文化传播有限公司印刷
2020年7月第1版第1次印刷
184mm×260mm · 18.5印张 · 459千字
0001—1900册
标准书号：ISBN 978-7-111-65019-5
定价：59.90元

电话服务　　　　　　　　网络服务
客服电话：010-88361066　机 工 官 网：www.cmpbook.com
　　　　　010-88379833　机 工 官 博：weibo.com/cmp1952
　　　　　010-68326294　金 书 网：www.golden-book.com
封底无防伪标均为盗版　机工教育服务网：www.cmpedu.com

前 言

随着电子技术的快速发展,汽车电气设备在汽车上的应用越来越广泛,数量越来越多,同时电气设备的结构变得越来越复杂,新的技术不断被应用到汽车电气系统中,因此其故障变得更加隐蔽难排。

广大维修人员在实际维修过程中渴望掌握一些相关的维修技能与技巧,以便能更加快捷地诊断故障,达到修复的目的。本书作者正是基于这样的目的,结合多年的一线汽车电工维修工作经验和多年的汽车电气设备课程教学经验,将汽车电工维修中的常用技能展示出来,密切结合实际,以便使一线的汽车电工维修人员能够快速入门。本书内容全部来自一线的汽车电工维修实践操作及检测维修技能,有很强的指导意义,适合作为汽车机电维修人员日常工作和初学入门的学习资料。

本书以汽车电工维修技能与技巧知识为重点,联系实际操作过程中经常遇到的一些重点、难点问题,重点强化维修人员的实践操作及检测维修技能,同时采用较多篇幅介绍目前新型车辆所采用的新技术、新的诊断设备、新的诊断方法以及新的维修理念,力求做到理论与实践相结合。本书从汽车使用与维修的角度出发,介绍了汽车电气系统的结构、使用、检测、维修方面的内容,重在强化维修人员的维修思路和维修操作技能,力求使维修人员在学习维修的过程中达到举一反三的效果。

全书内容包括汽车电气系统实用维修技能与技巧、蓄电池实用维修技能与技巧、汽车充电系统实用维修技能与技巧、汽车起动系统实用维修技能与技巧、汽车照明信号系统实用维修技能与技巧、汽车仪表报警系统实用维修技能与技巧、刮水系统实用维修技能与技巧共7个方面。

本书由刘春晖、王淑芳主编,参加编写工作的还有王桂波、尹文荣、高举成、方玉娟、孙长勇、李娜、张洪梅、刘玉振、吴云。

本书在编写过程中参考了大量的汽车维修资料,在此向这些维修资料的作者及编者深表感谢!由于各种原因不能将其一一注明,在此表示深深的歉意。由于编者水平所限,书中难免有错误和不当之处,恳请广大读者批评指正。

编 者

目 录

前言
第一章　汽车电气系统实用维修技能与技巧 1
　第一节　汽车电路的搭铁及维护 1
　　一、汽车电路搭铁的作用及分类 1
　　二、汽车电路搭铁的形式及正确选择 2
　　三、汽车电路中搭铁点布置原则 4
　　四、蓄电池搭铁线的正确维护 4
　　五、汽车搭铁线的故障诊断 5
　　六、线路间不正常的搭铁故障诊断 7
　　七、电路搭铁不良故障的主要特征 10
　　八、电路搭铁不良的预防措施 11
　　九、汽车电路搭铁不良的危害及故障排查 12
　　十、2013款凯越按喇叭不响，开前照灯时刮水器工作 13
　　十一、迈腾空调系统间歇性不制冷 14
　第二节　汽车电气系统暗电流的检测 15
　　一、汽车电气系统的暗电流是怎么回事 15
　　二、汽车电气系统暗电流检测方法 16
　　三、汽车电气系统产生暗电流的预防措施 17
　　四、怎样防范汽车电路的"虚电" 18
　　五、车辆漏电故障的检修方法 18
　　六、宝马车更换蓄电池后经常亏电 20
　　七、宝马760Li漏电故障的检修 22
　　八、2017款斯柯达野帝漏电 25
　　九、路虎神行者2不能起动 28
　　十、进口大众夏朗漏电故障 29

第三节 "逐点电压法"检测电路 31
  一、什么是"逐点电压法" 31
  二、通过"逐点电压法"检测汽车电路的方法 32
  三、使用"逐点电压法"检测北斗星车型空调不工作故障 32
  四、使用"逐点电压法"检测别克陆尊车型中控门锁故障 33
  五、使用"逐点电压法"检修捷达数据流中冷却液温度显示异常故障 34
第四节 汽车电路电压降的检测 36
  一、电压降对汽车电器工作性能的影响 36
  二、电压降的线路检测 37
  三、减少线路电压降的措施 39
  四、诊断排除汽车线路电压降故障实例 40

第二章 蓄电池实用维修技能与技巧 42

第一节 蓄电池的使用与维护 42
  一、蓄电池的正确拆装 42
  二、蓄电池极柱极性的正确识别 43
  三、防止行车过程中蓄电池的爆炸 45
  四、通过简单方法判断蓄电池容量是否充足 46
  五、新型蓄电池维护和检修 46
  六、蓄电池亏电对汽车性能的影响 48
  七、应对蓄电池亏电的技术措施 49
第二节 蓄电池监控装置的认识和检测 51
  一、奥迪车型蓄电池监控装置控制单元故障检测诊断 51
  二、正确认识蓄电池电流传感器 53
  三、蓄电池充电控制策略变化特点 55
  四、蓄电池传感器的作用 56
  五、汽车漏电的检测方法 57
第三节 蓄电池故障实用维修技能与技巧 59
  一、别克君越轿车漏电致车门无法打开 59
  二、凯迪拉克XTS轿车车身漏电 60
  三、奔驰C200轿车辅助蓄电池报警 63
  四、路虎发现4车型起停系统功能失效 65
  五、2007款大众速腾发动机无法正常关闭 67

六、中华骏捷轿车寄生电流过大 ································ 69
七、宝马 X4 蓄电池漏电 ································ 70
八、宝马 X3 型蓄电池严重亏电 ································ 72
九、雷克萨斯 ES240 无法起动 ································ 74
十、别克君威发动机无法起动 ································ 74

第三章　汽车充电系统实用维修技能与技巧 ································ 77

第一节　充电系统的检查与维护 ································ 77
一、交流发电机的接线柱名称识别和作用 ································ 77
二、汽车充电系统检查与诊断 ································ 79
三、充电系统工作异常的故障诊断 ································ 80

第二节　不同阶段汽车充电系统的特点 ································ 83
一、第一阶段汽车充电系统的特点 ································ 83
二、第二阶段汽车充电系统的特点 ································ 83
三、第三阶段汽车充电系统的特点 ································ 85

第三节　丰田车系充电系统电路分析 ································ 87
一、丰田轿车充电系统诊断与检测 ································ 87
二、丰田卡罗拉新型交流发电机电子调节器 ································ 89
三、丰田卡罗拉新型交流发电机电子调节器 LIN 工作模式 ································ 90
四、丰田新型交流发电机电子调节器辅助功能 ································ 92

第四节　通用车系充电系统电路分析 ································ 93
一、别克轿车充电系统电路分析 ································ 93
二、别克 GL8 充电系统电路分析 ································ 97
三、2003 款别克君威充电系统电路分析 ································ 98
四、2009 款别克君威充电系统电路分析 ································ 100
五、2007 款别克君越充电系统电路分析 ································ 101
六、通用车系充电控制系统类型 ································ 101
七、通用车系充电控制系统运行模式 ································ 103
八、通用车系充电控制系统组成和诊断思路 ································ 105

第五节　典型充电系统实用维修技能与技巧 ································ 106
一、东风雪铁龙 C5 充电系统电路分析 ································ 106
二、本田雅阁轿车充电系统电路分析 ································ 110
三、丰田凯美瑞发电机调节器损坏导致多个故障灯点亮 ································ 112

四、雷克萨斯 ES350 充电指示灯异常点亮 ………………………………………… 114
　　五、上汽通用别克 GL8 行驶过程中显示维修充电系统 …………………………… 116
　　六、通用汽车第三代电压调节控制系统的运行模式 ……………………………… 117
　　七、朗逸轿车充电指示灯长亮 ……………………………………………………… 120
　　八、2013 款雷诺塔利斯曼行驶过程中充电指示灯亮起 …………………………… 122

第四章　汽车起动系统实用维修技能与技巧 …………………………………… 124

第一节　奥迪/大众车系 ……………………………………………………………… 124
　　一、奥迪 A4L 起动机偶发不工作 …………………………………………………… 124
　　二、帕萨特轿车起动机无反应 ……………………………………………………… 125
　　三、帕萨特 330TSI 自动起停功能失效 …………………………………………… 128
　　四、斯柯达昊锐发动机有时无法起动 ……………………………………………… 130

第二节　英菲尼迪车系 ……………………………………………………………… 132
　　一、英菲尼迪 QX60 车型发动机偶尔无法起动 …………………………………… 132
　　二、英菲尼迪 ESQ 车型发动机偶尔无法起动 ……………………………………… 134

第三节　宝马/奔驰车系 ……………………………………………………………… 136
　　一、宝马 730Li 起动时仪表黑屏 …………………………………………………… 136
　　二、奔驰 E200 轿车无钥匙起动系统故障 ………………………………………… 139

第四节　其他车系 …………………………………………………………………… 140
　　一、保时捷帕拉梅拉自动起停功能异常 …………………………………………… 140
　　二、江铃顺达发动机难起动 ………………………………………………………… 141
　　三、雪佛兰科鲁兹起动机不运转 …………………………………………………… 143
　　四、雷克萨斯 NX200t 起动机无法工作 …………………………………………… 144

第五章　汽车照明信号系统实用维修技能与技巧 ……………………………… 148

第一节　奔驰/宝马车系 ……………………………………………………………… 148
　　一、奔驰 GLC260 左外后视镜的防眩光功能失灵 ………………………………… 148
　　二、奔驰 GLC300 左前照灯一直点亮 ……………………………………………… 150
　　三、宝马 525Li 开前雾灯时右前照灯闪烁 ………………………………………… 151
　　四、宝马 GT 535i 右后雾灯不工作 ………………………………………………… 153

第二节　奥迪/大众车系 ……………………………………………………………… 155
　　一、奥迪 A6 右前照灯不亮 ………………………………………………………… 155
　　二、奥迪 A6L 仪表显示停车并检查制动液液位 ………………………………… 156
　　三、大众速腾信号喇叭不响 ………………………………………………………… 158

四、桑塔纳轿车起动后喇叭按不响 ………………………………………… 159
五、高尔夫 6 代车型左转向灯长亮 ………………………………………… 163
六、宝来轿车前部车内照明灯闪烁 ………………………………………… 164

第三节 通用车系 …………………………………………………………… 166
一、2016 款凯迪拉克 XTS 后遮阳帘不工作 ……………………………… 166
二、2017 款昂科威新车前照灯不能关闭、故障灯全亮 ………………… 169
三、君威轿车前照灯异常 …………………………………………………… 172
四、凯迪拉克 ATS-L 右前照灯规律性不点亮 …………………………… 175
五、雪佛兰赛欧示廓灯不亮 ………………………………………………… 176

第四节 斯巴鲁车系 ………………………………………………………… 177
一、斯巴鲁森林人后雾灯故障 ……………………………………………… 177
二、斯巴鲁傲虎远光灯长亮 ………………………………………………… 179

第五节 丰田车系 …………………………………………………………… 180
一、丰田卡罗拉 1.2T 车型车内照明灯不亮 ……………………………… 180
二、2015 款丰田皇冠 2.0T 车型前照灯故障 ……………………………… 182
三、丰田凯美瑞轿车前照灯异常自动点亮 ………………………………… 183
四、雷克萨斯 GX460 发动机熄火后灯光长亮 …………………………… 185
五、雷克萨斯 RX270 熄火后风扇长转且日行灯异常点亮 ……………… 188

第六节 其他车系 …………………………………………………………… 192
一、路虎揽胜喇叭一直响 …………………………………………………… 192
二、路虎揽胜仪表提示机油油位监测系统故障 …………………………… 195
三、捷豹 XF 旅行版前照灯清洗功能异常 ………………………………… 196
四、玛莎拉蒂总裁行李舱打不开 …………………………………………… 197
五、福特蒙迪欧仪表显示发动机冷却液温度高 …………………………… 198
六、奔腾 B30 无法熄火，日间行车灯长亮 ……………………………… 200
七、北京现代伊兰特轿车前照灯故障分析及电路详解 …………………… 202
八、瑞风商务车前部示廓灯及后部尾灯均不亮 …………………………… 204
九、长安悦翔 V5 轿车近光灯不亮 ………………………………………… 206

第六章 汽车仪表报警系统实用维修技能与技巧 ………………………… 208
第一节 奔驰车系 …………………………………………………………… 208
一、奔驰 E300 轿车仪表信息中心报警 …………………………………… 208
二、奔驰 GLE320 仪表报警，无法正常行驶 ……………………………… 209

三、奔驰 E 级轿车转向灯报警 · 212
　　四、2017 款奔驰 E300 左侧日间行车灯报警 · 215
　　五、奔驰 R320 车燃油警告灯异常点亮 · 217
　　六、奔驰 E300 燃油表不显示 · 219
　　七、奔驰 E200 前照灯故障 · 221
　　八、奔驰 S320 COMAND 显示屏无法开启 · 221
第二节　宝马车系 · 223
　　一、宝马 X1 灯光报警故障 · 223
　　二、宝马 120i 右前近光灯报警 · 224
第三节　奥迪/大众车系 · 225
　　一、奥迪 A6L MMI 系统操作单元失效 · 225
　　二、奥迪 A6L 行驶中仪表突然黑屏 · 226
　　三、2010 款高尔夫灯光故障警告灯亮 · 230
第四节　其他车系 · 232
　　一、丰田凯美瑞无法遥控打开车门 · 232
　　二、丰田凯美瑞显示屏显示"未检测到钥匙" · 234
　　三、名爵 MG3 变速器故障灯点亮 · 235
　　四、路虎揽胜喇叭不响 · 237
　　五、2013 款凯越开前照灯刮水器自动刮起 · 238
　　六、本田雅阁自动驻车功能偶尔失效 · 240
　　七、保时捷卡宴起动后仪表显示 PSM 故障 · 241
　　八、福特蒙迪欧仪表黑屏 · 242

第七章　刮水系统实用维修技能与技巧 · 245
第一节　刮水系统电路分析 · 245
　　一、查找汽车刮水/洗涤电路故障 · 245
　　二、分析不同刮水器控制系统电路 · 247
　　三、2003 款别克君威刮水器和洗涤器控制电路分析 · 251
　　四、2009 款别克君威刮水器和洗涤器控制电路分析 · 254
　　五、别克凯越无雨量传感器的风窗刮水系统及洗涤系统检修 · 255
　　六、别克凯越有雨量传感器的风窗刮水系统及洗涤系统检修 · 259
　　七、日产天籁轿车电动刮水器系统电路分析 · 261
　　八、速腾刮水控制系统的故障诊断 · 265

第二节　东风雪铁龙车系 ·· 268
一、东风雪铁龙 C5 前风窗刮水器清洗系统的作用 ························· 268
二、东风雪铁龙 C5 前风窗刮水器清洗系统电路分析 ······················· 271
三、东风雪铁龙 C5 前风窗刮水器清洗系统典型故障诊断 ··················· 275
第三节　典型刮水系统实用维修技能与技巧 ······························ 276
一、宝马 X1 后窗刮水器工作异常 ·· 276
二、2013 款奔驰 GLK300 后刮水器持续工作 ······························ 276
三、沃尔沃 XC90 刮水器自动工作 ·· 280
四、名爵 5 轿车后刮水器电动机不工作 ··································· 282
五、雷克萨斯 ES240 刮水器间歇性不工作 ································ 283

参考文献 ··· 286

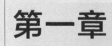

汽车电气系统实用维修技能与技巧

第一节　汽车电路的搭铁及维护

一、汽车电路搭铁的作用及分类

1. 电路搭铁

汽车上的电气系统绝大多数采用单线制，利用不长的搭铁线与汽车车架连接，作为系统的回路线，因此搭铁及搭铁线是汽车电气系统的重要组成部分。例如蓄电池的两极分别引出正极线和负极线，正极线接在起动机的电磁开关上，作为电源的火线；负极线连接于车架，作为蓄电池的搭铁线。

为了减小振动，汽车各总成在车架上安装时，通常采用各类垫块或垫片。因为橡胶垫导电不良，所以汽车安装有多条搭铁线。这就是说，在整个汽车电气系统中，只有车身才是真正的搭铁端，发动机、变速器等都要通过搭铁线与车身连接起来，才能形成有效的回路。如果不注意搭铁线的检查和清洁，很容易引起电路搭铁不良。

2. 电路搭铁的作用

电路搭铁和采用单线制有以下作用：

1）能够节省材料（铜线、塑料等），简化电路，同时有利于安装和检修。

2）为用电设备和传感器信号的发送提供一条简洁的回路，并且形成与电压测量有关的参考点。

3）良好的搭铁是抑制汽车电磁干扰的主要措施之一。

3. 电路搭铁不良的实质

电路搭铁不良的实质，是相当于在电路中串联了一个电阻，产生了或大或小的电压降，造成用电器的输入电压降低，严重时形成断路，从而引发意想不到的故障。许多看起来似乎毫无关联的故障现象，其实就是由于搭铁不良引起的。例如传感器的信号输出值高于正常范围或者一直不变，起动机、前照灯、风扇电动机等大功率负载的性能不良，都可能是电路搭铁不良的征兆。另外，汽车上的电子控制系统传递的是数字信号或高精度的模拟信号，电路搭铁不良可能使信号失真，因此这类故障具有很大的隐蔽性。

4. 电路搭铁的类型

电路搭铁有以下类型：

1）电源搭铁：指各用电器或负载工作时完成电流回路的搭铁，根据负载类型可分为感性负载搭铁、阻性负载搭铁。

2）保护搭铁：指用以实现精密用电器过电压保护的搭铁以及静电保护的搭铁。

3）信号搭铁：指各种电子电路的一个基准电位点，其作用是保证电路有一个统一的基准电位，不至于浮动而引起信号误差，有时也可以称作基准搭铁。根据信号的类型可分为模拟信号搭铁、数字信号搭铁。

4）屏蔽搭铁：指为防止电磁感应而对视、音频线进行屏蔽的金属外皮，电子设备的金属外壳或屏蔽罩，它是一种防护性措施。在所有搭铁中，屏蔽搭铁最复杂，因为屏蔽本身既可防外界干扰，又可能通过它对外界构成干扰。

在汽车搭铁设计中，一般又把搭铁广义地分为干净搭铁和干扰搭铁。干净搭铁一般指信号搭铁，以及对干扰敏感、容易受外界干扰的搭铁；干扰搭铁一般指电动机类、电感类、周期变化、大电流的搭铁。通常在进行搭铁设计时要保证把干净搭铁与干扰搭铁分开。

> **技巧点拨**：搭铁线在汽车电路中起着重要的作用。总体来说，一是要形成良好的电气回路，二是要保证信号传递的完整性。根据其功能和用途不同一般分为电源搭铁、保护搭铁、信号搭铁和屏蔽搭铁。

二、汽车电路搭铁的形式及正确选择

1. 搭铁形式

汽车电气系统的搭铁形式可分为以下三种：

1）单点串联搭铁：指多个用电器的搭铁端像鱼骨一样依次接入同一个搭铁回路并最终集成一点搭铁。此形式易使各搭铁点电位产生偏差，并容易产生共阻抗耦合；因为其电阻非常小且布线容易，所以在简单的搭铁系统中应用较多，如图1-1所示。

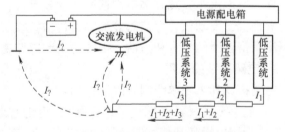

图1-1 单点串联搭铁示意图

2）单点并联搭铁：指多个用电器的搭铁端同时汇集到一个搭铁点组成一个搭铁回路。此形式中各电路的搭铁电位只与本电路的搭铁电流和搭铁线阻抗有关，各点间的电位差较平衡，可获得较好的低频搭铁，但这种连接方式需要很多根搭铁线，布线较繁杂，如图1-2所示。

3）多点搭铁：指各用电器各自单独形成搭铁回路并单独与搭铁相连，这样就会存在多个搭铁点。此形式主要是让线束长度尽量短，以使引线电感最小化，减少射频电流返回路径的阻抗，如图1-3所示。

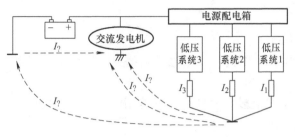

图1-2 单点并联搭铁示意图

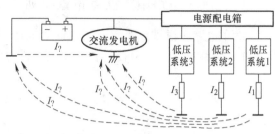

图1-3 多点搭铁示意图

2. 搭铁形式的选择

信号频率低于1MHz的用电器的搭铁，优先选单点搭铁；信号频率大于10MHz时，搭铁线阻抗变得很大，此时应尽量降低搭铁线阻抗，应就近多点搭铁；信号频率介于1~10MHz，只有最长搭铁引线小于波长的1/20时才可采用单点搭铁，其余均需多点搭铁。

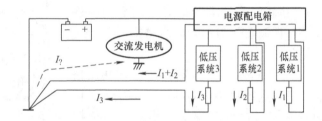

图1-4 混合搭铁示意图

汽车电气系统中，除了遥控器、收音机、TV等部件的晶振等存在高频信号，其余都是低频信号，因此在汽车搭铁设计中主要采用单点搭铁。而根据用电器种类、负载特性、线束的布置需求又将单点串联和单点并联组合起来使用，如图1-4所示。

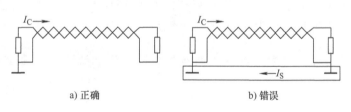

a) 正确　　　　　b) 错误

图1-5 双绞线搭铁示意图

毕竟车体并非理想的搭铁，因此设计一些敏感电路、敏感信号或有特殊要求的搭铁时常常把搭铁线直接接到蓄电池负极以保证搭铁线的可靠稳定。

此外，双绞线、屏蔽线搭铁如处理不当会造成EMC相关问题。在实际接线过程中一般双绞线不进行二次搭铁，如图1-5、图1-6所示，屏蔽线一般要采用面搭铁而非点搭铁。

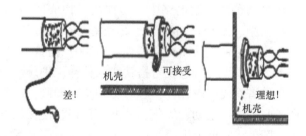

图1-6 屏蔽线搭铁示意图

技巧点拨：汽车电器的搭铁可以分为多种形式，可以根据不同的需要在汽车电路中选择不同的搭铁形式。

三、汽车电路中搭铁点布置原则

汽车电路中搭铁点布置原则的简要描述如下：

1）无线电、弱信号传感器、精密器件等为避免干扰，应单独就近搭铁，以保证信号的真实传递。

2）发动机 ECU、ABS 装置等对整车性能及安全影响大且易受其他用电设备干扰的电子控制信号，必须单独搭铁。

3）对于安全气囊系统，搭铁不仅单设，为确保其安全可靠，最好采用复式搭铁。

4）蓄电池负极、发电机、变速器的电线截面较大，因此一定要控制好线长及走向，减小电压降。为增加安全性，一般发电机、起动机要单独连到蓄电池负极搭铁。

5）搭铁线连接端子最好采用表面镀层的铜件，裸铜端子与铝壳体直接搭接易产生氧化层。

6）根据具体情况布置相互组合共用搭铁点，搭铁点数量不宜过少，一般为 6~10 个。要就近搭铁便于安装、维护；避免搭铁线过长，造成不必要的电压降；信号搭铁和功率搭铁必须分开对待。某车搭铁布置见图 1-7（图中 GP 表示搭铁点）。

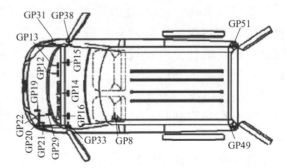

图 1-7　某车的搭铁布置

> **技巧点拨**：搭铁点的布置在汽车线束设计中尤为重要，否则会影响电器正常工作，导致车辆故障。

四、蓄电池搭铁线的正确维护

在机动车单线制电路中，搭铁线是构成回路不可缺少的组成部分，它将蓄电池的一个电极与车架、发动机与车架、驾驶室与车架等连接起来，使全车各用电设备与电源相连，图 1-8 所示为别克轿车车身搭铁点 G200。搭铁线的连接质量直接影响着全车用电设备的使用效果，不少人常常忽视对搭铁线的检查维护。

由于搭铁线裸露在外，容易受到车辆颠簸、泥水侵蚀及外溢的电解液腐蚀的影响，造成搭铁线两端连接松动、氧化、锈蚀、污损，使接触电阻增大，导电不良，影响电气设备正常工作，图 1-9 所示为生锈的搭铁线。例如，驾驶室与车架之间搭铁不良，会使各类照明灯、信号灯、仪表灯亮度不足，刮水器转速降低或转不动；发动机与车架之间搭铁不良，则在起动时，起动机中的起动电流有可能通过调节器与发电机之间的搭铁线构成回路，将该搭铁线烧毁；蓄电池与车架搭铁不良，则导致起动机工作无力或不能工作，同时全车各电气设备因工作电压下降，导致工作失常或引发其他故障。

因此，在使用保养中应经常检查搭铁线有无松动，接头和搭铁处有无锈蚀、污物，并及时清除。对于搭铁线接头处的白色、黄色或绿色的糊状物（主要是硫酸铝、硫酸铁、硫酸

图 1-8　别克轿车车身搭铁点 G200　　　　　图 1-9　生锈的搭铁线

铜等物），可先用开水冲洗，擦干后用细砂纸打磨，并重新接好、拧紧，最后在接头处涂一层凡士林或润滑脂进行保护；接头腐蚀严重、搭铁线长度不够时，应及时予以更换。

> **技巧点拨：** 汽车搭铁线维护的原则是检查、清理、打磨、防锈、紧固、更换。

五、汽车搭铁线的故障诊断

导线将蓄电池、熔断器、开关、用电设备、汽车金属壳体等部件连接成闭合回路，使得用电设备能够正常工作。但由于各种原因导致的不正常搭铁，要么用电设备不能构成闭合回路，要么引发火灾，危害极大。

由于汽车上有大量的金属壳体，理论上不需要专用搭铁线，采用单火线就能形成工作回路。但是，为了使重要系统工作更加可靠，在汽车电子控制单元（ECU）等装置上均设置了专用搭铁线。

搭铁有正常搭铁和非正常搭铁两种，在日常维修工作中，查找搭铁不良故障一般都要耗费大量时间。

1. 搭铁线的分类

（1）主搭铁线

从理论上讲，汽车金属外壳是汽车电路总的负极线，即由蓄电池正极、熔断器、开关、工作装置、汽车金属外壳、蓄电池负极构成闭合回路，因而无须设置专用的负极搭铁线，即汽车上采用负极搭铁的单火线制。

但是，对于电子线路来说，很多是数字信号电路及高精度的模拟信号电路，如果搭铁线有接触不良的现象，就相当于在电路中串联了一个接触电阻，从而可能使高精度的信号值失真。因此，只有非常良好的搭铁线才能达到使用要求。在很多含有电子设备的线路中，人们有意识地加装了少量非常好的搭铁线（即主搭铁线），并且在搭铁线的两端还使用了特殊形状的搭铁线连接端子、垫片和紧固螺钉，对部件的线路也给予特殊的考虑。

汽车上的主搭铁线是构成电路回路的一部分，而且绝大部分电器元件就靠仅有的一两根主搭铁线来传递电流（图 1-10）。如果主搭铁线出现故障，将影响很多线路，而不只是一条线路工作不正常。因此，维修人员在进行故障诊断时必须考虑主搭铁线故障，以免瞎猜乱测，或者无谓地更换一些价格昂贵的电器元件。

（2）备用搭铁线

备用搭铁线是指在已有主搭铁线的电路中设置的第二甚至第三条搭铁线。备用搭铁线是基于安全性能方面的考虑而设置的，最简单的例子是 ECU 控制电路（图 1-11）。其附加搭铁线不仅是备用搭铁线，而且还可以改善某些具有复杂电子电路部件的搭铁状况。也就是说，如果没有这条看似多余的备用搭铁线，系统虽然能勉强工作，但电路的性能会退化或者不稳定。

图 1-10　汽车上的主搭铁线　　　　　图 1-11　汽车发动机 ECU 上的搭铁线

（3）防静电搭铁线

汽车静电既危害汽车上较精细的电子及无线电设备，也会危害乘员的安全。因此，为了减小汽车静电的危害，人们在汽车上加装了很多防静电搭铁导线来解决这一问题。常见的防静电搭铁导线主要安装在以下部位：

1）车轮会产生大量静电，有些汽车在燃料系统的周围加装了防静电搭铁线。这个部位的防静电搭铁线不易被发现，而一旦脱落很容易造成火灾，应特别注意。

2）乘员袖口附近、衣物及座椅等处都会产生静电，因此在底座内安装有防静电搭铁线。

3）由于加油时在燃油箱加油口处有大量的燃油蒸气，为了消散加油时积聚的电荷，在加油口处安装有防静电搭铁线。如果加油口处的防静电搭铁线损坏，应先装一条跨接线作为临时防静电搭铁线，且在防静电搭铁线装上之前不要将跨接线拆下。

2. 搭铁线故障的类型

断路就是电流的通路受阻，不能形成电流回路。根据实际工作中的情况，按电流的流通状态可以分为完全断路和电流通道受阻（主要是接触不良）两种状况。

（1）搭铁线完全断路

搭铁线完全断路包括导线断开、连接端子锈蚀、搭铁导线未与车身搭铁等几种情形。对于这类故障，其搭铁线失去作用，严重时可能导致电器不能工作或较明显的工作不良。在通常情况下，均可通过目视检查发现故障。如果目视检查不能发现故障，可以通过测量电阻值的方法进行确诊。导线或端子与金属外壳间的电阻值为∞时，则为搭铁线路断路。

（2）搭铁线导通不良

搭铁线导通不良主要有导线断股、连接端子锈蚀、连接端子松动、基体导电不良等几种情况。在通常情况下,都能通过目视检查发现上述故障。如果目视检查不能发现上述故障,可通过电阻值的测量查找故障部位。端子与金属外壳间的电阻值不为0或极小值,而是有一定的电阻,则为搭铁线路有导通不良现象。

> **技巧点拨**:现代汽车将蓄电池负极与车身的金属部分相连接,导线与车体相连称为搭铁,汽车上的负极导线被称为搭铁线。搭铁线在汽车电路中起着重要的作用,搭铁状态的好坏是汽车电器能否正常工作的关键。

六、线路间不正常的搭铁故障诊断

1. 用电设备至电源端线路不正常搭铁

用电设备至电源端线路不正常搭铁是指在电动机、灯泡、电阻器、电磁线圈等用电器至蓄电池的线路不正常搭铁。出现在用电设备和电路控制开关之前的不正常搭铁如图1-12所示,出现在用电设备之前、电路控制开关之后的不正常搭铁如图1-13所示。

如果在熔断器和负载之前有不正常搭铁,即使开关是断开的,熔断器保护设备也会烧坏。如果不正常搭铁出现在电路开关之后、负载之前,熔断器只会在开关闭合时才会烧坏。用电设备之前的线路搭铁非常容易造成熔断器烧毁、导线与端子发热甚至火灾,危害极大,必须立即排除。在未排除故障之前,不得重新装上新熔断器工作。

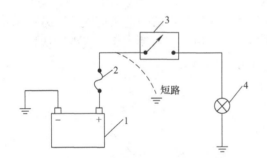

图1-12 出现在用电设备和电路
控制开关之前的不正常搭铁
1—蓄电池 2—熔断器 3—控制开关 4—灯泡

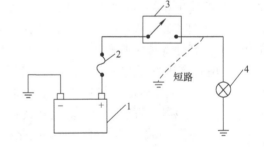

图1-13 出现在用电设备之前、
电路控制开关之后的不正常搭铁
1—蓄电池 2—熔断器 3—控制开关 4—灯泡

(1)故障原因分析

用电设备电源方向线路的不正常搭铁通常是由于导线绝缘层损坏引起的。造成导线绝缘层损坏的原因有:①在安装某些车身零件时,固定螺钉拧得太紧;②安装品质差,导线太松,绝缘层内进入液体使其变质;③绝缘层与发动机灼热的零件(如排气歧管)靠得太近而被烧损,或被车身金属的利刃割破,或与车身部件间发生摩擦而导致磨损等。

(2)故障诊断方法

大多数损坏的部位较容易看见,但也并不是所有的损坏部位都能直接看见,因为有的损坏部位可能隐藏在车门内或内饰板后面。对于不易发现的不正常搭铁故障可用万用表进行电压、电阻测量,也可用测试灯和专用蜂鸣器来检查。

如果是熔断器烧坏了,用试灯和电压表就不容易找到不正常搭铁故障。为了避免发生这种情况，可以安装一个循环断电器（即断开后能手动重新接通的熔断器）来代替原来的熔断器。为了安全起见，在检查前甚至可以用干电池来代替汽车上的12V蓄电池作为电源，因为出现不正常搭铁故障时通常会烧毁熔断器，而干电池不会烧坏熔断器。具体诊断方法如下：

1）将万用表选择开关调到合适量程的电压档，将万用表的红表笔接到熔断器的负荷端，黑表笔接到车身搭铁部位。然后从熔断器座开始沿着线束移动手指，扭捏、抖动、摇晃线束（手每次移动的距离大约为10~20cm），当手触到不正常搭铁部位时，万用表的读数会回到零位（或者接近于零位）。

2）用测试灯或蜂鸣器测试不正常搭铁故障，如图1-14所示，此时需串联一个循环断电器作为保护元件。测试灯和喇叭相当于在电路中增加了电阻，可通过拆除电路元件和插头来隔离不正常搭铁点，直至找到问题所在。如果不正常搭铁是间歇性的，采用这种方法很有效，可以每隔几厘米移动一下测量工具，直到测试灯点亮或喇叭

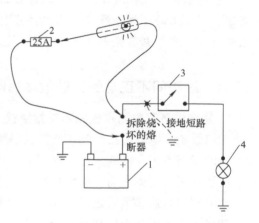

图1-14　用测试灯查找不正常搭铁故障
1—蓄电池　2—不正常搭铁开关
3—控制开关　4—灯泡

鸣响，说明这里就是不正常搭铁的地方。或者将测试灯或蜂鸣器的一端接搭铁处，另一端接熔断器负载端子处，从熔断器座开始沿着线束移动手指，扭捏、抖动、摇晃线束，从灯泡不亮到灯泡点亮处（或蜂鸣器不响到鸣响处）即为不正常搭铁处。

3）用自带电源的电池测试灯、万用表（电阻档）来检测线路不正常搭铁处，如图1-15所示。在连接电池测试灯前，应拆除烧坏的熔断器，将蓄电池和电路负载元件断开。如果线路存在不正常搭铁，测试灯会点亮，万用表读数为0或为较小的电阻值。为了寻找不正常搭铁点，每隔几厘米移动一次测量工具（拉起导线或断开可以断开的导线），直至测试灯熄灭，此处即为不正常搭铁处。

注意：当使用测试灯和电池测试灯时，不要靠近安全气囊电路和电子控制电路，因为当电流通过测试灯时会损坏敏感电路。

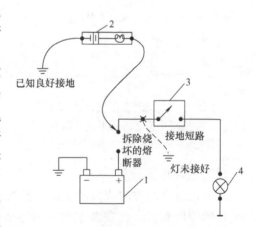

图1-15　用电池测试灯查找不正常搭铁故障
1—蓄电池　2—万用表或电池测试灯
3—控制开关　4—灯泡

4）在不接通电源的情况下，将万用表调到电阻档，黑表笔接搭铁处，红表笔接熔断器负载端子处。从熔断器座开始沿着线束移动手指，扭捏、抖动、摇晃线束，当电阻表的读数由0变到∞或较大数值时，即为不正常搭铁处。

5）如果线束的安装较隐蔽，用上述方法不能确定不正常搭铁部位时，则必须拆下内饰件进行检查。很多汽车维修资料中都有汽车的布线图。采用图1-16所示的方法，可以帮助

确定不正常搭铁位置是否在壁板后面或地毯下面等。对位于壁板后面的线束，只要认真检查，用不正常搭铁检测器就可找到与线束不正常搭铁非常接近的部位，从而避免为了接近线束而拆掉所有壁板。

因为安装了一个循环断电器，当断电器闭合时，电流第一次通过电路时会在电线周围产生磁场。如果不正常搭铁使断路开关打开，该磁场就会消失。如果断电器自动重置，这种循环就会持续重复。将罗盘或量表放在电线上方，在磁场的作用下指针会快速摆动，直至静止在不正常搭铁的位置。

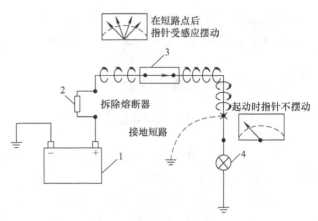

图 1-16　测量隐蔽处不正常搭铁故障
1—蓄电池　2—循环断电器
3—控制开关　4—灯泡

在不正常搭铁点后面没有电流通过，指针就不会摆动。采用这种方法即使电线被车体覆盖也很有效。

2. 用电设备之后线路不正常搭铁

如果不正常搭铁出现在负载之后、控制开关之前（图1-17），那么电路一直有负载，这种类型的不正常搭铁不会将熔断器烧坏，但会使蓄电池亏电。

在用电设备之后的线路中出现不正常搭铁时，其故障的诊断与检修比较麻烦。因为很多用电器都在搭铁端用开关控制，如果不正常搭铁点在手动开关或其他控制开关之前，甚至是开关本身不正常搭铁，驾驶人将不能断开用电器。

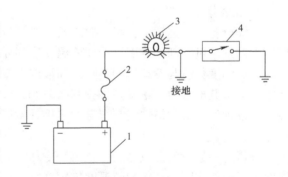

图 1-17　出现在负载之后、控制开关之前的不正常搭铁
1—蓄电池　2—熔断器　3—警告灯　4—控制开关

用电器不能断开时，一般应从用电器开始进行诊断。先断开用电器的搭铁线路，如果线路断路（如灯泡熄灭或电动机停转），说明问题出在线路的搭铁端。然后可对照电路图沿着电路一次检查一个连接点，直到找到不正常搭铁处。可以用电阻表或电池测试灯等检查其是否为不正常搭铁。如果开关在断开位置电路仍然是导通的，则说明开关不正常搭铁，应予以更换。

在实际维修中，为了节约时间，特殊情况下可采用跨接布线法，即在可以确定哪根导线出了故障时，将这根导线两端断开，在两个相应端头间接一根新导线，将其敷设在配线的外面。但要注意，敷设的线路必须在无保护的条件下能够避免损坏，这样做只是绕过了故障部位，而不是维修了这个部位。例如，车身螺钉穿透了配线，而且仍然在原来的位置上，很有可能其他线路也被损坏，不久就可能引起故障，因此必须根据情况决定是否进行更彻底的修理。

> **技巧点拨**：线路间不正常搭铁故障包括用电设备至电源端线路不正常搭铁（电压搭铁）和用电设备至搭铁线路不正常搭铁两种。

七、电路搭铁不良故障的主要特征

由电路搭铁不良引起的形形色色的汽车故障，大致具有以下几个特征。

1. 起动困难

在汽车起动系统电路中，包含有蓄电池负极与车架之间的搭铁线以及起动机磁场线圈接线柱搭铁线，若这些部位接触不良，会明显影响发动机的起动性能。

如一辆富康1.6L电喷轿车，已经行驶4万km，将点火开关转至起动挡，起动机没有反应。将变速杆挂入1挡，可以推车起动。检查蓄电池的电压，正常。拆下起动机试验，运转良好。最后发现是蓄电池的负极电缆搭铁处锈蚀。

由于起动机的起动电流高达100A以上，若蓄电池的负极电缆搭铁不良，会在搭铁处形成很大的接触电阻，导致电压降增加。这一接触电阻与起动机电枢绕组串联并"分压"，起动时分配到电枢绕组上的电压降低，流到起动机的电流减小，因此起动机运转无力，不能产生足够大的电磁转矩带动发动机曲轴旋转，严重时导致电路不通而使起动机不能转动。

2. 仪表指示反常

一辆奔驰129型轿车，车主抱怨发动机的冷却液温度太高。经过检查，发现用故障诊断仪读出的发动机冷却液温度与冷却液温度表显示的冷却液温度相差20℃。发动机ECU检测的冷却液温度数值与发动机的实际冷却液温度基本相符，因此怀疑冷却液温度表的传感器有问题，测量其电阻值，正常。检查其线路和搭铁，也无异常，更换冷却液温度表无济于事。最后，发现发动机的搭铁线与车身的连接处有腐蚀现象，将搭铁处用砂纸打磨干净后，故障排除。

分析这一故障的形成原因，是由于冷却液温度表传感器的搭铁线接在发动机上，冷却液温度表反映的实际上是冷却液温度传感器与蓄电池负极之间的电阻值。因此发动机本身搭铁不良造成冷却液温度传感器的电势堆积，所以感应出来的电阻值比较高，导致冷却液温度表指示反常。另外，若仪表板稳压器的电阻丝搭铁不良，稳压器将不能正常工作，当输出电压和输入电压相等时，会出现冷却液温度表及燃油表同时指示最大刻度的现象。

3. 故障时有时无

一辆桑塔纳时代超人轿车，行驶中无规律熄火，熄火后有时能起动，有时不能起动，有时等待半小时左右才能起动。连接油压表和K81解码器检查，发现当发动机突然熄火时油压表指示正常（250kPa），同时ECU反映的蓄电池电压值突然跳动一下，于是怀疑系统搭铁不良。测量发动机壳体与蓄电池负极间的电位差为0.02V，起动机运转时的电位差为0.7V，可见起动时在搭铁处消耗了较大的电流，导致起动电流减小，因此发动机不能顺利起动。拆开发动机壳体到车身左侧的搭铁线，发现搭铁处表面有几个锈斑。由于搭铁处接触状态不稳定，而且电阻较大，ECU在起动时因供电不足而无法实施正常控制。用砂纸打磨搭铁处的锈斑后，故障排除。

4. 产生异常火花

一辆BJ2020S型越野车，更换新起动机以后，接通点火开关，只听到"嗒嗒"的电磁开关吸合声，起动机却不旋转。拆开起动机的防尘套并接通点火开关检查，在起动机拨叉处看到强烈的电火花。原来，起动机出厂时，其外部涂有一层防止锈蚀的保护油漆，正是这层较厚的油漆使起动机与发动机的接合处接触不实，即造成起动机搭铁不良。当把起动机前端与飞轮壳接触部位的黑油漆清除干净，使其露出金属表面后，故障排除。

有的奇瑞QQ轿车在松开离合器踏板时有电火花产生，而且燃油表指针来回摆动。这种现象说明发动机搭铁不良，造成车上仪表电路出现间歇性断路，无法形成正常回路，电流便由离合器拉索流到离合器踏板处，从而在该处形成电火花。

另外，在摇车时，如果在手摇柄与保险杠之间出现火花，大多数是发动机与车架之间的搭铁铜带线松动引起的。这种情况往往发生在汽车大修（尤其是喷漆）后，主要原因是未清除搭铁处的防锈油漆以及搭铁处固定不牢靠。

5. 加速时车辆前后窜动

一辆桑塔纳2000轿车，装备AFE 4缸电喷发动机，怠速正常，但是出现不定期的行驶无力，加速时车辆前后窜动，在颠簸路面上情况更加严重。

用故障诊断仪检测，没有故障码显示。既然发动机怠速正常，说明进气管漏气的可能性不大。测量燃油系统压力，用钳子夹住回油管，再加速，发现燃油压力仍然偏低而且波动，说明不是燃油压力调节器的故障。考虑到故障在加速时及路面颠簸时出现，说明燃油泵泵油不连续，因此重点检查燃油系统各电路插头是否存在虚接现象。用万用表测量电动燃油泵的棕色线头与发动机机体之间的电阻为80kΩ，用手拉动一下线头，电阻值又变为0，说明故障是由电动燃油泵的搭铁线接触不实引起的，拧紧电动燃油泵搭铁线的紧固螺钉后，故障排除。

分析原因：在电动燃油泵搭铁线接触不牢靠的情况下，怠速时发动机运转比较平稳，机体的振动不很剧烈，搭铁线尚能与机体接触，因此怠速时电动燃油泵基本上能够正常工作；但是在加速状态下，或者路面颠簸时，发动机的振动加大，燃油泵搭铁线与机体的连接处于不稳定的状态，即出现虚接现象，导致燃油泵的端电压降低，进而使燃油压力下降。于是，燃油泵有时工作正常有时工作不正常，最终导致车辆加速时前后窜动。

6. 故障出现在剧烈碰撞之后

汽车经过剧烈碰撞以后，往往引起车架变形，或者插接器松动。另一方面，许多轿车的蓄电池安装在发动机旁或者座椅下面，与电控单元、电器插头等靠得很近，一旦蓄电池的电解液溢出，很容易对周边电器设备及搭铁点造成腐蚀。

> **技巧点拨**：电路搭铁不良的主要特征有起动困难、仪表指示反常、故障时有时无、产生异常火花、加速时车辆前后窜动以及故障出现在剧烈碰撞之后等多个方面，其中任一方面的特征出现，都可以说明某一部分电路出现搭铁不良。

八、电路搭铁不良的预防措施

对于电路搭铁不良的预防措施如下：

1) 为了确保起动机有足够的电压和电流，可以采用重复搭铁的方式，即用一根粗搭铁线，一端连接在起动机附近的车架上，另一端连接在起动机下的固定螺柱上，目的是减小搭铁回路的电阻，防止因起动机的固定架、固定螺柱等处接触不良引起电压降增大。在维修中如果拆下了某根搭铁线，必须装复原位。

2）建议不使用高压水冲洗汽车，否则很容易在搭铁处形成氧化和腐蚀。

3）对于确认搭铁不良的部位，先用细砂纸打磨，将油漆或锈蚀物清理干净，然后涂上专用的导电胶，最后拧紧固定螺栓或者插好插接器。

> **技巧点拨**：对于搭铁不良要重在预防，尽量使车辆行驶在良好环境，及时对相关部位进行保养和维护。

九、汽车电路搭铁不良的危害及故障排查

1. 汽车电路搭铁不良的危害

搭铁线虽然是汽车电气系统中一种不起眼的零件，但是它在电气系统中所起的作用却非同一般。就是这根小小的搭铁线，常常引发意想不到的故障，甚至导致汽车重大损坏事故。

凡是有用电设备的地方都有搭铁线。如果没有搭铁线，或者搭铁不良（电阻过大），将使电路断开，电器设备就无法工作。如果汽车出现线束烧毁、同时不能起动，看到不正常火花，充电电流过小，起动机运转无力等故障时，应该首先对相关的搭铁线进行检查，这样往往能收到事半功倍的效果。

搭铁线接触不良是汽车电气起火的重要成因之一。导线接触不良的实质，是线芯与接头之间、接头与电器之间接触面上存在杂质或氧化膜，致使接触电阻过大，当电流通过时局部温度升高，而高温又促使氧化膜增厚，如此互为因果引起的热量聚积，足以熔化导线及其绝缘层，从而引起电气起火。如果接触处不严密而存在空隙，则电流通过时会产生火花甚至电弧，局部温度相当高，引起电气起火的危险性更大。

2. 汽车电路搭铁不良故障排查

1）起动机运转以后，若蓄电池的搭铁线温度过高，搭铁处用手触摸甚至感觉到发烫，说明蓄电池的搭铁线接触不良。

2）对于已经使用多年的老旧汽车，其搭铁部位都不同程度地存在氧化或者腐蚀。如果新车在制造厂或经销商的露天停车场存放了很长时间，也容易发生搭铁不良的现象。可以在不带电的情况下测量搭铁点的电阻值，即用万用表的一根表笔可靠地连接搭铁线，另一根表笔与车身金属部分相连接，测量其间的电阻，若存在电阻，说明搭铁不良。

3）采用模拟振动法检查。对于可疑的部位，可以在垂直方向和水平方向轻轻摆动搭铁线，模拟汽车行驶时的振动状态，同时观察相关部件的反应，检查搭铁线是否有虚焊、松动、接触不良或者导线断裂等现象。如果挪动某一搭铁线时故障再现或者故障消失，说明搭铁不良的地方就在此处。

4）测量电压降。在电路处于通电状态下，采用万用表测量搭铁点的电压降，其读数应当尽可能低（接近0）。具体方法是：起动发动机，使用万用表的直流电压档，将红表笔接触发电机的输出端（图1-18），黑表笔接触发动机的机体，测出一个电压值；然后将红表笔接触发电机的输出端，黑表笔接触车架的金属部分，再测出一个电压值。正常情况下，这两个电压值应该是一致的。若前者数值大，后者数值小，相差0.5V以上，说明存在0.5V以

上的电压降,它是由发动机机体与车架之间搭铁不良引起的。

注意:检测某点的搭铁情况时,应该测量该点对电源正极的电压,尽量不要测量该点对电源负极的电阻,这是因为万用表本身具有一定的内阻,测量出的电阻值误差较大。

5)采用试灯检查。在使用万用表检测电路尤其是电源线和搭铁线之后,最好用有负荷的试灯加以验证,这样可以避免"有电压无电流"的电气陷阱。

图 1-18 搭铁点电压降的测量

技巧点拨:排查汽车电路搭铁不良故障的方法有触摸感觉温度的变化、测量接触电阻、模拟振动环境使故障重现、测量搭铁点的电压降、采用试灯检查是否存在"有电压无电流"的电气陷阱。

十、2013 款凯越按喇叭不响,开前照灯时刮水器工作

故障现象 一辆 2013 款凯越轿车,行驶里程 5 万 km。客户反映按喇叭时喇叭不响,开前照灯时灯亮但刮水器也开始工作。

故障诊断 检查该车故障如客户所述,更换前照灯开关后故障依旧,而且发现开左转向灯时两前雾灯发暗。

用万用表测量电压,按喇叭开关时,插接器 X0 的 19#端子有 12V 电压输出,喇叭却不响。难道是喇叭搭铁线路断路或搭铁不良引起的?查看前照灯以及喇叭电路图发现有个共同的搭铁点 G104 如图 1-19 所示。

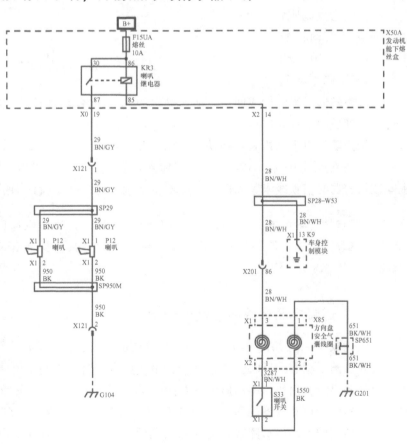

图 1-19 2013 款凯越喇叭电路

既然前照灯和喇叭有共同搭铁点，搭铁有故障为何只造成喇叭不工作而前照灯正常工作，且开前照灯时刮水器也同时工作？查看刮水器电路图时发现前照灯插接器 X2 的 6#端子和 G201 搭铁点形成了回路，同时前刮水器开关也有分支过去，又和 G201 形成了回路。这就造成在开前照灯时刮水器也同时工作，如图 1-20 所示。

那为什么开左转向灯时雾灯会发暗呢？当开左转向灯时，如果搭铁点 G102 和 G104 发生断路，那么

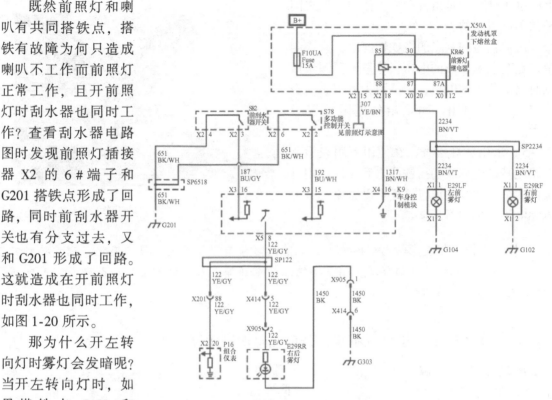

图 1-20　2013 款凯越灯光控制电路

就会造成左转向灯无法形成回路，从而输出的电压在熔丝盒内流向雾灯，形成了原本并联的雾灯电路变成串联在转向灯电路中，从而导致开左转向灯时两前雾灯发暗。

故障排除　以上分析表明搭铁点 G104 和 G102 出现了故障。从维修手册中找出搭铁点分布图，搭铁点 G102 和 G104 在发动机舱左侧。找到搭铁点 G102 和 G104，发现是由于车主安装报警器时搭铁线未紧固造成接触不良所致。打磨并重新紧固搭铁点后故障排除。

> **技巧点拨**：搭铁不良的故障比较典型的往往是多种故障现象同时出现，故障信息比较多，这种情况下我们要考虑是否是某些部位搭铁不良，查看有没有螺钉松动、生锈发热等方面的现象。

十一、迈腾空调系统间歇性不制冷

故障现象　一辆 2010 年生产的一汽大众迈腾轿车，因空调间歇性不制冷而送厂检修。

故障诊断　据客户反映，在正常行驶中使用空调时，空调系统偶尔会间隙性停机，在停机时风量不显示，出风口不出风，需关闭空调系统 5min 左右再重新打开，空调系统才能恢复正常制冷。因该车装备的是自动空调系统，用 VAS5054 查询空调系统，调出了关于左侧中央出风口伺服电动机短路或开路和除霜翻板电动机短路或开路 2 个间歇性故障码。调节空调面板风向转换按钮，上部、中部、下部的风向转换正常，说明风门电动机能正常转换。

结合故障现象和初步检查结果，认为导致故障的可能原因有：风门伺服电动机损坏；空调控制模块（J255）损坏。因更换风门伺服电动机比较复杂，需拆卸仪表台，所以维修人员就先更换了 J255，路试后发现故障依旧；接着又拆卸了仪表台更换了风门伺服电动机，但经过试车发现故障依旧存在。

看来故障并非是风门伺服电动机和 J255 所导致的。接着用 VAS5054 查询 09—中央电气电子设备，发现储存有间歇性故障码：17911—发电机端子 DF 负载信号。难道是发电机工作不稳定，导致空调系统偶尔会停机保护？维修人员测量发电机在发动机怠速时的输出电压，为 13.65V，正常。因上述故障为偶发性故障，所以只能更换发电机，而后清除故障码，暂时交车给客户。

两天后，客户再次回厂反映发电机发电量不足，蓄电池亏电。刚换的发电机，蓄电池怎么会亏电呢？发动机怠速时测量发电机的输出电压，仅为 12.55V，看来确实偏低。于是又换上该车原来的发电机，测量后发现发电机的输出电压仅为 12V 左右。再次用 VAS5054 查询中央电气电子设备，故障码 17911 依旧存在，检查发电机导线插接器端子及线束插接器，无进水或虚接的现象。测量发电机导线侧插接器到 J519 的端子 F 间的黄/黑导线，导通正常。

根据蓄电池充电线路走向分析，电路走向为：蓄电池正极→起动机→主熔丝盒→发电机；负极→车身→发动机。于是一边用万用表测量发电机输出电压，一边紧固正极和负极的连接螺栓，发现当紧固到自动变速器支架上的负极搭铁线时，发电机的输出电压回升到 13.75V。于是拆下搭铁线接头检查，发现已经烧蚀（图 1-21）。

图 1-21 已烧蚀的自动变速器支架上的负极搭铁线接头

故障排除 打磨烧蚀的搭铁线接头表面，拧紧固定螺栓后试车，空调系统制冷恢复正常，关于发电机负载的故障码也不再出现。

> **技巧点拨**：该车一个月前刚在别处拆装过发动机，大修了自动变速器。估计是在装配自动变速器后未将搭铁线固定螺栓紧固到规定力矩，导致发电机充电回路不通畅，蓄电池亏电，于是发动机控制单元切断了 J255 的正常工作。在此提醒，当代大多数汽车都是以 CAN 和 LIN 通信的汽车，它们都需要有稳定、良好的搭铁，这对发动机和车身电器平稳工作至关重要。

第二节 汽车电气系统暗电流的检测

一、汽车电气系统的暗电流是怎么回事

汽车电气系统的暗电流（又称为静态电流、漏电量、寄生电流）是指在点火开关以及用电器开关断开以后，某些电器或电路继续消耗的蓄电池的放电电流，一般以 mA 为单位。

事实上，在汽车点火开关处于OFF位及所有电器开关都断开以后，车辆的运行信息需要保存在ECU单片机的存储器内，数字式石英钟以及电子调谐式收放机等装置仍然需要供电，这些电器以低功耗模式保存相关数据。根据汽车电子设备的多少以及智能化程度的高低，在点火开关断开5~60min后进入休眠状态，在正常状态下，休眠电流一般只有30~50mA，因此蓄电池会有微量电流输出。另一方面，汽车的电器设备存在着难以避免的、微量的漏电现象。以上这些放电电流统称为暗电流。

既然汽车电气系统的暗电流难以避免，就要设法将它限制在最小的数值上。如果整车的暗电流过大，蓄电池的电量下降20%以上，将造成发动机起动困难。因此，如发现蓄电池短时间内亏电，应当检查电气系统的暗电流是否过大，以及电控系统的"休眠模式"是否起作用。

> **技巧点拨**：汽车电气系统的暗电流是汽车正常工作的保障，但过大的暗电流会造成难以起动。

二、汽车电气系统暗电流检测方法

1. 使用万用表测量

首先断开汽车上所有的用电设备开关，将点火开关转至OFF位，然后选择万用表的大电流档，将万用表串联在蓄电池负极电缆与负极极柱之间，即负表笔（黑色）接触负极极柱，正表笔（红色）接触蓄电池的负极电缆（之所以要这样连接，是因为拆开的负极电缆的电位比蓄电池负极极柱的电位高）。再逐一断开各分支电路，然后观察万用表指针的摆动情况：如果略有摆动，说明暗电流很小，是汽车上的小功率用电设备（如电子钟）在耗电（在静态下，如果蓄电池的放电电流不超过50mA，说明暗电流基本正常）；如果万用表指针的摆动幅度很大（蓄电池的放电电流大），说明电气系统的暗电流过大。

注意：应当先将万用表的两个表笔与蓄电池的负极极柱和负极电缆连接好，然后从蓄电池的负极上脱开负极电缆，再进行检测。不要先拆开蓄电池的负极电缆，然后才连接万用表，这样有可能检测不到暗电流。使用万用表测量的缺点是费时、费力，而且必须拆开蓄电池的电缆，会造成某些电控单元记忆的数据丢失。

2. 使用钳式电流表测量

使用钳式电流表（图1-22）检测的好处是不需要拆卸蓄电池的连接线。一辆宝马745i轿车，停放几天后，接通点火开关，仪表板和中央显示屏上ABS、DSC和PARK等多个信号报警，发动机不能起动，并且点火钥匙无法取出。初步判断为蓄电池严重亏电，导致电控系统进入失效保护状态。试着断开所有

图1-22　使用钳式电流表测量电流

电器开关,并锁上各车门,等待 3min(因为宝马车型在所有电器停用 3min 后进入第 1 次休眠),然后观察起动开关处的指示灯,依然亮着红色(正常情况下应当熄灭),说明还有用电器在耗电。为了验证是否异常放电,等待 16min 后(宝马车型进入第 2 次休眠),用 50A 钳式电流表夹住蓄电池的负极,然后断开所有的用电器开关,看到钳式电流表上的读数为 0.35A(应当不大于 0.02A),说明确实存在过高的暗电流。

3. 采用隔离法检查

一辆 2008 款奥迪 A6 轿车,行驶里程为 1.8 万 km,该车停驶 1 天后,发动机无法起动,蓄电池电量几乎放完。为了排查蓄电池亏电的原因,首先确认门锁灯、照明灯等处于关闭状态,然后将 SK-7831 型钳式电流表设置在 4000mA 直流电流档,使钳式电流表的表头夹在蓄电池的负极上,从钳式电流表的显示屏上读到 310mA,这就是暗电流,正常值应当小于 30mA。接着采用隔离法检查,逐一断开各路熔丝,同时观察钳式电流表上的显示值,当拔下第 4 个熔丝时,发现钳式电流表的读数明显下降,说明该熔丝涉及的室内灯、阅读灯、点烟器、时钟、收音机、行李舱照明灯或空调指示灯等电路可能存在短路现象。试着将前、后 2 个点烟器弹出,故障依旧。既然维修资料提示该车正常时的暗电流为 30mA 左右,计算下来,相当于消耗 3.6W 电功率,这一功率数与行李舱照明灯的功率比较接近,于是检查行李舱的照明灯,发现确实已经损坏。更换该灯,故障排除。

4. 使用蓄电池测试仪检查

新型蓄电池测试仪(图 1-23)能够快速检测蓄电池的存电状况,以及点火开关断开后蓄电池是否有放电现象。该测试仪的检测方式分为蓄电池随车测试、发电机测试以及暗电流测试,测试所需要的时间从 30s 到 4min 不等。测试的具体内容包括蓄电池状况、蓄电池寿命百分比、极板短路或断路、极板腐蚀、电解液温度、发电机电压、发电机电流、整流二极管脉冲电压以及电气系统的暗电流。测试的结果不但可以在显示屏上显示,而且可以通过红外端口传送给打印机。

5. 使用专用设备检测

例如奥迪轿车,设置了专用的测试开关检查暗电流。为了查找暗电流的大小及其产生部位,需要将电流表与专用断开工具 J-38758 的测试开关相连接,并且保留在电路中,然后对汽车进行路试和测量。

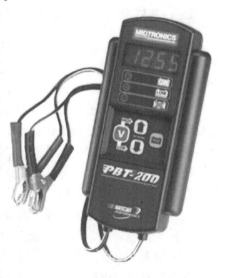

图 1-23 新型蓄电池测试仪

> **技巧点拨**:汽车电气系统暗电流的测量方法包括万用表测量、钳式电流表测量、隔离法(分段拔去熔丝)检查、蓄电池测试仪检查以及使用专用设备检测等多种方法。

三、汽车电气系统产生暗电流的预防措施

预防汽车电气系统产生暗电流有以下措施:
1)汽车熄火以后,及时断开所有用电器的开关。虽然许多高档轿车具有灯光延时关闭

功能，但也不能晚上停车后不断开照明灯开关过夜。这是因为，一旦灯光继电器的触点因故不能分离，将导致蓄电池持续放电。

2）发动机熄火后，不要让点火钥匙长时间停留在 ON 位。因为在点火开关接通的情况下，蓄电池持续向发电机的磁场绕组和电压调节器放电，这样不仅白白消耗蓄电池的电能，时间长了还可能烧毁发电机的磁场绕组。

3）电子电压调节器必须受点火开关的控制，否则在发动机停转期间，电子电压调节器控制磁场电流的大功率晶体管始终导通，蓄电池将一直放电，使该功率晶体管的工作负荷接近最大，不仅大大缩短电压调节器的使用寿命，而且导致蓄电池亏电。实践证明，如果电压调节器不受点火开关控制而直接与蓄电池连通，使用 5~7 天后，蓄电池就将无法起动发动机，电压调节器的使用寿命也只有 100 天左右。

4）注意防止用电设备的插接件进水。一旦插接件进水，将导致插接件的端子氧化，容易引发莫名其妙的断路和漏电故障。

> **技巧点拨**：汽车电气系统暗电流过大的预防方法是正确使用用电器开关、及时拔掉点火钥匙以及防止用电设备的插接件进水等。

四、怎样防范汽车电路的"虚电"

在以往的故障检测中，认为有电压就有电流。现代汽车发动机装备的电子器件越来越多，耗电量更大，同时各个连接点或多或少存在接触电阻。因此，在进行电气检测之前，应当首先确认电源的电压是否符合要求。

但是，线路电压正常并不等于电流也正常。在很多情况下，使用万用表检测电压无法发现故障点，但是若加上合适的负载，使用试灯检测线路的电流，就可以发现故障的真正原因，这就是所谓的"虚电"作祟。"虚电"通常是指电路某处由于插接器插头氧化或者连接螺钉松动等原因引起接触不良。在这种情况下，可以通过小电流，用万用表测量电压，显示是正常的；但是若施加负荷，有一定的负载电流时，"虚电"电压就会减小甚至完全消失，要么造成起动机运转无力，要么造成连接端子发热。

防范"虚电"，可以使用试灯进行动态测试，即采用试灯进行有负荷测试，如果线路的接触电阻很大，试灯的亮度会下降。也可以在线路中串联电流表，检测工作电流，如果线路接触不良造成接触电阻过大，在电压不变的情况下，试灯显示的电流会很小，说明电源不足。总之，采用试灯动态测量线路的电流，才能比较准确地确定电路的电源是否正常。

> **技巧点拨**：汽车电路中的线路电压正常并不等于电流也正常，防范汽车电路产生虚电的方法是采用试灯进行负荷测试。

五、车辆漏电故障的检修方法

所谓漏电是指车辆停驶时蓄电池逐渐放电，造成车辆无法起动或电器无法工作的故障现象。长期漏电还会导致蓄电池过度放电而损坏，尤其是当前中高档轿车使用了大量的电控系统，这一问题更为明显。

1. 漏电的主要原因

1）停车熄火时忘记关闭用电设备（如车内照明灯等），无钥匙起动系统的起动按键未关闭，车门或行李舱盖未关好，这些都是新手车主容易犯的小错误。停车后点火开关损坏自行接通，或车内不经过点火开关的用电器（如点烟器、收音机、电动座椅、室内照明灯等）开关经常接通，长时间停车后电器开关未关闭而导致蓄电池漏电。

2）当蓄电池外壳有溅漏的电解液时，正负极接线柱可能连通而放电。蓄电池内部电极隔板腐蚀穿孔、损坏，或正负极板间的氧化物过多，极板直接连通造成短路，引起蓄电池内部自行放电。蓄电池存放过久，电解液中的水与硫酸因密度不同而分层，使电解液密度上小下大，形成电位差而自行放电。

3）当车辆在工作状态时，发电机不发电，导致蓄电池长时间给全车电器供电，也会慢慢消耗蓄电池电量。

4）由于汽车电器、传感器、执行器及控制单元等电子元器件故障及导线搭铁，导致锁车后某些控制单元不能正常进入休眠状态而产生蓄电池漏电。还有一些车主到非正规改装店加装用电器，未连接开关控制线路，而是直接接到蓄电池正极电源，导致用电设备在锁车后一直工作，从而使蓄电池亏电。

2. 休眠电流

休眠电流是指点火开关在关闭位置时，仍然存在的微弱电流，也叫暗电流（Dark Current）。正是因为这些休眠电流的存在，以及蓄电池的自然放电，导致车辆在长期停放后容易因蓄电池电量不足而无法起动。

那么，为什么要有休眠电流呢？这是因为一些控制单元为了保持数据的记忆功能，必须长期供电。例如音响系统要记忆上次听过的频段，空调系统要记忆风向和风速设定，还有防盗系统的一些传感器也需要长期供电，以保证全天候的监控功能。这部分休眠电流的放电，属于蓄电池正常的外部放电。

一般来说，车辆的休眠电流不应超过20mA，但现代汽车的电子化程度越来越高，电器设备越来越多，线束越来越复杂，休眠电流也在同时增大。如果车辆经常出现缺电无法起动的情况，但检测蓄电池自身无问题，发电机能够正常充电，也无其他使用不当时，则需要检测车辆的休眠电流。

3. 车辆漏电的检修方法

1）首先使用蓄电池测试仪检查蓄电池是否老化，若测试正常，而且是由于人为原因造成蓄电池放电，只需对蓄电池充电即可。如果是在车辆运行过程中蓄电池电量逐渐耗尽，则要首先检查发电机或充电系统是否存在故障。

2）如果车辆运行过程一切正常，但停驶几天后，蓄电池电量就会耗尽。首先要检查蓄电池两极柱之间是否有其他意外连接引起的直接短路，然后检查各种不经过点火开关的用电器是否正常。

3）连接故障诊断仪，接通点火开关并读取故障码。如果有故障码，则按故障码提示进行检查。

4）如果没有故障码，则关闭所有用电器并锁车一段时间后，使用钳式电流表或将万用表串联在蓄电池负极电路中测量休眠电流。若休眠电流大于厂家要求的标准值，则逐个拔下熔丝盒内的熔丝（几乎所有的车身用电器都有熔丝）。当拔下某个熔丝的时候，休眠电流减小或是消失了,就说明是该熔丝所在电路中的用电器有异常放电,然后直接检查该用电器和相关线路就可以找到故障原因。

> **技巧点拨**:在实际维修中,常见的漏电问题有些是车辆自身设计或质量问题所致,也有部分是由加装、改装导致的,不规范的线路改装方式也经常造成漏电故障。

六、宝马车更换蓄电池后经常亏电

故障现象 一辆宝马 5 系轿车,车型代号 E60,行驶里程 37 万 km。车主反映车辆由于无法起动而更换蓄电池,但是更换蓄电池后经常亏电,导致车辆多次无法起动。

故障诊断 遇到此类故障时,第一步要判断车辆是否漏电。对于宝马车型来说,可以通过宝马综合服务技术应用(简称 ISTA)中的电源诊断步骤(简称 ABL)文件,查询车辆的漏电历史(图 1-24)。

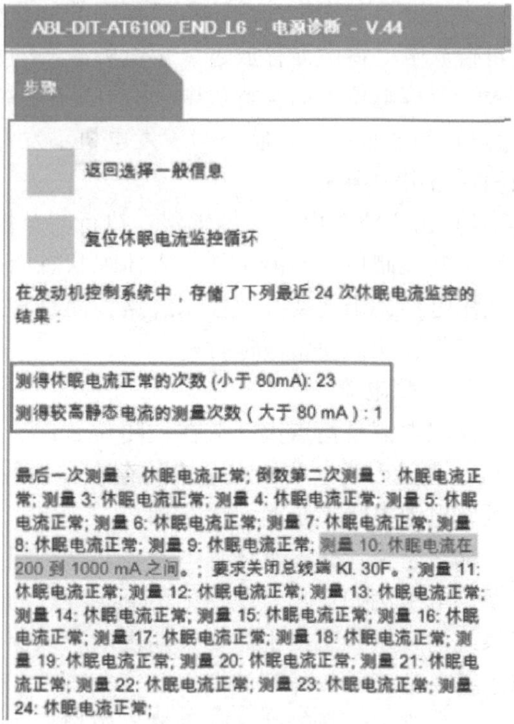

从图 1-24 中可以看到,车辆在之前的 24 次休眠过程中,只有一次的休眠电流超过了 80mA。80mA 的漏电量是宝马官方给出的标准,但从实际情况来看,正常的车辆休眠电流大多在 20~30mA。接下来通过钳式电流表进行实车测量,注意此时要断开充电机。待车辆进入休眠状态后,观察电流表读数为 1.042A(图 1-25)。

第二步,各总线的休眠情况对于蓄电池容量消耗来说,影响至关重要。如果有某一条总线不休眠,就会导致放电电流增大,因此在检查过程中一定要重视。具体检查过程如下:

1) 打开 ISTA 查阅电路图,选择好适配器,并安装在网关控制单元上。

2) 连接好宝马综合测量接口盒(简称 IMIB),并读取波形,此时应为正常波形。

3) 锁车,10~20min 后再检查波形,休眠后的正常波形应是一条直线,且电压数值应符合标准。对于 K-CAN 总线,H 线应为 0V,L 线应为 12V,其他总线均应为 0V,如图 1-26 所示。切记不能仅仅通过示波器上的"一条直线"来判断是否休

图 1-24 ABL 文件

图 1-25 测量休眠电流

眠，而忽略了电压值的大小。

4）当发现某一条总线有问题时，需要依次断开这条总线上的控制单元，同时观察 IMIB 上的波形。如果断开某个控制单元之后总线恢复正常，就说明这个控制单元有问题。

第三步，通过钳式电流表配合电压表

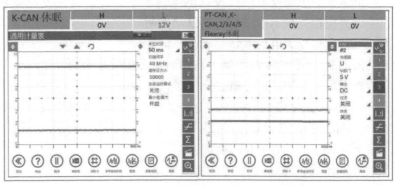

图 1-26　总线波形

来判断故障点。蓄电池正极的几条导线比较粗，因此利用钳式电流表直接读取电流数值，可以方便地找到与故障相关的配电盒。但是到了配电盒上，受到线路密集的影响，钳式电流表操作起来就不是很方便了。而拔熔丝的方法虽然直观，却又会带来其他一些影响，例如故障消失、衍生其他故障等。此时可以使用万用表的电压档来查找故障点。

由欧姆定律可知，在同一电路中，通过某段导体的电流与这段导体两端的电压成正比，与这段导体的电阻成反比。如果某个用电器漏电，那么在整条线路以及对应的熔丝上都会有电流流过，而熔丝也是有电阻的，那么使用万用表测量熔丝两端有无电压存在，就可以知道这条线路上有没有电流了。需要说明的是，熔丝的电阻很小，只有毫欧级（mΩ），因此对测量仪器的精度要求较高，一定要使用带有毫伏（mV）档位的万用表，或者也可以使用宝马的 IMIB。

举例来说，一个正常尺寸的 5A 熔丝，根据资料其电阻约为 15.2mΩ（表 1-1），使用万用表的毫伏档测得其两端电压是 5.0mV，根据欧姆定律，流经该熔丝的电流就是：5.0mV/15.2mΩ≈328.9mA。不过一般情况下不必进行这样详细的计算，只需要关注线路上有没有电压即可，因为车辆休眠后熔丝上的电压应该为 0V。找到漏电的熔丝之后，根据电路图逐一断开用电器件确认，基本上就能顺利找到故障点了。

表 1-1　各类型熔丝电阻参考值

熔丝尺寸	熔断电流/A	电阻参考值/mΩ
小尺寸	5.0	16.7
	7.5	10.0
	10.0	7.1
标准尺寸	5.0	15.2
	7.5	10.7
	10.0	7.5
	15.0	4.5
	20.0	3.3
	25.0	2.1
	30.0	1.6

根据以上的思路及方法检查这辆宝马5系轿车，首先发现车辆仪表板蓄电池警告灯点亮，但无其他相关提示信息。起动发动机明显感觉蓄电池亏电，起动时间较长且起动机转动无力。将蓄电池充满电后重新起动，车辆无异常。将车辆放置1h后起动车辆，再次出现无法起动的问题。用ISTA对车辆进行诊断，无相关故障码。

检查发现车辆加装过导航、倒车影像并且改装了CID。由于行车记录仪指示灯在锁车后将近1h才熄灭，为防止加装件漏电，经车主同意将所有加装件拆除。然后对蓄电池再充电，放置1h后重新起动，但是故障依旧。

接下来测量车辆的休眠电流，待车辆进入休眠状态后（变速杆指示灯熄灭），仍然有825mA的休眠电流，可见车辆有异常放电部件。根据电路图（图1-27），用钳式电流表测量从蓄电池正极出来的每条电源线上的休眠电流，发现从蓄电池正极接点X13769到后部熔丝盒插接器X13768之间线束的休眠电流达到了825mA，显然这是不正常的。接下来再测量插接器X13507至X13766间的线束，休眠电流仍为825mA。

图1-27 熔丝电路图

使用IMIB的电压档逐一测量前部熔丝支架（A41a）上各熔丝两端的电压，测得F23熔丝（30A）两端的电压为1.3mV，其他熔丝均为0.0mV。根据F23熔丝的电路图（图1-28），分别用钳式电流表测量熔丝下游的各个电路，发现电动冷却液泵（M6035）所在的线路存在电流。断开电动冷却液泵上的插接器X6035，这一路线束上的电流变为正常的0mA，同时发现电动冷却液泵的插接器存在烧蚀现象（图1-29）。

故障排除 更换电动冷却液泵和相关线束插接器后，故障排除。

技巧点拨：对于高档车型，由于配置的用电设备较多，即使在车辆停放时，也会有一些用电设备在不停地消耗蓄电池的电能。如休眠电流过大，则应查找休眠电流过大的原因，是否存在某些用电设备异常工作的现象。

七、宝马760Li漏电故障的检修

故障现象 一辆2006年的宝马760Li轿车，车型为E66，配备排量6.0L的N73发动机和6档自动变速器，行驶里程15万km。车主反映该车停放几天后就无法起动，甚至仪表灯都不亮，但是使用外接蓄电池可以顺利起动。

故障诊断 该车曾在其他修理厂检修过，来到我厂时，行李舱右侧的整个音响模块已经拆下，车内仪表台右侧的杂物箱也已拆下。维修人员接车后首先检测车辆的休眠电流。找到行李舱右下侧的蓄电池，将钳式电流表夹在蓄电池负极线上（图1-30），然后关闭所有车门，用螺钉旋具将行李舱盖锁舌拨至闭锁位置，然后锁止车辆。由于该车带有无钥匙进入功

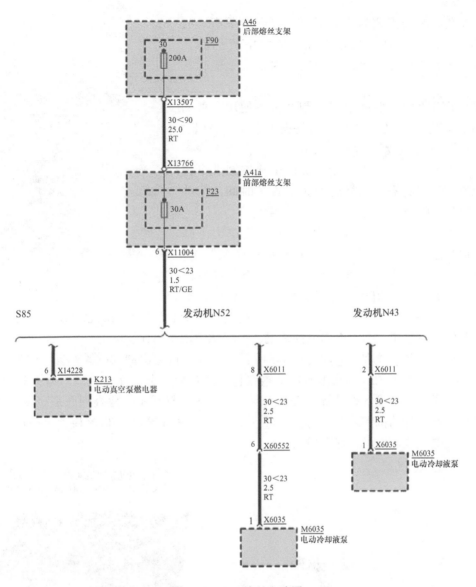

图 1-28　F23 熔丝电路图

图 1-29　电动冷却液泵插接器烧蚀

能,为避免天线与钥匙的通信干扰,特意将车钥匙放到车辆10m以外。半小时后观察,休眠电流仍然在300mA以上,说明该车无法起动的原因正是车辆存在漏电。

该车共有大大小小60余个控制单元,使用一般的方法检查漏电,拆装工作量大、耗费时间长。为此,宝马在诊断设备里设计了一项服务功能,在"车身—供电—电力下降命令"菜单中,可以单独控制某个控制单元进入休眠状态,这样就大大节省了时间,但弊端是车辆的休眠电流在这一模式下会略微提高。

维修人员通过该项服务功能,逐一发送电力下降命令,但是全部执行之后,发现车辆还是存在漏电,故障排查一下陷入僵局。难道是诊断思路有问题?维修人员静下心来仔细梳理,并用了很长时间分析该车

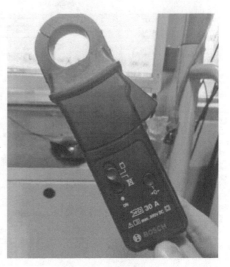

图1-30 钳式电流表

的供电系统,以及总线上各个控制单元之间的关联,最后认定此前的思路及检修过程并没有问题。既然各控制单元都没有漏电的情况,那问题应该是出在供电上。

从该车供电系统原理图可知(图1-31),蓄电池正极输出的供电线,有一根到了PM供电模块,另一根到了SBK安全型蓄电池接线柱,SBK后又分为2根火线。看到这里维修思路逐渐清晰了,于是维修人员将钳式电流表夹在各正极导线上,检查到底是哪根导线漏电。检查发现,连接起动机和发电机的120mm²导线(图1-32)的休眠电流接近300mA。看来是起动机、发电机或前熔丝盒存在漏电。

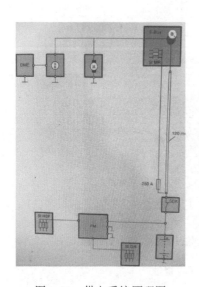

图1-31 供电系统原理图

图1-32 维修手册中对120mm²导线的说明

考虑到车主反映该车曾经更换过起动机，于是维修人员先断开起动机正极接线柱进行测量，故障没有变化。接下来检查发电机，该车的发电机安装在 V12 发动机的左前侧，拆掉左前侧空气滤清器外壳，能够看到发电机的正极接线已经有些焦糊，看来是导线长期与发电机外壳摩擦而出现短路。

故障排除 将发电机线束修复好，再次检测休眠电流，降至 80mA 以下。半个月后电话回访，没有再出现漏电现象，故障排除。

> **技巧点拨：** 检查漏电的常规方法一般是逐一断开用电设备的供电熔丝，或者直接断开用电设备的线束插接器，然后查看断开哪个用电设备后，休眠电流下降，就说明该部分电路存在漏电情况。

八、2017 款斯柯达野帝漏电

故障现象 一辆 2017 款 1.4T 斯柯达野帝，行驶里程 3899km，车主反映该车如果停放两天以上蓄电池就会有亏电现象。

故障诊断 因为已多次进行路救并且已经更换过蓄电池，当时测得静态电流为 40mA 左右（厂家指导文件为 60mA 以下），所以怀疑是车主忘记关闭某用电器导致，但是车主坚决否认。经过沟通最后决定将车辆留厂观察，果然第三天去起动车辆的时候发现亏电比较严重。

可以确认该车肯定有漏电的地方，但是实测静态电流在正常范围之内。无论如何还是需要再测量车辆的静态电流，并且需要长时间观察静态电流的数值变化。再次使用 6356 的 SZ 钳式电流表对该车进行静态电流测量，并且一直盯着 ODIS 的显示器，以观察电流值的变化情况。大概 20min 左右，该电流表的读数偶然会超过 1A，也就是说静态电流在 1000mA 以上，至此确定该车肯定存在漏电现象。另外在大电流出现时好像听到类似于风扇的声音。

通过观察，果然发现电子风扇异常，感觉漏电的地方可能找到了，于是接着开始换件模式，清单如下：主继电器、电子风扇、冷却液温度传感器、空调高压传感器、空调控制模块、仪表、发动机舱熔丝盒、发动机控制模块、车身控制模块、网关，貌似能换的东西都换了，线路也整理过了。

接下来根据该车电路图分析电子风扇正常工作的条件，风扇控制模块除了风扇电动机 2 个端子外，还有 4 个端子，分别是：1#端子，它通过 SA1 向风扇控制模块提供风扇工作的主电源；2#端子是来自主继电器的 87#端子，它是模块本身工作所需的电源；3#端子是来自发动机控制单元的占空比信号；4#端子接地。

风扇控制模块根据占空比信号的大小来控制风扇的转速，占空比为 10% 左右（车型不同稍有不同）风扇开始低速运转，占空比达到 90% 及以上，风扇以最高速运转，而发动机的控制依据无非是冷却液温度和空调压力数据。另外，如果风扇控制模块在正常工作状态下没有收到来自发动机控制单元的占空比信号，或者占空比信号为 0 时，风扇均以最高速运转。

根据以上分析，在发动机熄火、点火开关关闭以后，风扇仍然运转的可能原因有：2#端子始终有电，并且 3#端子收到大于 10% 的占空比信号；2#端子间歇性有电的时间与风扇运转间歇的时间同步。

根据从简单到复杂的原则，先查找关闭了点火开关很长时间后 2#端子还有 12V 电压，导致风扇控制模块处于工作状态的真正原因。根据电路图，分析主继电器的工作过程是：点火开关打开，发动机控制单元收到 15#电源后被唤醒，进行自检，在自检完成后给主继电器的控制端供电，然后主继电器开始工作，并通过 87#端子给发动机控制模块以及风扇控制模块供电。此时，发动机控制模块才算真正处于工作模式。另外，在点火开关关闭后，发动机控制单元还是要继续控制主继电器闭合一段时间，这时如果冷却液温度偏高，风扇会延时运转一段时间。

根据以上分析的原理，具体操作如下：用万用表测量熔丝 SB24 或者 SB10，在点火开关关掉以后很久仍然有 12V 电压，在拔掉主继电器后，该处的电压消失，说明线路没有问题。风扇控制模块熔丝 SB24 的电压来自主继电器，于是检查主继电器的控制端电压，发现控制端接地。在与技术经理交流中得知，该控制线已经检查过，没有发现问题。而且，做过飞线处理后也没有解决问题。如果该线没有问题，难道换件的发动机控制模块存在问题？显然不会那么巧，更何况更换了多块发动机控制模块，都没解决问题。

至此，所有的问题都集中指向了发动机控制模块，其内部控制出现了异常，导致主继电器异常闭合，同时间歇性地为风扇控制模块提供了大于 10% 的占空比信号。据技术经理反映，通过反复换件，已排除发动机控制模块自身的问题，但需找出发动机控制模块为什么在点火开关关闭后迟迟不进入休眠状态的真正原因。

在反复对照电路图检查发动机控制模块每个端子后，最终判断只有一个端子是来自 15#继电器。我们知道发动机控制模块要慢慢地进入休眠状态，除了它的唤醒电源被关闭外，CAN 线上也不能有数据传输。于是决定连接示波器（6356）测量 CAN 线的波形，另外，通过波形，也能检测发动机控制模块是否进入休眠状态。

在点火开关闭合后，CAN 的活动频率渐渐变慢，最终变成两条直线，并且电压也只有 0.5V 左右，貌似已经进入休眠状态了。关闭点火开关 15min 后，波形突然向上窜起，很短时间后又回归直线，不过电压值比第一次的直线稍高。通过截图（图 1-33、图 1-34）发现，随后每隔 30s 左右波形就会突然上窜，如此反复下去；

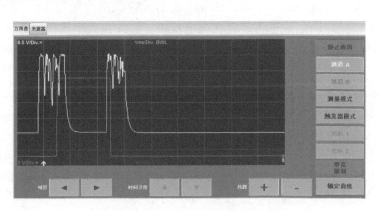

图 1-33　异常时 CAN-H 和风扇 PWM 信号波形 1

与此同时电子风扇也会随着波形的上窜而转动。其实图 1-33、图 1-34 是一样的波形，只不过它们的时基设定不一样，可以通过图 1-33 看到风扇脉动的开始情况，通过图 1-34 可以看出风扇运转的时间。

通过波形的分析可以肯定，在点火开关关闭后有 CAN 模块没有休眠（不一定是驱动 CAN 总线，因为其他 CAN 总线会通过网关影响到驱动 CAN 的运行）。这时我们只需要确定是哪个模块影响了驱动总线，用排除和脱离法会很轻松地找出问题模块。当把 ABS 控制单元的插头拔掉后，驱动总线的波形（图 1-35）立刻进入休眠状态，再检测 SB24 的电压为 0。

针对本案例的故障现象，确认了车辆 ECU 休眠又会突然唤醒，就应该按 ECU 不能休眠这个大方向去思考分析故障，而总线（总线上的节点）不能休眠是首先必须考虑的问题。车辆 ECU 正常进入休眠状态的时间，是根据车辆电控单元（ECU）的数量而定的，美系、日系车型在 5min 左右，

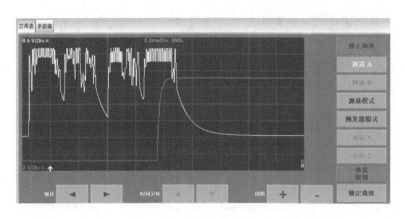

图 1-34　异常时 CAN-H 和风扇 PWM 信号波形 2

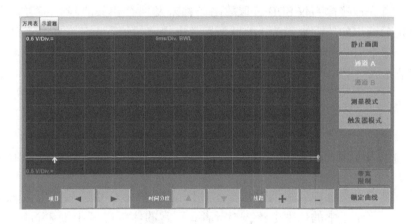

图 1-35　休眠时 CAN-H 和风扇 PWM 信号波形图

德国奥迪的电控单元有 120 多个，车辆 ECU 全部进入休眠时间需要 30min 左右。后来维修技师在本书作者的指导下对故障进行层层剖析与检查，通过插拔电控单元，找到故障的原因是 ABS 控制单元故障。至于电子风扇在车辆 ECU 休眠后为什么还会运转，这与 ABS 控制单元故障之间没有直接的因果关系，属于发动机 ECU 误判的结果。考虑现代车辆发动机工作时，正常工作温度提高到 90~105℃，发动机熄火后，风扇还会运转一段时间，将发动机温度降到 90℃（门限值）以下。

故障排除　综上分析得到真正的故障点是 ABS 控制单元。在检查确认 ABS 控制单元的 15#供电端能够受点火开关正常控制后，更换 ABS 控制单元，并做好制动液的排气工作后，再测静态电流为 20mA 左右。至此，故障被彻底排除。

维修总结　电子风扇的运转与 ABS 没有直接关系，但通过示波器检测到 ABS 始终不能进入休眠状态，并且通过总线向外发送信息。发动机控制模块接收到信息误认为是某模块（如空调控制模块）请求风扇运转的指令。另外，如果不是修理人员之前做了大量的失败工作，本书作者在维修时肯定也会冒失地更换发动机控制模块。

技巧点拨：作为维修人员，在维修比较复杂的故障时，思路一定要清晰，对故障现象的分析要准确，不能盲目地换件，检查维修某系统之前，一定要搞清楚该系统的工作模式，分析是哪个方面出了问题。依照由简单到复杂、由高频（故障率）到低频的原则进行检查和维修。即使一开始没有找到正确方向，随着维修的深入，也一定能找到真正的故障点。

九、路虎神行者 2 不能起动

故障现象　一辆路虎神行者 2，配置 2.2T 柴油发动机，行驶里程为 76087km。车主描述车辆放置一夜后不能起动，蓄电池换过两块了，还是没解决问题。

故障诊断　根据车主描述，接车后把车放置一个下午，测量蓄电池电压为 10.34V，并且车辆已经无法起动，初步诊断该车存在严重的漏电现象。

首先连接诊断仪 SDD 读取故障码，未发现有相关故障。接着检查休眠电流，等待电流稳定后读出的休眠电流为 1.67A，远超出规定的休眠电流，说明车辆的确存在严重漏电。

哪个用电器会漏电呢？根据以往的经验，中央显示屏漏电现象比较常见，休眠电流也很大，可能是放一夜就不能起动的原因。拆掉中央显示屏，电流变成了 1.42A，说明问题不在显示屏。

继续选择断开熔丝的方法，然后对比断开前后电流表的读数。当拔掉 CJB 上 F27 一个 5A 的熔丝时，读数降到了 0.62A。通过查找电路图，发现 F27 是空调模块的供电，难道是空调系统漏电吗？进一步分析，假设空调系统漏电的话，漏电的点应在：① 模块本身；② 用电器，比如鼓风机、风门电动机等。把空调系统的用电器逐个验证一遍，都未发现漏电现象，可是为什么拔掉空调系统的熔丝电流会变小呢？

维修人员意识到可能被误导了，因为拔掉 A/C 熔丝后，电流表的读数为 0.62A，这个电流并不是正常的休眠电流，神行者 2 正常的休眠电流小于 25mA。而且之前拔掉中央显示屏的时候电流也降了一点，也就是说可能存在多个模块不休眠。也可能是由于某个模块出现问题，然后它向整个车身网络发出信号，阻止整个车辆的模块休眠。重新查看电路图，着重查看空调模块所在的中速 CAN 模块网络，如图 1-36 所示。

根据电路图发现空调模块在整个网络中很特殊，因为它不是终端，网络线有进有出，也就是相当于一个中间网络线，这就不难理解为什么拔掉空调模块比拔掉中央显示屏后电流下降得多了。那么现在检查的重点就在中速网络中的几个模块了：驾驶人侧车门模块、前排乘客侧车门模块、无钥匙模块、中央显示屏和 CJB。接下来分别拔掉各个模块，当拆掉前排乘客侧车门模块时发现插头处已进水腐蚀，打开模块发现模块内部有锈迹，如图 1-37 所示。看来问题就在这里，找一个同型号的模块更换后检测电流为 13mA，电流正常。车辆放置两天一次就能起动，问题解决。但为什么插头会有水呢？检查车门，没有发现漏水现象，与车主沟通后得知该车为二手车，不清楚以前的使用情况，只能建议车主今后使用中注意观察。

故障排除　更换前排乘客侧车门模块，编程，试车，故障排除。

技巧点拨：该车的故障是一个典型的漏电故障，检测过程几经波折。但是事后总结，如果能对该车的电路图更熟悉一点，就不会走这么多弯路。这就要求我们平常多积累，多总结，遇到问题时思路打开一点，效率就会更高一点。

第一章 汽车电气系统实用维修技能与技巧

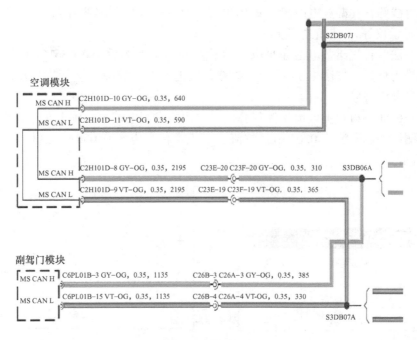

图 1-36 电路图

图 1-37 模块内部有锈迹

十、进口大众夏朗漏电故障

故障现象 一辆进口大众夏朗，配置 CDAA 发动机及 PQE 变速器，行驶里程为 47893km。车主反映车辆在不使用的情况下，在车位上停放三天就无法起动。

故障诊断 接车后按通常处理这类故障的检测程序，首先用万用表测量了蓄电池电压，检测结果为 9V，电压过低。

究竟什么原因引起蓄电池电压过低呢？根据故障现象初步分析，故障原因大概有以下几种情况：①蓄电池老化导致；②停车时驾驶人忘了关用电器（小灯等）而导致蓄电池放电；

29

③电器和用电线路存在漏放电故障（如内顶灯、收音机、控制模块等）；④不规范的外加装电器（行车记录仪等）；⑤充电线路故障。

采用排除法，首先给蓄电池充足电，然后停放一个晚上后用 VAS6161 检测蓄电池的功能状态，结果为良好，如图 1-38 所示。既然蓄电池不存在故障，接下来的重点就是检查车身装置是否有漏电现象。

连接 VAS6150，再接上电流检测仪，同时关闭所有用电装置，锁上车门和机盖锁。等待半个小时后测试静态电流为 0.026A，数值小于正常休眠电流 0.030A，这样的电流为正常，如图 1-39 所示。

图 1-38　蓄电池功能状态

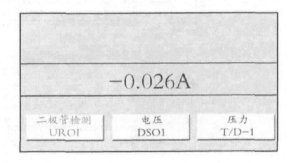

图 1-39　静态电流值

此时有一点疑问，蓄电池良好，车身也没有漏电现象，那蓄电池电压是怎么衰减的呢？难道真的是忘了关用电器才导致放电的？打电话给车主，经询问排除了此可能，那究竟是怎么回事呢？或许还是线路问题，有可能是哪一根导线磨损，造成意外搭铁引起漏电。随后检查了线路，拆开熔丝盒盖仔细观察，果然发现此处额外加装了行车记录仪的电源线。

为了查证加装的线路是否合理，对接在熔丝盒上的线束进行了测量。一根是搭铁线，两根火线一根接点火开关控制的 15 号线，一根接常火线。在思考时忽然想到，这根常火线是供该型号行车记录仪在车内无人状态模式下自启动的供电线路，难道问题出在这里？

图 1-40 所示为点火开关控制的 15 号电源，以及 30 号常火电源。为了证实这个想法，坐进车里，关掉所有用电装置进行测试。等了 40min 左右，果不其然，行车记录仪自启动了，如图 1-41 所示。此时观察到的静态放电电流为 0.465A，远大于正常的休眠电流 0.030A。图 1-42 为行车记录仪在自启动时的电流。

故障排除　故障原因找到了，那就是行车记录仪自启动模式在工作，造成蓄电池的过放电。

解决这个问题的唯一办法就是不让行车记录仪自启动，和车主进行电话沟通后，技师把两根火线都接在点火开关 15 号电源上，关上点火开关的同时，切断了自启动模式的电源，隐患排除。

图 1-40　熔丝盒

图1-41 行车记录仪自启动

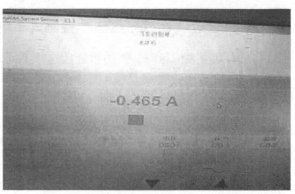

图1-42 行车记录仪在自启动时的电流

技巧点拨：检查车身漏电看似简单，实际操作并不容易，不能只看表面。认真分析故障原因的同时，要注重对车主的问询，以免遗漏意外的特殊情况，这样才能找出故障根源，彻底解决问题。

第三节　"逐点电压法"检测电路

一、什么是"逐点电压法"

在图1-43中，如果灯泡不亮，一般的检测方法是：首先用万用表检测A点和E点之间的电压，如果电压为0，则说明蓄电池故障；如果电压为12V，表示蓄电池工作正常；接下来就要检测B点和E点之间的电压，B点是经过熔丝的检测点，如果B点和E点间的电压为0，表示熔丝熔断；如果电压正常，我们再接着往下测量，依次是C点和D点；当我们检测到

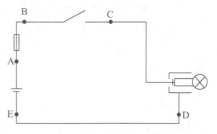

图1-43 灯泡电路示意图

C点有电压，而D点电压为0，而且灯泡不能点亮，表明C点到D点之间的电路出现故障，包括灯泡烧坏、灯座接触不良、C点到D点间的导线断路等；再进一步检测灯泡、导线的电阻，直到确认具体的故障点，再进行更换或修理。

在图1-43的电路中，还有可能出现一种情况：D点和E点间的电压为12V。D点相当于灯座的外壳，它与蓄电池负极之间有12V电压，灯泡肯定不能点亮，因为灯泡的正极（C点）是12V，负极（D点）也是12V，没有产生电压降，也就不会有电流，当然不会点亮。但是问题出在哪呢？只有一种可能，就是从E点到D点之间存在断路，造成电流无法流回到蓄电池负极，因此灯泡不能点亮。

技巧点拨：利用万用表，从电源的正极开始，依次检测电路中各元器件的检测点，根据电压的变化找到故障点的检测方法，我们称之为"逐点电压法"。这种检测方法可广泛应用于汽车电路的检测。

二、通过"逐点电压法"检测汽车电路的方法

在用万用表测量时,要尽可能地选择不同的搭铁点作为负极测量点。这样不但可以快速检查出搭铁不良的故障,而且能减小测量误差。

在检测电压精度比较高的元器件时,万用表的负极应尽可能地与蓄电池的负极直接相连。因为在实际工作中,使用"逐点电压法"检测电路时,实际测得的电压与理论电压会存在一定的偏差。在实际电路(图1-44)中,导线上存在电阻,而且为了方便安装每个元件,实际的汽车电路中必然有很多插接件,而这些插接件必然存在接触电阻。在电流通过这些存在电阻的导线和存在接触电阻的元器件时会产生一定的电压降,因此在完整

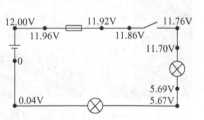

图1-44 实际电路不同测量点上的实测电压

的汽车电路中,尤其是电流较大的电路中,从蓄电池正极开始,依次经过熔丝、开关、负载以及中间的导线等,实际的电压是在逐渐降低的。在实际电路中,即使中间无负载,每个检测点的电压也都不相同,并且离蓄电池正极越近电压越高,离蓄电池负极越近电压越低。

另外,正常的车辆在发动机起动瞬间,蓄电池的电压会由12.5V降到10V左右。为什么会存在这种情况?普通铅酸蓄电池的内部是由铅板和电解液组成的,而铅板和电解液也存在电阻,当电流通过这些电阻时,也会产生一定的电压降。根据欧姆定律$U=IR$,当电流较小时,电压降也比较小,平时一般可以忽略。而发动机起动时的电流非常大,通常可以达到100A左右,由于蓄电池内阻而产生的电压降就会很明显。假设蓄电池的内阻为0.02Ω,起动电流是100A,那么蓄电池由于内阻产生的电压降就达到了2V。因此,在计算发动机起动瞬间相关检测点的电压时,应将蓄电池的内阻也考虑进去,否则实测值与计算值会存在较大的偏差。

技巧点拨:"逐点电压法"就是通过选择不同的检测点,根据不同检测点电压的变化来确定故障部位。

三、使用"逐点电压法"检测北斗星车型空调不工作故障

故障现象 一辆2004年生产的昌河北斗星,行驶里程15万km,打开空调开关后,开关上的指示灯正常点亮,但空调电磁离合器不动作,发动机转速也没有变化。在其他修理厂检修时,维修人员怀疑是发动机ECU故障。

故障诊断 接车后通过与车主沟通,认为发动机ECU损坏的依据不充分,应该先检查与空调系统相关的线路(图1-45)。

先检测空调请求信号是否送到了发动机ECU。开启空调后用解码器读取相关数据,数据流中没有空调请求信号,因此怀疑是空调开关到发动机ECU之间的线路存在故障。

在冷凝器左侧找到该车的空调压力开关,经过检查,发现压力开关的插头端子已变形、松动,经过处理后,确认其接触良好。测量在打开空调后,压力开关输入与输出电压都是2.7V。

打开空调后，从空调开关处测量，空调开关的信号线电压变成了 0.7V，再回到压力开关处测量，电压为 2.7V，试着将压力开关的线对地接通后，空调压缩机电磁离合器吸合。说明空调请求信号是负控信号，并且从压力开关到发动机 ECU 之间的连接正常，而且故障点在压力开关与空调开关之间。

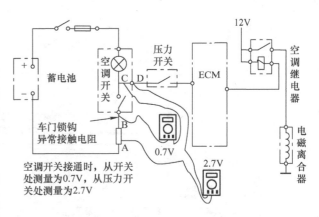

图 1-45　北斗星车型空调系统电路示意图

用万用表测量空调开关信号线（绿白线）到压力开关的绿白线之间的电阻为 0，显示正常导通。为什么正常导通的导线在不同的测量点得到的电压相差 2V 呢？分析认为可能是与测量时选择的搭铁位置有关。在测量压力开关时，选择的是蓄电池的负极，而在车内测量时，选择的是车门锁钩。是不是这两处存在电压差？于是，又用万用表测量车门锁钩与蓄电池负极间的电压，果然存在 2V 的电压差。这说明车身搭铁不良。

故障排除　从蓄电池负极接一根搭铁线到车身后进行试车。打开空调开关，空调电磁离合器工作正常。经过与车主沟通后得知，可能是上次做钣金维修时没有安装车身搭铁线，重新装好车身搭铁线后，空调不工作故障被彻底排除。

> **技巧点拨**：使用"逐点电压法"检测，需要特别注意用万用表测量时，要尽可能地选择不同的搭铁点作为负极测量点。这样不但可以快速检出搭铁不良的故障，而且能减小测量误差。

四、使用"逐点电压法"检测别克陆尊车型中控门锁故障

故障现象　一辆别克陆尊 GL8 的中控门锁开关不工作，故障原因是从左前门电动车窗开关总成上的开门和锁门开关到车身 ECU 之间的导线产生了额外的电阻，使电子信号不能有效地传递到车身 ECU 内部，造成左前门电动车窗开关不能正常控制门锁。原车的线路图如图 1-46 所示。为了方便分析问题，将其中的相关部分改画成图 1-47 所示原理图。

故障诊断　通过图 1-47，结合实际电路，认为从左前门开关处测量最方便。测量开关上的各点电压，发现两个信号脚的电压是 12V，而且按下锁门键时电压由 12V 变成 0，但门锁不动作；按下开门键时，电压也由 12V 变成 0，门锁也不动作。由此，怀疑这个 12V 电压可能来自车身 ECU。既然测量到了电压的正常变化，是不是可以确认车身 ECU 损坏？

经过进一步检查，在按下锁门或开门键时，发现在车身 ECU 处测量这两根信号线上的电压没有变化。再用万用表测量这两根信号线从车身 ECU 到开关之间导线的电压，在 10V 左右，且不稳定，时大时小。很明显，这段线路存在接触不良的情况。

通过进一步拆检，发现在前排乘客侧的地板下面，线路因为驾驶室进水而被腐蚀。而被腐蚀的地方因为水的导电性，把电压传递到了开关上，而在操作开关时，信号并没有传递给车身 ECU，导致门锁不动作。

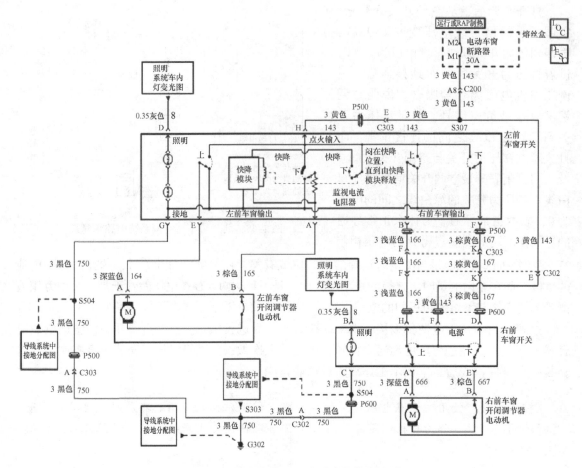

图 1-46　别克陆尊 GL8 电动车窗控制电路

故障排除　本案例中，只有站到车身 ECU 的角度判定是否有正常的信号送来，才能确定是否输出门锁动作的控制信号。即在 A 点或 B 点收到由 12V 变成 0 的信号时，车身 ECU 才会响应操作。而不是在左前门开关测量到了信号，就一定会有信号送到车身 ECU 内部。在这一阶段，关注点要进入 ECU 内部，并熟悉其工作原理，才能有正确的方向。

技巧点拨：利用"逐点电压法"检测相关电路故障，重点要明确逐点测量相关电路的操作方法。

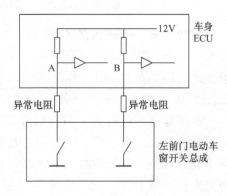

图 1-47　别克陆尊 GL8 电动车窗电路原理图

五、使用"逐点电压法"检修捷达数据流中冷却液温度显示异常故障

一辆 2009 款捷达，散热风扇不转。在检修该车时，发现散热风扇开始工作时，数据流中冷却液温度传感器的温度为 55℃，但用红外线测温仪检测，实际温度为 90℃，用解码器

读取故障码，显示系统正常。

风扇运转正常，散热系统没有问题。再进一步测量冷却液温度传感器的电压和电阻，均显示正常。为了确认故障部位，更换了一个新冷却液温度传感器，实际情况没有变化，当风扇转动时，数据流中仍然显示为55℃。

是不是传感器与ECU不匹配？因为捷达车型的ECU型号众多，而且该车的温度传感器之前已经换过，为了验证，找来一辆同型号的捷达，把正常车的ECU装到故障车上，从故障车的数据流中看到实际风扇开始工作时冷却液温度为90℃，说明原车的线路没有问题，传感器没有问题。难道是故障车的发动机ECU损坏了？

将故障车的ECU装到正常车上，检测数据流，发现风扇转动时数据流中冷却液温度传感器的温度数据为90℃。看来ECU也没有损坏。再把故障车的ECU装回到故障车上，再次查看数据流，发现在风扇转动时数据流中显示的冷却液温度为90℃。这时怀疑是ECU软件的问题，软件发现冷却液温度传感器异常后，就不再响应冷却液温度传感器，而恢复正常的数据。

后来再次分析这个问题时发现了疑点：当时没有测量冷却液温度传感器的负极信号电压。冷却液温度传感器插头负极接触不良、发动机ECU端冷却液温度传感器的负极有不正常接触电阻，以及从冷却液温度传感器负极到发动机ECU之间的导线存在接触不良都会导致这种故障。在分析问题时只考虑了一个方面，而忽视了冷却液温度传感器的负极情况。

为便于理解，将上述思路通过图1-48所示的电路示意图表示出来，在正常冷却液温度传感器的负极串联了一个异常接触电阻，造成实际的发动机ECU冷却液温度传感器正负两端子的电压比正常值高，最终造成A点电压升高，而发动机ECU内部的A/D转换器输出的数据也比正常冷却液温度低，而这一偏低的数值再经过解码器的数据流显示出来。

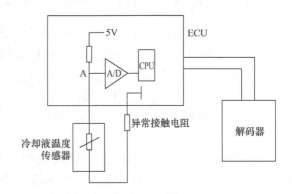

图1-48 捷达冷却液温度传感器电路示意图

对于上述故障，可以利用逐点电压法进行检测，把万用表的负极表笔接到蓄电池负极，然后沿冷却液温度传感器的线路逐点进行检测。冷却液温度传感器负极有两种可能：一种是电压为0，一种是电压为0.6V。在检修过程中，已经确认从冷却液温度传感器负极到发动机ECU之间的线路电阻小于0.1Ω，因此只剩下冷却液温度传感器插头是否存在接触不良，或是冷却液温度传感器插头负极与发动机ECU接脚之间是否存在接触不良。如果电压是0.6V，则说明ECU插头存在接触不良；如果电压为0，则说明冷却液温度传感器负极与线束插头之间存在接触不良。用万用表从线束插头背面测量冷却液温度传感器的电阻，一定比正常值大，这样就可以锁定故障范围。

对于综合修理厂，往往缺少标准的检测数据。平时注意搜集和积累这些数据，会为以后检测同类故障提供方便，并大大缩短诊断时间。

表1-2是捷达冷却液温度传感器的检测数据，通过表中数据可以确定冷却液温度传感器

是否出现性能漂移,并且通过电压可以用来判断冷却液温度传感器与发动机 ECU 内部上拉电阻之间的对应关系,进一步提高诊断的准确性。

表1-2 捷达冷却液温度传感器检测数据

温度/℃	电阻/Ω	电压/V	温度/℃	电阻/Ω	电压/V
52	100	0.107	30	1000	0.800
51	150	0.157	19	1500	1.06
48	200	0.206	9	3000	1.63
45	350	0.335	4.5	4000	1.88
37	600	0.530	-1.5	5000	2.15

技巧点拨:用"逐点电压法"检测捷达冷却液温度传感器,通过测量不同点参数的异常得出冷却液温度传感器故障的部位。

第四节 汽车电路电压降的检测

一、电压降对汽车电器工作性能的影响

所谓电压降,是指电流流通时,在电阻两端形成的电位差。根据欧姆定律 $U=IR$,当电路的电流一定时,电压与电阻成正比,即在大阻值电阻上形成的电压降大,在小阻值电阻上形成的电压降小。在维修实践中,由于电路连接不实和搭铁不良引起的电压降比较常见。理想的搭铁端应该是零电位、零阻抗的平面物体。但是,因此搭铁端的特点和材料的物理性能不同,决定了没有理想的搭铁平面,所以在汽车电气系统中,线路上总是存在一定的电压降。

一般来说,线路的电压降应当不超过电路电压的3%。例如在12V电路中,最大电压降不能超过0.36V,剩余的97%电压(11.64V)应该有效用于电器负载。

1. 造成起动机运转无力

电压降对汽车起动性能的影响最为明显。在起动电路中,不但起动机本身会产生电压降,熔断器两端也会产生电压降。若起动电路的电压降过大,流过起动机的工作电流必然减少,将造成起动机运转无力,甚至导致起动机不能转动,这样的例子不胜枚举。起动电路电压降过大的典型表现是:起动机电磁线圈发出"咔嚓、咔嚓"的响声。起动电路经常出现电压降导致起动机运转无力的部位如图1-49所示。

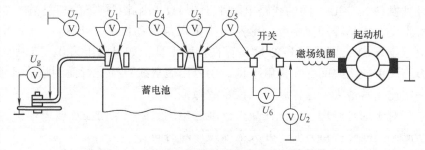

图1-49 起动电路接触不良产生电压降部位

2. 导致发动机动力不足

一辆丰田凯美瑞轿车，出现发动机动力不足、加速有时"回火"的故障。检查燃油系统压力和进气歧管真空度，都在正常范围内。用点火正时灯检查，点火时刻准确。用示波器检查点火波形，各缸都正常。再用示波器检查喷油器的波形，发现喷油器在工作中出现了 5V 的电压降。这说明在喷油器的供电电路中可能存在虚接现象，致使流过喷油器电磁线圈的电流减少，磁力下降，喷油器针阀打开的速度变慢，喷油量减少，从而导致发动机动力不足和加速时"回火"。对喷油器供电电路的虚接部位进行修理之后，故障被排除。

3. 造成仪表指示失常

一辆哈飞民意汽车，车主反映冷却液温度过高，冷却液温度显示在 8 到 10 格之间跳动。测量发动机的实际冷却液温度为 80℃，说明冷却液温度显示"假高"。检查冷却系统，无漏液；风扇传动带的张紧度和风扇运转均正常。测量冷却液温度传感器的电阻和电压都正常，检查节温器和水泵也正常。清洗了散热器，更换了气缸垫及组合仪表（怀疑仪表内的 CPU 损坏），都未解决问题。无意中接通前照灯，发现冷却液温度的显示一下子增加了 3 格，迅速达到顶点（冷却液温度显示应该一格一格递增）。于是检查各搭铁线，最后发现蓄电池负极至车架的搭铁线接合面锈蚀，固定螺栓已经松动。经过除锈处理并紧固螺栓后试车，冷却液温度表指示在 5 到 7 格之间变动，故障彻底排除。

由于搭铁线松动，加上汽车运行中的振动，使在搭铁点处形成的电压降飘忽不定，有时还会引起汽车低速行驶时发动机冷却液温度显示低、高速行驶时发动机冷却液温度显示高的怪现象。

4. 导致数据通信中断

引起汽车串行数据传输故障的常见原因之一是电路接触不良。目前有越来越多的轿车电子控制系统采用 CAN 数据总线交换信息，如果因为电压降过大引起工作电压低于 10.5V，会造成一些对工作电压敏感的控制模块暂时停止工作，使整个汽车的多路信息传输系统出现短暂无法通信的现象。例如发动机 ECU 或防盗控制模块瞬间从车载网络系统中退出，使发动机 ECU 与防盗控制模块之间的通信中断，随之记录防盗系统触发的故障码，并且表现出与防盗系统锁死相似的故障现象，而真正的故障原因却是线路接触不良引起的电压降。

> **技巧点拨**：线路上电压降的产生，主要有导线固有的电阻（特别是导线过细时）和电路连接端（包括搭铁端）接触不良这两种原因。

二、电压降的线路检测

对线路的电压降进行检测有以下方法：

1）通过感官检查。若使用仪器测量电缆的电压降比较麻烦，可以用手触摸电缆（包括接头），感觉哪个部分发烫，这个发烫的部位就是电阻过大之处。例如起动发动机时，检查搭铁线是否温度过高，搭铁处是否有烧热的迹象。

2）摇车起动发动机检查。如果在手摇柄与保险杠之间出现火花，大多数为发动机与车架之间的搭铁铜带线接触不良。这种情况往往发生在汽车大修之后，可能原因是搭铁处未刮净防锈油漆。

3) 采用"模拟振动法"检查。对于怀疑接触不良的部位，如图 1-50 所示，可以在垂直方向和水平方向轻轻摆动线束，模拟汽车运行时的振动状态，同时观察相关部件的反应。如果挪动某一导线时故障再现或故障消失，说明该导线连接点存在虚焊、松动、接触不良或导线断裂现象。

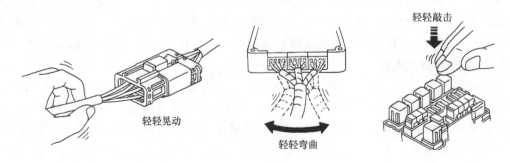

图 1-50 "模拟振动法"检查

4) 使用万用表测量。选择万用表的直流电压档，起动发动机，将红表笔接触发电机的输出端，黑表笔接触发动机的机体，测出一个电压值；然后将红表笔接触发电机的输出端，黑表笔接触车架，再测出一个电压值。在正常情况下，这两个电压值应该是一致的。若前者数值大，后者数值小，相差 0.5V 以上，说明在发动机机体与车架之间存在 0.5V 以上的电压降，它是由发动机机体搭铁不良引起的。

也可以使用万用表的直流电压档检查起动机外壳的搭铁状况：起动发动机，用万用表的红表笔接触起动机的外壳，黑表笔接触蓄电池的负极桩，如果测得的电压降为 0.2～0.3V 或更高，说明起动机的外壳搭铁不良。

测量蓄电池电缆电压降的方法：使用万用表的直流电压档，红表笔与正极电缆的起动机端相接触，黑表笔与正极电缆的蓄电池端相接触，起动发动机，表上的读数就是该电缆的电压降，其值应不超过 0.2V。如果超过 0.2V，说明电缆的电阻过大，应当更换。起动电路电压降的检测部位及相应电压降如图 1-51 所示。

5) 采用测试灯进行动态检测。使用万用表测量电压和电阻虽然比较简便，但是这样的检测只是静态的，

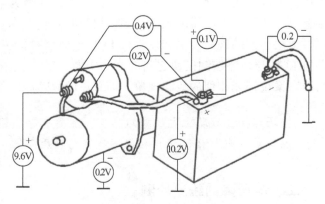

图 1-51 起动电路电压降的检测部位及相应电压降

可能无法准确地判定故障。比较理想的方法是在用万用表测量之后再用有负荷的 LED 测试灯加以验证。若测试灯发暗（发光很弱），说明是"虚电"现象，该电路存在电压降，这样可以避免因"有电压无电流"而影响检测进程。例如检测点火线圈的供电，有时用万用表静态测量其电压，能够达到蓄电池的电压值，但是在汽车运行时由于电器负荷增大，点火线圈可能无法达到正常的电压。其中原因之一就是线路接触不良，导致接触电阻增大，引起了

电压降。因此，最好用测试灯进行有负荷测试，如果线路的接触电阻很大，测试灯的亮度会下降。总之，用测试灯进行动态测量更加有效。

如果对什么地方可以使用测试灯，或者对测试灯灯泡的功率没有把握，也可以不使用测试灯，改为在不断开车上用电器插接器的情况下测量供电电压，这种不断开负荷的测量方法有助于准确判断故障原因。

6）采用示波器检测。这种方法最科学。一般来说，搭铁线上的电压降最大不能超过0.2V，如果搭铁线上的电压降过大，有可能导致ECU控制异常。

技巧点拨：检测线路的电压降的方法有多种，在实际检测应用中，可根据实际情况选择相应的方法进行检测。

三、减少线路电压降的措施

减少线路电压降有以下措施：

1）为了确保线路各连接处、搭铁处可靠接触，可以用细砂纸打磨连接部位，将锈蚀物清理干净，然后涂上专用的导电胶，最后拧紧固定螺栓。

2）电器各插接器一定要连接到位，然后使用锁紧装置锁紧。

3）不要使用高压水洗车（图1-52），特别是对电子器件，否则很容易在连接处积水而形成腐蚀。

4）为了确保起动机有足够的工作电压和电流，可以采用重复搭铁的方式，即另外用一根比较粗的电缆，一端接在起动机附近的车架上，另一端接在起动机下的固定螺栓上，目的是减少起动电路的电阻，防止因搭铁不良引起电压降增大而降低起动电流。如果在维修中拆下了这根搭铁线，要注意予以装复。

图1-52 高压水洗车

5）尽量使用较短的导线连接电路，每根连接导线的电阻值应控制在0.5Ω以下。

6）起动机和大多数发电机都是依靠安装件（例如安装架、固定螺栓等）来组成搭铁回路的，因此在检查交流发电机传动带的张紧度或更换起动机零件时，务必保持安装件的可靠连接。如果装配部件松动，会在松动处产生电压降，发电机将不能向其他用电设备提供满负荷输出，起动机可能无法起动发动机。

7）对于因暴雨进水及因其他情况导致车内进水的汽车，要特别注意检查各电器插接器是否进水和氧化。如果插接器已经变色，应当用除锈剂和无水酒精加以清洗，然后用电吹风吹干，再将其连接牢靠以尽量减小接触电阻和电压降，严重锈蚀的需更换全车线。

技巧点拨：减少线路电压降的措施需要在平时对车辆的维护保养中加强检查，注意保养。

四、诊断排除汽车线路电压降故障实例

1. 汽车线路的电压降

一条完整的汽车电路,不仅要有足够的电压,还必须具有良好的接地,才能构成正常的工作回路。如果电路中供电或接地回路连接不实,哪怕只是一个并不引起人们重视的 0.01Ω 的电阻,轻则使负载部件出现欠电压现象,重则会引发电路系统中许多"奇特"的故障。例如:这 0.01Ω 的电阻发生在起动电流为 200A 的起动线路中,根据欧姆定律它将会导致一个 2V 的线路电压降($200A \times 0.01\Omega = 2V$),轻则使起动机效率下降,重则导致发动机转速降低和转速传感器正弦波幅值降低,因而不足以引发 ECU 产生触发信号而不能起动。如果发生在电子控制系统,由于系统中传感器及执行器的触点、插接器和接地点等部位都是产生线路电压降的源泉,则其故障率更高。

汽车电子元件的可靠性是很高的,一般不会轻易出现故障。在日常工作中所遇到的电控系统故障,尤其是一些"疑难杂症",其中很大一部分都与出现在电路的供电回路或接地回路上的电压降有关。其具体形成原因不外乎是连线松动、脱落、搭铁端断开、松动和腐蚀,以及连接件接触不良等。

为此,在汽车维修规范与有关标准中特别指出,当对线路电压降有怀疑时,必须用动态电压降测试法,对电路的供电回路和接地回路进行检测。其测试方法是:在线路处于满负荷正常运作状态下,通过万用表的电压档,将表笔的正极端接在电器设备连接蓄电池正极的一端上,表笔的负极端接在负极接地点,通过测量线路中电流的流动对负载部件(或电子元件)引起的线路电压降来发现故障的部位。对于一般线路电压降的标准有如下规定:

1)整车电路总的线路电压降(在不计接触电阻的情况下)应小于 0.8V。
2)起动机线路每 100mA 电流产生的线路电压降一般应小于 0.015V。
3)发电机处于额定负载时的线路电压降应小于 0.3V。
4)接线或电缆的线路电压降应小于 200mV(大负荷导线或线径为 D6、D8 的电缆线路电压降一般应小于 300mV)。
5)开关的线路电压降一般应小于 200mV,电磁阀的线路电压降应小于 300mV。
6)电控单元的线路电压降一般应小于 50mV。
7)传感器的线路电压降一般为 0~50mV。
8)插头的线路电压降一般为 0V,接地线的线路电压降应小于 100mV。

据此,在日常电路系统故障诊断中,测试线路电压降是一种便捷而精确的故障诊断方法,一旦掌握了这种方法,一定会收到事半功倍的效果。

2. 汽车线路电压降故障的维修实例

案例 1　发电机输出电源线接触不良引发的蓄电池经常亏电

一辆雅阁轿车蓄电池经常亏电,发动机起动困难。检查中发现在发动机起动的瞬间,仪表板上所有的灯都会变暗。检测怠速时蓄电池极柱电压为 12V,加速时电压为 12.6V,而发电机输出端电压则为 14.2V。由于该车发电机和蓄电池都是刚换的新件,故排除发电机与蓄电池的因素。对其进行了线路电压降测试,确认为充电线路接触不良。于是顺着充电线路查找,最后在熔断器盒处,发现在蓄电池连接座上的两个固定发电机输出线的螺柱严重锈蚀。拆下打磨并拧紧后,怠速工况下的蓄电池电压随即升至约 14V。

案例 2　电磁开关触点接触不良引发的起动困难

一辆丰田轿车，起动机与蓄电池均正常，但起动机运转无力。用万用表接入起动机电源端对其进行线路电压降测试，发现起动机在起动时，电源电压突然从 12V 降至 8V，说明起动机无力是由于线路电压降带来的欠电压造成的。于是，按照起动线路顺序逐一进行检查，最后发现是由于电磁开关触点接触不良，产生的动态电阻造成的起动线路电压降所致，修复后故障排除。

案例 3　燃油泵插接器进水后形成的铜锈（氧化层）引发接触不良，发动机加速无力

一辆日产千里马轿车加速无力。检测怠速时燃油压力为 210kPa，偏低（标准值为 250kPa），开始认为是燃油泵压力偏低造成的，但燃油泵是刚换的新件，后确认为线路问题。于是拆下燃油泵插接器检查，结果发现插接器内布满进水后形成的铜锈，经打磨处理后故障排除。

案例 4　接地线螺栓未拧紧引发发动机无规律熄火，加速不畅

一辆雅阁轿车，曾因水管漏水造成高温拉缸，对发动机进行了大修。出厂不久，出现发动机怠速抖动、加速不畅和无规律熄火故障。调取故障码，无故障码输出，检查燃油压力和高压火花，均正常。最后经线路电压降检测，确认为接地回路故障。于是对发动机、车身及 ECU 上的接地回路进行彻底检查，最后发现在发动机进气歧管附近（靠近制动真空助力器处）的一个接地线固定螺栓松动，这是维修人员在发动机装车时仅用手拧上几扣，忘了拧紧。将该螺栓拧紧后，故障排除。

案例 5　发动机 ECU 接地线断路引发的不能起动

一辆丰田陆地巡洋舰越野车，在途经一段不平路面时突然熄火后无法起动，打开点火开关故障指示灯也不亮。考虑到这是突发性故障，电控系统故障的可能性不大。于是直接对其进行了线路电压降测试，经测试确认是接地回路故障。顺着线路检查，最后在拆下仪表板右侧下护板时，发现 ECU 壳体与车身连接的一根接地线固定螺栓已经松脱。恢复后，打开点火开关，故障指示灯自检状态点亮，发动机顺利起动。

案例 6　点火低压电路接地不良引发发动机不能起动

一辆切诺基越野车不能起动，拔下高压线对气缸体试火，无高压火花，表明故障在点火系统。于是逐一对点火线圈的一次侧及二次侧电路电阻和信号发生器等元件进行了常规检查，均正常，但仍不能起动。后经线路电压降测试，确认为点火系统低压线路接地回路故障。于是，顺着点火线路对点火系统相关连线的连接部位进行了检查。最后发现在分电器内的一根低压接地线固定螺钉松动，拧紧后发动机顺利起动。

> **技巧点拨**：汽车的线路电压降随处可见，由此而产生的故障给诊断工作带来了很多不必要的麻烦和困难，在汽车的故障诊断与电路的维修过程中，一定要高度重视汽车线路电压降，才能不断提高故障诊断水准。

第二章

蓄电池实用维修技能与技巧

第一节　蓄电池的使用与维护

一、蓄电池的正确拆装

车用蓄电池内部电阻很小，一旦发生短路就会形成大电流放电，不仅损失电能，而且还有烧坏电缆或电器线束的危险。因此，在安装蓄电池时，应先连接正极电缆，后连接负极电缆（图2-1）。这是因为如果先连接负极电缆，那么，在连接正极电缆时，扳手万一搭铁就会导致蓄电池短路放电。同理，在拆卸蓄电池时，应先拆卸负极电缆，后拆卸正极电缆。

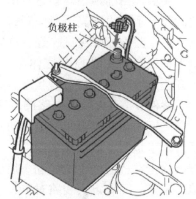

图2-1　后连接蓄电池负极电缆

（1）蓄电池的安装

将蓄电池安装到汽车上时，应按下述程序进行：

1）检查蓄电池型号规格是否适合该型汽车使用。

2）检查电解液密度和液面高度是否符合技术要求，如不符合则应予调整。

3）根据正、负极柱和正、负极电缆端子的相对位置，将蓄电池安放到固定架上。

4）将正、负极电缆端子分别与正、负极柱连接（**注意**：先连接正极电缆，后连接负极电缆）。

5）在正、负极柱及其电缆端子上涂抹一层润滑脂（或凡士林），以防极柱和端子氧化腐蚀。

6）安装固定夹板，拧紧夹板固定螺栓。

（2）蓄电池的拆卸

从汽车上拆卸蓄电池时，应先拆搭铁电缆，后拆正极电缆；如先拆卸蓄电池正极，一旦工具与车身金属部分相碰，将会引起短路，造成蓄电池损坏、工具烧损或车身搭铁部位烧损，如图2-2所示。拆卸时，若发现蓄电池接线柱螺栓锈蚀难以取出，切莫用锤子或钳子敲打，以避免极柱断裂、极板活性物质脱落。可用热水冲洗，再拧开螺栓，用夹头拉拔器将夹头取下，如图2-3所示。取下电池时应小心轻放，尽量用电池提把进行操作，如图2-4所示。具体拆卸步骤如下：

1）将点火开关置于关闭（OFF）位置。

2）拆下蓄电池固定夹板的固定螺栓，取下固定夹板。

3）拧松蓄电池正、负极柱上的电缆接头固紧螺栓，取下电缆（注意：先拆卸负极电缆，后拆卸正极电缆）。

4）从汽车上取下蓄电池。

5）检查蓄电池壳体上有无裂纹和电解液渗漏痕迹，发现裂纹和渗漏应予更换蓄电池。

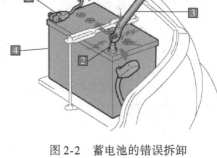

图2-2 蓄电池的错误拆卸
1—蓄电池负极（-）接线端子
2—蓄电池正极（+）接线端子
3—工具 4—蓄电池 5—接地点

图2-3 蓄电池极柱的拆卸及清理方法

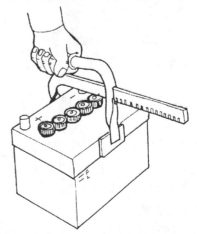

图2-4 蓄电池的搬运方法

技巧点拨：汽车蓄电池的拆装原则是拆卸先负后正，安装先正后负。

二、蓄电池极柱极性的正确识别

将蓄电池安装到汽车上使用时，需要将蓄电池的正极柱与通往起动机的电缆（即火线电缆）连接，将蓄电池的负极柱与搭铁电缆（即搭铁线）连接。在蓄电池充电时，需要将蓄电池的正极柱与充电机的正极连接，将蓄电池的负极柱与充电机的负极连接。因此，必须正确识别蓄电池极柱的极性，才能正确连接蓄电池电路。在蓄电池正极柱上或正极柱附近的蓄电池盖上标有"+"或"P"标记；在负极柱上或负极柱附近的蓄电池盖上标有"-"或"N"标记。对于使用一段时间后标记模糊不清难以辨别的蓄电池，可用下述方法进行判别：

1）观察极柱颜色进行判别。使用过的蓄电池，其正极柱呈深棕色，负极柱呈深灰色。

2）用直流电压表检测判别。将电压表的两个表笔分别连接蓄电池的正负极柱，按表针偏摆方向判断其正负极性。如表针正摆（即向右偏摆），则电压表的正极（红表笔）所连极柱为蓄电池正极；若表针反摆（即向左偏摆），则电压表的负极（黑表笔）所连极柱为蓄电池正极。

3）用电解方法进行判别。将蓄电池的两个极柱各连接一根导线，并将导线的另一端分别插入电解液中（注意导线端头切勿相碰），此时导线周围产生气泡较多者所连极柱即为蓄电池负极，产生气泡较少的为正极。

4）通过极柱粗细来判别。极柱较粗的为蓄电池的正极，极柱较细的为蓄电池的负极，如图2-5所示。

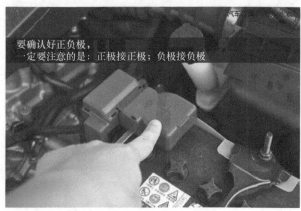

图2-5 蓄电池的极柱判别

5）通过使用一段时间后极柱上产生的氧化物判别。如图2-6所示，产生绿色的氧化物较多的是蓄电池的正极，较少的为负极。

6）外壳铭牌区分法。面对蓄电池外壳上的铭牌，铭牌右上方的极柱为正极，铭牌左上方的为负极。

7）根据蓄电池线所接的部件判别。正极接起动机的主接线柱，且正极一般有多根电源线引出，负极接车身或发动机的搭铁部位。

图2-6 通过氧化物的多少判断正负极

技巧点拨：蓄电池极柱的识别方法有多种，通过正确识别蓄电池极柱可以帮助我们获得多方面的信息。

三、防止行车过程中蓄电池的爆炸

1. 蓄电池的爆炸现象及产生的原因

蓄电池在充电的过程中，水被分解产生大量 H_2 和 O_2（图2-7），当这些气体不能及时从蓄电池内排出，或其遇到火花被点燃时，就会引起蓄电池爆炸。产生蓄电池爆炸的具体原因有以下几点：

1) 加液盖通气孔堵塞引起蓄电池内部压力变化过快。

① 若蓄电池极板严重硫化，在此情况下充电，单格电压及电解液温度会迅速升高，气泡产生快且剧烈；若加液盖通气孔堵塞，迅速膨胀的气体将会引起蓄电池爆炸。

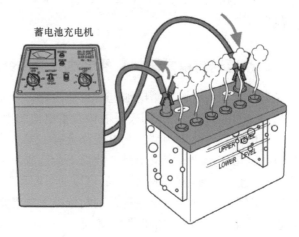

图2-7 蓄电池充电过程中的气体释放

② 蓄电池过充电时，也会使电解液温度迅速升高，产生的大量气体受热剧烈膨胀，如这时加液盖通气孔堵塞，将会使电池内部压力过大，导致蓄电池爆炸。

③ 若蓄电池加液盖通气孔部分堵塞，拆卸蓄电池正极柱时，不小心搭铁，导致蓄电池短时大电流放电，也会产生蓄电池爆炸。

2) 长时间大电流放电。由于冬季温度过低，电解液黏度大，渗入极板孔隙的速度减慢，蓄电池内阻增大。在放电时，内阻产生的电压降也相应加大，这样将会引起电解液温度迅速升高。另外，在经过大电流放电后，PbO_2 变成 $PbSO_4$ 时体积增大且机械强度增加，引起极板翘曲。如大电流放电时间过长，将致使蓄电池单格内膨胀剧烈而使蓄电池爆炸。

3) 可燃混合气被点燃。蓄电池在充电时，产生大量的 H_2 和 O_2。蓄电池连线不牢固，或在活接头处连线接触不良，或在拆卸蓄电池正极柱时不小心搭铁，都有可能产生电火花，如果这时周围环境通风不畅，混合气浓度达到了着火临界值，产生的火花将点燃可燃混合气，从而引起蓄电池爆炸。

2. 防止蓄电池爆炸应采取的对策

1) 定期清洗疏通加液盖通气孔。新蓄电池在启用时，一定要疏通加液盖通气孔。定期清洗蓄电池表面时，要把加液盖旋紧，防止污水、杂质落入电解液内。

2) 防止极板严重硫化。定期检查电解液液面高度和电解液密度，液面应以高出隔板上缘 10~15mm 为宜，不足时应添加蒸馏水。只有确知液面降低是由于电解液溅出所造成的，才允许添加密度相同的电解液，因为蓄电池在工作中，蒸发消耗的只是水。

3) 每次使用起动机时间不经过 15s，连续两次起动时，中间至少要间隔 30s，以避免蓄电池过度放电。

4) 蓄电池充电时，如果电解液温度超过 40℃，应减小充电电流；当温度超过 50℃ 时，应停止充电。另外，在充电过程中，应注意周围环境的通风以降低可燃混合气浓度。

5) 在使用蓄电池时防止电火花产生。要求蓄电池安装牢固，导线接头与蓄电池极柱连接紧固。蓄电池板柱和电线夹头上面如产生硫酸盐和氧化物，应及时刮除，并涂以润滑脂，防止蓄电池极柱和电线夹头锈蚀。

> **技巧点拨**：引起蓄电池爆炸原因有多种，要做到正确使用，才能更好地预防蓄电池爆炸。

四、通过简单方法判断蓄电池容量是否充足

日常使用中应该对蓄电池进行定期检查，可通过以下简单方法发现蓄电池的容量不足：

1）万用表。使用万用表只能检查蓄电池的电压，不能作为容量的测试。对有些已经损坏的蓄电池进行电压测试，其电压都会有12V，其损坏原因并不是蓄电池的单格损坏，而是极板孔隙堵塞，造成容量不足，故而不会造成蓄电池的电压下降。

2）经验。有经验的维修人员可以通过起动时发动机的转速，判断蓄电池还能不能继续使用，但是这种判断过于主观，判断依据无法告知客户，且判断正确与否与维修人员的水平有直接关系，故而无法推广使用。

3）观察窗。免维护蓄电池上面有观察窗，可以通过观测里面的颜色判断蓄电池的好坏。但是这种观测只是通过蓄电池里面的电解液密度和液面高度进行的一种粗略判断，只能判断蓄电池是否损坏，不能判断蓄电池的冷起动容量是否足够或能否继续使用。这里要区分"没坏"和"能用"的区别，观察窗显示没坏的蓄电池并不一定能用。

4）时间。通过使用时间来判断蓄电池能否继续使用，这种方法过于主观。不同的车主有不同的使用习惯，相同使用时间的汽车也有着不同的车况，因而蓄电池的使用寿命也会有很大的区别。但这种方法可以大致判断蓄电池的技术状况。

5）测试仪。用蓄电池测试仪能较好地检测出蓄电池的起动容量，从而判断蓄电池能否正常使用。

> **技巧点拨**：判断蓄电池容量是否充足的简单方法可以帮助我们快速地判断蓄电池的容量及使用寿命。

五、新型蓄电池维护和检修

为了满足多功能和自动控制的需要，现代汽车装备的电器设备越来越多，因此蓄电池对保障汽车运行起到越来越重要的作用。

1. 蓄电池的特殊功能

蓄电池的常规功能是为汽车起动机、点火系统和信号系统提供电能。除了众所周知的提供直流电和存储电能外，蓄电池还有一个鲜为人知的功能，那就是吸收和衰减瞬时尖峰电压脉冲，这种功能称之为"电容功能"。因此，可以说蓄电池是汽车上最大的电容器。性能不良的蓄电池不但无法使起动机正常运转，而且会缩短发电机和起动机的使用寿命。

2. 蓄电池的使用寿命

在过去，汽车蓄电池大多数只能使用2~3年。现如今，许多原装蓄电池可以使用7年或者更长的时间。蓄电池使用寿命的明显延长，归功于优良的制作材料和先进的制造工艺以及电控单元对充电系统的精确控制。例如，博世公司开发的起停系统采用了增强型AGM玻

璃纤维隔板蓄电池（图2-8），其使用寿命提高至普通蓄电池的3倍，同时低温性能提升约25%。

3. 蓄电池容量的表示方法

1) 中国和欧洲采用"安·时"（A·h）。这项参数是指蓄电池在低于规定电压之前，能够以一定的电流值连续放电的小时数，即"放电电流×放电时间"。

2) 美国采用"冷起动电流"（CCA）。CCA是指蓄电池在 -17.8℃时，电压高于7.2V之前能够连续提供的电流量。

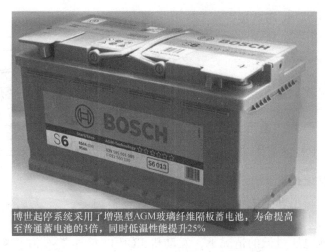

博世起停系统采用了增强型AGM玻璃纤维隔板蓄电池，寿命提高至普通蓄电池的3倍，同时低温性能提升25%

图2-8 博世公司的AGM玻璃纤维隔板蓄电池

3) 有的国家采用"起动电流"（CA）。CA是指蓄电池在0℃时，电压高于7.2V之前能够连续提供的电流量。

4. 消除蓄电池的"浮电"

对于状况较差的蓄电池，采用电解液密度法测试电容量时，电解液的密度会显示蓄电池的电容量偏低；而对刚充满电的蓄电池测试，电解液的密度会显示蓄电池的电容量偏高（不管实际的存电量如何）。换句话说，刚充满电的蓄电池，测出的存电量总是高于实际的存电量，这就是蓄电池的"浮电"。因此，比较可行的方法是，将刚充满电的蓄电池放置4h，然后再测量电解液的密度，这样能够真实反映蓄电池的存电量。

如果嫌4h太长，可以采取以下快速消除"浮电"的方法：使喷油器和点火系统都不工作，然后接通起动机15s，等待30s，再接通起动机15s，随后等待2min，让蓄电池的状态稳定以后，再测试电解液的密度。

5. 自制蓄电池电缆的接头

蓄电池电缆的接头很容易被腐蚀，但是不一定要更换整根电缆，维修人员可以自行制作电缆的接头，这样可以节省维修费用。最好采用电缆接头制作专用工具，这套组件中包含压接钳、割线钳和割刀。接头做好后，再套上一段收缩比为4/1的热缩管，使水分无法进入，还可有效地隔绝腐蚀性酸蒸气。另外，建议不要使用不锈钢制作蓄电池电缆的接头，因为它容易腐蚀，不如铝质接头好。

6. 蓄电池的正确维护措施

1) 使用小一字槽螺钉旋具和吸尘器，将蓄电池极桩处大块的腐蚀物刮除，再把蓄电池的连线拆开，采用少量热的食用苏打水清洁蓄电池壳、极桩和电缆的接头。

2) 对清洁后的极桩和电缆接头采取化学保护措施——涂抹一层薄薄的介电润滑脂。电缆连接到蓄电池极桩后，其外层可以涂凡士林，不宜喷涂防锈剂，因为多余的防锈剂会渗入电缆的接头内，这样会影响导电。

3) 经常检查和保持电解液液位的合理高度（图2-9）。

技巧点拨：新型免维护蓄电池的各方面性能参数与普通蓄电池有诸多的不同，在使用过程中更要注意其各方面的特征，以便延长其使用寿命。

六、蓄电池亏电对汽车性能的影响

1）造成发动机怠速不稳。对于装用怠速控制阀的发动机，在闭环控制状态下蓄电池亏电，会引起怠速偏离设定值，使发动机怠速不稳定。这是由于在蓄电池电压过低的情况下，发动机 ECU 的怠速学习值容易丢失的缘故。此时需要进行节气门组件与发动机 ECU 之间的匹配，操作起来比较麻烦。

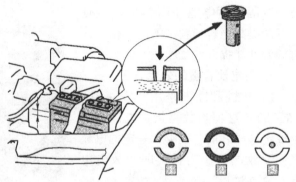

图 2-9　检查蓄电池电解液的液位
1—蓝色（正常）　2—红色（电解液不足）
3—白色（需要充电）

2）减少实际喷油量。由于喷油器针阀的机械惯性、电磁线圈的磁滞性及磁路效率的影响，任何喷油器从电脉冲施加给电磁线圈到针阀开启都需要一个"开阀时间"（图2-10），它是不喷射燃油的无效时间，这个时间的长短受流过喷油器电磁线圈电流大小的影响。因此喷油器针阀实际打开的时间要比 ECU 控制喷油器通电的时间晚，这意味着针阀打开的延续时间比 ECU 计算的时间短，致使喷油量不足。蓄电池的电压越低，这种滞后的时间越长，对喷油量的影响就越大。

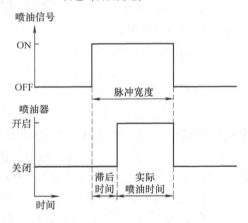

图 2-10　喷油器喷油的滞后时间

3）削弱点火能量。这是由于电源的电压越低，点火线圈蓄能的时间越长，点火器闭合的时间相对较短，如图 2-11 所示。

4）造成电子防盗系统失灵。其故障现象是：用遥控器发出解除防盗信号时，汽车没有正常的反应，车门不能打开，汽车无法起动。这种现象在冬季的早晨时有发生，这是由于在低温条件下蓄电池容量不能达到电子防盗系统接收器的起动电压引起的。

5）导致音响系统锁死。例如，宝马车系的电子音响系统具有防盗功能，

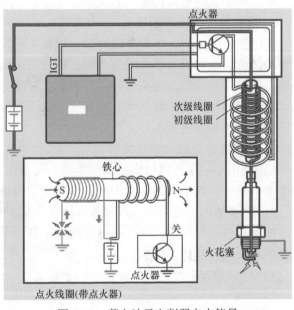

图 2-11　蓄电池亏电削弱点火能量

如果音响电源电压低于5V，音响系统将被锁死，显示屏上会出现"防盗"字样。当电源电压恢复正常后，再要开机，必须输入原先设定的密码，否则音响系统不能激活。

6) 使自动变速器不能进入超速档，或者P位锁止功能无法解除。另外，还将造成ABS不能进入工作状态，巡航控制系统无法正常工作，以及安全气囊指示灯一直点亮。

7) 导致电控单元控制混乱，给故障检测造成麻烦。目前越来越多的汽车电子控制系统采用CAN数据总线交换信息，而且它们之间传递的是数字信号或高精度的模拟信号。CAN数据总线对电压特别敏感，如果工作电压低于10.5V，会造成某些对工作电压要求高的控制模块暂时停止工作，使汽车的多路信息传输系统出现短暂无法通信的现象。例如，发动机ECU或者防盗控制模块瞬间从车载网络系统中退出，使发动机ECU与防盗控制模块之间的通信中断，随之记录防盗系统激活的故障码，并且表现出与防盗系统锁死相同的故障现象，往往使故障诊断陷入困境。

> **技巧点拨**：汽车的车载网络系统相当于一个高度智能化的计算机系统，它由大量的传感器、执行器、ECU及插接器等组成，它们之间传递的是数字信号或高精度的模拟信号。这些电子控制器件对电压和电流特别敏感，若汽车蓄电池亏电，会对汽车的各项性能及其故障检测造成非常严重的影响。

七、应对蓄电池亏电的技术措施

1. 在检测前要确认蓄电池的存电量是否充足

在汽车的故障诊断中，有时会出现这样的现象：用故障诊断仪查看数据流，只能观察到怠速状态下的数据流，发动机稍一加速，故障诊断仪就与车上的ECU失去通信，数据流也随之消失。既然在静态下（点火开关处于ON位，而不起动发动机）用故障诊断仪能够进入数据流读取界面，而起动发动机后故障诊断仪回到了初始界面（退出了检测状态），说明车上的ECU及通信线路没有问题，是蓄电池亏电的缘故，因为故障诊断仪本身也是一台微机，它的正常工作也需要稳定的电源供应。由于起动发动机时消耗了大量的蓄电池电能，造成蓄电池电压暂时下降，才导致故障诊断仪在发动机起动瞬间回到了初始界面。因此，在检测电控系统前应当使蓄电池充足电，以保证故障诊断顺利进行。

在汽车上一般有这样几条电源线进入ECU：一条是常接电源，即接蓄电池正极的火线（如大众车系电路图中的30号线），它不经过点火开关，始终向ECU的存储器提供电能，使ECU得以保存发动机在运转过程中的自学习适应值及故障信息；另外一条电源线经过点火开关（如大众车系中的15号线），向ECU提供平常实际使用的电源电压，在故障检测时应当注意这一问题。

2. 检查电气系统的"睡眠模式"是否起作用

在汽车上，数字式石英钟、电子调谐式收放机及ECU存储器等在点火开关处于OFF位及所有电器开关关断的情况下仍在工作，这时蓄电池会有少量的电流流出。静态下检测蓄电池放电电流的方法是：首先关断车上所有的用电设备；将点火开关转至OFF位，拆下蓄电池的负极线；把万用表的正表笔接触拆掉的负极线，负表笔接触蓄电池负极柱，然后观察万用表的指针，若略有摆动，说明车上的电子钟等小功率用电设备在耗电。

所谓"睡眠模式",是指在发动机熄火一段时间后,汽车进入一种用电量非常小的状态(低能耗模式),静态下的放电电流不超过 0.03~0.05A。若静态下蓄电池的放电电流过大,说明汽车的"睡眠模式"失效。

3. 经常保持充电系统正常工作

如果断开车身上所有的电器开关,蓄电池电压为 13.6~13.7V;接通前照灯并打开空调后,蓄电池电压降为 12.4~12.5V,或者仪表板上的充电指示长亮不灭,说明蓄电池的电压过低,应当检查充电系统是否有问题。检查顺序是:熔断器→电压调节器→相关线束→发电机。主要检查发电机是否不发电、电压调节器调整的电压是否过低、充电线路是否接触不良或断路等。

4. 减小蓄电池电能的无谓损耗

具体措施如下:

1)发动机熄火后不要让点火开关长时间停留在 ON 位(图 2-12)。因为在点火开关接通的情况下,蓄电池将持续向发电机的磁场绕组和电压调节器放电,这样不仅白白消耗蓄电池的电能,时间长了还会烧毁发电机的磁场绕组。另外,电压调节器必须受点火开关的控制,否则在发动机停转期间,电压调节器中控制磁场电流的大功率晶体管将始终导通,使该功率晶体管的工作负荷接近最大,不但会使电压调节器的使用寿命大大缩短,而且将导致蓄电池亏电。

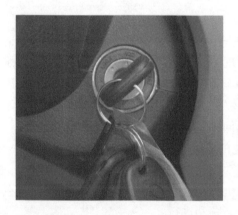

图 2-12 点火开关的 ON 位

2)消除外电路的短路和漏电故障。

3)减少蓄电池的自放电。

4)作业完成后,不要忘记关断汽车上所有用电器的开关。

5)必要时对电控系统进行匹配。在对亏电的蓄电池进行维修以后,需要对汽车的电子控制系统重新进行设定,这些设定包括怠速设定、节气门的设定、加速踏板的设定、电子防盗器的匹配等。蓄电池亏电以后的匹配,其实并不是针对实质性故障,而是一种标准操作程序。

6)尽量避免汽车非正常断电。蓄电池非正常断电会产生与蓄电池亏电类似的故障现象。

技巧点拨:预防蓄电池亏电的措施要综合使用,关键在于平时养成良好的用车习惯。

第二节 蓄电池监控装置的认识和检测

一、奥迪车型蓄电池监控装置控制单元故障检测诊断

奥迪车型有两种电源管理系统：一种由能量管理控制单元（J644）管理车载电源，如图 2-13、图 2-14 所示；另一种由网关（J533）和蓄电池监控装置控制单元（J367）共同管理车载电源。以下重点介绍后者。

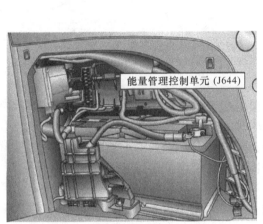

图 2-13 能量管理控制单元安装位置

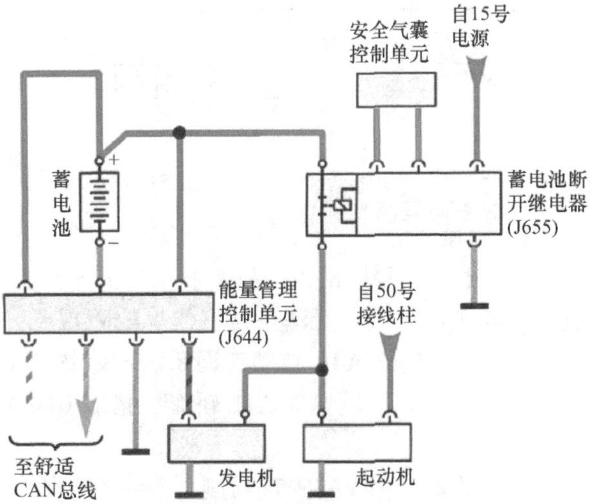

图 2-14 能量管理控制单元电路

1. 蓄电池监控装置控制单元工作原理

蓄电池监控装置控制单元（J367）也称为蓄电池传感器，安装在蓄电池负极上（图 2-15），用于识别蓄电池状态，测量的参数主要有蓄电池电流（充电和放电电流）、蓄电池电压和蓄电池温度。

如图 2-16 所示，J367 将识别的蓄电池状态信息通过 LIN 线传递给网关（J533），由 J533 对蓄电池进行诊断，并管理发动机停转后用电设备的使用，以及在发动机运行中调节发电机充电电压和用电设备的负荷状态。

如图 2-17 所示，J367 的核心部分是一

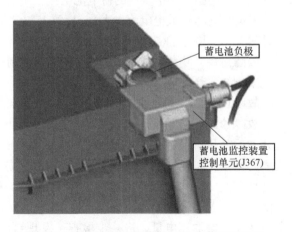

图 2-15 蓄电池监控装置控制单元的安装位置

个中央处理器（CPU），该处理器用于测量蓄电池的电流、电压和温度，以及与 J533 通信。

在蓄电池负极处进行蓄电池电流的测量。流入蓄电池负极的总电流流经 J367 中的 1 个分流电阻，作用在分流电阻上的电压与电流成正比，CPU 可以测量电压降，进而计算回流到蓄电池中的电流。该分流电阻（毫欧级）必须非常小，以保证功率损耗及所产生的热量

尽可能小。

J367 中有 1 个温度传感器，因为 J367 直接固定在蓄电池负极上，所以可将 J367 中的温度传感器测得的温度经过处理后估算出蓄电池温度。CPU 通过连接在蓄电池正极上的电压测量装置测量蓄电池电压。

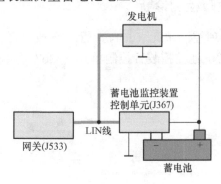

图 2-16　蓄电池监控装置控制单元电路　　　　图 2-17　蓄电池监控装置控制单元内部电路

2. 故障分析

当 J367 及其线路发生故障时，J533 将不能准确判断蓄电池状态，会出现蓄电池警告灯点亮、相关电器设备无法正常工作等故障现象。以下是相关案例。

案例 1　奥迪 A4L 自动空调系统制冷约 30min 后不再制冷

故障现象　一辆奥迪 A4L 轿车，搭载 CDZA 发动机，自动空调系统制冷约 30min 后就不再制冷了。

故障诊断　用 VAS5052 检测，得到了电流负载过大、自动空调系统受限、能量管理启用及发电机无信号等故障信息；故障引导提示蓄电池电流为 -400A；进入 19—数据总线诊断接口（网关），读取 J367 测得的蓄电池电流，确实为 -400A，由此推断 J367 传递给 J533 的蓄电池电流信号失准（放电电流过大），导致 J533 对自动空调系统进行能量管理，使自动空调不能长时间工作。检查 J367 外围线路（电源线、搭铁线及 LIN 线），未见异常，怀疑 J367 损坏。

故障排除　更换 J367 后试车，自动空调制冷功能恢复正常，故障排除。

案例 2　奥迪 Q7 鼓风机工作不良

故障现象　一辆奥迪 Q7 车型（搭载 BHK 发动机），鼓风机工作不良。

故障诊断　起动发动机，鼓风机运转约 10min 后，鼓风机最大转速被限制在 8 级，再等几分钟后鼓风机最大转速被限制在 6 级，约 1h 后鼓风机停止运转。用故障诊断仪检测，由故障码得知，车辆电气系统处于紧急状态导致鼓风机转速下降；进入 19—数据总线诊断接口（网关），查看第 21 组数据，发现发动机怠速转速提高等级总显示为 2 级；查看第 19 组数据，发现蓄电池电量状态为 10%。由此推断蓄电池电量不足，能量管理系统提高发动机怠速转速，增加充电量。进一步检查，发现蓄电池并不亏电，怀疑 J367 损坏。

故障排除　更换 J367 后试车，鼓风机运转恢复正常，故障排除。

> **技巧点拨**：奥迪车型的蓄电池监控装置控制单元（J367）也称为蓄电池传感器，安装在蓄电池负极上，用于识别蓄电池状态。主要功能是测量蓄电池电流（充电和放电电流）、蓄电池电压和蓄电池温度。

二、正确认识蓄电池电流传感器

1. 智能型蓄电池传感器（IBS）的功能

智能型蓄电池传感器（IBS）是宝马 5 系轿车配备的智能供电系统的重要组成元件之一，自身带有微型控制器（μC），μC 中的软件控制该功能的工作过程以及与上级控制单元之间的通信联络。它与数字式发动机电子伺控系统（DME）的联系通过串行数据线（BSD）完成。在车辆行驶过程中，DME 从 IBS 获取数据。IBS 的功能原理如图 2-18 所示。IBS 具有以下功能：持续测量车辆每种行驶状态下蓄

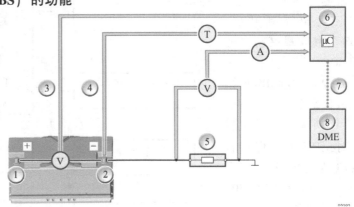

图 2-18 IBS 功能原理
1—蓄电池正极　2—蓄电池负极　3—蓄电池电压测量　4—蓄电池温度测量
5—电流测量（分流器上的电压降）　6—IBS 中的微控制器
7—串行数据接口　8—DME

电池的电流、电压和温度；计算蓄电池指示参数，作为判定蓄电池充电状态（State of Charge，SOC）和健康状态（State of Health，SOH）的基础；平衡蓄电池充电/放电电流；SOC 处于临界状态时，作为相应措施监测 SOC 并使车辆处于工作状态；计算起动电流特性曲线，用于确定蓄电池 SOH；车辆休眠电流监控；向上级控制单元传输数据；故障自诊断；全自动更新规则系统和自诊断参数；睡眠模式下自醒功能。

2. 结构组成

IBS 直接安装在蓄电池的负极上，主要由机械、硬件和软件三部分功能元件组成，其元件分解图如图 2-19 所示。IBS 的机械部分由蓄电池负极接线柱及接地线组成，其主要功能包括：车身与蓄电池负极的连接；作为电流测量传感器元件的定位件、硬件的定位件；确保硬件温度传感器和蓄电池负极之间充足的热敏接触；保护敏感电子元件；蓄电池接线柱作为 IBS 接地端。

图 2-19 IBS 元件分解图
1—蓄电池接线柱　2—分流器
3—间隔垫圈　4—螺栓　5—搭铁线

3. IBS 电子分析装置控制过程

（1）获取测量数据

IBS 电子分析装置持续获取测量数据（图 2-20），并利用这些数据来计算电压、电流、温度等蓄电池指示参数。IBS 通过 BSD 将这些蓄电池指示参数的数据传递到 DME。为了计算蓄电池指示参数，还要同时对蓄电池的 SOC 进行测量计算。从发动机"关闭"到 DME 继

电器断开这段时间内,IBS会从DME获得有关蓄电池SOC的信息。DME继电器断开后,IBS会继续观察蓄电池的SOC。

(2) 通过IBS保持充电状态平衡

当车辆处于休眠状态时,IBS始终保持着蓄电池充电状态的平衡。每2h就会在IBS中存储当前的SOC。在存储器中专门保留了3个位置,在位置1进行首次记录,位置2和位置3每4h会被更新1次。从总线端K1.15"接通"起,DME就不断更新IBS中的蓄电池指示参数的数值。

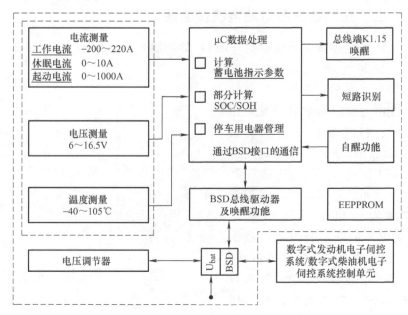

图2-20 IBS电子分析装置控制原理图

(3) 休眠电流测量

当车辆处于休眠状态时,IBS不断获取与蓄电池指示参数有关的数值。IBS程序设定为每40s测量1次休眠电流,通过每一次的重新测量来更新测量数值。IBS测量时间约为50ms,测量值会记录在IBS的休眠电流频率图中。每次重新起动车辆时,DME会读取该频率图。如果休眠电流错误,在DME中会存储相关的故障码。

(4) 总线端K1.15唤醒

DME进入休眠模式之前,它会告知IBS目前可用的蓄电池SOC。如果提供的SOC已经耗尽,IBS会发出唤醒信号,DME向IBS查询当前的蓄电池SOC,如果IBS通知DME蓄电池SOC处于临界状态,然后DME会要求停车并关闭用电器,此时,DME不再允许IBS唤醒车辆,车辆接下来重新进入休眠状态。只有车辆处于休眠状态时,唤醒功能才适用。

4. IBS的维护

IBS对机械负荷极为敏感,因此绝对不要往IBS上面放置重物。蓄电池搭铁线也用于IBS的散热,其截面如图2-21所示。当IBS损坏时,会在DME中存储故障码,DME采用替代值并进入IBS紧急运行状态。IBS处于紧急运行状态时发动机怠速会提高,以确保蓄电池充电。当IBS对地短路时,车辆将不会被唤醒。如果IBS出现对正极短路,车辆将不能进入休眠模式。DME和IBS软件必须相互配套,如有必要,在更新软件时必须更换IBS。

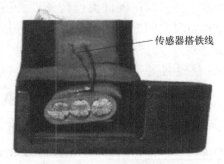

图2-21 蓄电池搭铁线截面

技巧点拨：智能型蓄电池传感器（IBS）具有强大的功能，在使用中更要注意其正确的使用和维护方法，否则会造成损坏。

三、蓄电池充电控制策略变化特点

在传统的内燃机车辆供电系统中，长期存在着以下问题：

1）缺乏对蓄电池电荷状态（State of Charge，SOC）的监控功能。整车电源系统对蓄电池充电侧和放电侧无法进行实时控制，导致电能量产生与电负荷消耗不平衡，造成了蓄电池电量不足或者过充电。

2）缺乏对重要电负载的保护。对不同的电气系统来说，没有优先级区分，即便是重要负载在低电量时也会被关闭。

3）燃油经济性差。发电机与发动机同步运转，其输出电压为常值，即便发动机运行在低效率区，发电机也照常发电，致使燃油经济性变差。

近几年来，新型车辆将蓄电池充电控制融入到了车载电气能量管理系统中，发动机 ECU 根据蓄电池的传感器检测蓄电池的电压、电流和温度信号，计算出蓄电池 SOC 值，通过 LIN 总线控制 IC 调节器的目标电压，维持电负载供电和蓄电池充电的稳定功能。蓄电池充电控制系统电路图如图 2-22 所示。

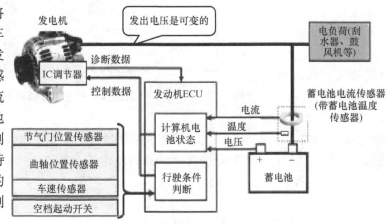

图 2-22　蓄电池充电控制系统电路图

当蓄电池放电低于 SOC 阈值时，发动机 ECU 会控制 IC 调节器调整目标电压，提高发电机输出电压，加快蓄电池充电至规定的 SOC 值。另外，发动机 ECU 可以根据车辆行驶中发动机的负载设定 IC 调节器的目标电压范围。这也意味着，蓄电池 SOC 处在正常范围时，充电电压可以以提高车辆的燃油经济性为目的而不断动态调节。在加速过程中，降低充电电压，使发电机消耗的功率减小，让更多的发动机输出功率传递给驱动轮，保证车辆的加速性。在车辆减速过程中，提高发电机的输出电压，使发电机消耗发动机转矩，实现制动能量回收，提高燃油经济性。发动机 ECU 动态调节发电机充电电压如图 2-23 所示。

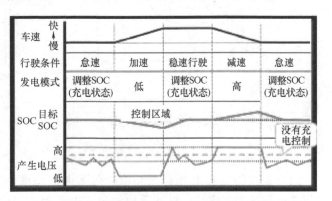

图 2-23　发动机 ECU 动态调节发电机充电电压

技巧点拨：传统的车辆供电系统中存在缺乏对蓄电池电荷状态的监控功能、缺乏对重要电负载的保护以及燃油经济性差等问题，在新型的车辆车载能量管理系统中这些问题已经得到克服。

四、蓄电池传感器的作用

蓄电池传感器由霍尔式电流传感器和负热敏电阻蓄电池温度传感器组成，安装在蓄电池负极端子附近的电缆上，如图 2-24 所示。

霍尔式电流传感器的工作原理是，当蓄电池充放电电流通过负极电缆时，在电缆的周围产生磁场，磁场的强弱与电缆上流过的电流成正比。由软磁材料制成的聚磁环将被测电

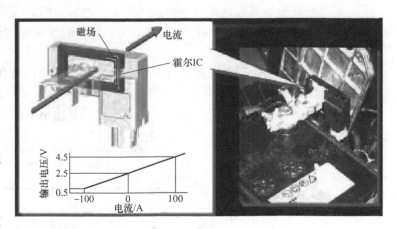

图 2-24 蓄电池传感器安装位置示意图

流产生的磁场集中到霍尔元件上以提高测量灵敏度。根据霍尔效应原理，通过测量传感器上的霍尔电压，就可以获得被测的蓄电池充放电电流（图 2-25），用于发动机 ECU 计算蓄电池的 SOC 值，控制发电机输出的目标电压。

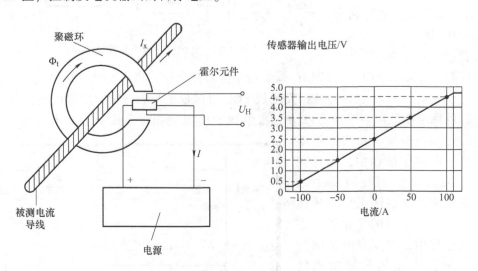

图 2-25 霍尔式蓄电池电流传感器工作原理图

同时，发动机 ECU 根据负热敏电阻蓄电池温度传感器检测到的蓄电池温度，可以及时调节蓄电池的充电电流，防止蓄电池过充电而提前老化。蓄电池温度与检测电阻值的关系如

图2-26所示。

> **技巧点拨**：霍尔式蓄电池电流传感器利用霍尔效应原理，将蓄电池电流信号转变成霍尔效应电压信号反映出来。

五、汽车漏电的检测方法

在汽车维修中，漏电问题较为普遍，汽车漏电会造成车辆无法起动，长期漏电还会导致蓄电池过度放电而损坏。在汽车维修实践中，常见的漏电情况包括由车辆自身质量问题所致，尤其是当前汽车使用了大量的控制器，控制器漏电的可能性较大；也有部分是由加装导致，随着加装日益流行，不规范的加装方式经常导致漏电现象

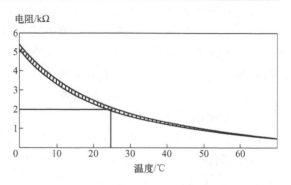

图2-26 蓄电池温度与检测电阻值关系图

的发生。若检测蓄电池自身无问题、发电机在正常充电的情况下，依旧经常出现缺电无法起动的现象，则需要检测车辆是否漏电。

1. 检测车辆是否漏电

检测车辆是否漏电，推荐使用量程范围为1mA～100A的高精度钳式电流表（图2-27）及VAS5051B，将钳式电流表校准归零后夹持于蓄电池负极线上，即可测出电流总量。钳式电流表相当于一个电流互感器，当钳住的电线中有电流通过时，会在钳式电流表的铁心中产生磁通，钳式电流表次级线圈中感应出电流，可换算出电线中的电流值。因为蓄电池正极处有多条分支线接入，负极线通常只有一条分支线，所以蓄电池负极线是最佳选择。

图2-27 钳式电流表

此外，也可使用普通万用表的电流档，将万用表线串接于负极线与蓄电池之间进行测量，但该方法需要拆开负极线，且万用表线与负极线之间通常没有便捷的插口，不便于表笔快速连接，容易导致由接触不良引起的测量误差。

若车辆进入休眠状态后其静态电流大于50mA，往往意味着存在漏电现象。根据实际经验，正常状态下锁闭车辆后约30min，车辆会完全进入休眠状态，所有的总线系统均处于休眠状态，耗电量极低，静态电流通常在30mA以下。正常状态下存在30mA电流消耗是为了维持车辆一些部件的用电所需，如电子时钟运转、娱乐系统个性化设置、空调个性化设置及锁车后防盗监控系统的运行，这些是车辆锁闭后的正常电能消耗。

当某个控制器因自身问题（如内部短路等）唤醒其所在的总线系统，导致整个总线系统处于激活状态，此时测量静态电流往往高达1A甚至更高。这时可从一些内部指示灯看到提示，如应急开关按钮有背光显示，或电子驻车制动开关指示灯点亮。若高耗电量的问题一

直存在，则蓄电池会持续放电，严重者车辆停放一夜便无法起动。

2. 排除加装漏电

一些电子产品加装质量良莠不齐，其产品设计、生产与正规厂商相比存在一定的差距，且不是基于整车而开发，导致其兼容性差，因此电子产品自身出问题漏电的可能性较大。同时，加装电子产品受安装人员技术水平所限，可能存在着施工不规范的现象，例如该接开关电源线却误接常火线，会导致电子产品在锁车后一直工作而漏电。在维修实例中，常有部分新车由加装问题导致的漏电现象发生，有些问题会对蓄电池造成不可逆的损坏。当检测一旦确定有漏电现象，应首先将加装件电源线拆除，有可能拆除了加装件漏电现象就消失了。若漏电现象仍存在，则需进一步检测原车部件。

3. 检测原车部件是否漏电

检测车辆自身部件是否漏电，一般存在以下可能性：

1) 控制器处于激活工作状态，存在漏电现象。一般情况下每个控制器都存在一个对应的熔丝，断开控制器电源或插头后若漏电现象消失则可快速判断故障。常规做法是在车辆处于休眠状态下，用钳式电流表监控测量蓄电池负极流过的总电流，之后逐一拔掉控制器熔丝并实时观察电流变化情况。当拔掉某个熔丝后静态电流恢复正常，则该熔丝对应的控制器存在故障的可能性最大。也可通过拔掉整个控制器插头的方法进行检测。

2) 部分常火线线路存在破损，也会造成漏电现象。若所有控制器拔掉均没有发现漏电点，则某条线路上存在漏电的可能性较大。如室内灯线路通常较为隐蔽，线路范围广，检测具体的漏电点难度较大。作者本人曾经处理过一起漏电故障，拔掉所有的熔丝、控制器、执行元件后，漏电仍存在。初步判断是线束中某个点存在短路现象，但线束总成长、分支多，究竟是线束中哪一段哪一点漏电，就无从下手了。经过思索，认为既然钳式电流表可以探测线束中的电流，那么顺着线束向下端走，哪里有电流就是哪条分支线漏电了。之后用钳式电流表从线束的开始端进行测量，接下来在其分支处测量，有电流的分支就找到了，再从该分支上寻找下一个分支点，很快锁定了漏电点。这就体现了钳式电流表检测漏电处的优势，不用破坏线路，只需顺藤摸瓜就可快速准确地找到线路中的漏电点。

线束漏电测量示意图如图2-28如示，当线束分支中存在漏电时，整个线束中仅有此处有漏电电流通过，故A点电流值几乎等于B点电流值，而其他分支上无电流通过。

3) 在实际维修人员作中，持续的漏电点好测，阵发性漏电着实令人头疼。经常有这种情况发生：蓄电池是新换的，发电机工作正常，但车辆因缺电无法起动，短时

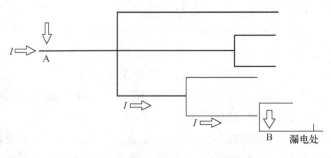

图 2-28 线束漏电测量示意图

间进行漏电检测并未发现异常。这种情况下则需考虑阵发性漏电的可能性，一些控制器、线路在特定的情况下会发生漏电现象，如制动灯莫明其妙点亮，DVD显示屏点亮，此类现象持续一段时间后会自行消失。作者本人曾经处理过一例阵发性漏电，车辆连续停放两三天后

无法起动，到维修站检测没有
发现漏电，怀疑是阵发性漏
电。于是用 VAS5051B 进行 24
小时监控，该仪器具有自动记
录最大、最小电流的功能，会
自动记录最大值。通过连续不
断地监测，如图 2-29 所示，该
仪器记录到一个大电流值，证
实了阵发性漏电的存在，最后

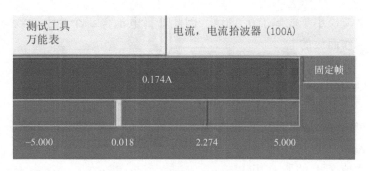

图 2-29　长时间电流监控记录

发现是显示器在一些时候自行亮起而引起的漏电。

> **技巧点拨**：遇到不同类型的漏电故障，需要持续不断地努力，通过一些仪器的长期监测方可发现故障，或通过移动车内座椅、开关车门等模拟漏电发生时的条件才能发现问题。为了减少返修，持续的努力付出是会收到回报的。

第三节　蓄电池故障实用维修技能与技巧

一、别克君越轿车漏电致车门无法打开

故障现象　一辆别克君越轿车，行驶里程 48000km。车主描述车辆刚刚换了新蓄电池，但是车停了一晚上就没电。搭电后发现车窗无法升降，车门无法打开。

故障诊断　维修人员认为车窗无法升降，车门打不开应该是蓄电池亏电引起的副作用，等车辆正常使用自充电后，下一个点火循环这些功能会恢复。于是给

图 2-30　故障码

蓄电池充满电，发动车辆，熄火再起动后检查，门可以正常打开，除了左前窗都是正常升降。用 GDS2 查看故障码，如图 2-30 所示，U1534 是一个摇窗机失去通信的故障。

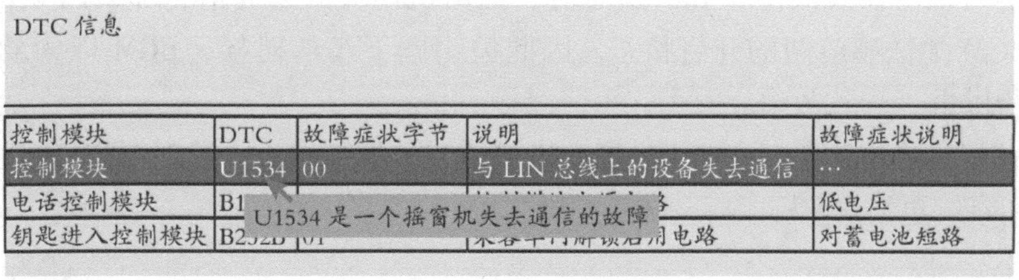

关闭点火钥匙打开车门，发现收音机还在工作，并且行车记录仪也没停止用电，说明车上的用电设备并没有完全断电，此时诊断仪检测到的蓄电池电流为 -7.26A（图 2-31）。此数据显示放电电流大大超过了正常的休眠电流，正常的休眠

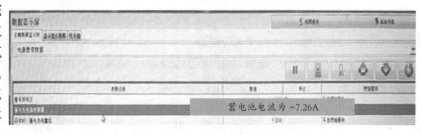

图 2-31　诊断仪检测到的蓄电池电流

电流应小于或等于0.030A，因此新蓄电池停一个晚上就没电大概就是收音机和行车记录仪工作而放的电。

维修人员此时以为漏电原因找到了，是驾驶人下车时忘了关闭用电设备而造成的。随后关掉车上的所有用电器，锁上车门再次读取数据流，如图2-32所示。分别打开左前门和右前门准备检查线路，此时忽然发现一个细节，左右车门都打开着，但是仪表却显示只有右前门打开，如图2-33所示。

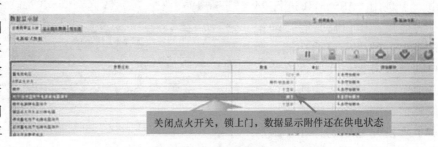

图2-32　数据流

驾驶人侧无法感应车门开启，并且摇窗机无法工作，而故障也提示摇窗机失去通信。整理一下思路，从电路图（图2-34）得知，摇窗机模块与BCM通信，

图2-33　仪表显示

车门锁与摇窗机模块LIN线通信。摇窗机模块失去通信，那么门锁也失去了通信，结果导致BCM无法感应门的开启状态。因此关钥匙下车的时候，BCM以为驾驶人还在车内，没有切断供电，导致放电。

故障排除　疑点集中在摇窗机模块上，拆下门板，发现摇窗机模块有进水痕迹，如图2-35所示。更换摇窗机以后，恢复正常。

技巧点拨：维修过程中留意每个细节，并分析它们与故障的关联性，不盲目地更换零部件，先分析，再验证。

二、凯迪拉克XTS轿车车身漏电

故障现象　一辆2013年凯迪拉克XTS轿车，行驶里程35984km。车主反映车辆在车库停放一晚后就无法起动，需要来店检修。

故障诊断　接车后首先对蓄电池进行检测，经测试，排除了蓄电池老化和内部损坏的原因。怀疑该车有漏电现象，于是做了静态测试，检查车辆是否存在寄生电流。结果发现寄生电流在158mA左右，可以确定车辆存在漏电现象。

随后在对车辆做外观检查的时候，发现CUE显示屏以及周围的背景灯光在休眠之后会间歇性点亮。并且还发现遥控器锁门后，门锁销连杆会自动解锁，如图2-36所示。

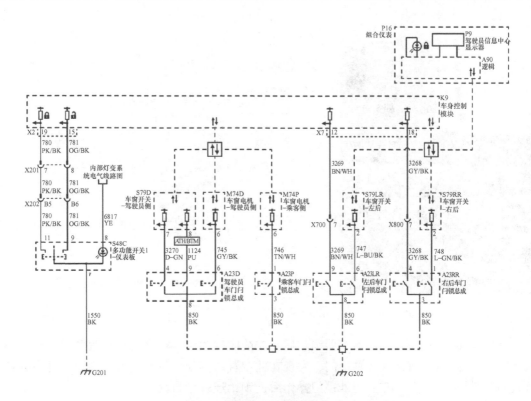

图 2-34 电路图

图 2-35 摇窗机模块有进水痕迹

考虑该车设计为可以通过多种途径点亮背景灯光,必然会牵涉到多个模块的工作状态。为了便于确定是哪个模块在工作,使用数据诊断程序进行观察,如图 2-37 所示。当车辆进入休眠状态,1~2s 后所有模块同时工作。

就目前掌握的信息来看,初步判断是车辆的背景灯光在休眠后间歇性点亮引起的漏电。那么能引起背景灯光点亮的操作,已知的情况有:①遥控器解锁;②门拉手感应开关工作;③开门动作;④车身模块内部故障。

图 2-36 锁销连杆

图 2-37 数据流 1

结合之前的外观检查,在遥控器锁门后,左前门的锁销连杆会自动弹起解锁,显然不正常。尝试用遥控器在前排乘客侧锁门,发现在此位置或其他位置锁门后,锁销连杆不会自动解锁,并无异常。只有在左前门处锁门操作后,锁销连杆会自动解锁。

决定使用 GDS 查看数据,在车身模块中查看无钥匙进入数据时,在没有进行任何动作时,驾驶人侧车门解锁指令会间歇性激活,如图 2-38 所示,而正常车辆始终是不活动状态。

于是维修人员测试了各车门的门把手开关,发现该数据是由门把手上的感应开关来激活的。拔掉左前门的感应开关插头后,重新测试,在车辆休眠后,没有再出现背景灯光间歇性点亮现象,再测试寄生电流,寄生电流恢复到正常值。

故障排除 故障原因确认是由于左前门感应开关(图 2-39)内部故障导致漏电,更换左前门把手后,故障排除。该车漏电主要是左前门感应开关故障,导致车身模块接收到开关信号后,误认为有开门动作,

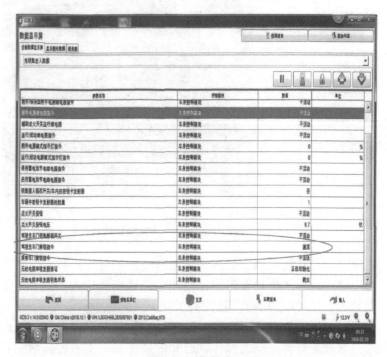

图 2-38 数据流 2

因此在车辆休眠后，又点亮背景灯光引起车辆持续用电，从而导致蓄电池存电不足。

> **技巧点拨**：在确定该车故障时，维修人员没有依照传统的拔熔丝的方法来检查漏电模块，而是先利用数据诊断程序，确定了故障并非是单一模块内部问题引起的，再结合车辆系统的特性，使用 GDS 数据，判断出故障点，从而节约了很多时间，并提高了故障判断的准确性。

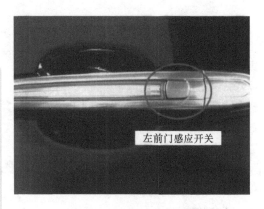

图 2-39　左前门感应开关

三、奔驰 C200 轿车辅助蓄电池报警

故障现象　一辆 2015 年奔驰 C200 轿车，搭载型号为 M274 的 2.0T 涡轮增压发动机，行驶里程 2.6 万 km，因仪表信息中心提示"辅助蓄电池故障"而进厂检修。

故障诊断　接车后试车验证故障，接通点火开关，起动发动机，仪表信息中心出现"辅助蓄电池故障"的报警提示信息（图 2-40），此外，仪表盘上无其他故障灯点亮，也未发现其他故障提示信息。查阅该车的维修记录可知，车辆此前并没有事故、涉水等维修记录。

连接奔驰故障检测仪，读取故障码，在电子点火开关控制单元（N73）内存储有故障码"B21DC01—电子点火开关的缓冲蓄电池存在故障。存在一个一般电气故障"（图 2-41）。故障码的状态为当前和已存储的故障码。查看 N73 中辅助蓄电池的电压实际值，为 0.00V（图 2-42），不正常。

图 2-40　仪表信息中心提示"辅助蓄电池故障"

N73-电子点火开关（电子点火开关（EZS））			
梅赛德斯-奔驰硬件号	205 901 45 08	梅赛德斯-奔驰软件号	
诊断标识	02050F	硬件版本	
软件状态	14/04 001	引导程序软件版本	
硬件供应商	Marquardt	软件供应商	
控制单元型号	EIS222_EIS222_050F		
故障	文本		
B21DC01	电子点火开关的缓冲蓄电池存在故障。存在一个一般电气故障。		

图 2-41　电子点火开关控制单元内存储的故障码

查看相关资料并结合电路图（图2-43）分析可知，该车配有电容器C8作为辅助蓄电池，为N73提供电压，以此保证车辆在紧急情况下变速杆能顺利返回P位。电容器C8由熔丝盒K40/5提供充电所需的电能，然后电容器C8直接通过一根导线为N73提供30b的电源支持。

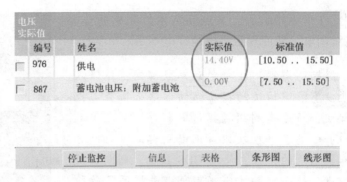

图2-42 辅助蓄电池的电压实际值

结合故障码及不正常的电压实际值可以判断故障可能原因包括：电容器C8的供电及相关线路故障、电容器C8损坏、电容器C8与N73之间的线路故障，以及N73故障等。

本着由简到繁的诊断原则对上述可疑故障点进行排查。首先我们查看熔丝盒K40/5中的熔丝f448，未见异常；测量该熔丝的电压，为12.8V，说明供电电压正常；接着断开电容器C8的导线插接器，测量导线侧端子1和端子2之间的电压，为12.8V，

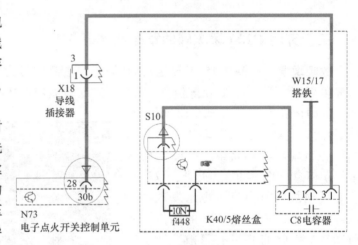

图2-43 辅助蓄电池电路

说明电容器C8的供电回路正常。由于电容器存储的能量具有瞬间释放性，无法通过直接测量电容器的电压及电容大小来判断其好坏。

结合电路图及辅助蓄电池的功能分析可知，既然电容器C8的供电回路正常，那么只要直接将电容器C8去除，并将电容器C8的供电直接连接到电容器C8的输出线路上，再查看电子点火开关控制单元中辅助蓄电池的电压，即可判断故障点。如果辅助蓄电池电压实际值恢复正常，说明电容器C8存在故障；如果辅助蓄电池电压实际值没有变化，说明问题在于电容器C8的输出线路或电子点火开关控制单元。

故障排除 根据上述思路，将电容器C8导线连接器端子2和端子3连接起来，再次查看辅助蓄电池电压实际值，为14.30V（图2-44），至此可以判定电容器C8内部故障。更换电容器C8（图2-45）后，故障排除。

图2-44 辅助蓄电池电压实际值恢复正常

技巧点拨：对于此类故障，宜采取排除法或替换法进行排查。

图 2-45　电容器 C8

四、路虎发现 4 车型起停系统功能失效

故障现象　一辆 2014 年路虎发现 4，配置 306DT 发动机，行驶里程 34673km。车主反映起停系统（ECO）功能失效。

故障诊断　起停系统可节省燃油并减少 CO_2 排放。使用起停系统时，如遇红灯，那么车辆静止时发动机自动关闭，点火开关在停机阶段保持打开状态，在需要时发动机自动再次起动。随着点火开关的打开，起停系统自动激活。检查发现故障如车主所述，仪表有“智能停止/启动系统”（即起停系统）的故障提示（图 2-46）。首先用诊断仪 SDD 进行检测，发现有故障码“B13C5 - 92，GWM，辅助蓄电池”，如图 2-47 所示。

图 2-46　仪表警告灯点亮

首先要了解辅助蓄电池的工作原理。起停系统工作过程中，由于起动机起动时需要较大的电流，会出现低电压，从而导致部分控制模块性能受到影响。为了防止受低电压的影响，网关控制双蓄电池系统，以确保起动机起动时不会影响车辆其他系统。起动机工作时，隔离对电压敏感的电气元件，由辅助蓄电池输出恒压电源为这些部件供电。双蓄电池系统安装了一个主蓄电池和一个辅助蓄电池。主蓄电池为 80A・h、800CCA AGM 蓄电池，辅助蓄电池为 14A・h、200CCA AGM 蓄电池。辅助蓄电池位于发动机舱的左后部，安装在蓄电池托盘上。双蓄电池系统由配电盒、网关模块、主蓄电池、辅助蓄电池组成（图 2-48）。

DTC	ECU	距离	时间	描述
B13C5−92	GWM	34673km	17−6−18 下午 10：01	辅助蓄电池

图 2-47　故障码

网关通过高速动力 CAN（HS CAN）和中速车身 CAN（MS CAN）与发动机（ECM）、中央接线盒（CJB）和制动防抱死（ABS）等控制模块一齐协同控制充电系统和电源分配系统（图 2-49）。配电盒包含两个 MOSFETS（场效应晶体管）组，在起动发动机时，它将电源供应改为两条单独的电路，对电压敏感电气元

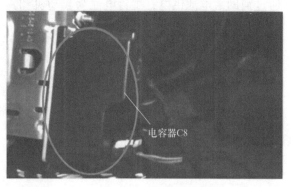

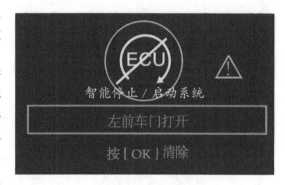

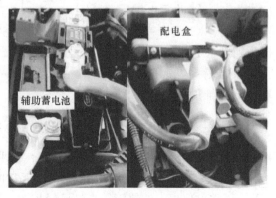

图 2-48　辅助蓄电池与配电盒

件通过辅助蓄电池供电，主蓄电池为起动机和其他电气元件供电。配电盒通过 LIN 总线根据 GWM 命令来工作（图 2-50）。

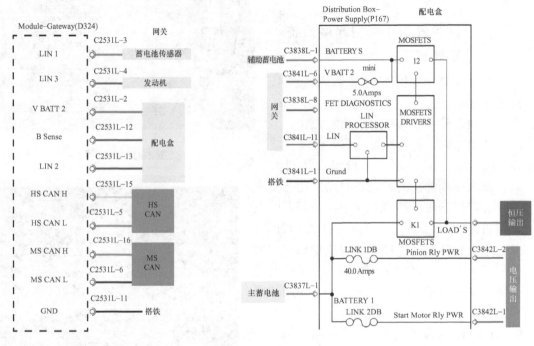

图 2-49 网关电路图

图 2-50 配电盒电路图

发动机起动时，GWM 通过 LIN 线向配电盒发出信号，配电盒打开 K1 闭合 K2，辅助蓄电池为对电压敏感电气元件供电（图 2-51）；正常工作状态下，开关 K1 闭合 K2 断开，发电机和主蓄电池为所有的电气元件供电；当辅助蓄电池需要充电时，K2 闭合，发电机为辅助蓄电池充电。

根据双蓄电池工作原理，拆下辅助蓄电池测量其电压为 10.7V，用恒压充电机直接给蓄电池充电，

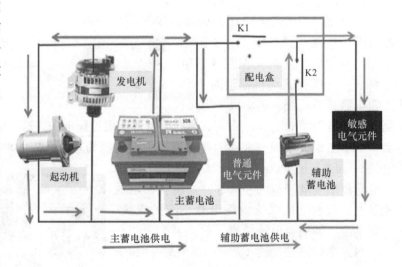

图 2-51 双蓄电池工作原理

蓄电池上有 13.8V 电压，而无充电电流，说明蓄电池有断格的故障。把辅助蓄电池装到车上，用连接线在辅助蓄电池上并联一块正常的蓄电池，起动发动机后，测量蓄电池电压为 14V，正常，仪表上的故障警告灯已经熄灭，说明充电系统正常且辅助蓄电池已损坏。

故障排除 更换辅助蓄电池（图2-52），故障排除。

> **技巧点拨**：此车辅助蓄电池损坏，停止了发动机的起停系统功能。维修此系统要充分了解其工作原理。

五、2007款大众速腾发动机无法正常关闭

故障现象 一辆2007款一汽大众速腾，搭载手动变速器和1.6L发动机，发动机无法正常关闭。该车曾在其他维修厂进行过维修，更换了点火开关仍然无法排除故障。

图2-52 蓄电池

故障诊断 接车后，首先验证故障现象。关闭点火开关并且拔出钥匙后，仪表盘上各个指示灯一直点亮，无法断电，插入钥匙后再次起动发动机，起动机不工作。只有先将蓄电池电源断开后再重新接上，拧点火开关，起动机才会工作，且可以正常着车。再次关掉点火开关，则发动机无法正常熄火。

用解码器读取故障码：只在J519中存储有一个故障码，其含义为：15号线与正极短路。查阅故障车点火开关相关电路图，用万用表检测点火开关上6根导线的输出电压，见表2-1。

表2-1 故障车点火开关上各导线输出电压

线号	线色	点火开关关闭时电压/V	点火开关打开时电压/V	处于起动档时电压/V	拔掉钥匙后的电压/V	功能
1	红	0	0	12	0	50 起动
2	紫	12	12	12	12	30 常电
3	蓝	0	0	0	0	S钥匙位置检测
4	绿	0	12	0	0	X附件
5	灰	12	0	0	12	P停车灯
6	黄	0	12	12	0	15 点火

通过对表2-1中数据进行分析，判断此车点火开关工作正常，故障点不在点火开关上。在驾驶室内仪表盘下方找到车身ECU J519，在与之相连接的继电器支架上找到15号继电器，关掉点火开关后，用万用表测量继电器线圈两端电压均为0，触点供电脚电压为11.68V，触点输出脚电压在5~9.45V之间变化。

通过上述检查说明：15号继电器线圈没有被供电，继电器触点也没有接通，但在继电器触点输出端（等同于原来15号供电线）有一个不正常的虚电，用21W试灯将此虚电接地时，试灯轻微点亮，仪表盘上指示灯熄灭，打开点火开关，起动发动机可以正常着车，仪表显示也恢复正常。

此车点火开关的工作原理是：点火开关不直接负责用电设备的电流控制，仅产生一个

信号电压，表示目前点火开关的状态；此信号电压送到 J519，J519 再驱动继电器，实现给几种不同的逻辑供电。整个系统的供电逻辑没有变化，但整体结构变了。同时，由于有 J519 的参与，它会自动识别输出端各电源的状态。当供电逻辑出现故障时，它就会保护性地控制起动继电器，防止起动机在着车状态下工作，引起损坏。本案例就是由此造成起动机无法正常工作的。只有 15 号线电压降到 0 后，再次接通点火开关，才允许起动机工作。

因为有这个虚电的存在，车身 ECU 无法判断点火开关是否有关闭动作，起动机无法正常工作，那么这个不正常的"虚电"从哪来的呢？经过反复多次试验，发现上述关闭点火开关后仪表无法断电的故障现象并不是时刻存在的。当故障不出现时，测量 15 号继电器触点输出端，在关闭点火开关时电压为 1.7V。此时仪表盘上显示关闭点火开关可以正常断电，并且起动机在起动时可以正常工作，也可以通过关闭点火开关使发动机熄火。

通过分析还发现：几乎所有的控制单元，都有一个 12V 常电供电，且只有打开点火开关，才有 12V 的电源供电。由于此线上连接有很多个用电设备和控制单元，具体是哪一个设备或是控制单元损坏（控制单元内部 12V 常电与开点火开关 12V 之间形成轻微短路）引起的虚电，暂时还不能确定。

为了在检查线路时操作起来更方便，我们将仪表台拆下，发现晃动驾驶室内熔丝盒的线束时，故障会重现，但检查线束，没有发现明显问题。为此，我们怀疑是熔丝盒内存在短路，或者是某个控制单元出现了异常。通过反复试验，虽然故障不再出现，但此时测量 15 号继电器上，一直有 1.7V 虚电存在。

通过仔细分析，无论虚电是通过哪一个用电设备"窜"过来的，该用电设备一定会与 12V 常电相通，且一般情况下都会通过某个熔丝与 12V 常电相连。为此，尝试着逐个拔下驾驶室内熔丝盒中的每一个熔丝，但拔下所有熔丝后，此电压仍旧存在。接着，维修人员又开始检查发动机舱内熔丝盒中的熔丝，在拔下发动机舱内熔丝盒中的 F12 号熔丝后，此电压消失。查阅相关电路图发现，F12 号熔丝负责给网关电脑供电。该车网关电脑 J513 装在加速踏板上方的铁支架上。

故障排除　拆下网关电脑，打开电脑外壳重新接通电源试车，在试车过程中，发现电脑盒内的电源集成块温度特别高，并且随着着车时间的延长，温度不断升高，直到最后发展到烫手的程度，由此我们怀疑是此电脑损坏引起的故障。更换网关电脑后，经过长时间试车，故障没有再次出现，至此该车故障被彻底排除。

维修总结　此车故障是由网关电脑损坏引起的，因为网关电脑内部损坏，造成关闭点火开关后，12V 常电往 15 号线上漏电，导致车身 ECU 无法正确识别点火开关状态，从而导致拔掉点火钥匙也无法正常关闭发动机的故障现象。15 号线上的电压为 1.7V 虚电时，不影响车身 ECU 的工作，但当虚电上升到 5V 以上时，就会出现故障现象。

> **技巧点拨**：遇到电路故障时，一定要先用诊断仪读取系统故障码及相关数据流，并正确理解故障码的含义及其产生的条件，再根据故障码信息"顺藤摸瓜"，仔细检测和测量相关线路。只有这样，才能快速且准确地诊断出故障根源。

六、中华骏捷轿车寄生电流过大

故障现象 一辆2008年中华骏捷轿车，搭载1.6L自然吸气发动机、5档手动变速器，行驶里程12.3万km。车主抱怨车辆如果放置两天不开的话就会出现蓄电池亏电打不着车的现象，但更换蓄电池之后没有好转，放置几天后仍出现蓄电池亏电打不着车的情况。

故障诊断 接车后首先再次确认蓄电池健康状态良好和发电机发电正常。用万用表的电流档（用直流最大量程10A档）从蓄电池负极处将万用表和蓄电池负极线缆串联测量车辆的寄生电流（也叫暗电流或静态电流）为0.26A，明显偏大。同时发现车辆上有好多加装设备，如氙灯、倒车影像、改装天然气（图2-53）等。

图2-53 改装天然气

此外还发现无论是用遥控还是用钥匙锁车时，若车辆的4个车窗玻璃处于降下的状态，那么4个车窗玻璃就会以左前、右前、右后、左后的顺序逐个升起，像是加装的功能，但拆下左前门饰板检查并没有发现加装的迹象。咨询维修过此车的同行，说这是原车带的功能。倒车影像是从转向柱下方接线，将倒车影像拆除后寄生电流下降了0.1A，为0.16A。拆除加装的氙灯，寄生电流仅下降了0.01A，为0.15A。从喷油器处顺着加装的天然气设备的线路找，确定了在蓄电池和左

图2-54 天然气系统的控制模块位置

前照灯框架之间的模块就是天然气系统的控制模块（图2-54），外观类似于发动机控制模块，断开此模块的插头，寄生电流并没有变化。

通过逐个拔熔丝的方法确定放电的部件，在拔到一些熔丝时寄生电流会有变化，但仅是0.01A级的，而推断放电部件的电流应该在0.12A左右，因此没有找到放电的部件。此款骏捷车型比较容易出现的漏电部件是驾驶人座椅底下和前排乘客座椅底下的两个模块。将前排两个座椅分别拆下，掀开地板，发现位于前排乘客侧的模块是遥控器接收器，位于驾驶人侧的是控制玻璃升降和中控锁的模块，先后断开这两个模块上的插头，寄生电流仅变化了0.002A。

问题一时变得棘手起来，想到在查寄生电流时应首先考虑发电机、起动机及点火线圈等大功率部件。经过依次断开起动机、点火线圈和发电机发现，在断开发电机时寄生电流降为0.026A（图2-55），在正常范围内。

故障排除 拆除加装的倒车影像，将拆下的其他部件复原，更换发电机后，车辆最终的寄生电流为0.034A（复原后加上了氙灯的寄生电流，如图2-56所示）。交车后经过跟踪回访，车辆没有再出现打不着车的情况。

图2-55 正常的寄生电流

图2-56 最终的寄生电流

技巧点拨：在发现电路中寄生电流过大时，逐个拔掉相关电路的熔丝，再观察寄生电流是否下降，如寄生电流下降，则此熔丝控制用电设备工作异常，应进行详细检查。

七、宝马X4蓄电池漏电

故障现象 一辆2014年宝马X4，型号为F26，行驶里程40000km。车主反映车辆早上第一次起动时，仪表提示蓄电池电量不足。车辆可以正常起动，但有时在停放状态下没有任何触发防盗报警扬声器自动响起，应急灯闪烁。

故障诊断 接车时目测观察，仪表中并没有蓄电池的故障提示。连接ISID进行诊断检测，无相关故障码，添加电源诊断的检测计划，执行检测计划，电源诊断有2次休眠电流超过80mA，故障频率只有1次。测量休眠电流，低于80mA。车辆留店观察，车辆停放时没有受到外界任何触发，车辆防盗报警系统自动启动，喇叭响起，应急灯闪烁，与车主反映的故障现象一致。车辆停放一晚后再次起动，故障现象再次出现。仪表提示蓄电池电量不足，查看仪表和中央信息显示屏，但没有提示当前故障，可以顺利起动发动机。查阅钥匙数据的控制诊断报告，没有相关故障提示。测量休眠电流，一直在20mA左右，在正常范围内。通过ISTA的服务功能读取车辆的检查控制信息，读取的检查控制信息为415，具体含义见表2-2。

表2-2 控制信息415说明

控制信息	模块	故障	解决方案
415	接线盒电子装置（JBE） 前部电子模块（FEM） 主域控制器（BDC）	蓄电池放电过高	停车状态下蓄电池耗电提高。可能暂时关闭了用电器。必要时，重新设置日期和时间。重复出现时请BMW售后服务机构进行检查

再次诊断测试，读取故障内容如下：

1）213601—动力管理：休眠电流故障。

2）801C10—由于不合理的唤醒请求复位总线端KL.30F。

3）801C11—由于不合理的关闭请求复位总线端 KL.30F。

4）801C12—由于休眠受阻发送断电命令。

5）801C13—由于休眠受阻请求关闭总线端 KL.30F。

6）8020E8—总线端 KL.30F 复位或关闭。

7）801A52—SINE：匹配设码数据时错误。

8）B7F301—TGB：未存储当前设码数据。

选择故障内容执行检测计划，执行电源诊断，提示 FZD 车顶功能中心休眠受阻，唤醒原因是防盗报警系统。防盗报警系统由带超声波车内传感器的超声波车内防盗监控传感器（USIS）和带倾斜报警传感器的报警器组成。倾斜报警传感器（集成在报警器中）监控车辆倾斜情况，可识别车辆离地抬起或牵引。带倾斜报警传感器的报警器通过 LIN 总线与 FZD 控制单元连接。防盗报警系统（DWA）的软件已集成到 FZD 控制单元中。FZD 控制单元因此控制防盗报警系统。DWA 的报警以听觉和视觉方式进行。在 DWA 报警被触发时，FZD 控制单元通过 LIN 总线激活报警器的扬声器。同时，FZD 控制单元作为信息发送一个报警信号到 K-CAN2 上。脚部空间模块激活通过照明设备的光报警。报警可能已根据国家设码，例如光报警触发（通过闪烁报警，通过近光灯、远光灯等）和报警持续时间（间歇：1 次、3 次等）。

FZD 控制单元通过 K-CAN2 接收下列状态信号：① 来自脚部空间模块（FRM）或前部车身电子模块（FEM）或车身域控制器（BDC）的车门状态；② 来自接线盒电子装置（JBE）或车尾电子模块（REM）或车身域控制器（BDC）的行李舱盖状态。

DWA 发光二极管直接由 FZD 控制单元控制。在 LIN 总线上监控导线连接。FZD 控制单元通过 LIN 总线向带倾斜报警传感器的报警器周期性地发送监控导线连接的要求。如果在规定的时间内应答消失，FZD 控制单元就触发一个 DWA 报警。报警触发期间，导线监控也激活。查阅防盗控制系统电路图，如图 2-57 所示。

断开防盗报警扬声器的 3 针插头，测量 H1*1B 端子 1 和 3 的电压，测量结果为 12.4V，在正常范围之内。测量 H1*1B 端子 1 和 2 的 LIN 线波形，测量结果为 12V 左右的常电压。没有发现信号波形，分析线路故障，LIN 线对正极短路。

接下来检查线路，在左前翼子板内发现三条线路被咬破皮（图 2-58），三条线之间存在短路现象。重新修复线路后，再次测量 LIN 线波形，无论打开或关闭点火开关，都是显示 12V 左右的常电压，始终没有发现波形。拆下 FZD 车顶功能中心检测也没有发现异常，多次和其他正常车型对比，发现防盗报警扬声器 LIN 线波形只有在上锁监控后才出现通信，有别于其他 LIN 线。于是，上锁后再次测量本车修复的 LIN 线，如图 2-59 所示，明显可见矩形波了，峰值在 12V 左右，也就是说线路已经正常。

故障排除　半小时后，测量休眠电流，一直在 20mA 左右，休眠电流在正常范围内。停放两天，防盗扬声器也没有出现乱报警现象，所有故障码可以全部清除，仪表和中央信息显示屏没有任何故障提示，故障排除。

> **技巧点拨**：防盗报警系统（DWA）监控车门、行李舱盖、发动机舱盖上的传感器以及倾斜报警传感器和车内监控的状态。

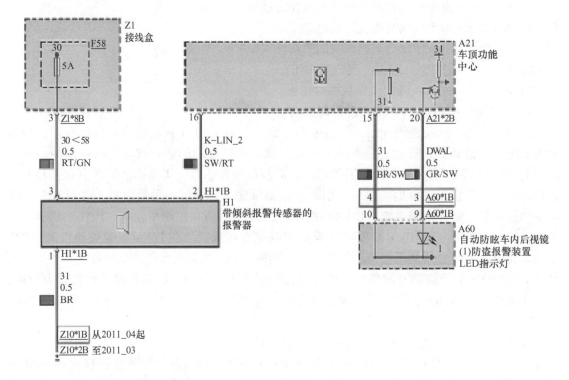

图 2-57 防盗控制系统电路图

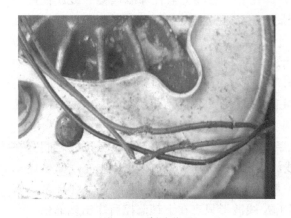

图 2-58 断路位置

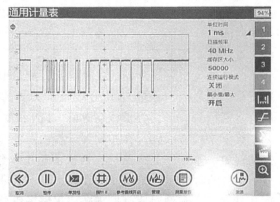

图 2-59 正常波形

八、宝马 X3 型蓄电池严重亏电

故障现象 一辆宝马 X3 车型,搭载 N20 型发动机,行驶里程 7 万 km,车主电话反映发动机无法起动。维修人员赶赴救援现场,对蓄电池进行搭电操作,发动机顺利起动。之后将车辆开到修理厂以便进一步检查。

故障诊断 接车后,维修人员首先对车辆进行常规检查,无异常;用万用表测量蓄电池的电压,为 11.2V,正常。连接宝马专用故障检测仪(ISTA)读取故障码,读取到以下故障码:①213601—动力管理:休眠电流故障;②8020E8—总线端 KL.30F 复位或关闭；③CD9010—LIN，信息；电动冷却液泵，缺少；④CD8E10—局域网互联网总线，通信故障；⑤48279B—ICM：车辆中电压过低；⑥8020DB—智能型蓄电池传感器 IBS 的唤醒导线，对搭铁短路或断路。记录并尝试清除故障码，发现故障码"CD8E10"无法清除。根据故障码的提示，结合该车的故障现象分析，初步认为造成故障的可能原因有：蓄电池故障；电动冷却液泵故障；智能型蓄电池传感器 IBS 故障；LIN 总线故障。

本着由简入繁的原则，维修人员首先检查蓄电池，发现蓄电池型号与原车使用的蓄电池型号不符，怀疑是蓄电池的故障。更换蓄电池后，将车辆交还给车主。第二天早晨，车主电话反映发动机再次无法起动，要求将车辆拖至店内进一步检查。接车后，用万用表测量蓄电池电压，为 9.5V；搭电起动发动机后，急速时，测得的蓄电池电压为 12.56V，踩下加速踏板，将发动机转速保持在 2500r/min，测得的蓄电池电压为 14.35V，至此可以判定发电机充电正常。

查阅相关资料，得知总线端 30B 的滞后时间可根据停车时用电器的请求予以延长。根据故障码"CD9010-LIN，信息；电动冷却液泵，缺少"的提示，怀疑是电动冷却液泵在停车状态下持续工作，导致蓄电池亏电。查阅电动冷却液泵相关电路（图 2-60），发现电动冷却液泵、智能型蓄电池传感器（IBS）及发电机为同一路 LIN 总线控制，分析认为，电动冷却液泵的故障也可能导致系统存储上述相应的故障码。

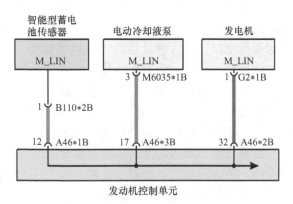

图 2-60　电动冷却液泵相关电路

查阅维修手册，发动机熄火后，当发动机温度过高时，电动冷却液泵将持续工作一段时间，正常的滞后时间为 7min。根据维修手册的检查方法，起动发动机，踩下加速踏板，将发动机转速保持在 2000r/min，一段时间后，当冷却液温度达到 103℃时，将发动机熄火。重新连接万用表，测得的车辆静态电流值为 8.47A，正常；7min 后，测得的车辆静态电流值仍然为 8.47A，不正常。维修人员用手触摸电动冷却液泵，发现电动冷却液泵有振动，说明电动冷却液泵还在工作。诊断至此，将故障点锁定在电动冷却液泵上。由于该车电动冷却液泵采用压电材料作为动力装置，有单独的集成处理器，控制单元设在电动冷却液泵内部，推测电动冷却液泵控制单元故障，导致发动机熄火后电动冷却液泵异常工作。

故障排除　更换电动冷却液泵，重新加注冷却液，利用故障检测仪对发动机冷却系统进行排气后反复试车，电动冷却液泵能正常停止工作，于是将车辆交还给车主。10 天后电话回访，车主反映车辆一切正常，至此，故障彻底排除。

技巧点拨：所谓"搭电"是指在车辆原有蓄电池因亏电或蓄电池本身出现故障导致无法起动发动机时，使用救援车辆携带的性能良好蓄电池通过搭接进行帮助起动的过程。操作接线时要注意，要将备用蓄电池与原蓄电池并联，即两个蓄电池的正极之间相接，负极之间相接，因通过电流很大，必须要接触良好，否则在起动时会引起大的电火花。

九、雷克萨斯 ES240 无法起动

故障现象 一辆雷克萨斯 ES240，行驶里程 12 万 km。车主到店维修空调故障，更换了蒸发器和压缩机，全部安装好了之后，发现车辆无法起动，踩下制动踏板之后，点火开关上面的 LED 变成绿色，按下起动开关之后，仪表忽然变暗，只有几个故障灯有显示，这种现象大概持续 5s 左右，然后仪表恢复正常。

故障诊断 将电源模式切换至 IG 状态，仪表灯可以正常点亮，插入诊断仪，进行全车检查，无任何故障码存在，再次尝试起动，仍然是这个故障现象。尝试打开空调、音响，都不存在任何影响，另外发现在起动的时候，起动机没有任何运转的迹象。一时想不通，为什么按下起动开关之后仪表会立刻黑屏，然后过一会又会显示正常呢？

可能的故障原因：①起动机故障；②线路故障；③控制单元问题；④其他问题。

考虑到起动机可能存在问题，于是将起动机拆下，人为搭线测试，发现起动机运转有力，没有任何异常，且可以正常工作。接着使用诊断仪进入发动机系统的主动测试，人为接通起动继电器，然后测量起动机的供电插头，发现有稳定的 12V 电压输出。既然起动机线路的供电是良好的，那为什么起动机不运转呢？另外与仪表黑屏又有什么关系？难道是蓄电池电压低？于是找了个小型充电器对蓄电池进行充电，然后尝试再次起动，发现故障依旧。检查蓄电池的连接桩头，没有任何松动的情况，怀疑是蓄电池对车身的搭铁不好，于是将其拆下来，重新打磨后安装，再次起动车辆，故障还是存在，一时陷入僵局。

故障排除 难道是发动机控制单元的问题？但是车辆入店之前都是好的，这种可能性应该很低。检查起动机继电器，重新对调了一个，故障依旧。感觉还是蓄电池的问题，于是使用万用表测量起动电压，发现起动电压只有 2.6V，明显偏低，于是重新找了个蓄电池，更换之后，故障排除。

技巧点拨：观察拆下来的蓄电池，发现该蓄电池为不知名的厂家生产的（图 2-61），那为什么仪表会持续显示黑屏？因为在按下起动按钮之后，由于起动机没有运转，导致发动机控制单元接收不到发动机的转速信号，从而起动继电器会一直吸合，直到超过控制单元本身设定的时间长度，才会恢复正常。另外一个方面是没有考虑到蓄电池的原因，因为已经有充电器在给蓄电池充电，即使蓄电池本身电量不足，但是由于一直在充电，也应该会让蓄电池的存电量上升，出于这样的考虑没有第一时间考虑到蓄电池有问题。

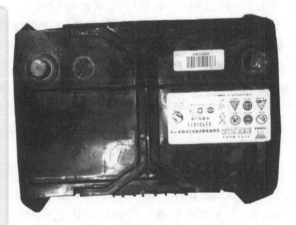

图 2-61 副厂蓄电池

十、别克君威发动机无法起动

故障现象 一辆 2013 年 7 月产别克君威轿车，搭载型号为 LTD 的 2.0L 发动机和 GF6

自动变速器，行驶里程2.9万km。该车放置一周后出现发动机无法起动的故障，于是将车辆拖至维修站进一步检修。

故障诊断 接车后，首先试车验证故障现象，接通点火开关，起动发动机，发动机无法起动。检查蓄电池检视孔，显示蓄电池需充电。于是维修人员首先对蓄电池充电3h，充足电后尝试起动发动机，发动机顺利起动。此时，用万用表测量发电机的充电电压，急速时，测得的充电电压为13.5V，正常。接通前照灯和鼓风机等用电设备以增加发电机负荷，充电电压下降到12.4V。将发动机转速提升至2000r/min，发电机充电电压为13.4V，至此可以判断发电机充电正常。接着，维修人员用万用表的电流档对车辆的寄生电流进行检测，将车辆上锁，测得的寄生电流为0.030A，正常。维修人员检查该车是否加装了其他用电设备，发现加装过副厂导航，怀疑加装的副厂导航间歇性漏电导致蓄电池亏电。于是建议车主先拆除加装的副厂导航，同时由于该车蓄电池已使用近4年，建议更换同型号蓄电池，车主表示同意。更换完蓄电池后嘱咐车主在日后的使用过程中，继续留意观察蓄电池放电情况。

一周后，车主来电反映发动机再次无法起动，接到车主电话后维修人员迅速赶到救援现场，经确认蓄电池严重亏电，搭电起动后将车辆开回店内以便进一步检查。回厂后，用万用表测量车辆寄生电流，等待30min，万用表显示的电流值为0.008A（图2-62），正常。继续观察，突然发现万用表显示的电流值有变化，车辆的寄生电流变为0.258A，说明该车确实存在漏电的现象。于是决定用拔熔丝观察万用表电流数值的方法检查漏电元件。当拔掉仪表台左下方熔丝盒内的熔丝NO.F17（图2-63），万用表显示的电流立刻恢复至正常范围；而插上熔丝NO.F17，万用表显示的电流为0.258A，说明熔丝NO.F17所控制的系统存在故障。

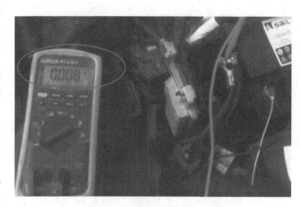

图2-62 测量车辆的寄生电流

查阅维修资料得知，熔丝NO.F17控制的电路为空调系统，通过电路可以看出熔丝NO.F17控制空调控制模块及空调控制面板。插上熔丝NO.F17，断开空调面板上的相关导线插接器，万用表显示的电流依然为0.258A；断开空

图2-63 熔丝NO.F17安装位置

调控制模块背面相关导线插接器，万用表显示的电流变为0.009A，说明空调控制模块内部存在间歇性漏电的现象。诊断至此，确定为空调控制模块故障。

故障排除 更换空调控制模块总成后用万用表测量车辆的寄生电流，在正常的范围内，于是交车。一个月后打电话回访车主,车主反映车辆一切正常,至此故障彻底排除。

> **技巧点拨**:在维修蓄电池亏电的故障时,首先确认是否由人为引起,如驾驶人忘记关闭各种灯光,擅自加装其他电器设备等;接着对蓄电池充电情况和车身系统的漏电情况做逐一检查。对车辆进行漏电测试时,不能用小灯泡串联蓄电池负极与车身搭铁线的方法,这样无法反映漏电的真实情况。正确的方法是用万用表测量车辆的寄生电流,如果测量的电流在正常范围内,应适当延长测量时间,以便正确判断故障,进一步提高维修品质。

第三章

汽车充电系统实用维修技能与技巧

第一节 充电系统的检查与维护

一、交流发电机的接线柱名称识别和作用

车型不同,交流发电机的机型也有区别,但一般机型均设有电枢、磁场、搭铁、中性点等接线柱。维修交流发电机时,若对各接线柱识别不清,不仅影响维修人员工作的顺利进行,甚至还会损坏交流发电机。下面介绍交流发电机接线柱的三种识别方法。

1. 直观辨认法

交流发电机上较粗($\phi 6mm$)的接线柱为电枢接线柱;两个较细($\phi 3mm$)的接线柱中的一个螺钉根部与外壳直接接触或用导电铜片相接的为搭铁接线柱,另一个与之相邻的细接线柱则为磁场接线柱,还有一个独立的接线柱为中性点接线柱。

2. 符号判别法

交流发电机的后端盖上设有不同的接线柱,并在相应的位置上标有不同的字母符号(图3-1),各符号含义及作用分别叙述如下:

1)"A""B+"或"B"(Battery,蓄电池)为电枢接线柱,向交流发电机内部与正整流板连接,向外输出电能,通过较粗的导线与蓄电池正极和起动机相连。另外,一般的电源输出线也称为"B"。

2)"F"(Field,励磁线圈)为磁场接线柱,应用于普通交流发电机,向交流发电机内部与励磁绕组的一端相连接,向外接电压调节器的"F"接线柱。对于整体式交流发电机(内置式集成电路电压调节器)来说,励磁绕组与集成电路调节器相连的一端也称为"F"。

3)"N"或"P"(Neutral,中性的)为中性点接线柱,向交流发电机内部与星形联结绕组的中性点相连接,向外对于普通交流发电机来说,一般用来控制各种用途的继电器,如充电指示灯继电器、磁场继电器等。对于整体式交流发电机(内装集成电路式调节器),中性点(或三相绕组中的一相接点)一般和集成电路调节器相连接。

4)"L"(Light，灯，光线)为充电指示灯接线柱。对于整体式交流发电机（内置式集成电路电压调节器）向内和集成电路式电压调节器相连接，通过电压调节器来控制充电指示灯的工作，向外一般通过点火开关和充电指示灯相接。

5)"D+"为充电指示灯接线柱。标有"D+"的接线柱一般为采用三个专用磁场二极管的9管或11管的交

图3-1 交流发电机后端盖上标注的不同符号

流发电机，因而充电指示灯通过三个专用的磁场二极管进行控制，向外一般通过点火开关和充电指示灯相接。

6)"S"接线柱。现代汽车普遍应用的大功率交流发电机中常采用"S"端子，其作用为蓄电池电压检测线，向内与集成电路电压调节器相接，此线一般为较粗的中间没有任何熔断装置的导线，与蓄电池的正极直接相连，用来检测交流发电机的电压高低，作为控制电压调节器工作的基准信号。

7)"E"(Earth，接地，搭铁，地线)接线柱常用搭铁标志"⊥"或"E"。对于普通交流发电机来说，"⊥"或"E"与交流发电机的外壳相连接，向外与电压调节器的"E"或"－"接柱相连接，目的是使交流发电机与电压调节器之间形成良好的搭铁回路，保障充电系统正常工作。

8)"IG"(Ignition，点火)接线柱。此接线柱为点火线，一般通过此线来控制交流发电机的工作，向外一般通过点火开关与蓄电池正极相连接。

3. 万用表测量法

测量前先将交流发电机各接线柱上的导线拆下，把万用表置于"R×10"或"R×100"档，然后把一只表笔接交流发电机外壳，另一只表笔先后接电刷架上的两个细接线柱，显示电阻值为0的为搭铁接线柱，有电阻显示的则为磁场接线柱。电枢接线柱对搭铁电阻值大，中性点接线柱对搭铁电阻值小。

> **技巧点拨**：识别汽车交流发电机的接线柱的方法有直观辨认法、符号判别法和万用表测量法。

二、汽车充电系统检查与诊断

以丰田车维修手册中充电系统检测为例,介绍充电系统的检查与诊断方法。

1. 充电系统的充电状况检查

(1) 检查步骤

对充电系统的充电状况进行检查的步骤如下:

1) 检查确认蓄电池端子无松动或腐蚀。

2) 检查蓄电池电压。将点火开关置于"OFF"位置,打开前照灯20~30s,消除蓄电池表面电荷后,测量蓄电池电压应在12.5~12.9V(温度在20℃)。如果不符合规定,则对蓄电池进行充电或更换。

3) 检查确认充电线路和熔丝连接可靠。

4) 检查确认发电机传动带张紧度符合规定。

5) 断开发电机总成B端子上的配线,如图3-2所示,将电压表和电流表连接到充电电路上。

(2) 无电器负载时的充电状况检查要点

使发动机转速保持在2000r/min,检查电流表和电压表的读数。要求:标准电流≥10A;标准电压为0.275~16.25V。

(3) 带电器负载时的充电状况检查要点

1) 发动机转速为2000r/min时,打开前照灯的远光并将加热鼓风机开关转至"HI"位置。

2) 检查电流表读数,要求:标准电流≥30A。

3) 如果蓄电池已充满电,则电流表读数有时

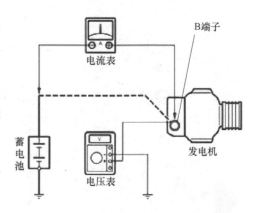

图3-2 充电系统的车上检查配线连接示意图

会小于标准电流,可以增大电负载(使刮水器、后窗除雾器等工作),再次检查电流表读数。

4) 如果检查结果不符合规定,则需维修或更换发电机。

2. 使用电脑诊断仪检测

(1) 电脑诊断仪检测的目的

1) 读取电脑诊断仪中故障码提示内容,进行分析维修充电系统存在的显性故障。

2) 读取电脑诊断仪显示的充电系统各项数据值,根据不正常数据值的偏差,分析排除充电系统存在的隐性故障。

(2) 充电系统故障码诊断

1) 将诊断仪(GTS)连接到诊断插座(DLC3)。

2) 将点火开关置于"ON"(IG)位置。

3) 打开GTS。

4) 进入菜单Power train/Engine and ECT/Troble Codes。

5) 检查记录故障码(DTC)。

(3) 失效保护模式

如果存储相关DTC信息,则发动机ECU将进入失效保护模式,以便车辆能够暂时行驶。

(4) 充电系统数据流检测

1) 使发动机暖机。
2) 将点火开关置于"OFF"位置。
3) 将 GTS 连接到 DLC3。
4) 将点火开关置于"ON"(IG)位置。
5) 打开 GTS。
6) 进入菜单 Power train/Engine and ECT/Data List。

3. 充电系统数据流分析

图 3-3 是利用 GTS 诊断仪扫描得到的丰田卡罗拉车型的充电系统数据流。

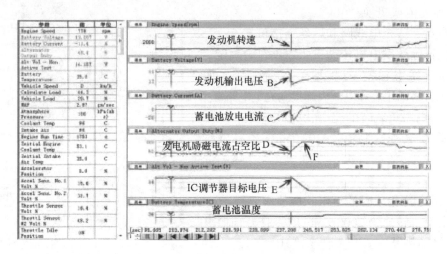

图 3-3 卡罗拉车型的充电系统数据流

在图中 A 点约 237.2s 时间处，加载了前照灯远光、空调和鼓风机最高档运转，可以看到，图中 B 点发电机输出电压由 14V 迅速下降到 13V，C 点蓄电池随着电负荷加载而放电 -11.4A，并且继续增加放电，此时由蓄电池与发电机输出共同给电负荷供电。为了保证发动机不因电负荷的突然增加而影响其正常运行，在图中 D 点，发动机 ECU 指令 IC 调节器执行 LRC 功能控制，逐步增加发电机励磁电流占空比，维持发动机平稳运行。同时为了不使蓄电池过放电，在图中 E 点，发动机 ECU 调整 IC 调节器的目标电压，使发电机输出电压随 LRC 控制逐步提高，减少蓄电池的放电。经过 LRC 控制，在图中 F 点约 241.2s 时间处，发电机励磁电流占空比增加到 100%，发电机输出稳定电压，供给用电负荷，随着发动机转速的增加，IC 调节器由此退出 LRC 控制。

技巧点拨：充电系统的检查与诊断包括充电系统的充电状况检查、充电系统的电脑诊断仪检测以及充电系统数据流分析几个方面。

三、充电系统工作异常的故障诊断

交流发电机正常发电，必须具备以下条件：①励磁电路、定子绕组电路和整流器必须工作正常；②交流发电机转子必须旋转。在正常情况下，发电机工作时的输出电压应为 13.7~

14.5V，蓄电池在发动机熄火时电压应为 12.5~14V。

发电机不发电故障早期可通过充电指示灯（如图 3-4 所示，点火开关处于点火档，发动机不工作时充电指示灯应亮；发动机工作正常时充电指示灯应灭）和电流表（图3-5）等有所反应；后期表现为蓄电池严重亏电，发动时起动机无法工作。充电系统工作异常主要表现在以下方面：

图 3-4 交流发电机的充电指示灯

图 3-5 汽车上的电流表

1）硅整流发电机在中等转速运转时，电流表指示放电位置。

① 蓄电池和发电机之间的连接导线断开，常发生在电枢接线柱部位或导线转折处。

② 发电机不发电：二极管击穿或内部整流结脱开而不起整流作用；电刷在电刷架内卡住，使发电机不能励磁；励磁绕组断路；定子绕组相间短路或搭铁；励磁绕组短路；调节电压过低，触点烧蚀；调节器内某个线头断开或开焊，使发电机的励磁回路不通。

2）充电不稳，电流表指示有时充电有时不充电。发电机传动带过松，有打滑现象；蓄电池至发电机电枢接线柱间的导线连接不牢或要断裂，使充电电路时通时断；发电机内部接线松动、集电环积污、电刷磨损过度及电刷弹簧压力减小等引起电刷与集电环接触不良；调节器内部连接部分接触不良或弹簧拉力太弱和触点烧蚀造成接触不良，引起调节器工作不稳定；电流表内部接触不良。

3）充电电流过大，长期大于10A，电解液蒸发很快导致蓄电池过早损坏。调节电压过高；应将电压表的正表笔接在调节器的电枢接线柱，负表笔接在调节器的底壳，若测得的电压高于规定值，则需调整弹簧拉力和活动触点臂与铁心的间隙；调节器线圈末端脱落，失去调节作用。

4）充电电流很小，在低速时不充电。整流器中的二极管损坏；定子绕组中有一相接触不良或脱开；集电环积污，电刷与集电环接触不良；调节器调节电压过低或带轮打滑。

汽车硅整流发电机的外形如图 3-6 所示；汽车硅整流发电机的

图 3-6 汽车硅整流发电机的外形

整流端盖结构,如图 3-7 所示;硅整流发电机常见故障部位及分析,见表 3-1。

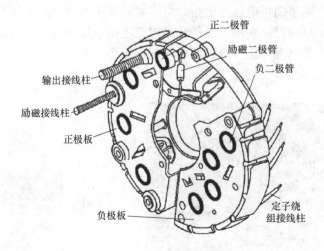

图 3-7　汽车硅整流发电机的整流端盖结构

表 3-1　硅整流发电机常见故障及分析

部　　位	故障现象	故障原因	检修方法
带轮	发摆、碰擦及异响	安装不良,带轮变形发摆	校正、重新安装
风扇	噪声	变形或带轮、前端盖碰擦	校正、重新安装
前端盖	噪声、振抖	端盖变形,轴承缺润滑油,挂脚孔磨大松旷	修复或更换
定位圈	前后窜动	磨损	修复或更换
转子总成	碰擦、烧灼、不发电	安装不良,转子轴变形与定子相碰擦,线圈烧蚀扫膛,或转子的爪极松动	用万用表检测、修复或更换
定子总成	转子轴运转摆振、碰擦磁极线圈、扫膛	轴承磨损松旷,接触不良,转子轴变形,绝缘损坏	用万用表检测、修复或更换
整流端盖	轴承走外圆、噪声、不发电	轴承润滑不良松旷,轴承孔磨损,导线松脱	修复或更换
电刷	噪声、不发电	电刷在架内卡滞,接触不良,电刷与集电环接触角不对	检修调整
元件板	不发电或发电量小	二极管击穿,接触不良	用万用表检测、修复或换件
硅二极管	不发电或发电量小	极性装反,检查方法不妥,击穿短路、断路	用万用表检测,必要时更换新件

技巧点拨:充电系统工作异常主要表现在发电机在中等转速运转时,电流表指示放电位置;充电不稳,电流表指示有时充电有时不充电;充电电流过大;充电电流很小。

第二节 不同阶段汽车充电系统的特点

一、第一阶段汽车充电系统的特点

发电机作为充电系统的核心部件，虽多年来其机械方面的主体结构没有太大的改变，仍然由转子、定子和整流板三大部分组成，但其充电能力却随着技术的更新得到了极大的提高。

20世纪末期以前为充电系统的最初阶段，此时车上的用电器只有最基本的灯光、刮水器和起动系统，而灯光、刮水器只是在特定的环境下使用，因此这阶段车辆普遍耗电量极低，当然对车辆充电量的要求也不高了。这一阶段充电系统的唯一目的就是能满足车辆的最基本用电。这个阶段的发电机普遍使用了6个整流二极管。现代技术证明，在其他条件都相同时，整流二极管的数量，也会直接影响发电机充电量的高低。而在二极管数量不改变的情况下，要提高充电量，也只有增加发电机的定子绕组和转子绕组的线圈匝数或线径，这就导致了当时的发电机普遍体积偏大。体积大、充电量小是第一阶段充电系统的特点。

第一阶段充电系统普遍使用了电压表，通过观察电压表来确定充电系统是否可以正常发电。该电压表工作原理很简单，点火开关关闭时，电压表供电电源被切断，因此电压表指针停在最低的零位刻度处；打开点火开关发动机未起动时候，电压表被通电，表针指向12V电压表刻度处，此时表针指向的刻度数字即电源的实际电压；起动发动机后，发电机正常充电时，电压表指针往高电压方向摆动，代表此时的充电电压。用电压表来检测充电，不是非常直观（驾驶人很难时刻去注意电压表那个细细的指针），对一般的驾驶人来说，完全有可能没有在第一时间知道充电的情况。因此，在后来的车型中电压表被逐渐淘汰。而这阶段对于充电量的调节，使用的也是最简单的机械式调节器（通过增加电阻的方法来降低或提高发电机的励磁电流），而且调节器都是安装在发电机的外部，因而又称之为外部电压调节器。

> **技巧点拨**：第一阶段汽车充电系统的特点是充电系统的目的是能满足车辆的最基本用电，普遍采用6个整流二极管，发电机的体积大，但是充电量相对比较小。

二、第二阶段汽车充电系统的特点

20世纪末到21世纪初的几年中，电喷发动机被普遍使用。充电系统的电压表被淘汰，采用了充电指示灯来检测系统充电与否，只要打开点火开关，充电指示灯就被点亮；而起动发动机后，只要正常充电，充电指示灯就会熄灭；当发电机不发电时，红色的充电指示灯则会常亮不灭，警告驾驶人系统没有充电。该充电指示灯相比电压表的优点明显，观察起来非常直观，一目了然。同时发电机体积缩小了，可充电量却得以提高。这主要得益于整流效率的提高，相对之前的6个二极管发电机，现在普遍都采用了8个或9个二极管。第二阶段的电压调节器相对第一阶段电压调节器而言，输出电压更稳定了。这个阶段调节器同样还有机械式调节器，但是这种机械式调节器主要应用在一些早期的进口车型上，例如当时的丰田小货车、日产皮卡等车型，均采用了外调节式六线电子调节器，这种调节器体积庞大，结构复杂，价格昂贵，控制电路如图3-8所示。

1. 机械式调节器工作过程

1）打开点火开关时，电流经过点火开关→充电指示灯→发电机电压调节器的6号脚→调节器内部电子元件控制→接地回路。此时充电指示灯被点亮，说明发电机处在未充电状态。

2）车辆起动之后，电流经过点火开关→电压调节器5号线→调节器内部电子调节→调节器的2号线→发电机的S端子→发电机励磁线圈通电→搭铁回路。此时发电机励磁线圈产生磁场，发电机就处在充电状态。

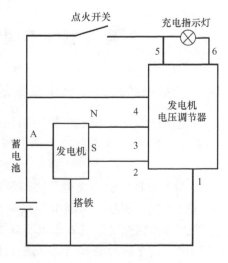

图3-8　发电机调节器电路1

3）充电时的充电指示灯控制逻辑为：发电机充电后，发电机N端子输出电压→电压调节器端子4号脚→电压调节器内部线圈→线圈产生磁场吸下充电指示灯经过的触点，充电指示灯搭铁回路被断开，则指示灯熄灭。

4）发电机充电电压的稳定和控制。该电压调节器4号线直接连接至蓄电池，其作为基准电压的比较，当4号线电压偏高（一般发电机电压最高不超过14.7V），则通过内部降压电阻，降低2号脚输出电压，使充电电压降低；当充电电压偏低，则提高2号脚输出电压，提高进入S端的励磁电压，以提高充电电压。如此反复调节，将电压稳定在合理的范围内。

这种机械电压调节器在一些低端的进口车型上面使用比较普遍，优点是输出电压比较稳定，缺点是价格昂贵（相对于国产车而言），因此在国产汽车上并没有采用此类调节器，而是使用了最简单的内置一体式电子调节器。

2. 内置一体式电子调节器

内置一体式电子调节器安装在发电机内部，结构紧凑，成本较低，维修方便，外部线路少，因此直到现在依然被绝大多数国产轿车继续使用，其电路图如图3-9所示。

这种充电系统的工作过程如下：

1）点火开关闭合后，电流经过点火开关→充电指示灯→发电机的L端→发电机内部调节器→电刷→转子线圈→搭铁。此时充电指示灯电流经过励磁线圈搭铁后，指示灯被点亮。

2）发动机起动后，经过充电指示灯的电流流经转子线圈→转子线圈产生磁场→定子绕组产生感应电动势→整流后输出电压→发电机开始充电。

3）发电机开始发电后，其内部电子调节器端电压升高，于是电压经过发电机内部输出→发电机L端→充电指示灯。此时充电指示灯两端同时有12V电压，没有电位差，则充电指示灯就被熄灭，表明发电机开始充电。

4）发电机充电后，转子线圈由点火开关供电产生磁场，转变为由发电机充电电压供电产生磁场，即从外

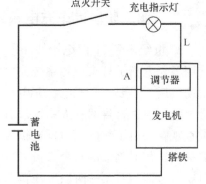

图3-9　发电机调节器电路2

部供电励磁，转为内部本身供电励磁。此时，即使断开充电指示灯电路，只要发动机继续转动，则发电机也会继续发电。

该整体式发电机极大地简化了充电系统的外围线路，结构紧凑，系统稳定，降低了充电系统的故障产生的概率，因此若不考虑整车的其他因素，而仅就充电系统的本身性能来说，这个阶段的充电系统已经非常完善了。

> **技巧点拨**：第二阶段的电压调节器相对第一阶段的电压调节器而言，输出电压更稳定，电压调节器较多采用外装。

三、第三阶段汽车充电系统的特点

随着汽车技术的不断更新，电子控制方面愈加精密，同时为了符合日趋严格的排放要求，充电系统也逐渐融合了整车电子控制方面，得以让车载电脑控制充电系统成为一种趋势。

以上汽大众生产的全新桑塔纳车型的充电系统为例（图3-10），该充电系统的发电机上的线路和第二阶段类似，发电机上面共有三根线，至蓄电池的一根最粗的常火线，为发电机向蓄电池的充电线A，另外两根线则完全不同于传统的充电系统：一根是连接至车身控制模块J519的充电信号L线；另一根是连接至发动机控制单元的DFM线。

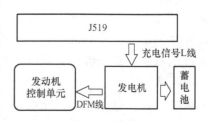

图3-10 充电系统控制电路

充电的信号L线在打开点火开关时，J519通过L线在发电机内部搭铁，正常情况下此时该线电压为1V左右。当L线电压正常，则J519通过CAN线发送信号给仪表，仪表控制充电指示灯点亮（但实际情况证明，若L线断路，充电指示灯仍然能够点亮）。若发电机正常充电后，L线电压则为充电电压，J519接收该信号电压后，再次发出指令，通过CAN线让仪表关闭充电指示灯。此时的L线电压数据也是J519执行负载管理模式一的参考信号线，而负载管理的目的是确保蓄电池有足够的电能，在保证安全的前提下，适当地关闭舒适功能。该管理有以下三种模式：

1）模式一的前提条件是：15号线接通并且发电机处于工作状态，此时如果L线电压低于12.7V，则控制单元要求发动机提高怠速。而如果蓄电池电压低于12.2V，下面这些用电器将会被依次关闭：座椅加热、后风窗加热、后视镜加热、转向盘加热、脚下照明、门内把手照明、空调系统、信息娱乐系统。

2）模式二的条件则是15号线接通并且发电机未工作，如果J519监测到电源电压低于12.2V，则空调耗能降低或关闭，脚下照明、门内把手照明、上下车灯、离家功能关闭，信息娱乐系统关闭。

3）模式三的条件是：15号线断开并且发电机未工作，如果J519监测蓄电池电压低于11.8V，此时车内照明灯、脚下照明、门内把手照明、上下车灯、离家功能、信息娱乐系统都会被关闭。

由于L线是负载模式一的参考信号线，当L线出现断路的时候，J519就会报出电压过低造成功能受限的故障码，同时会出现负载管理模式一的结果。而发电机上的DFM线连接至发动机控制单元，由发动机控制单元通过输出至DFM的占空比信号大小，来控制发电机的输出电压。当车上大功率用电器被打开，发电机负荷增大时，发动机控制单元一方面提高DFM线占空比，提高输出电压，同时适量增大节气门开度，提高发动机输出功率，避免发动机出现转速不稳等状况。而若该线出现断路等故障，则发动机控制单元会记忆故障码，同时报发电机端子DF负荷信号不可信的故障。

第三阶段的充电系统仍然采用了充电指示灯来监测充电系统是否正常，但是该充电指示灯的控制和第二阶段充电指示灯的控制是完全不同的，该充电指示灯是由仪表控制单元来独立控制的。当打开点火开关后，哪怕断开发电机上的插头，此时充电指示灯同样会正常点亮，而起动后不管是否充电，仪表检测到转速信号后，会主动熄灭充电指示灯。仍以全新桑塔纳为例说明充电指示灯延时打开或关闭功能。先拔掉该发电机上的充电信号L线和DFM线，起动发动机，此时的发电机是没有发电的，但起动后充电指示灯也会熄灭不会马上点亮，这可能让大多数维修人员都无法理解，可事实就是这样。

那么这个充电指示灯到底在什么情况下才会点亮呢？此时让发动机继续运转，打开前照灯等较大负荷，以便快速降低电源的电压，当车辆整车的电压低于11V时，充电指示灯才开始点亮。接着再接回L线和DFM线，让发电机恢复充电，按照常规思维，接回两根线的瞬间，发电机马上充电，那么充电指示灯也会马上熄灭。但事实证明不是这样，充电指示灯在恢复充电十几秒之后才熄灭。由此说明该车充电指示灯不亮，不能说明发电机一定在发电；同样，充电指示灯点亮，发电机不一定就没有发电。而若充电指示灯点亮，则说明整车电压已经低于警戒值，此时驾驶人不要轻易熄火，否则有可能导致无法再次起动。

该类车型的另一个特点是DFM线损坏后的高转速恢复充电功能。按照常规理解，当发电机上的DFM线损坏断路时，如果是传统的发电机，此时无论如何发电机都不可能再充电了，可是对于该类型发电机，其表现却超出我们的想象。此时若发动机转速不高，发电机确实不会发电，可当发动机转速超过2000r/min以后，发电机竟又神奇地正常发电了。起初我们认为是励磁线圈的剩磁发电，当断开发电机至蓄电池充电A线时，另外再接一个负载，不管发动机转速如何升高，发电机始终无法再发电。

这足以证明DFM线损坏后的充电和发电机的剩磁无关，而是由发电机上的充电线A直接通过发电机的内部调节器，来为励磁线圈提供电压恢复充电。但是充电A线为励磁线圈提供电源的前提是发电机的转速要达到2000r/min，并且发电机的充电信号线断开。这两个前提中任一个缺失，则A线永远也不会为励磁线圈提供电源。

第三阶段的充电系统已经融入了整车电子控制系统，发电机与车身控制单元和发动机控制单元都密切相连，结合严格的排放要求，因此能量回收系统的使用就顺理成章了。而能量回收系统，就是利用发电机将多余的能量以电的形式输送给蓄电池，避免了燃料的无谓消耗。该系统中，即使是发电机在满负荷充电时，也可能不会额外增加消耗多余的燃料。当驾驶人释放加速踏板或者施加制动，车辆减速，能量回收系统就将机械能通过发电机以电能的形式回收，在发动机控制单元的调节和控制下，升高发电机的充电电压，给蓄电池系统进行充电。而当车辆加速或匀速行驶时，则可能降低发电机的输出电压，甚至完全停止发电机的充电，从而降低发动机的负荷，提高了燃油经济性。

技巧点拨：随着未来技术的进步，以后的充电系统可能还会有一些改变，但是不论未来如何变化，也只是在第三阶段的充电系统基础上做一些完善和补充。因为第三阶段的充电系统，已经充分地和整车电子控制系统实现了完美统一和相互的兼容了。

第三节　丰田车系充电系统电路分析

一、丰田轿车充电系统诊断与检测

1. 丰田轿车充电系统的构成

图 3-11 所示为丰田轿车使用的单片式集成电路电压调节器，集成电路电压调节器装于交流发电机内部，构成整体式交流发电机。集成电路电压调节器共有 7 个接线柱，其中"B""F""P""E"4 个接线柱用螺钉直接与交流发电机相连，接线插座内的"IG""L""S"3 个接线柱用插接器引出，其功能与夏利轿车多功能集成电路电压调节器基本相同。图 3-12 所示为装用多功能 M 型 IC 电压调节器的丰田轿车整体式交流发电机的电路图，称为 MIC 混合集成电路，大多数丰田汽车都使用这种集成电路电压调节器。

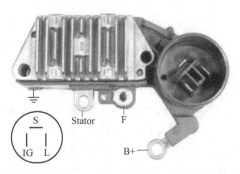

图 3-11　丰田轿车交流发电机用电压调节器

2. 丰田轿车充电系统的工作原理

当点火开关闭合时，蓄电池通过连接在开关和端子"IG"之间的导线为电压调节器提供电压。当交流发电机充电时，端子"B"和蓄电池之间的导线有电流流过。同时，集成电路电压调节器通过端子"S"监测蓄电池电压。这样，电压调节器根据需要增大或减少转子磁场能量。指示灯电路通过端子"L"连接起来，其工作过程如下：

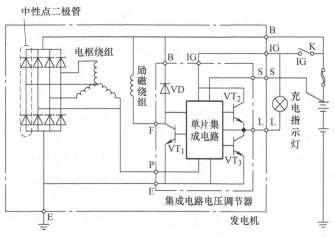

图 3-12　丰田轿车充电系统电路图

1) 点火开关接通，发动机停机时，蓄电池电压加在接线柱 IG 上，集成电路电压调节器检测到这一电压，使 VT_1 处于交替截止-导通状态，蓄电池经端子 B 为励磁绕组提供励磁电流，励磁电流为 0.2A。励磁绕组电路为：蓄电池正极→交流发电机接线柱 B→励磁绕组→电压调节器 F 端→VT_1（c→e）→电压调节器 E 端→搭铁→蓄电池负极。

由于交流发电机尚未发电，P 点电压为零，集成电路检测到这一情况，使 VT_3 导通，VT_2 截止，充电指示灯亮。充电指示灯电路为：蓄电池正极→点火开关 K→充电指示灯→电压调节器 L 端→VT_3（c→e）→电压调节器 E 端→搭铁→蓄电池负极。此时充电指示灯点亮，指示蓄电池放电。

2）交流发电机发电，但电压低于调节电压时，P 端电压上升，集成电路使 VT_1 由交替截止-导通状态转变为持续导通，蓄电池为励磁绕组提供充足的励磁电流，交流发电机电压很快上升。同时，由于 P 端电压上升，集成电路使 VT_3 截止，VT_2 导通，此时充电指示灯的两端没有电位差，充电指示灯熄灭。

3）当交流发电机发电，VT_1 保持接通；端子 S 的电压达到调节电压，集成电路检测到电压调节器 S 端电压达到标准电压时，使 VT_1 截止，励磁绕组电路被切断，交流发电机电压下降；电压调节器 S 端电压降低至低于标准电压时，集成电路又检测到这一变化，使 VT_1 导通。如此交替，控制电压调节器 S 端电压处于标准电压值。

同时，由于 P 点电压高，集成电路仍使 VT_3 截止，VT_2 导通，充电指示灯保持熄灭。

4）当交流发电机转动而电压信号输入端子 S 电路断开时，如集成电路检测到"端子 S 无输入"，则使 VT_1 交替处于导通-截止状态，以保持输出端 B 的电压在 13.3～16.3V。这样，可防止输出电压过高，从而保护交流发电机、集成电路电压调节器和其他电子元件。

同时，当集成电路检测到"端子 S 无输入"时，使 VT_3 导通，VT_2 截止，于是充电指示灯亮。

5）如果交流发电机 B 端子电路断开时，蓄电池将无法充电，当 S 端子电压尚未降到最低点（13V）时，集成电路又检测到电压调节器 P 端电压，使 VT_1 交替处于导通-截止状态，将 B 端子电压保持在 20V，防止输出电压不正常升高，保护交流发电机和电压调节器。

当 S 端子电压降到最低点（13V）时，集成电路检测到这一情况，使 VT_3 导通，VT_2 截止，充电指示灯亮。

6）励磁线圈断路时，交流发电机会停止发电，P 点电压变为零。当停止发电，且 P 点电压为零时，集成电路检测到这一状态，使 VT_3 导通，VT_2 截止，充电指示灯亮。

3. 丰田轿车集成电路电压调节器的检测方法

检测丰田轿车集成电路电压调节器时可按图 3-13 所示方法进行线路连接。

1）检查时，在电压调节器 B、S 与 E 端间各接一只 0～16V 的可调直流电源，B 与 F 端间接一只 12V、4W 的仪表灯泡（代替充电指示灯），并在 IG 与 B 端间接 1 个开关 K_1。开关 K_1 闭合时，试灯 1、试灯 2 应点亮。

2）P 与 E 端之间接一只 6V 蓄电池和一只开关 K_2，当开关 K_2 闭合时试灯 2 应熄灭，当开关 K_2 断开时试灯 2 应点亮。

3）调节可调直流电源 1，当电压升高到 15.5V 以上时试灯 2 应熄灭，当电压下降到 13.5V 以下时试灯 2 应点亮。

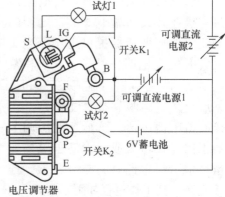

图 3-13 丰田轿车集成电路电压调节器检测接线图

4）调节可调直流电源 2，当电压下降到 13.5V 以下时试灯 1 应点亮。

若检测结果不符合上述要求，表明电压调节器已损坏。

技巧点拨：丰田轿车充电系统的核心控制部件为集成电路电压调节器，集成电路电压调节器检测的前提是了解电压调节器的工作过程。

二、丰田卡罗拉新型交流发电机电子调节器

近年来，随着车载网络技术的应用，IC 调节器发生了本质变化，发电机输出电压控制集成在了车辆本地互联网络中（LIN），通过发动机 ECU 的控制，为发电机提供增强型智能控制功能。图 3-14 所示为丰田卡罗拉充电系统图，IC 调节器内部结构示意图如图 3-15 所示。

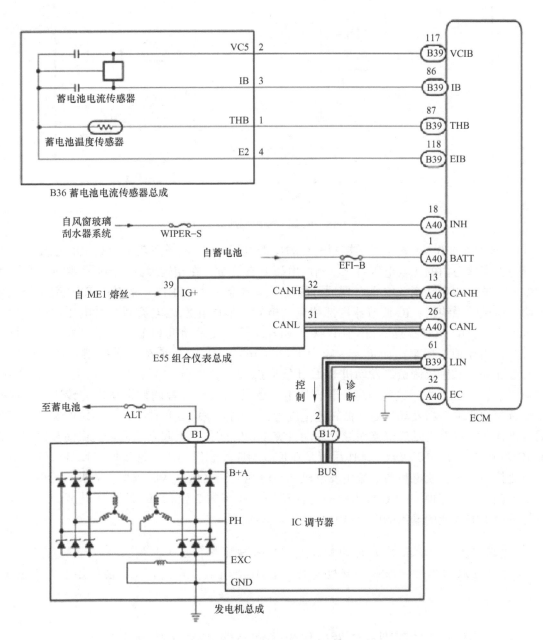

图 3-14　卡罗拉充电系统图

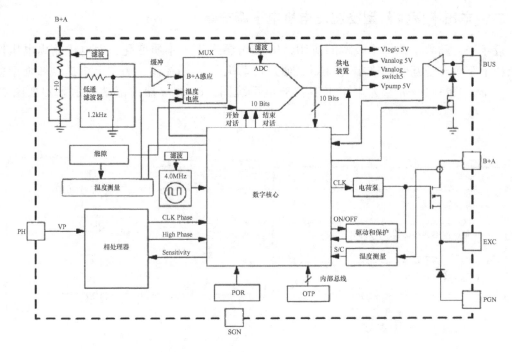

图 3-15 IC 调节器内部结构示意图

IC 调节器的 B+A 端子提供控制电路的反馈电压;PH 端子采集发电机的相电压,并与预存在数字核心内的比较电压对比,当两电压差有效时,在相处理器内部产生脉冲信号,反映发电机的当前相频率;IC 调节器通过场效应晶体管(MOSFETS)的高侧 EXC 端子提供电流给发电机励磁绕组;IC 调节器内部续流二极管,能防止励磁电流断开时电压过高,仍能让电流连续;IC 调节器通过 LIN 协议接口 BUS 端子,使发动机 ECU 可以控制发电机目标电压(目标电压值根据车型而定,一般为 10.6~16V)、LRC(负载响应控制)的时间以及 LRC 禁止频率和励磁限流。发动机 ECU 还能通过 LIN 诊断到发电机温度、励磁电流占空比、故障等信息,ECU 根据这些信息,管理用电器的使用策略或者调整发动机的转速以适应整车电负荷的要求。当发动机处于低转速范围时,车辆突发电气负荷增加,传统的发电机调节器会迅速增加发电机励磁电流而导致发动机突发转矩变化,引起发动机转速振荡和振动。智能 IC 调节器具有 LRC 功能,其作用就是在负载响应控制区间内,逐步增加发电机励磁电流占空比控制时间,使电负荷电流由发电机和蓄电池共同提供,从而减小发动机的转矩,节省燃油消耗。一旦实现了 LRC 禁用频率(大于切入频率的 2 倍),IC 调节器退出 LRC,发电机将提供更加快速的输出响应,LRC 作用如图 3-16 所示。

技巧点拨:卡罗拉新型 IC 调节器发生了本质变化,发电机输出电压控制集成在了车辆本地互联网络中(LIN),通过发动机 ECU 的控制,为发电机提供增强型智能控制功能。

三、丰田卡罗拉新型交流发电机电子调节器 LIN 工作模式

丰田卡罗拉新型交流发电机电子调节器 LIN 模式的标准工作状态如图 3-17 所示。

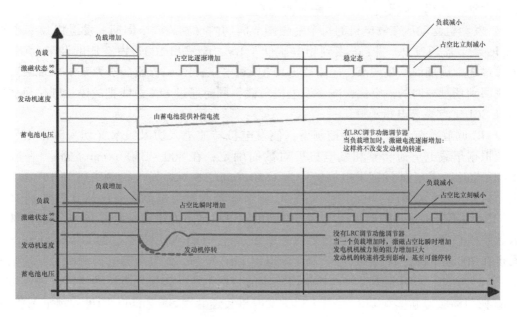

图 3-16 LRC 作用示意图

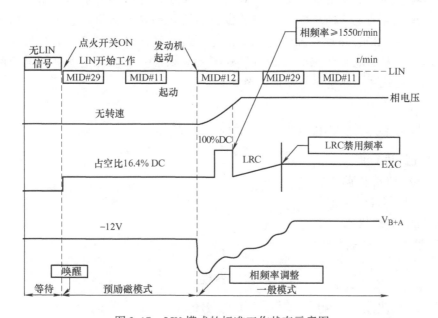

图 3-17 LIN 模式的标准工作状态示意图

1）当点火开关处于"ON"位置时，发动机 ECU 通过 LIN 总线发送控制信号，唤醒 IC 调节器进入 LIN 模式。IC 调节器诊断到发动机 ECU 命令有效时（发电机目标电压≠10.6V，且系统无错误信息），进入预励磁状态，此时若 B + A 的电压低于目标电压，IC 调节器输出一定占空比的励磁电流（预励磁占空比由发电机制造商根据发电机参数设定，如新一代卡罗拉的预励磁占空比为 16.4%）。预励磁的目的一方面是在发电机开始他励时减少蓄电池的能量消耗，满足发动机能够平顺、轻松地起动，同时又能保证提供给发电机最小的他励电流,使发动机在起动后迅速提供所需的励磁能量。

2)发动机起动后在发电机的每个励磁调节周期内(励磁调节周期=发电机频率/2 的倒数),IC 调节器通过 PH 端子采集到相电压低于 8V,会输出 100%占空比的调节励磁电流。如果通过 8 个周期的反复调节,还不能出现 8V 相电压,IC 调节器会认为系统出现故障,励磁电流回到预励磁时的占空比,减小发电机负载,同时通过 LIN 总线把故障诊断信息传输给发动机 ECU,点亮充电指示灯。

3)IC 调节器在 LRC 功能的控制下,使发电机转速进入切入频率(切入频率由发电机制造商根据车载电负荷功率和发电机极对数而确定,在 800~2500r/min 之间,一般设定在 1500r/min 左右,如设定发电机转速为 1550r/min,6 对极发电机频率就是 155Hz,8 对极发电机频率就是 206Hz)。此时,允许 IC 调节器控制励磁电流占空比从 0 增加到 100%,有 3~12.4s 不等的逐步加载过程(这个时间由发电机制造商给定,通过 IC 调节器内部总线写入数字核心内),而当发电机超过切入频率 2 倍时(LRC 禁用频率,2400~4000r/min,一般设定在 3000r/min 左右),IC 调节器立即退出 LRC 控制,此时随着电负荷增加,励磁电流占空比马上增加,没有延迟,发电机输出稳定的目标电压。如果发电机转速再次进入切入频率,IC 调节器会重新回到 LRC 控制,如果发电机转速低于 500r/min,则进入预励磁状态。

> **技巧点拨**:伴随着新型车用发电机制造技术的革新与电子技术的运用,作为发电机电量输出管理器件的电子调节器(IC 调节器)最主要的功能突出在整个工作温度范围内(一般为-40~90℃),通过交流发电机输出电压的采样,经内部逻辑电路的智能判断结果来控制转子绕组的励磁电流,从而调节励磁磁场强度,来控制发电机的电量输出,保证向蓄电池合理地充电和整车电器的可靠用电。

四、丰田新型交流发电机电子调节器辅助功能

1. 发电机负载反馈

通过发电机励磁电流占空比的变化,发动机 ECU 能够诊断到发电机的负载状态,发电机负载反馈(DF 功能)波形如图 3-18 所示。发电机负载反馈的作用是在重负载情况下,发动机 ECU 决定不让电负荷大的用电器打开,避免发电机过载,同时调节发动机工况(加大节气门开度,增加转矩),去适应负载变化。

2 故障检测反馈

当出现错误状态超过 300ms 时,IC 调节器将故障信

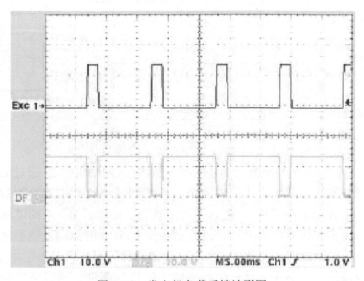

图 3-18 发电机负载反馈波形图

息传输给发动机 ECU，点亮充电指示灯。错误状态包括如下几种：

1）过电压。如果是因为电负荷突然消失而造成车辆电源系统短暂过电压，指示灯不会点亮。如果高电压不是出现在最小励磁占空比控制情况下（最小励磁占空比控制是在负载突然消失，发电机很可能会输出一个高电压时，这种情况下，励磁不会一下子关断，它会保持一个最小5%的占空比），如励磁电路短路，充电指示灯点亮。另外，如果B+A电压超过1.07倍的最大目标电压，且励磁电压大于2V，即使是在最小占空比控制情况下，充电指示灯也点亮。

2）低电压。太多的电负荷一起加载，发电机输出的电流不能立即满足需要，重负载出现在 LRC 功能控制模式下，发电机故障（整流桥出现问题）都可能会出现车辆电源系统低电压。但是，如果 B+A 电压低于0.8倍的最小目标电压，另外低电压不是出现在 LRC 功能控制状态下，充电指示灯点亮。

3）缺相。发电机停止了运转（传动带断裂、带单向离合器的带轮损坏等），励磁消失（电刷断开），都会导致相信号输入丢失。在缺相情况下，IC 调节器首先会增加励磁电流占空比到100%，但如果还是检测不到相信号，则 IC 调节器强迫进入预励磁状态，并且点亮充电指示灯。

4）B+A 与蓄电池断线。如果发电机开始运转，B+A 连接蓄电池的导线断开，就没有励磁电流，充电指示灯点亮。如果 B+A 到蓄电池断线发生在发电机正常运转中，只有在下一次起动的时候，充电指示灯才会点亮。

技巧点拨：新型发电机的故障检测反馈包括过电压、低电压、缺相、B+A 与蓄电池断线等几个方面。

第四节　通用车系充电系统电路分析

一、别克轿车充电系统电路分析

1. 交流发电机内部电路结构

别克轿车装用上海法雷奥公司生产的交流发电机，交流发电机内部装用摩托罗拉公司生产的电压调节器，电路如图 3-19 所示。

该交流发电机采用两套独立的定子绕组 R_1 和 R_2，都有自己独立的整流器。$VD_1 \sim VD_6$ 组成绕组 R_1 的三相全波整流电路；$VD_7 \sim VD_{12}$ 组成绕组 R_2 的三相全波整流电路；输出端并联后向外供电。这种双定子绕组连接方式的特点是，在输出功率一定的情况下，每个绕组的导线直径可以减小，整流二极管也可以减小，有利于交流发电机散热，延长使用寿命。由图 3-19 可知两个定子绕组均为△联结，与Y联结相比，它可以输出较大的电流，抗过负荷能力较强，但输出电压稍有减小。

图 3-19 中 REG 是电压调节器，其外接端子的作用如下：

1）S 端：接外部参考电源，提供调节参考电压，电压调节器根据该端电压的变化而输出不同宽度的磁场脉冲。

2）L端：此端子的作用有两项：

① 电压调节器工作控制端，当该端无电压且交流发电机不运转时，电压调节器的磁场脉冲输出端关闭。

② 当S端断电、交流发电机不转、系统电压低于11.2V或高于16.5V时，L端子搭铁，向外电路提供报警信号。

3）F端：磁场脉冲信号输出端，供外部测量或检测。

4）P端：交流发电机转速信号脉冲输出端。

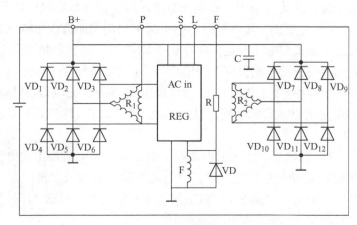

图3-19 别克轿车交流发电机电路
R_1—定子绕组1 R_2—定子绕组2 REG—电压调节器
F—励磁绕组 R—隔离电阻 VD—续流二极管
$VD_1 \sim VD_{12}$—整流二极管 C—防干扰电容

在交流发电机内部电压调节器有一个直流电压输入端（DC in）和一个交流电压输入端（AC in）。直流输入端可以在交流发电机插头未连接时（S、L、F、P断开），用来向电压调节器提供工作电源和调节参考电压；电压调节器通过交流电压输入端感知交流发电机是否运转。也就是说，在不插交流发电机插头的情况下发电电压仍正常。

交流发电机正常工作时，电压调节器向励磁绕组提供一定频率但不同占空比的脉冲。不同占空比的磁场脉冲如图3-20所示，T为电压调节器输出脉冲信号的周期，其高电平脉冲宽度为$T1$，则占空比$\delta = T1/T \times 100\%$，电压调节器根据所需输出电压的高低而调整占空比$\delta$。通过调整不同的脉冲宽度，即调整了励磁绕组的平均电流，以控制输出电压。与励磁绕组F并联的二极管VD

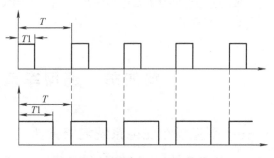

图3-20 不同占空比的磁场脉冲

是防高压续流二极管。在磁场脉冲高电平期间，励磁绕组F两端的电压上正下负，二极管因反向偏置而截止，不起作用。电流由励磁绕组F上端流到地；当磁场脉冲转为低电平时，因电感线圈中的电流不能突变，正电荷仍向下端移动（实际是电子向上运动），这时在F两端产生上负下正的瞬间高电压干扰脉冲，如不及时消除，此干扰脉冲有可能损坏电压调节器或通过F端子使交流发电机外电路元件（如PCM）损坏。加上二极管VD后，当F两端电压高于VD的正向导通电压时，VD导通，使F两端的电压被钳位于零点几伏的范围内。

2. 交流发电机控制电路功能

（1）充电控制

图3-21所示为别克君威轿车充电系统电路图，由图可见，交流发电机P端子未使用。交流发电机内电压调节器是否工作取决于其L端的指令，在发动机正常运转时，动力系统控制模块（PCM）向交流发电机L端提供5V电压，电压调节器向转子提供磁场脉冲；当点火

开关接通但发动机没有运转或发动机转速过低时，PCM 切断向 L 端子的电压输出，以减小不必要的额外负荷。交流发电机电压调节器采用数字技术，接通点火开关但发动机不运转时，用 TECH 2 的"特殊功能之交流发电机 L 端子"测量交流发电机 PWM（Pulse Width Modulated，脉宽调制）为 0，即电压调节器不向转子绕组提供励磁电流。此时用 TECH 2 驱动交流发电机 L 端子"ON"（即在不起动发动机时通过 TECH 2 指令 PCM 向交流发电机 L 端提供 5V 电压），PWM 读数为 5%，电压调节器向励磁绕组提供一个窄脉冲（很小的磁场电流）。一旦发动机起动，电压调节器通过交流发电机内部的 AC in 端检测到交流发电机运转，则此时 TECH 2 中的 PWM 读数会变为 20% 左右（急速时）。也就是说，电压调节器开始根据发电电压来调节转子的励磁电流，进入正常工作阶段。

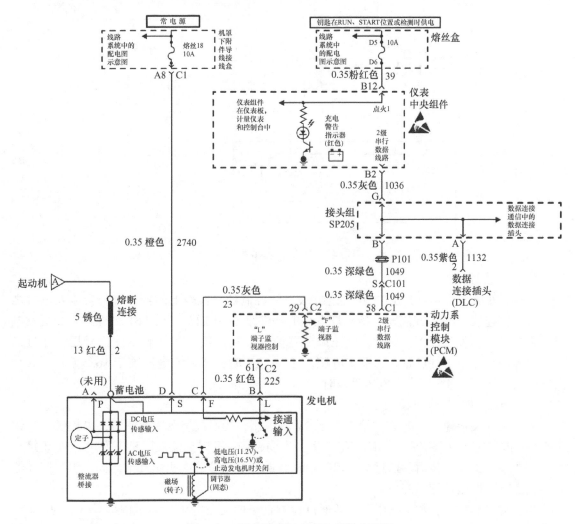

图 3-21　别克君威轿车充电系统电路图

交流发电机 F 端子是磁场脉冲数据输出端，接 PCM，PCM 用该数据计算交流发电机 PWM。如图 3-22 所示，在别克 GL8 车型中，交流发电机插头 4 个端子中只接有 2 根导线，使用的是 S 和 L 端子，F 和 P 端子未使用，因此用 TECH 2 检测不到 GL8 的交流发电机 PWM

数据。在GL8维修资料中，PCM测量交流发电机PWM应为85%~95%。

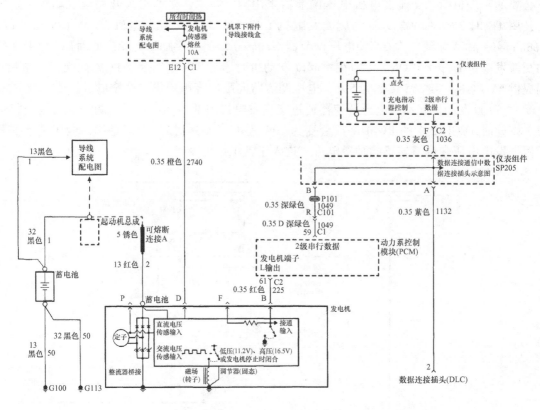

图3-22 别克GL8充电系统

（2）警告控制

别克轿车充电指示灯是由PCM通过二级总线控制的，仪表上的警告灯与交流发电机之间没有直接连线。PCM控制充电指示灯点亮的条件是PCM插头C2的61脚检测到交流发电机L端搭铁。当发生以下情况时，电压调节器控制L端搭铁，PCM收到此信号后，通过二级总线控制充电指示灯点亮：①系统电压低于11.2V时；②系统电压高于16.5V时；③交流发电机不转时；④S端参考电压丢失时。

3. 充电系统的工作过程

当点火开关接通后，PCM供给L端子5V的电压，接通数字电压调节器，以提供一个约为5%的占空比给励磁绕组，励磁绕组产生一个弱磁场，此时交流发电机不发电。PCM接收到F端子输出的低电位后，通过2级串行数据线路，驱动仪表中央组件上的固态电阻驱动器导通，点亮充电指示灯。

当发动机起动后，数字电压调节器通过检测定子的交流电压（通过内部导线），随着交流发电机转速的升高，数字电压调节器调制的占空比逐渐增大，提供的磁场电流也逐渐增大，这样就可能调节交流发电机输出电压，为蓄电池适当充电，并使电气系统正常工作。此时，PCM接收到F端子输出的高电位后，通过2级串行数据线路，驱动仪表中央组件上的固态电阻驱动器截止，充电指示灯熄灭。

此外，交流发电机还对从机罩下附件导线接线盒中的熔丝至交流发电机端子的电路随时供给电压,以更好地测量蓄电池电压。PCM 也使用了端子 F 经电路 29 对交流发电机进行监测,从而通过 2 级串行数据线路控制充电指示灯的亮、灭,以提示故障及蓄电池充电情况。

> **技巧点拨**:别克轿车充电系统的功能包括充电控制和警告控制的功能,外部接线端子包括 P、L、F、S。

二、别克 GL8 充电系统电路分析

随着汽车技术的发展,汽车交流发电机的控制方式也不断更新,由以前的同一车系交流发电机控制系统和控制方式相同,发展到现在同一车系各车型的交流发电机控制系统、控制方式都有所不同。

1. 充电系统电路说明

如图 3-23 所示,GL8 交流发电机控制端子共有两根线路。

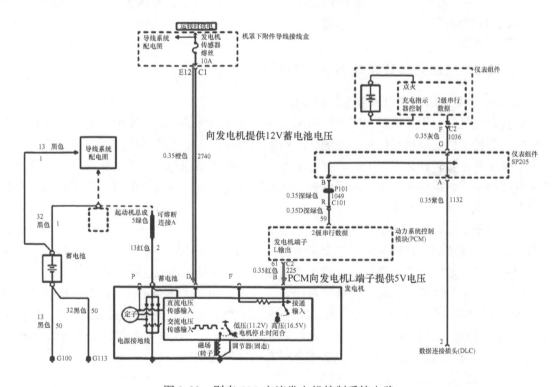

图 3-23 别克 GL8 交流发电机控制系统电路

端子 B 脚 225,连接 PCM 红色线 L 端子,是 PCM 在着车后向交流发电机调节器提供的 5V 励磁电压,正常起动后在线测量电压在 4.5V 左右,起动后拔下插头测量为 5V,发动机熄火后为 0。当交流发电机内部调节器故障或调节器检测到反馈电压低于 11.2V 或高于 16.5V 时,会把 5V 电压降低到 1V 以下,PCM 通过 L 端子检测到低于 1V 时,通过 2 级串行数据点亮仪表中的充电指示灯。

端子 D 脚 2740 橙色线路是熔丝盒提供给交流发电机的 12V 蓄电池电压,作用是给交流发电机内部调节器提供一个反馈电压。如果此线路断路、虚接、低电压,交流发电机内部调

节器会降低L端子5V电压至1V以下，PCM当检测到L端子低电压时，通过2级串行数据点亮仪表中的充电指示灯。

2. 交流发电机控制系统检测方法

当交流发电机控制系统出现故障后，发动机控制模块会存储相关故障码，可以使用专用故障诊断仪TECH-2对发动机控制模块进行诊断。例如，当出现P0620交流发电机性能故障码，可以使用万用表对控制线路进行针对性的测量，具体测量方法如下：

1）起动发动机，使用万用表直流电压档，在端子的背后插入探针（大头针也可）使万用表一端接地，另一端测量L端子电压正常应该在4.5V左右。

2）交流发电机D脚控制端子测量电压应该为蓄电池电压。

3）在车辆起动情况下拔下交流发电机控制插头，测量L端子电压应该为5V，D脚为蓄电池电压，并且能点亮试灯。

> **技巧点拨**：别克GL8交流发电机控制系统电路的分析重点是搞清交流发电机上端子B和端子D的作用。

三、2003款别克君威充电系统电路分析

1. 2003款别克君威充电系统电路图说明

交流发电机的作用是提供车辆电气系统工作的电压，并给蓄电池充电。电流流过转子产生磁场，当转子由发动机驱动时，磁场转动切割磁力线，在定子绕组中产生交流电压，交流电压由桥式整流器转换为直流电，由蓄电池端子供给电气系统并给蓄电池充电。交流发电机数字调节器采用数字技术，供给转子电流，从而控制输出电压，转子电流与数字调节器所提供的电脉冲宽度成比例。当点火开关置于RUN（运行位置），动力系统控制模块（PCM）提供电压给端子L，从而开启数字调节器。窄脉冲宽度供给转子，产生一个弱磁场，当发动机起动后，数字调节器通过检测定子的交流电压（通过内部导线），传感交流发电机转动。一旦发动机运转，数字调节器则通过控制脉冲宽度来改变磁场电流，这样就可调节交流发电机输出电压，为蓄电池适当充电，使电气系统正常工作。电压一直通过电路2740从机罩下附件导线接线盒中熔丝18供给交流发电机端子S，这种方法可以更好地测量系统工作电压。PCM也通过23电路使用F端子，监测交流发电机工作情况。PCM控制带固态灯驱动器的充电指示灯，当灯驱动器检测到以下一个或者所有的情形就变亮：

1）当检测到低电压（低于11.2V）。

2）当检测到高电压（高于16.5V）。

3）当检测到交流发电机停止运转。

2. 交流发电机控制系统测量方法

如图3-24所示交流发电机控制线路端子共有3根线，这3根线都可以通过万用表的电压档来测量，可以使用探针在端子后端插入。它们的功能和测量数据如下：

1）S端子。S端子是2740橙色线，此端子通过熔丝18向交流发电机提供12V蓄电池电压，作用是向交流发电机反馈当前的发电电压。如果此线路断路、虚接、电压过低，交流发电机内部调节器将使L端子电压低于1V，PCM检测到L端子电压低于1V，通过2级串行

数据点亮仪表中的充电指示灯并设置故障码。

2) F 端子。F 端子是 23 灰色线，F 端子是反馈的简称，此端子作用是交流发电机向 PCM 反馈交流发电机负荷信号，是脉宽调制信号。其作用是让 PCM 知道交流发电机的负荷，但是发电量不由 PCM 控制，只有交流发电机本身自控。此电压在车辆起动后为 2~3V，如果此电压过高或过低会点亮充电指示灯。

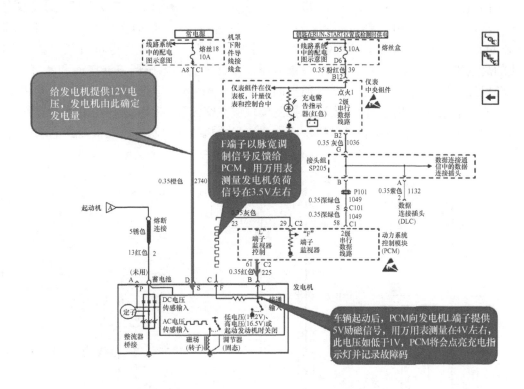

图 3-24 2003 款别克君威交流发电机控制系统电路图

3) L 端子。L 端子是 225 红色线，L 端子是励磁的简称，此端子的作用是 PCM 在车辆起动后向交流发电机提供励磁电压，不起动电压为零，起动后拔下插头测量为 5V，插上插头正常电压在 1V 以上，实测为 4.5V，低于 1V 会点亮指示灯。PCM 利用 L 端电压检测，当低于 1V 时 PCM 通过 2 级串行数据点亮仪表中的指示灯并设置故障码，如图 3-25 所示。

技巧点拨：2003 款别克君威交流发电机控制系统电路的分析重点是搞清交流发电机上端子 S、端子 F 和端子 L 的作用。

图 3-25 2003 款别克君威 L 端子在线测量（起动发动机）数据

四、2009 款别克君威充电系统电路分析

1. 2009 款别克君威交流发电机控制系统电路图说明

交流发电机控制端子有两根线,如图 3-26 所示,交流发电机受控于 ECM。它们的功能如下:

1) L 端子。L 端子是 25 号线路,作用是发动机起动后向交流发电机提供 11V 励磁电压。车辆起动后万用表测量 L 端子电压为 11V 左右,不起动无电压。发动机控制模块(ECM)使用交流发电机接通控制电路,以控制发动机上的交流发电机负载。发动机控制模块的高电平侧驱动器向电压调节器提供电压,以此来控制电压调节器接通和断开磁场电路。发动机控制模块监测交流发电机接通控制电路的状态。当点火开关置于 ON 位置且发动机关闭,或充电系统发生故障时,发动机控制模块应在交流发电机接通控制电路上检测到电压过低;发动机运行时,发动机控制模块应在交流发电机接通控制电路上检测到电压过高。

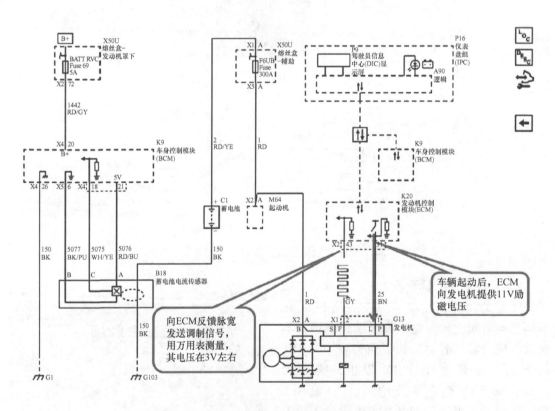

图 3-26 2009 款别克君威交流发电机控制系统电路图

2) F 端子。F 端子是 23 号线路,作用是向发动机控制模块反馈交流发电机负荷以及交流发电机故障,正常用万用表测量该端子电压在 3V 左右。发动机控制模块(ECM)使用交流发电机磁场占空比信号电路或 F 端子电路,以监测交流发电机的占空比。交流发电机磁场占空比信号电路连接至交流发电机励磁绕组的高侧。在电压调节器内的脉冲宽度调制(PWM)高侧驱动器使励磁绕组接通和断开。发动机控制模块使用脉冲宽度调制信号输入,以确定发动机上的交流发电机负载。这样,发动机控制模块可以调节怠速转速以补偿高电气

负载。发动机控制模块监测交流发电机磁场占空比信号电路的状态。点火开关置于 ON 位置且发动机关闭时，发动机控制模块应检测到占空比接近 0；发动机正在运行时，占空比应为 5%～99%。

2. 2009 款别克君威交流发电机控制系统测量方法

ECM 检测交流发电机控制系统，当存在故障时，ECM 通过网络通信点亮仪表中的充电指示灯并设置相关故障码，可以通过 GDS + MDI 专业诊断仪进行诊断，然后可使用万用表电压档进行电压测量。在测量时，将探针插入控制端子后端。

> **技巧点拨**：2009 款别克君威交流发电机控制系统电路的分析重点是搞清交流发电机上端子 L 和端子 F 的作用。

五、2007 款别克君越充电系统电路分析

1. 2007 款别克君越交流发电机控制系统电路图说明

发动机控制模块（ECM）使用交流发电机接通信号电路，来控制交流发电机施加在发动机上的负载。发动机控制模块（ECM）的高侧驱动器向调压器施加一个电压，此信号指示调压器接通和断开励磁电路。当发动机控制模块（ECM）接通高侧驱动器时，则调压器接通励磁电路；当发动机控制模块（ECM）断开高侧驱动器时，则调压器断开励磁电路。发动机控制模块（ECM）监测交流发电机接通信号电路的状态。当发动机运行时，发动机控制模块（ECM）应当检测到一个较高的交流发电机接通信号电路电压，否则充电系统有故障。如果发动机控制模块（ECM）检测到交流发电机接通信号电路电压过低，则设置 DTC P0621。当设置该故障码时，发动机控制模块将发送一条串行数据信息至仪表板组合仪表（IPC）以点亮充电指示灯。

其控制端子有以下两根线：

1）J1-2 端子是交流发电机的 L 端子，发动机控制模块（ECM）向交流发电机提供 5V 脉宽调制信号，该信号是一个 128Hz、0～100% 占空比信号，正常情况下占空比在 5%～95% 之间。此电压需要发动机起动后才有，使用万用表测量正常的电压在 2～3V 之间，低于 1V 时 ECM 指令仪表点亮充电指示灯。

2）J1-1 端子是交流发电机的 F 端子，作用是交流发电机向 ECM 反馈负荷信号。其使用的是脉宽调制信号，使用万用表测量电压在 4V 左右。

2. 交流发电机控制系统测量方法

交流发电机由 ECM 来控制，有故障后会设置相关故障码，可使用 TECH 2 专用诊断仪来进行诊断，然后使用万用表进行在线测量，使用探针在控制端子后端插入。其电路图如图 3-27 所示。

> **技巧点拨**：2007 款别克君越交流发电机控制系统电路的分析重点是搞清交流发电机上端子 L 和端子 F 的作用。

六、通用车系充电控制系统类型

一辆凯迪拉克车组合仪表中红色的"Battery Not Charging"和"Service Charging Sys-

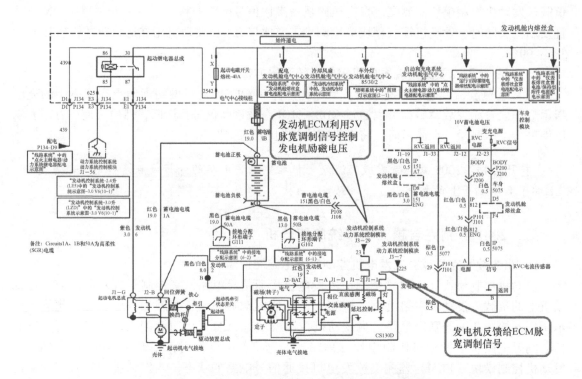

图 3-27　2007 款别克君越交流发电机控制系统电路图

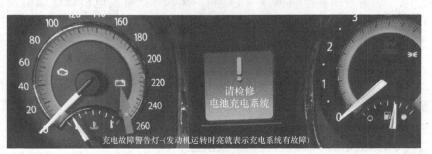

图 3-28　凯迪拉克的充电系统故障警告信息

tem"故障警告灯亮了（图3-28），可以继续行驶吗？仪表显示警告信息的意思是"蓄电池无法充电""维修充电系统"，并且提示尽快进行维修。如果发电机无法给蓄电池充电，蓄电池内的电能很快就会用光，火花塞无法点火，发动机很快就要熄火了。路上驾驶着随时都可能熄火的汽车在是非常危险的。

1. 充电系统的控制过程

通用车系过去使用的充电控制系统在汽车的发电机中内置了温度传感器，以便建立发电机的设定电压值。当发电机处于冷态时，发电机设定的输出电压值就会升高；当发电机的温度上升后，设定的输出电压值就下降。采用这种电压控制充电系统的汽车，在高速公路上长时间行驶过程中，容易出现过度充电现象，但在低速短途行驶时，又会出现充电不足现象。

而新型的调节控制系统可以动态控制车辆系统电压。它主要是根据估算的蓄电池温度和蓄电池的充电状态来调节设定发电机的输出电压值，具有提高燃油经济性、延长蓄电池、灯泡和开关的寿命等优点。

通用汽车公司已经开始采用第三代新式电压调节控制系统，充电系统部件如图3-29所示，主要装配在凯迪拉克 CTS、SRX 和 STS，GMC 的全尺寸皮卡车型和多款 SUV，雪佛兰 Cobalt 和 Uplander，别克 La Crosse 和 Terazza，以及庞蒂克 Grand Prix 和 SV6 等车型上。

新式电压调节控制系统允许车辆电压在一定范围内上下波动，这个范围一般是 12～14V；而传统的电压调节装置通常要求电压稳定在 14V。

2. 常见电压调节控制系统的类型

目前，通用汽车上常见的电压调节控制系统有集成式电压调节控制系统（RVC）和标准-独立电压调节系统（SARVC）两种。

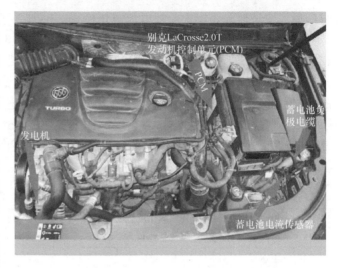

图 3-29 别克 La Crosse 发电机电压调节控制系统

集成式电压调节控制系统（RVC）通过蓄电池电流传感器来采集蓄电池的充电和放电信息，并传输给车身控制模块（BCM）。系统准确测量蓄电池正极电压和点火开关处于 OFF 档和点火开关处于 ON 档（发动机没有运行）的电路电压。

当点火开关处于 OFF 档时，蓄电池的充电状态（State of Change，SOC）是通过准确测量开路电压来确定的。充电状态是酸浓度和蓄电池内阻的函数，是由蓄电池已经静态放置数小时期间的开路电压的读数估算确定的。

当点火开关 ON 档（发动机没有运行）时，计算程序根据调节的电量（A·h 值）、蓄电池容量、初始充电状态、温度等参数连续估算蓄电池的充电状态。

在发动机运行期间，蓄电池放电的大小主要是由蓄电池电流传感器来决定，这个传感器是用来采集净 A·h 值的。

车身控制模块（BCM）通过串行数据电路将采集到的与蓄电池相关的各种有用信息与 ECM/PCM 进行信息交换，再由 ECM/PCM 直接控制发电机。

标准-独立电压调节控制系统（SARVC）并不是采用车身控制模块（BCM）来实现控制。它在蓄电池负极电缆处装有一个发电机蓄电池控制模块，用来采集和分析蓄电池的电流、电压以及蓄电池温度等信息。蓄电池的电流传感器是设置在模块内部的。发电机 L 端的占空比直接由发动机蓄电池控制模块来控制，而不是受 ECM/PCM 控制。

技巧点拨：上述两种电压调节控制系统都具有修正功能，从而使得蓄电池能长期保持处于 80% 的电量状态。

七、通用车系充电控制系统运行模式

下面以集成式电压调节控制系统（RVC）为例，介绍电压调节控制系统的运行模式。RVC 的基本运行模式包括：充电模式、燃油经济模式、电压降低模式、起动升压模式、前

照灯/后风窗玻璃除霜模式、蓄电池硫化模式。RVC系统的这六种模式都要让蓄电池长期处于不低于80%电量状态，同时保证汽车车载电器的用电需求。需要特别说明的是，并不是所有的RVC系统都会进入上述六种运行模式。

PCM/ECM（用于全尺寸皮卡车型的发电机和蓄电池控制模块）通过对发动机L电路的控制来控制发电机，通过监控发电机磁场电路的占空比信号来监视发电机的运行状态。占空比为脉冲宽度信号（加上对脉冲宽度的调节），电压5V，频率128Hz，用0~100%来表示（表3-2）。正常的占空比是5%~95%，处于0~5%和95%~100%则表示系统存在故障，需要诊断。

表3-2 指令占空比与发电机输出电压对应关系

指令占空比（%）	发电机输出电压设定值/V	指令占空比（%）	发电机输出电压设定值/V
10	11.0	60	13.81
20	11.56	70	14.37
30	12.12	80	14.94
40	12.68	90	15.5
50	13.25		

1. 充电模式

只要满足下列条件中的任意一项，控制模块就会转入充电模式：

1）节气门开度超过90%，且喷油量（由ECM/PCM控制喷油）达到21g/s。
2）前照灯接通远光或者近光。
3）刮水器开启时间超过8s。
4）发动机散热器电子风扇高速运行。
5）后风窗电加热除霜功能开启。
6）蓄电池充电电量（SOC）低于80%。

只有满足上述任意一项，控制模块就会8~50mV/s的速度缓慢升高电压，至13.4~15.5V（具体取决于当时发电机所处状态）。

2. 燃油经济模式

只要满足下列条件，控制模块会进入燃油经济模式：

1）计算的环境空气温度高于0℃（32℉），低于或者等于80℃（176℉）。
2）计算的蓄电池电流大于8A，但小于15A。
3）蓄电池充电电量（SOC）大于或等于80%。
4）发电机的磁场占空比信号小于99%。

此模式下，发电机的目标输出电压值是12.5~13.1V。只要满足充电模式的条件，控制模块将会退出这种模式而进入充电模式。

3. 电压降低模式

只要满足下列条件，控制模块会进入电压降低模式：

1）计算的环境空气温度高于0℃（32℉）。
2）计算的蓄电池电流大于-7A，小于2A。
3）发电机的磁场占空比信号小于99%。

此模式下，发电机的输出电压目标值是 12.9V。只要满足充电模式的条件，控制模块将会退出这种模式。

4. 起动升压模式

当发动机起动后，控制模块会设定发电机的输出目标电压值为 14.5V，并保持 30s。

5. 前照灯/后风窗玻璃除霜模式

只要打开前照灯（无论是近光灯还是远光灯），车身控制模块就会进入前照灯/后风窗玻璃除霜模式，发电机的输出电压在 13.9~14.5V。

6. 蓄电池硫化模式

当蓄电池的电压低于 13.2V，并持续了 45min，控制模块就会进入蓄电池硫化模式。只要进入这个模式，控制模块就会设定发电机的输出目标电压值在 13.9~15.5V 之间，并保持 5min，随后，控制模块就根据系统的电压需要而决定进入其他模式。

> **技巧点拨**：控制模块根据蓄电池的电量状态，决定充电的电压。当点火钥匙处于关闭状态，即在车辆停驶期间，每间隔 8h，系统测量一次蓄电池电压，然后根据 24h 期间测得的 3 次电压估算出蓄电池的电量状态。如果点火开关处于 ON 位置，即发动机运行期间，系统将对蓄电池电压进行实时监测，并将这些电压测量值结合蓄电池温度进行比较，从而判断蓄电池的电量状态，并决定蓄电池充电电流和放电电流，同时控制模块通过调节充电电压，使得蓄电池电量始终保持在 80% 以上。

八、通用车系充电控制系统组成和诊断思路

1. 充电控制系统部件组成

1）蓄电池电流传感器。蓄电池电流传感器（图 3-30）是一个可以更换的零件，位于蓄电池附近，与蓄电池负极相连。蓄电池电流传感器是三线式霍尔传感器，用来监测蓄电池的电流，并将电流信号直接提供给车身模块（BCM）。车身模块（BCM）产生 5V、128Hz 的脉冲占空比信号。系统正常时，占空比在 5%~95% 之间。

2）车身控制模块（BCM）。车身控制模块决定着发电机的输出，并且

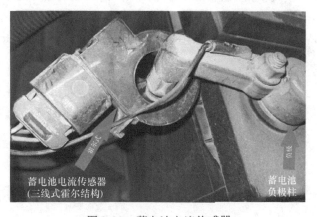

图 3-30 蓄电池电流传感器

为 ECM/PCM 提供信息，而 ECM/PCM 控制发电机 L 端的控制线路。车身控制模块通过监测来自 ECM/PCM 发电机磁场占空比信号来控制发动机的实际输出功率。另外，它还监测蓄电池电流、正极电压、温度，从而控制蓄电池的充电状态。BCM 还通过执行或者发送控制指令到 ECM 或者其他的控制器去实现怠速提升和负载管理。

3）发电机蓄电池控制模块。发电机蓄电池控制模块是可以更换的零件，位于蓄电池附近，并与蓄电池负极电缆相连。它直接控制发电机磁场控制电路的输入信号，监测发电机磁

场占空比信号电路，监测内部电流传感器，监测蓄电池正极电压电路，并且估算蓄电池温度，以便决定蓄电池的充电状态。这个模块同 PCM、IPC 和 BCM 保持通信，以实现电压调节控制功能。

2. 充电系统诊断思路

对每辆车而言，当充电系统出现故障时，应根据该车型充电系统的具体结构及规范进行诊断，遇到故障码时还必须查看该车的维修手册，以了解故障码的确切含义。

当充电系统和蓄电池有故障时，车辆的组合仪表和信息显示屏会触发充电指示灯点亮和显示警告文字信息。具体情形如下：

1）发动机控制模块 ECM 检测到发电机的输出电压低于 11V 或高于 16V，组合仪表将收到发动机控制模块通过 GM 局域网（GMLAN）发来的要求点亮警告灯的信息。

2）组合仪表确定系统电压低于 11V 或者高于 16V，且持续时间超过 30s，组合仪表将收到车身控制模块 BCM 通过 GM 局域网发来的电压超出正常范围的信息。

3）每次打开点火开关时，组合仪表将进行"充电指示灯"测试，充电指示灯会点亮 3s。

如果充电电压始终保持在 13.8V，而不会随着用电系统负载的变化而变化，这种现象有可能是进入了默认故障状态，这时应该检测发电机的磁场控制电路。

对于发电机 L 端的诊断，可使用万用表的频率档进行测量（例如 FLUKE 88V 型汽车专用万用表），也可以使用示波器进行测量。充电系统工作正常时，万用表或者示波器测得的占空比在 5%~95%之间，占空比的具体数值取决于充电系统所处模式和蓄电池的充电状态。

集成式电压调节系统（RVC）的占空比信号是 ECM/PCM 产生的 5V 脉冲宽度参考电压信号；标准-独立电压调节系统（SARVC）的占空比信号是发电机蓄电池控制模块产生的 5V 脉冲宽度参考电压信号，这个占空比信号是由发电机本身控制循环搭铁的。

> **技巧点拨**：如果充电系统存在故障，不但要关注与充电系统相关的故障码，同时也要关注与电压低相关的故障码。因为充电系统发生故障时，首先会产生这些故障码。如果充电系统存在故障，却没有存储故障码，则应按照维修手册上的操作规范和步骤对充电系统进行检测。如果仍然没能找到故障点，则需要通过路试做进一步的检查。

第五节 典型充电系统实用维修技能与技巧

一、东风雪铁龙 C5 充电系统电路分析

1. C5 轿车充电系统的特点

C5 轿车的充电系统有以下特点：

1）发电机定子三相绕组为三角形联结，发电机的整流器有 9 个二极管。其中 D1、D2、D3、D4、D5、D6 为整流二极管，D7、D8、D9 为励磁二极管，在发电机向外发电时（此时发电机 B+ 的电位高于蓄电池正极的电位），发电机 B+ 与 D+ 两点的电位同步变化，即 B+

点的电位为 14V 时，D + 点的电位也一定为 14V。

2) 发电机工作时，当 B + 的电位低于蓄电池正极电位时，由蓄电池提供励磁电流（称之为先他励），此时仪表板上的充电指示灯点亮。当发电机 B + 的电位高于蓄电池正极电位时，由发电机自身提供励磁电流（称之为后自励），此时仪表板上的充电指示灯熄灭。

3) 发动机怠速运转后，发电机 B + 输出电压应为 13~15V。当发电机 B + 输出电压为 13V 以下时，说明发电机发电量不足（此时应考虑检查或更换发电机整流器），易导致蓄电池亏电；当发电机 B + 输出电压为 15V 以上时，说明发电机发电量过大（此时应考虑检查或更换发电机调节器），容易烧损汽车上的电子设备。

2. C5 轿车充电系统的工作原理

C5 轿车充电系统的工作原理如图 3-31 所示，对该原理框图的说明见表 3-3。

表 3-3　C5 轿车充电系统工作原理框图说明

连接序号	信号	信号性质	发生器/接受器	电路图中对应的导线编号	故 障 说 明
①	点火信号	开关信号	CA00/BSI	1065	导线 1065 断路，组合仪表黑屏，充电指示灯不能点亮
②	起动信号	开关信号	CA00/BSI	1025	导线 1025 断路，发动机不能起动，充电指示灯常亮
③	发电机负荷信号	CAN 高速网信号	1320/BSI	9000/9001	网线 9000/9001 中有一根断路，不能传递发电机负荷信号，BSI 失去电源能量管理的功能
④	充电指示的控制信号	CAN 舒适网信号	BSI/0004	9024/9025	9024/9025 两根网线都断路，组合仪表不能显示蓄电池的充/放电状态
⑤	发电机负荷信号	模拟信号	1020/1320	104	导线 104 断路，发电机不能将负荷信号传递给发动机 ECU，发动机 ECU 和 BSI 都失去电源能量管理的功能
⑥	蓄电池的充/放电状态信号	CAN 车身网信号	PSF1/BSI	9017/9018	9017/9018 两根网线都断路，不能将蓄电池的充/放电状态信号传递给 BSI
⑦	起动信号	模拟信号	CA00/PSF1	1025A	导线 1025A 断路，发动机不能起动，充电指示灯常亮
⑧	对发电机磁场绕组的供电	模拟信号	PSF1/1020	1087	导线 1087 断路，发动机起动时，蓄电池不能提供他励励磁电流，但发动机转速达到一定值，发电机仍可利用剩磁发电
⑨	发电机的输出电压信号	模拟信号	1020/PSF1	BB03 - BB01 - BB02	导线 BB03 - BB01 - BB02 断路，发动机不能起动，蓄电池得不到充电，PSF1 得不到发电机的输出电压信号
⑩	对蓄电池的充电信号	模拟信号	1020/BB00	BB03 - BB01	导线 BB03 - BB01 断路，发动机不能起动，蓄电池得不到充电，PSF1 得不到发电机的输出电压信号

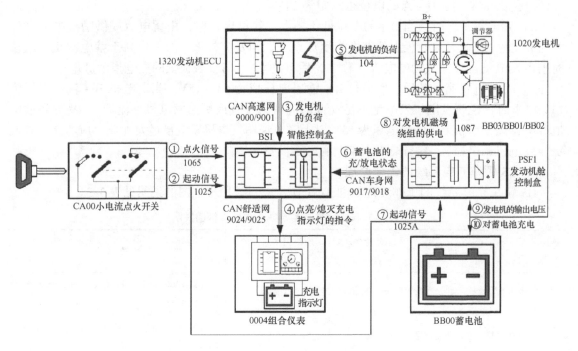

图 3-31　C5 轿车充电系统工作原理框图

下面结合图 3-31 和图 3-32，对 C5 轿车充电系统的原理进行说明。

1）将点火开关旋到点火档时，点火开关通过导线 1065 将点火信号传送到智能控制盒 BSI 的 10V BA 插接器 4 脚。

2）BSI 获得点火信号后，将全车的 CAN 高速网、CAN 车身网、CAN 舒适网等唤醒工作。

3）全车网络唤醒后，蓄电池正极 12V 的电位信号通过导线 BB02 传输到发动机舱控制盒 PSF1，PSF1 一方面通过导线 1087 向发电机的磁场绕组提供励磁电流，另一方面通过 CAN 车身网 9017/9018 将 12V 的电位信号传递给智能控制盒 BSI。BSI 收到该信号后，通过 CAN 舒适网 9024/9025 向组合仪表 0004 发出点亮充电指示灯的指令，于是组合仪表点亮充电指示灯以提示驾驶人蓄电池在放电。

4）发动机起动进入怠速运转后，发电机就开始发电（即发电机 B+ 的电位高于蓄电池正极的电位），发电机通过导线 BB03－BB01 对蓄电池进行充电，同时通过导线 BB03－BB01－BB02 向全车用电设备供电，通过导线 BB02 将发电机 14V 左右（发电机发电时，其输出电压一般为 14V 左右）的电位信号传递给 PSF1。PSF1 通过 CAN 车身网 9017/9018 将 14V 的电位信号传递给 BSI，BSI 收到该信号后，通过 CAN 舒适网 9024/9025 向组合仪表 0004 发出熄灭充电指示灯的指令，组合仪表则通过熄灭充电指示灯的方式告知驾驶人发电机已开始发电。

5）发电机开始发电后，发电机 B+ 与 D+ 两点的电位同步变化，且迅速升高到 14V 左右，这时导线 1087 不再向发动机的磁场绕组提供励磁电流，发电机内部的磁场二极管 D7、D8、D9 向自身的磁场绕组提供励磁电流，我们称之为发电机进入自身提供励磁电流的"自励"状态。

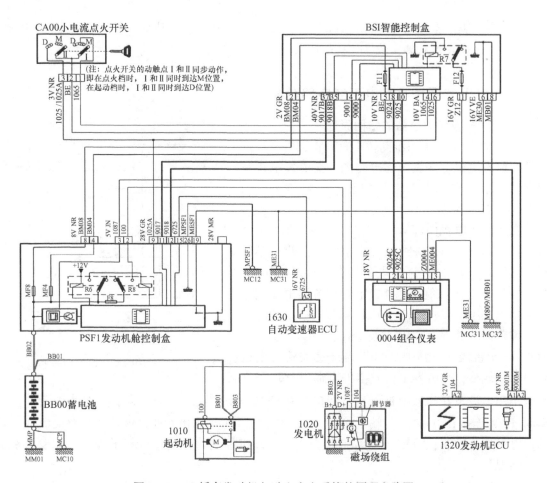

图 3-32 C5 轿车发动机起动和充电系统的原理电路图

6）安装在发电机内部的调节器的作用是，当发电机转速大幅度变化（从每分钟几百转到一万多转）时，使发电机 B+端子的输出电压保持基本不变（一般为 14V 左右）。调节器实质上是通过控制大功率晶体管 T 的导通与截止，来控制发电机励磁绕组电流的大小，从而使发电机 B+端子的输出电压不随发电机转速变化而变化，基本保持在 14V 左右。因此当调节器损坏后，发电机的输出电压有可能上升到几十伏，甚至上百伏。

7）蓄电池在汽车电源系统中的主要作用包括：

① 发动机起动时，为起动机提供强大的起动电流（100A 以上）。

② 发动机运转后，将发电机的电能转化成蓄电池的化学能储存起来，为起动机的下一次工作做准备。

③ 当发电机过载时，协助发电机向用电设备供电。

④ 蓄电池相当于一个大的电容器，可吸收发动机运转状态下电器设备工作时产生的过电压（汽车电路中高于 15V 的电压，统称为过电压，点火线圈、空调压缩机电磁离合器、风窗玻璃刮水器、车窗电动机甚至喷油器等汽车电器在工作时都可能产生过电压），保护汽车电子元件和设备不受过电压的破坏。因此发动机运转时，不可断开蓄电池的连接线。

> **技巧点拨**：雪铁龙 C5 充电系统采用智能控制盒 BSI 和发动机舱控制盒 PSF1 共同进行控制，理解其控制机理是进行故障诊断的关键。

二、本田雅阁轿车充电系统电路分析

1. 数字式电压调节器的结构原理

图 3-33 所示为本田雅阁轿车直列 4 缸发动机配用的交流发电机电压调节器电路图。交流发电机整流器为八管，电压调节器为内装式外搭铁型，由 ECM（PCM）控制。

在交流发电机内部有"P""F"和"E"3 个接线柱，其中，"P"端接交流发电机定子绕组某一相上，该点电压为交流发电机输出直流电压的一半；"F"端与励磁绕组相连，电压调节器由此端子控制励磁绕组工作；"E"为电压调节器搭铁端。在电压调节器的外部有"B""C（S）""IG""L"和"FR"5 个接线柱，其中，"B"端子为交流发电机输出端接线柱，交流发电机发出的电通过此端子供

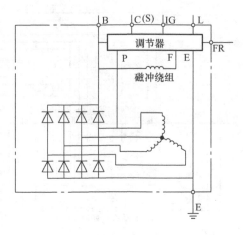

图 3-33 本田雅阁数字式电压调节器电路图

给全车用电设备和给蓄电池充电；"IG"端子接点火开关；"L"端子接充电指示灯或与 ECM/PCM 连接；"C（S）"端子接 ECM/PCM，发动机控制单元通过该接线柱对交流发电机的发电量进行控制；"FR"也接 ECM/PCM，发动机控制单元通过该端子检测交流发电机的发电情况。

2. 2008 款本田雅阁轿车充电系统电路结构

2008 款本田雅阁轿车充电系统电路如图 3-34 所示。交流发电机采用两套Y联结的定子绕组，每套定子绕组各用各的 6 个二极管进行三相桥式全波整流。这样做适合汽车用电量大的需要，用两组定子绕组供电，每组绕组的线径可以细一些，整流二极管的功率也可减小，易散热、寿命长。交流发电机电压调节器的端子"FR""L""C"直接与 PCM 连接，"IG"端子接点火开关。充电指示灯和交流发电机间没有直接连线，而是仪表控制单元和 PCM 间通过 CAN 线进行充电指示灯的控制。

3. 本田雅阁轿车充电系统工作原理

汽车电路中电负荷检测仪（ELD）检测到电路中负载总电流的大小后，把负荷电流信号送给 PCM；电压调节器"FR"接线端子把交流发电机电压信号送给 PCM；PCM 根据这两个信号判断励磁电路应该接通还是断开，输出控制信号到"C（S）"端子，驱动电压调节器的控制电路，适时地接通和断开励磁绕组电路，以此控制交流发电机的输出电压。

当交流发电机电压低于蓄电池电压很多或电负荷信号电压较小时，C（S）端子获得的电压接近于 0，电压调节器接通"F"与"E"端的搭铁电路，交流发电机励磁绕组电流增大；随着交流发电机电压升高到蓄电池标准或以上电压，或负荷信号电压接近蓄电池标准电压时，该端子电压等于蓄电池的端电压；当此电压达到规定的调节电压时，使电压调节器断

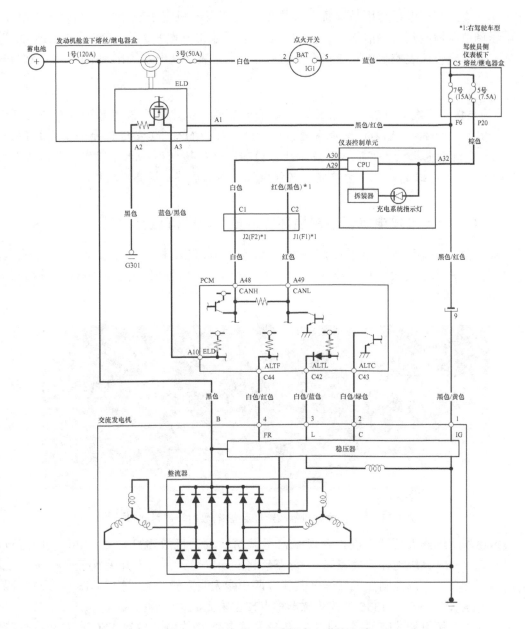

图 3-34 2008 款本田雅阁充电系统电路

开 "F" 与 "E" 端的搭铁电路,切断励磁绕组电流。由此获得 PCM 对交流发电机发电量的精确控制,减少发动机的机械负载,并提高汽车的燃油经济性。

在发动机起动前,首次将点火开关转至 RUN 位置时,蓄电池电压通过熔丝加到仪表控制单元充电指示灯上,在交流发电机未运转时,交流发电机 "L" 端子输出低电平,此信号通过 CAN 线传输到仪表控制单元,仪表控制单元控制充电指示灯点亮。发动机运转后,如交流发电机工作正常,蓄电池电压仍然通过熔丝加在充电指示灯上,但随着交流发电机输出电压的升高,电压调节器同时得到即时的电压信号后,控制 "L" 端子输出高电平,此信号通过 CAN 线传输到仪表控制单元,仪表控制单元控制充电指示灯熄灭,表示充电系统进入正常工作状态。当充电系统因故障而不发电时，交流发电机定子绕组的一相端子无电压输出，电压调节器检测到这一信号后，控制"L"端子输出低电平，此信号通过 CAN 线传输到仪表控制单元，仪表控制单元控制充电指示灯点亮，表明充电系统出现故障，应及时进行检修。

> **技巧点拨**：广汽本田采用的电脑控制电压调节器是现代轿车采用的一种新型电压调节器，由负荷检测仪（ELD）测量系统总负荷后，向 ECM/PCM 发送信号，然后由 ECM/PCM 控制交流发电机电压调节器，适时地接通和断开磁场电路，既能可靠地保证汽车电气系统正常工作，使蓄电池充电充足，又能减轻发动机负荷，提高燃料经济性。

三、丰田凯美瑞发电机调节器损坏导致多个故障灯点亮

故障现象　一辆 2006 年丰田凯美瑞，配置 2.4L 发动机、自动变速器，行驶里程 156500km。客户来店反映，其车最近 VSC 和发动机故障灯常亮，气囊故障灯有时会点亮，如图 3-35 所示。

图 3-35　VSC、发动机等故障灯点亮/行驶时车速瞬间归零

故障诊断　维修人员试车检查发现 VSC 故障灯、发动机故障灯常亮，SRS 故障灯行驶时有时点亮（SRS 系统无任何故障码）；停车后将发动机熄火，点火开关置于 IG，充电指示灯有时闪烁微亮；空调控制面板黑屏（其他空调功能无明显异常）。连接 GTS 读取故障码为 P0500 车速传感器电路、C1336 减速传感器零点校正未完成。

根据现象分析可能故障原因：①车速传感器或其线路故障，导致 VSC 及发动机故障灯点亮；②气囊系统故障，导致 SRS 灯点亮；③减速传感器或相关信号失准，导致无法进行零点校准，而点亮 VSC 故障灯；④充电指示灯相关线路存在虚接或电阻过大等现象，导致此灯闪烁；⑤空调控制面板相关搭铁或电源断路。

连接 GTS 读取车速信号相关数据流，发现只有 ECM 未接收到车速信号；对减速传感器进行零点校正，发现依然无法校准；查看减速传感器零点校正相关数据，在水平地面上时，减速传感器为 -1°；当转向盘居中时，转向角度信号为 346.3°（正常为 0），如图 3-36 所示。测量空调控制面板线路，发现当点火开关置于 IG 位置时，F16-8 与车身电压为 0（标准值为蓄电池电压）。原地转向，发现角度传感器可以在 -360°~360°之间自由转变，说明其相关线路及部件无异常损坏。拆下转向盘检查转向角度传感器发现装配错误，重新复位

后，此信号与实际位置无任何偏差。再次进行减速传感器零点校正，依然无法校准。查看电路图分析车速信号传输路径，在 ECM 无法接收到车速信号的情况下，只有 3 号接线器 3B-10 与 A24-8 间线路断路、ECM 内部故障、3B-10 与 3P-3 间断路三种情况。同样查看电路图分析，其空调控制单元 IG 电源信号传输路径，可能的原因是 F16-8 与 3L-1 间存在断路。由上述检查分析故障的可能节点在 3 号插接器，于是检查 3 号插接器，发现其部件已经损伤开裂，晃动此插接器，发现空调控制面板点亮，说明此插接器异常。于是更换插接器，测试，发现 ECM 内有车速信号输入，空调控制面板也恢复正常。再次进行减速传感器零点校正，发现依然无法完成。检查 ABS 泵总成及其线路未发现任何异常后，决定更换 ABS 泵总成。再次进行减速传感器零点校正，校准完成，故障码可以删除。多次试车发现，SRS 灯有时依然会点亮且马上又熄灭，接着 VSC 及发动机故障灯有时也会常亮，同时仪表上车速会瞬间下降又恢复正常（查看故障码，依然是 P0500），说明故障真因依旧未排除。

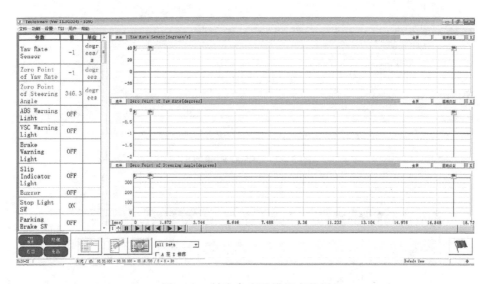

图 3-36　转向角度及横摆率数据

鉴于以上检查分析，查看 P0500 停帧数据（图 3-37）发现，蓄电池电压在故障发生时，竟然达到了 19V 左右（标准值为 13~15V），说明系统电压出现了异常。于是再次试车，查看数据流，发现当系统电压达到 16.4~18.5V 的峰值时，SRS 指示灯会同步闪烁点亮一下（图 3-38）；当达到 18.9V 时，VSC 及发动机故障灯点亮，并设定 P0500，说明以上故障为系统电压过高所致。于是停车熄火，点火开关置于 IG，充电指示灯常亮；等待稍微长点时间后，充电指示灯出现虚亮、较暗，这时测量 C18-4 针脚与蓄电池负极间的电动势，C18-4 针脚产生了高电位 5.8V（正常为低电位 0）。

故障排除　通过以上检查可以确定故障真因为发电机调节器内部元件故障，导致长时间通电发热后，电阻变大，而发生充电指示灯微亮的故障。当行驶时，处于发电工况中，由于调节器故障，无法调整其电压峰值，使得发生 SRS 故障灯瞬间点亮，当其峰值继续升高，由于电磁干扰，发生了车速信号传输中断的故障。于是更换发电机总成，装车测试，多次试车，故障未再现，系统电压维持在标准值之内，故障排除。

技巧点拨： 通过此故障，说明日常诊断应充分利用诊断仪、维修资料等资源，方能达到事半功倍的效果。如果维修厂人员对其原理未能充分了解，将导致诊断上发生严重错误，甚至损坏其他部件。

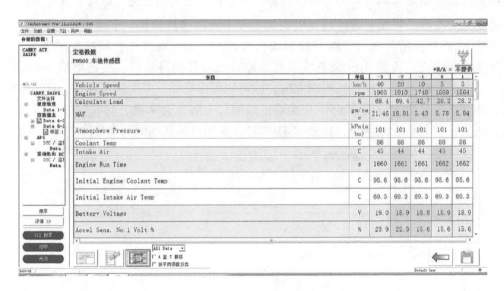

图 3-37　P0500 停帧数据

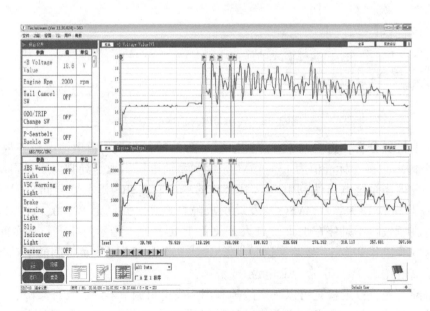

图 3-38　SRS 指示灯点亮时的系统电压

四、雷克萨斯 ES350 充电指示灯异常点亮

故障现象　一辆雷克萨斯 ES350 轿车，搭载 2GR - FE 发动机，行驶里程 30 万 km。车主来我店进行车辆维护，准备交车时发现蓄电池亏电严重，对车辆进行搭电处理，发动机顺

利着车,组合仪表无任何异常现象,但是 2min 后,发动机自动熄火;再次进行搭电处理,起动后发现充电指示灯异常点亮,发动机运转 3min 左右,发动机再次自动熄火。诊断至此,推断该车供电系统存在故障。

故障诊断　由于之前遇到过因蓄电池不存电而导致发动机起动后自动熄火的故障,决定先更换蓄电池。更换蓄电池后试车,发动机顺利起动,但充电指示灯还是一直点亮;运转几分钟后发动机又自动熄火了,尝试起动发动机,发动机无法起动,且组合仪表上的指示灯均无法点亮。难道是蓄电池没有安装好?断电后重新安装蓄电池,可以正常将电源模式切换至 IG ON 模式,决定先检查发电机的线路。

由图 3-39 可知,该车发电机上共有 4 个端子,端子 B 为充电输出端子,连接至蓄电池正极;端子 L 为充电指示灯的控制端,连接至组合仪表;端子 S 负责检测蓄电池的电压,并把输出电压调节到规定数值;端子 IG 为供电输入端,若此端子没有电压输入,发电机就不会发电。

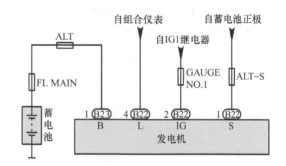

图 3-39　ES350 车型发电机控制电路

断开发电机导线插接器 B22,将电源模式切换至 IG ON 模式,测量导线插接器 B22 端子 1 上的电压,为 8.1V,偏低(正常应为 12V);测量端子 2 上的电压,为 0V,异常(正常应为 12V)。导线插接器 B22 端子 1 由蓄电池直接供电,难道蓄电池的电压也是 8.1V?测量蓄电池的电压,果然为 8.1V,蓄电池是新换的,为什么蓄电池电压下降得这么快呢?一时没有了头绪。

考虑到导线插接器 B22 端子 2 上的电压为 0V,决定先检查发电机端子 IG 的供电线路。检查熔丝 GAUGE NO.1,正常;测量熔丝 GAUGE NO.1 输出端子与导线插接器 B22 端子 2 间线路的导通情况,导通良好,这说明发电机端子 IG 的供电线路正常。

重新整理维修思路,决定还是从蓄电池电压低这一点入手,怀疑发电机端子 B 与蓄电池正极间的线路存在接触不良的情况。测量发电机端子 B 与蓄电池正极间线路的导通情况,导通良好;为了判断是否存在虚接的情况,重点检查线路中间的过渡点螺栓,均无松动现象;但在检查过程中发现,发电机端子 B 烫手;触摸蓄电池正极,无异常;拆下发电机端子 B 上的接线后再次测量蓄电池电压,蓄电池电压上升至 12.5V,由此推断发电机内部短路,导致存在大电流放电现象,造成蓄电池电压下降。用万用表测量发电机端子 B 与发电机壳体间的导通情况,结果为导通(图 3-40),由此确定发电机损坏。

故障排除　更换发电机后试车,故障现象消失,故障排除。

图 3-40　发电机端子 B 与发电机壳体导通

技巧点拨：为什么故障车导线插接器 B22 端子 2 上的电压会是 0V 呢？考虑到当时只检查了熔丝 GAUGE NO.1 的状态和线路，并没有测量熔丝本身的供电，怀疑当时熔丝本身没有供电。而没有供电的原因是，蓄电池电压过低，IG1 继电器无法吸合。

五、上汽通用别克 GL8 行驶过程中显示维修充电系统

故障现象 一辆 2012 年上汽通用别克 GL8，发动机排量 2.4L，行驶里程 98565km，行驶状况正常，但车主反应行驶过程中偶尔会显示维修充电系统故障。

故障诊断 接车后，连接诊断仪未发现故障码，试车未发现任何异常，检查蓄电池桩头，连接紧固。测量蓄电池电压为 12.34V，发电机电压为 13.71V。该车起动和充电系统电路如图 3-41 所示。

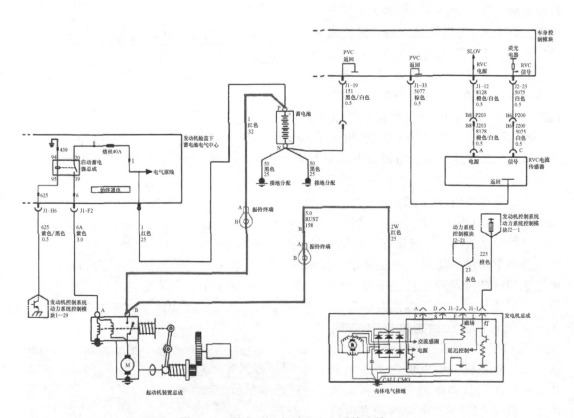

图 3-41 别克 GL8 起动和充电系统电路

考虑到，车辆在行驶过程中，蓄电池会处于充电状态。尝试着在关闭发动机的状态下，打开远光灯、鼓风机等大功率车载电器，大约 10min 后，对蓄电池进行检查，状态良好。继续开启远光灯、鼓风机等大功率车载电器，又过了大约 10min，再次检测蓄电池，电压只有 10.17V，蓄电池存在"坏格"情况。更换全新蓄电池，并按要求测量寄生电流为 0.01A，符合该车规定的 0.03A。对蓄电池再次进行放电检测，各项参数正常，路试正常后交车。

一周后，该车再次到店维修，故障现象与之前完全一样。接车后，按照常规流程进行检

查和诊断。连接专用诊断仪，未能读取任何故障码；检查蓄电池桩头，连接紧固；测量蓄电池电压、充电电压，均正常。关闭发动机，开启远光灯、鼓风机等大功率车载电器放电10min后，检测蓄电池，状态良好；继续放电 10min 后，蓄电池状态依旧正常。仔细检查电池线束，发现蓄电池正极线连接处腐蚀，蓄电池到发电机的正极线腐蚀老化变成黑色。晃动该段线束，发现线束存在虚接开路的情况。考虑到蓄电池正极到发电机正极线腐蚀老化，维修人员为该车更换了全新的蓄电池正极线束。然后进行试车，仪表无故障提示，发电机发电正常，试车后交车。

两天后车辆再次返修，仍然是正常行驶时仪表显示维修充电系统。用以前的方法检查蓄电池和线路正常。起动发动机，将车辆放在车间观察，1h 后，仪表台上的充电系统故障灯点亮，测量发电机电压 12.04V，并向低变化，说明不发电，检查发电机线路良好，发电机励磁供电正常。

ECM 对发电机的控制方式有以下两种：

1）发动机控制单元 ECM 向发电机 L 端提供 5V 直流电压，用来驱动发电机电压调节器工作，输出励磁电流使发电机发电。如果使用万用表测量发电机 L 端电压，结果应为 5V。

2）发动机控制单元 ECM 向发电机 L 端提供 5V 占空比信号，利用该信号，通过电压调节器控制励磁电流的大小，使发电机在不同的充电模式下工作。如果使用万用表测量该电压，只会得到平均电压，通常为 3.8V。

这两种不同控制方式的发电机可以通过发电机线束插头来区分。无论是否打滑、是 5V 直流电压还是 5V 占空比信号，均是由发动机控制单元 ECM 输出，这样就会输出两种不同的 L 端控制信号，以适应这两种不同发电机的需要。如果 ECM 使用的标定程序不正确，就会导致充电系统故障。目前所知，如果发动机控制单元 ECM 的控制程序适用于占空比控制发电机，而实际上却安装了直流 5V 控制型的发电机，则会导致发电机不发电，此时如果测量 L 端，电压应为 3.8V，这个电压不足以驱动电压调节器，F 端输出至发动机控制单元 ECM 的电压调节器励磁频率信号也只有 0.65V，且不会随着发动机转速相应变化。而正常情况下，F 端的输出应为 2.5V 左右，且与发动机转速呈反比变化。经过对故障车的测量，确定发动机控制模块对发电机控制输出电压正常。

通过进一步检查发现：当发动机处于高转速状态时，充电系统故障警告灯熄灭；当发动机处于急速时，警告灯点亮，且轻轻敲击发电机金属外壳时，警告灯又会熄灭。由此可以判断，故障车发电机内部存在故障，导致无法发电，警告灯点亮。

故障排除　更换发电机后故障被彻底排除。交车两周后，电话询问车主，确认车辆使用情况正常。

> **技巧点拨**：对于这种相同故障多次进店维修的车辆，需熟练运用维修手册和诊断仪数据流判断故障点，要遵循维修手册的步骤进行仔细排查。针对本案例中的间歇性故障，一定要想办法让故障重现，否则很难找到真正的故障点，并彻底排除故障。

六、通用汽车第三代电压调节控制系统的运行模式

1. 充电系统部件

1）发电机。发电机由传动带驱动，当转子旋转时，定子绕组产生交流电，经二极管整

流成直流电。发电机内部有电压调节器，供给转子绕组电流，如磁场控制电路出现故障，发电机默认电压为 13.8V（即执行 60%）。

2）BCM（车身控制模块）。BCM 是车载网络中的一个装置，它与 ECM 和组合仪表通信以进行电源管理操作。BCM 监测来自 ECM 的发电机磁场占空比信号，监测蓄电池电流传感器，监测蓄电池正极电压，估计蓄电池温度以确定蓄电池充电状态，向 ECM 提出发电机目标电压和怠速提高申请。

3）蓄电池电流传感器。该传感器装在蓄电池负极电缆连接处，是三线式霍尔效应电流传感器，监测蓄电池电流，将信号传送给 BCM。信号为频率 128Hz、5V 电压、0~100% 的脉宽调制信号（PWM）。正常脉宽 5%~95%，0~5% 和 95%~100% 用于自诊断。

4）ECM（发动机控制模块）。ECM 将电压调节器接通信号送至发电机 J1-2 端子，将磁场控制 PWM 信号送至 J1-1 端子，制式与前文所述相同。电压调节器供给与输入 PWM 信号成正比的 PWM 磁场电流。发动机起动后，调节器检测定子绕组的交流电压感知发电情况，当检测出异常时将 J1-1 端子接地，以告知 ECM。

5）组合仪表。充电系统出现故障时，组合仪表有两种提醒方式：充电指示灯点亮文字；显示"SERVICE BATTERY CHARGING SYSTEM"（维修蓄电池充电系统）。

2. 发电机控制原理

目前多数汽车发电机是通过控制励磁线圈的电流大小来控制发电机的输出电压，而通用汽车发电机是通过控制其励磁线圈电流占空比信号控制发电机输出电压。

从发电机控制电路图（图 3-42）可以看出，发电机外接线共 3 根，1 根是 B 接线柱，通过起动机接线柱连接蓄电池正极；另外 2 根与发动机电控单元连接，F 接线柱是磁场控制接线柱，发动机电控单元通过控制 F 接线柱搭铁时间来控制发电机发电量；L 接线柱是仪表充电指示灯控制接线柱。L 接线柱到发动机电控单元，发动机电控单元与仪表电控单元通过网络线连接，显示发电机发电与否；车身电控单元进行电源管理控制是通过发动机电控单元和车身控制单元网络线连接实现的。发电机内部与发动机电控单元连接 2 根线最终与发电机电压调节器连接，分别为 L 接线和 F 接线。发电机电压调节器有 2 根火线，一根来自发动机控制单元的 L 线；另一根是从发电机后端盖 B 接线柱，此线是在发电机磁场控制电路出现故障时起作用，保证发电机继续发电，但发电机默认输出电压为 13.8V，而不能根据蓄电池电压高低和蓄电池电流传感器而调节发电机输出电压。

车身控制模块与发动机控制模块和仪表板组合仪表通信以进行电源管理操作。车身控制模块确定发电机输出，并发送信息到发动机控制模块，以控制发电机接通信号电路。它监测来自发动机控制模块的发电机磁场占空比信号电路信息，以控制发电机。它监测蓄电池电流传感器、蓄电池正极电压电路，并估计蓄电池温度以确定蓄电池充电状态。车身控制模块将怠速提高。

蓄电池电流传感器是 1 个可维修的部件，它与蓄电池负极电缆连接，监测蓄电池电流。蓄电池电流传感器是 1 个三线式霍尔效应电流传感器。它直接输入到车身控制模块中。它产生 1 个 128Hz、占空比为 0~100% 的 5V 脉宽调制信号。正常的占空比在 5%~95% 之间，0~5% 和 95%~100% 之间的占空比用于诊断目的。

在发动机运转时，发动机控制模块将发电机接通信号发送至发电机以打开调节器。发电机电压调节器通过控制励磁线圈的电流从而控制输出电压。励磁线圈电流与调节器供给的电

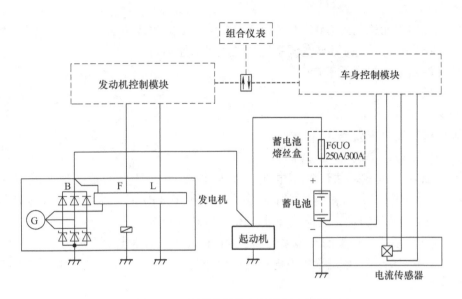

图 3-42 通用汽车发电机控制电路图

脉冲宽度成正比。发动机起动后，调节器通过内部导线检测定子上的交流电压从而感应发电机的转动。一旦发动机运行，调节器通过控制脉冲宽度来改变励磁场电流。这就能调节发电机输出电压，使蓄电池正常充电以及电气系统正常运行。发电机磁场占空比端子连接到内部电压调节器和外部发动机控制模块。当电压调节器检测到充电系统故障时，向此电路提供搭铁以向发动机控制模块发送信号，提示存在故障。发动机控制模块监测发电机磁场占空比信号电路，并接收基于车身控制模块信息而发出的控制指令。

发电机是不可维修的部件。如果诊断出发电机故障，则必须将它作为一个总成更换。发动机传动带驱动发电机，当励磁线圈旋转时，它将使定子线圈产生交流电，然后，交流电压通过一系列二极管整流，转换成供车辆电气系统使用的直流电，以维持电器负载和蓄电池充电。电压调节器与发电机控制装置集成一体，控制着发电机的输出。

3. 充电系统的运行模式

表 3-4 是 ECM 对发电机占空比指令及对应的目标电压，发电机向 BCM 发出反馈信号，制式与前文所述相同。

表 3-4 ECM 对发电机的指令

占空比指令（%）	发电机目标电压/V	占空比指令（%）	发电机目标电压/V
10	11.00	60	13.81
20	11.56	70	14.37
30	12.12	80	14.94
40	12.68	90	15.50
50	13.25		

充电系统有以下运行模式：

1）充电模式。满足以下任一条件，系统设置发电机目标电压为 13.9～15.5V 之间：

① 刮水器接通并持续工作 3s。

② 空调控制单元感测到 GMLAN（温度控制电压助力模式请求）属实，冷却风扇高速运行，后窗除雾器和暖风、通风与空调系统的鼓风机高速运行。

③ 估计的蓄电池温度低于 0℃。

④ SOC 低于 80%。

⑤ 车速高于 14km/h。

⑥ 电流传感器出现故障。

⑦ 系统电压被确定低于 12.5V。

2）燃油经济性模式。估计的蓄电池温度为 0~80℃，计算的蓄电池电流为 -8~15A（负号指蓄电池放电），并且蓄电池充电状态大于或等于 80% 时，系统设置发电机目标电压为 12.5~13.1V。一旦满足充电模式标准，BCM 将转入充电模式。

3）电压下降模式。计算的环境温度高于 0℃ 时，计算的蓄电池电流为 -7~1A，且发电机磁场占空比小于 99%，系统设置发电机目标电压为 12.9V。一旦满足充电模式标准，BCM 将转入充电模式。

4）起动升压模式。发动机起动后，系统设置发电机目标电压为 14.5V，并持续 30s。

5）前照灯模式。前照灯（远光或近光）打开时，系统设置发电机目标电压为 13.9~14.5V。

6）蓄电池硫化模式。BCM 判定蓄电池出现硫化，设置发电机目标电压小于 13.2V 并持续 45min，然后执行充电模式 2~3min，其后再根据电压需要进入其他模式。

> **技巧点拨**：通用汽车第三代电压调节控制系统电源管理系统具有三个功能：监测蓄电池电压并估计蓄电池状态；发给发电机指令及提高怠速；自诊断并提醒驾驶人。

七、朗逸轿车充电指示灯长亮

故障现象 一辆 2012 款朗逸轿车，在行驶过程中因临时停车熄火，结果在重新起动发动机时，出现无法起动的情况。先是怀疑蓄电池电量不够，对蓄电池进行更换，发动机可以正常起动，但却发现了新的问题，仪表上的充电指示灯长亮。

故障诊断 因为该车已经更换了蓄电池，所以蓄电池故障基本可以排除，接下来就要对传动带张紧度以及发电机进行检查。首先检查发电机传动带张紧度，断开蓄电池负极电缆，用拇指按压施加大约 100N 的力度，传动带下压为 5mm 左右，符合标准值。接下来检查发电机，接好蓄电池负极并起动发动机，通过测量发电机 B+ 端子与负极之间的电压来检查发电机发电量是否正常。经测量，发电机的发电电压为 4.9V，且随着发动机转速升高并无明显变化。而正常发电机两端电压要高于蓄电池电压且随发动机转速升高而升高，因此可判断故障原因为发电机损坏。更换发电机后，并重新进行检测，结果充电指示灯依然长亮。

朗逸轿车电源系统如图 3-43 所示，其发电机连接共有三根线，其中一根连接发电机 B+ 和蓄电池；另一根连接发电机 L 端与 J519；还有一根连接发电机和发动机控制单元之间，为 DMF 线。B+ 线在发动机起动瞬间，向发电机转子提供励磁磁场，发动机起动后，发电机通过该线向蓄电池充电。L 线的作用是当点火开关打开时，J519 通过此线在发电机内部搭铁，J519 通过 CAN 线向仪表传送信号，仪表上充电指示灯被点亮。当起动后，发电机发出的电量通过 L 线反馈给 J519，J519 再通过 CAN 将信号传递给仪表，充电指示灯熄灭。DMF 线的作用是发动机控制单元通过此线向发电机提供励磁电流，实现发电机发电，并通过调节该电流的大小从而控制发电量，实现稳压的作用。

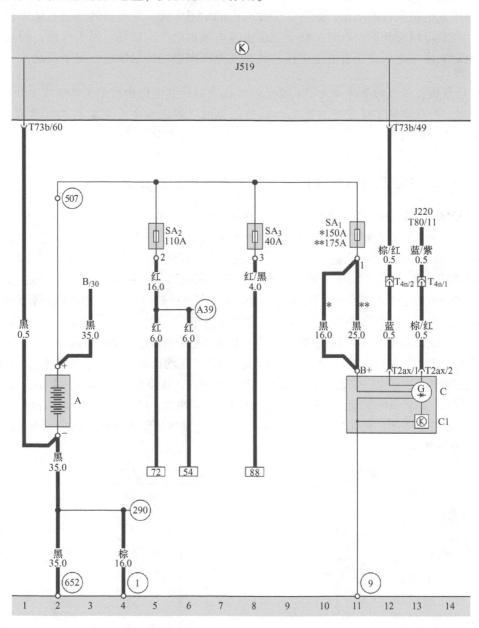

图 3-43 朗逸轿车电源系统

A—蓄电池　B—起动机，在发动机舱左侧前方　C—交流发电机，在发动机右侧前方
C1—电压调节器，在交流发电机内　J220—发动机控制单元　J519—BCM 车身控制器

基于上述对于该车电源系统电路分析，本着从易到难的原则，首先对 B + 进行了检查，使用万用表电阻档，测量 B + 至熔丝 SA1 之间的电阻为 0.5Ω，正常。接着测量 SA1 至蓄电池正极之间的电阻，结果发现无穷大，说明这里存在断路故障。经过仔细观察，发现 SA1

处的熔丝螺栓没有拧紧，导致线路虚接，从而产生故障。

故障排除 重新紧固螺栓后，充电指示灯恢复正常，并再无此故障出现。回顾整个诊断过程，在检测发电机是否存在故障时出现了失误。在测量发电机发电电压只有 4.9V 时，不能直接得出发电机损坏的结论，原因在于发电机的励磁方式。发电机的励磁有他励和自励两种方式，在发电机刚开始发电时，转子绕组由蓄电池供电产生磁场，属于他励；而在发动机正常发电后，发电电压高于蓄电池电压，此时发电机向磁场绕组供电，属于自励。

> **技巧点拨**：最后的故障点为 B+ 虚接，但在诊断过程中由于对于发电机发电原理没有充分分析，导致出现了误诊断。可见，正确全面地理解汽车各个系统的工作原理，是进行正确维修诊断的基础，因此必须重视理论知识的学习与运用。

八、2013 款雷诺塔利斯曼行驶过程中充电指示灯亮起

故障现象 一辆 2013 款雷诺塔利斯曼，装备 2ZV2.5L V6 发动机、6 速手自一体自动变速器，行驶里程 4000km。该车在行驶中，蓄电池充电指示灯在仪表上突然亮起，信息显示屏提示 "check charge system"（检查充电系统），仪表上伴随着还有其他电子系统故障警告灯点亮。

故障诊断 询问车主得知，该故障在当天正常使用中第一次突然出现。接车后，使用雷诺诊断仪检查，在发动机控制单元、变速器控制单元、车身控制单元、发动机舱电源管理控制单元、空调控制单元、气囊控制单元中都存有"蓄电池电压低"故障内容的故障码。从仪表故障灯提示内容及诊断仪故障码内容分析，该车故障发生很可能是由蓄电池电压低造成。于是先测量蓄电池端电压为 12.5V 左右，起动车辆，电压降为 10.6V，起动正常。车辆通电，清除各系统故障码后，关闭电源，再通电，仪表未提示故障。再次起动后，故障在大约 1min 后重现，且发现在打开前照灯后，灯光忽明忽暗，室内灯忽明忽暗的表现更明显。测量位于行李舱右侧饰板里面的蓄电池两端的充电电压，只有 11.2V，持续测量发现蓄电池电压偶尔会升高到 13.68V，这一检测结果说明发电机发电量不稳定。由于该车蓄电池后置，且有电源管理系统，为了确认准确的发电量，从发电机侧测量电压，在怠速情况下能达到 14.25V，持续测量该结果稳定不变。说明发电机发电量不存在问题，那么问题可能出在线路或者其他的地方。根据该故障特点，先找出相关电路图，如图 3-44 所示。

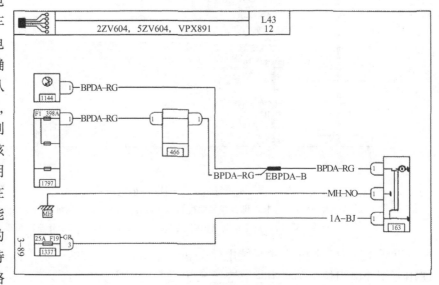

图 3-44 发电机相关电路

图 3-44 中的 163 为发电机，1144 为蓄电池电源断开控制单元，1337 为发动机舱熔丝盒，1797 为蓄电池端子熔丝盒，466 为电源配电盒。

从该电路图中可以看出，发电机发出电后通向 466 和 1144，1144 在发动机舱内距发电机比较近，466 位于行李舱前段距发电机比较远。先测量发电机输出端到 1144 的 1 号线的导通性及端子连接是否牢靠。断开蓄电池负极后，在测量时发现，1144 的 1 号端子螺栓松动，在 1 号端子的两根红色火线松动，与 1144 似连非连。在紧固时发现该端子柱已经松动，拆下该线后发现端子柱部位已经严重烧蚀，如图 3-45 所示。

图 3-45　故障位置

故障排除　紧固该螺栓后，连接蓄电池，清除故障码后试车发现故障不再出现。

> **技巧点拨**：该车螺栓松动的情况，除了是在工厂生产组装时疏忽外，还有就是该车蓄电池在行李舱里，有些维修人员为了方便断开该车电源，直接从该处拆开后忘了紧固好，导致该问题发生。而且该问题往往具有一定的迷惑性，因为除了故障时好时坏外，没有紧固好的螺栓用目测无法直观地检查出来。

第四章

汽车起动系统实用维修技能与技巧

第一节 奥迪/大众车系

一、奥迪 A4L 起动机偶发不工作

故障现象 一辆 2011 年奥迪 A4L，行驶里程 12 万 km。最近该车出现偶发性的起动机不工作故障，并且最近越来越频繁，几乎每天都会出现几次，一般情况下冷车出现故障的概率要高。

故障诊断 按下智能钥匙后，当起动机不工作时，仪表可以正常点亮，只是起动机不工作，同时仪表中央信息屏显示制动系统故障以及多个系统故障。

用诊断仪读取故障码，在多个控制单元中可以看到故障码，并且有一个共同点，就是发动机控制单元无法通信，而车身防盗控制单元显示系统正常，并且仪表上也没有防盗系统故障灯点亮。

当出现故障时，反复多次起动后，发动机可正常着车，最近故障越来越频繁，几乎每天几次。根据以上故障码分析，故障可能由以下原因造成：① 发动机控制系统供电不正常；② 发动机与网络的通信出现故障；③ 发动机控制单元本身有问题。查看如图 4-1 所示电路图。

车主反映更换蓄电池时

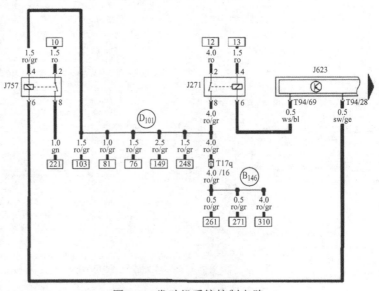

图 4-1 发动机系统控制电路

J271—Motronic 供电继电器 J623—发动机控制单元 J757—发动机部件供电继电器

间不长，怀疑更换的蓄电池容量偏小，用专用设备检测，发现蓄电池的充电指数仅为 55%。于是用专用设备给蓄电池充足电后，第二天再试，起动机不工作的故障现象仍旧出现。拆开驾驶人侧仪表台下部的护板，直接检查起动机继电器，检查起动机继电器外观，没有发现明显异常。更换一新的继电器后试验，发现故障现象仍旧出现。

经过进一步检查，当出现故障时，用诊断仪扫描全车系统，没有发现发动机系统。这更加重了发动机控制单元供电出现问题的可能。经过检查，发现拔下防水槽继电器盒内的继电器时，故障现象重现。该继电器位置如图 4-2 所示。

故障排除 在发动机舱左侧，找到发动机控制单元的供电继电器，拆开此继电器后检查，发现触点烧蚀严重。更换一新继电器后，经过反复试验，故障没有重现。交车半个月后打电话回访，故障现象没有再出现，确认此车故障彻底排除。

图 4-2 继电器位置

从故障码出现的规律上看，当多个控制单元出现同一个控制单元不能通信故障码时，并且是偶发性的，引起此类故障主要是三个方面的原因，即该控制单元供电故障、通信线路故障以及控制单元本身故障。

偶发性起动机不工作现象涉及很多个原因，比如该车的防盗系统、转向柱控制部分以及发动机控制单元、起动机继电器和起动系统等。通过故障码分析，结合该车的网络通信结构，以及防盗控制单元没有故障码的特点，我们最终将故障范围缩小到了发动机控制单元的供电继电器上，排除了故障。

技巧点拨：该车故障是由发动机控制单元供电主继电器损坏引起，此继电器触点接触不良，造成发动机控制单元偶发性不能供电，引起偶发性起动机不工作现象。

二、帕萨特轿车起动机无反应

故障现象 一辆 2011 年上海大众帕萨特轿车，行驶里程 15 万 km，装配 1.8TSI 发动机和 02E 双离合变速器。该车起动时起动机无反应，此前该车也出现过类似故障，维修技术人员仅当作偶发性故障处理，但故障反复出现。

故障诊断 接车后首先验证故障现象，接通点火开关及点火开关处于起动位置时，组合仪表（J285）中 EPC 灯和发动机管理系统故障警告灯能正常点亮，仪表中央显示屏显示变速器处于 P 位，正常，但起动时起动机没有反应；同时，仪表上所有指示灯未出现变暗的情况，这说明起动机电磁开关和主电路没有消耗电能。该车没有装备无钥匙进入集控门锁系统，其起动系统电路如图 4-3 所示。分析电路可知，在接通点火开关及点火开关处于起动位置时，组合仪表（J285）中 EPC 灯和发动机管理系统故障警告灯能正常点亮，说明 SC17 熔丝正常，转向柱电子装置控制单元（J527）的端子T16r/11得到了蓄电池常电源，当点火开关D处于15运行位置和50起动位置时，通过点火开关D相应闭合的触点，点火开关D将15信号输送给转向柱电子装置控制单元（J527）的端子E/5，J527将15信号输送给车身控制单元（J519）的端子T52c/31，即15供电继电器输入信号正常。同时，J519的端子T52b/12将执行火线（电源）送给15供电继电器控制线圈，15供电继电器负载触点闭合后，将来自SB25熔丝的常电源送给50供电继电器负载进线，同时通过SC7熔丝将该15电源（火线）送给发动机控制单元（J623）的端子T94a/87，在J623的30电源（火线）、搭铁线正常的情况下，得到15电源（火线），J623工作并点亮组合仪表（J285）中EPC灯和发动机管理系统故障警告灯。根据该车故障症状分析可知，该车15供电线路正常。

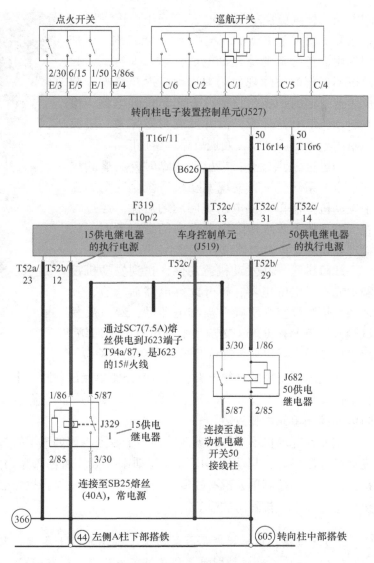

图4-3　帕萨特起动系统电路

至此，该车起动机无反应的故障范围缩小至点火开关D的50触点、J527能否接收到点火开关D的50信号、J527能否将50信号传送给J519、J519能否将50执行信号输送给50供电继电器、50供电继电器本体、起动机及其相关线路等。

用故障检测仪进入J519和J527读取故障码，显示系统正常；拆卸相关部件，取下位于仪表板左侧下部支架5号位的50供电继电器（图4-4），对50供电继电器本体进行测量，控制线圈电阻为60Ω；在控制线圈两端施加蓄电池电压，测量负载触点之间的电阻，测量结果为低电阻状态，断开蓄电池电压后为断路状态，这说明50供电继电器本体正常。50供电继电器插座布置如图4-5所示。测量50供电继电器控制出线2/85插孔与搭铁之间的电阻，为低电阻状态，正常；测量负载出线5/87插孔与搭铁之间的电阻，约为1Ω（为起动机电磁开关吸拉线圈和保持线圈的并联电阻），正常；接通点火开关，测量负载进线3/30与搭铁之间的电压，为蓄电池电压，说明15供电继电器负载出线能将15电源送入50供电继电器负载进线，正常；用带有熔丝的跨接线短接继电器插座的负载进线 3/30 和负载出线 5/87，此时，起动机能正常运转，说明起动机正常；用试灯测试 50 供电继电器控制进线 1/86 与搭铁在点火开关 D 处于起动位置时的状态，试灯未能正常点亮，说明 50 供电继电器控制进线 1/86 状态异常。根据试灯在起动位置未能点亮的异常现象，测量 50 供电继电器控制进线 1/86 与 J519 的端子 T52b/29 之间的导线电阻，为低电阻状态，正常。

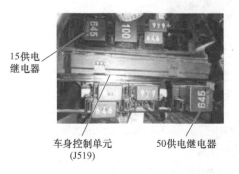

图 4-4　50 供电继电器安装位置

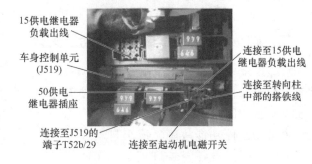

图 4-5　50 供电继电器插座布置

再次分析该车起动电路，决定分别进入 J527 和 J519 读取有关 50 起动信号的数据流。从 J527 中读取的数据显示，50 信号能正常传递给 J527，从 J519 中读取有关 50 起动信号的数据，发现点火开关 D 在起动位置时，第 1 区数据"接线柱 50 输入"显示"端子 50 开"，第 2 区数据"接线柱 50CAN 输入"显示"开"，正常；第 4 区数据"接线柱 50CAN 输出"显示为"关"，异常，说明 J519 的端子 T52b/29 未能送出执行电源至 50 供电继电器控制进线。

在更换 J519 之前维修人员决定再次对起动机信号控制电路进行分析，发现 J519 的端子 T52c/31 和端子 T52c/13 这 2 根信号线的作用有不明之处。从电路分析，这 2 根线均为 15 信号线，之前通过故障现象确定 15 供电线路正常可能是错误的结论，于是决定测量 2 根 15 信号线的状态。断开 J519 的 T52c 导线插接器（棕色插接器），将点火开关 D 置于 15 触点位置，分别测量端子 T52c/31 和端子 T52c/13 对搭铁之间的电压，应均为蓄电池电压，但测量结果显示端子 T52c/13 与搭铁之间的电压为 0V，异常。由于这 2 根 15 信号线在 J527 处共用一个节点，故断开点火开关，直接测量端子 T52c/31 和 T52c/13 之间的电阻，测量结果呈现断路状态。经仔细观察 T52c 导线插接器发现，端子 T52c/13 导线固定卡扣损坏（图 4-6），有松动迹象，导线缩回至与 J519 端子不能正常接触的状态。

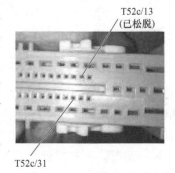

图 4-6　J519 的 T52c 导线插接器（棕色插接器）

故障排除　将 J519 的端子 T52c/13 导线可靠固定，恢复 T52c 导线插接器的连接。再次取下 50 供电继电器，将点火开关 D 转至 50 位置，从 J519 中读取 50 起动信号数据流，此时，第 4 区的数据"接线柱 50CAN 输出"由之前的"关"状态转变为"开"状态，正常，即 J519 本体正常，J519 的端子 T52b/29 已送出执行电源至 50 供电继电器控制进线。恢复 50 供电继电器的连接，重新起动发动机，起动机运转正常，发动机顺利起动。经试车，确认故障排除。

技巧点拨：在汽车故障诊断中，经常会遇到没有故障码的情况，了解和掌握特定数据流的含义，能快速、准确地判断故障所在。针对 J519 而言，该车发动机起动信号由 3 部分组成：端子 T52c/31 和端子 T52c/13 的 15 供电信号、端子 T52c/14 的 50 起动信号，只有 3 个信号同时呈现高电位，逻辑关系才能成立，J519 的端子 T52b/29 才能将执行电源送给 50 供电继电器控制进线。

三、帕萨特 330TSI 自动起停功能失效

故障现象　一辆 2016 年帕萨特 330TSI 轿车，配置 1.8L 发动机（BDH），行驶里程 5336km。因事故维修后，其他维修厂无法解决自动起停功能故障，该车自动起停功能失效，而仪表各警告灯正常，无任何警告。

故障诊断　连接诊断仪 VAS6150B，调取各系统故障码，如图 4-7～图 4-9 所示。

从故障码信息来看，分别有失去转向柱、仪表、诊断接口通信和蓄电池控制单元的通信。各所指控制单元用诊断仪是可以单独进入各系统，根本就不存在不能进入的情况，这又说明这些控制单元不存在

图 4-7　故障码 1

图 4-8　故障码 2

图 4-9　故障码 3

通信问题。网关 19 里报出蓄电池控制单元无信号/通信故障码，说明蓄电池监控无外乎监控蓄电池的电压、温度、电量等情况。不难想到，直接从蓄电池监控这里读取出这些信息，因为和起停功能相关要求的蓄电池电量 SOC 值必须大于 60%，起停系统才可正常工作。于是进入蓄电池监控系统 61，进入数据流 19 组，结果读到蓄电池电量为"无测量值"，如图 4-10 所示。

图 4-10　数据流

问题至此似乎就已经明朗了，蓄电池控制单元根本就没有收到蓄电池电量信息，蓄电池监控系统其实就是在蓄电池的负极上安装了一个传感器，其传感器信息由 LIN 线传递至网

关，其电路图如图 4-11 所示。

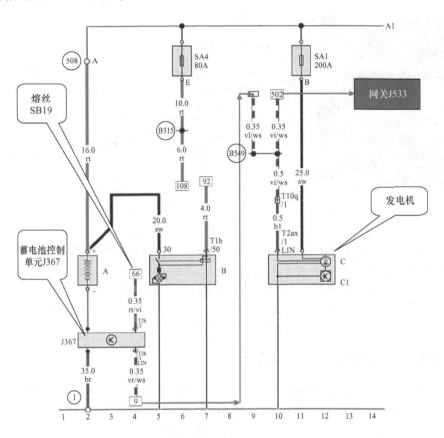

图 4-11 蓄电池监控系统电路图

A—蓄电池　B—起动机　C—发电机　C1—电压调节器　J367—蓄电池控制单元

由此推断，产生无法读取蓄电池监控电量的可能原因包括：蓄电池控制单元 J367 故障、蓄电池控制单元供电线路故障、LIN 总线短路断路所致、网关 J533、发电机内部故障等几个方面。

蓄电池控制单元 J367 安装在蓄电池的负极，其插头能看到 2 根线，插头针脚 T2h/2 红/紫线是熔丝 SB19 所供电源线，测量该处为电源电压；而针脚 T2h/1 紫/白是 LIN 总线，测量此处电压为 0，这是不正常电压，正常 LIN 总线电压应为 10V 左右（正常车实测为 10.3V）。通过此测量就可以排除是蓄电池控制单元 J367 本身故障的可能，因为测量是断开插头测量的，这就和 J367 无关。接下来对 LIN 总线的短路进行测量，测得的结果是 J367 处 LIN 线与发电机插头以及网关 J533 插头处无断路情况，与蓄电池正极电阻无穷大，但与蓄电池负极电阻为 1.53Ω，说明 LIN 线与负极短路。由于 LIN 总线一端连着发电机，另一端连着网关 J533，同时断开与发电机和网关的连接，测量 LIN 线与负极电阻变为无穷大，再逐一插上网关测量和插上发电机测量，很快判断出发电机内部有短路故障。此时再仔细观察发电机，该发电机不是原车发电机，而是被更换过的全新发电机（如图 4-12 所示），估计这也是其他修理厂无法查到故障的原因之一了。

故障排除　再次更换新发电机，LIN 总线与蓄电池负极电阻为无穷大，其电压实测为 10.5V，重新读取蓄电池控制单元数据流 19 组 2 区，显示当前蓄电池 SOC 值为 70%，如

图4-13所示。清除故障码，试车，起停功能恢复正常，车辆故障彻底排除。

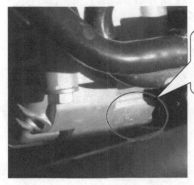

图4-12　发电机

测量值 - 显示测量值

0061 - 蓄电池调节 (KWP2000 / TP20 / 7N0907534 / 1682 / H55)

名称	值
19.1	72.00 %
19.2	70.00 %
19.3	98.00 %
19.4	95.00 %

图4-13　正常数据流

技巧点拨：当我们需要检查LIN总线的时候，也可以通过示波仪测量出波形来加以判别。如果测得LIN总线电压在8~11V之间，说明LIN总线正常。再则检测起停系统关闭条件也可以通过读取发动机、ABS、网关等相关的数据流，同样可以快速准确地查找故障。

四、斯柯达昊锐发动机有时无法起动

故障现象　一辆斯柯达昊锐轿车，配备1.4 TSI发动机及7档双离合器自动变速器(DSG)，行驶里程4.5万km。车主因发动机无法起动而电话求援。

故障诊断　维修人员赶赴现场试车，发动机能顺利起动，于是将车开回修理厂做进一步检修。反复试车，当故障再现时，接通点火开关尝试起动发动机，起动机不工作。对车辆进行常规检查，确认蓄电池电压正常，蓄电池接线柱连接可靠无松动。对照起动机继电器的电路（图4-14)，直接短接起动机继电器（J682）的30端子和87端子，起动机能正常运转，说明起动机本身无故障，怀疑是起动机的控制出现了问题。接通点火开关至起动位置时，测量J682的86端子与搭铁之间的电压，为0V；测量继电器86端子与J519之间的线路，正常；测量继电器85端子的搭铁，也正常。排除了起动机与起动机继电器之间及起动机继电器与J519之间的线路存在故障的可能，说明J519确实没有发出起动信号。

故障原因可能有进入和起动许可控制单元故障、点火开关信号不可靠、转向柱电子装置控制单元接收到的点火开关信号或输出的信号不可靠、变速杆实际位置不正常、J519接收或输出的信号不可靠、自动变速器控制单元（J743）接收到的信号或输出的信号不可靠等。连接故障检测仪调取故障码，得到故障码如图4-15所示。根据该车的故障现象，结合故障码进行分析，认为自动变速器档位信号问题造成故障的可能性较大。

根据自动变速器电路图（图4-16）分析可知，造成自动变速器档位信号故障的原因可能有J743故障、变速杆位置信号故障、J519故障、相关线路故障等。结合该车故障为偶发故障的特点，认为应重点对线路进行排查。梳理电路图，发现J743有1根线直接与J519相连，测量J519导线插接器T52a的端子30和J743的导线插接器T25的端子16之间的导通情况，发现该线存在虚接。进一步检查发现J519导线插接器T52a端子30有些松脱。

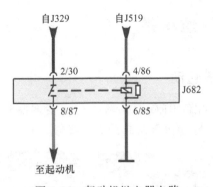

图 4-14 起动机继电器电路

J329—15 供电继电器　J519—车身控制单元　J682—起动机继电器

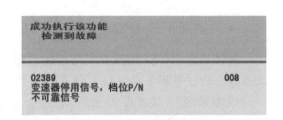

图 4-15 读取到的故障码

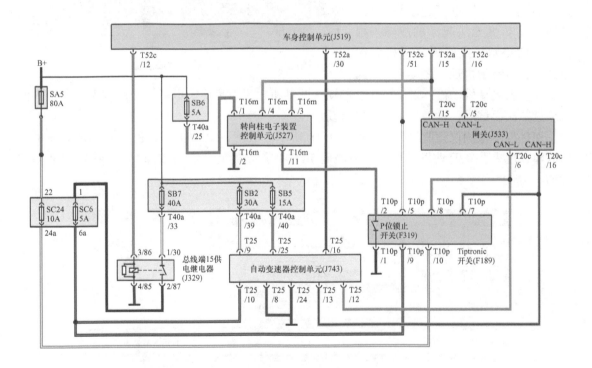

图 4-16 自动变速器相关电路图

故障排除　对线束及导线插接器进行处理后试车，故障排除。将车交还给车主，并于 2 周后进行电话回访，确认故障未再出现。

技巧点拨：车身控制单元（J519）需要接收到变速杆位置信号（适用于配备自动变速器的车辆）、进入和起动许可控制单元（J518）信号、点火开关信号等，才会向起动机继电器（J682）发出起动信号，J682 吸合，起动机工作，从而起动车辆。

第二节 英菲尼迪车系

一、英菲尼迪 QX60 车型发动机偶尔无法起动

故障现象 一辆 2014 款英菲尼迪 QX60 车型，配备 REOF10E 新型 CVT 变速器和一键起动系统，行驶里程 3.6 万 km，因偶发性仪表报警且发动机无法起动进厂维修。

故障诊断 接车后首先试车，发动机顺利起动，仪表没有任何报警。询问车主得知，该车行驶 30min 左右时，组合仪表上会偶发性地提示"智能钥匙系统故障，请参阅用户手册"；熄火后重新起动发动机，易出现发动机无法起动的故障。根据车主的提示，维修人员进行多次路试，故障终于再现（图 4-17），此

图 4-17 发生故障时仪表盘的显示

时熄火重新起动发动机，发动机无法起动，起动机也没有反应，电磁开关没有吸合声音，但是经过数次尝试后，发动机又能正常起动。

连接故障检测仪读取故障码，如图 4-18 所示。故障码 B2604 为红色，表示该故障是当前故障，熄火重新起动发动机后，故障码 B2604 变成黄色（历史故障），说明故障是偶发性的。

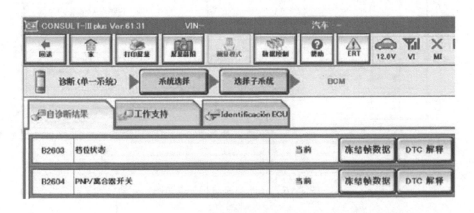

图 4-18 读取的故障码

根据该车一键起动系统控制原理（图 4-19）进行分析，按下一键起动开关后，车身控制模块（BCM）进行身份识别 ID 校验，BCM 同时根据 CVT 变速杆（驻车位置开关）与变速器范围开关信号来判断并且双向校验车辆是否处于 P 位或 N 位，并接收制动开关信号，从而判断该车是否满足发动机起动的条件。

结合故障码及一键起动系统控制原理分析，认为可能的故障原因包括：BCM 检测 CVT 变速杆位置开关信号与变速器范围开关信号之间有冲突；CVT 变速杆故障；变速器范围开

第四章 汽车起动系统实用维修技能与技巧

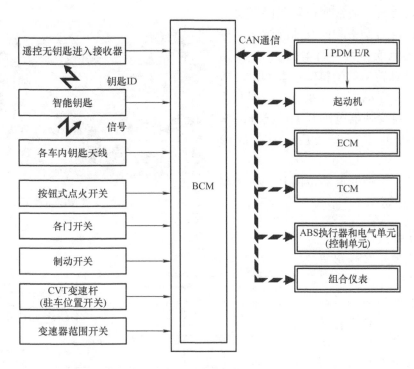

图 4-19 一键起动系统控制原理

关故障；BCM 故障；相关线路故障。

由于没有新的配件，并且为偶发性故障，首先检查相关线路是否正常。根据该车 CVT 变速杆（驻车位置开关）电路（图 4-20）分别检查其导线插接器 M78 端子 3、端子 5、端子 6 与 BCM 导线插接器端子 108、端子 69、端子 20 之间的线路，均正常。测量 CVT 变速杆导线插接器 M78 端子 4 与蓄电池负极间的电阻，为 0.5Ω，正常。上述检查说明 CVT 变速杆的线路正常。

接着检查变速器范围开关线路是否正常。英菲尼迪 QX60 是英菲尼迪 JX35 的改款车型，变速器由 REOF09B 升级为 REOF10EA，变速器范围开关由以前内置于 TCM 阀体总成改为外置式，套在 CVT 变速器的壳体变速杆轴上。变速器控制模块（TCM）根据外置变速器上的变速杆轴的转动来检测档位。

拔下变速器范围开关，发现

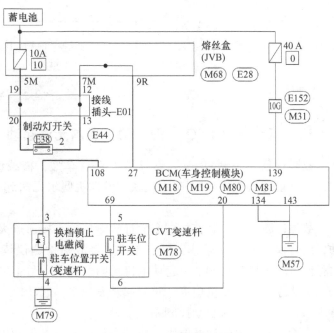

图 4-20 CVT 变速杆电路

133

连接处有油液渗入。通常变速器范围开关为外置密封式传感器，不应该有油液渗入。仔细观察变速器范围开关（图4-21），发现用来给随变速杆轴转动的塑料轴承套润滑的密封式润滑液产生泄漏，进入变速器范围开关的插接器内。将变速器范围开关连接处的润滑油清洗干净并重新安装后试车，故障消失。

图4-21 变速器范围开关

故障排除 更换变速器范围开关，交车1个月后电话回访车主，故障未再出现。

技巧点拨：根据变速器范围开关电路图得知（图4-22），变速器范围开关的插接器F29处由于内部有油液产生短路或者虚接现象，给TCM发送错误的档位信号。TCM将接收到的档位信号与BCM从CVT变速杆接收到的档位信号通过CAN通信进行比较，产生档位信号冲突，导致发动机无法起动，模块自检系统将信号冲突的信息形成故障码B2603。

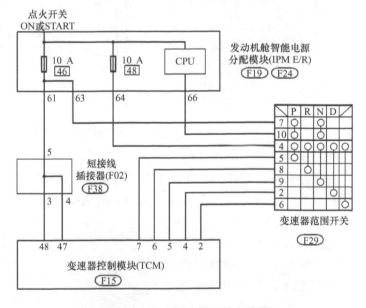

图4-22 变速器范围开关电路图

二、英菲尼迪ESQ车型发动机偶尔无法起动

故障现象 一辆2015年英菲尼迪ESQ车型，搭载型号为HR16的发动机和CVT变速器，行驶里程1.7万km。车主反映，发动机偶尔无法起动，将车辆放置一段时间后，又能正常起动。

故障诊断 接车后首先试车验证故障现象，接通点火开关，起动发动机，发动机顺利起动，组合仪表上无故障警告灯点亮。连接故障检测仪读取故障码，车身控制模块（BCM）内存储有故障码"B26FA—起动电机切断开路"（图4-23）。记录并尝试清除故障码，故障码无法清除。将发动机熄火，重新起动发动机，起动机不运转，发动机无反应。结合上述故障现象，初步判定为起动控制系统故障。

本着由简入繁的诊断原则，维修人员首先检查起动机继电器和起动机控制继电器，由于该车的起动机继电器和起动机控制继电器均集成在发动机舱智能配电模块（IPDM）上，尝试更换同款车型的 IPDM 后试车，发动机仍然无反应。在起动过程中，故障检测仪读取到的发动机相关数据流如图 4-24 所示，发现"起动信号"始终显示为 OFF，不正常（正常情况下"起动信号"应为 OFF→ON→OFF）。查询维修手册，了解到的故障码 B26FA 的检测条件及故障可能部位见表 4-1，且提示检查起动请求信号电路。

图 4-23　读取到的故障码　　　　　　　　图 4-24　读取发动机相关数据流

表 4-1　故障码 B26FA 的检测条件及故障部位

故障码	DTC 检测条件	故 障 部 位
B26FA	BCM 检测到以下信号不匹配的状态： ① 来自 ECM 的起动请求信号 ② 来自 ECM（CAN）的起动机控制继电器控制信号	CAN 通信线断路或短路；起动请求信号电路断路或短路；BCM 故障；ECM 故障

根据相关电路（图 4-25），查阅 BCM 的端子相关说明，得知 BCM 导线插接器 M69 端子 64 为起动请求信号端子，该端子通过导线与 ECM 导线插接器 E34 端子 82、IPDM 导线插接器 E13 端子 23 互相插接，断开 BCM 导线插接器 M69、ECM 导线插接器 E34 和 IPDM 导线插接器 E13，用万用表测量 BCM 导线插接器 M69 端子 64 与 ECM 导线插接器 E34 端子 82 之间的导通性，导通良好；测量 BCM 导线插接器 M69 端子 64 与 IPDM 导线插接器 E13 端子 23 之间的导通性，导通良好。仔细检查 BCM 导线插接器 M69 端子 64、ECM 导线插接器 E34 端子 82 及 IPDM 导线插接器 E13 端子 23，发现 BCM 导线插接器 M69 端子 64 的孔存在扩孔现象（图 4-26），推测此处接触不良，导致起动请求信号偶尔无法正常传递，从而出现发动机无法起动的故障现象。

故障排除　修复 BCM 导线插接器 M69 端子 64，重新插接导线插接器后试车，故障现象不再出现，于是将车辆交还给车主。两周后电话回访，车主反映车辆一切正常，故障彻底排除。

技巧点拨：随着汽车技术的发展，起动机的控制也需要直接和间接通过发动机控制模块（ECM）或车身控制模块地（BCM）进行控制，只有具备起动机的工作条件时，才能控制起动机继电器工作，进行起动机的起动。

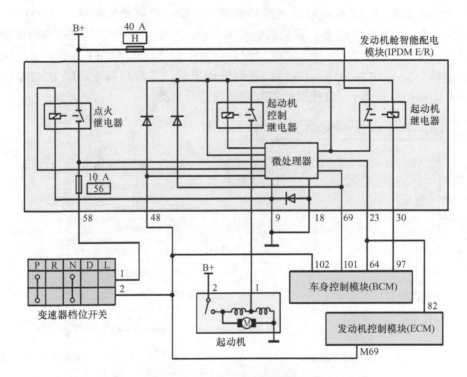

图 4-25 ESQ 车型起动机控制电路

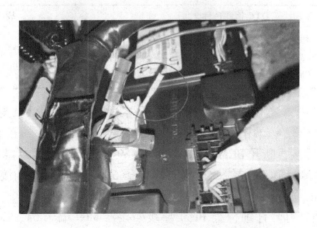

图 4-26 BCM 导线插接器 M69 端子 64

第三节 宝马/奔驰车系

一、宝马 730Li 起动时仪表黑屏

故障现象 一辆 2009 年宝马 730Li 轿车，车型代号为 F02，行驶里程 8 万 km。车主反映车辆起动时仪表偶尔出现黑屏的现象，并且仪表黑屏时发动机立即熄火，故障出现没有特定的规律。

故障诊断　接车后首先验证车主反映的故障现象，前几次起动发动机时车辆能正常起动，后经过多次测试，车主反映的故障现象终于出现，起动后发动机自动熄火，仪表黑屏。观察到故障发生的时候，情况类似于发动机运行过程瞬间突然断电。连接 ISID 进行诊断检测，读取和发动机相关的故障内容 "930732—起动机运行时有发动机起动故障：继电器搭接片"。

该故障码的说明见表 4-2。

表 4-2　930732 故障码说明

故障描述	通过回读进行导线测量：回读电平 > 阈值高，一旦总线端控制关闭总线端 KL.15，记录该故障
故障识别条件	总线端 KL.15 接通
故障码记录条件	3s 后生成故障记录
保养措施	检查起动继电器的功能，如有必要，更新继电器或 CAS 如果继电器正常，则检查起动机供电电压，必要时进行更新 如果起动机供电电压正常，则单独检查起动机功能，必要时更新
故障影响和抛锚说明	起动机转动，尽管缺少控制（车辆可能窜跳），点火开关仍然熄灭，即总线端 KL.15 自动断开，车辆起动之后，通过按压按钮，起动机继续转动，发动机熄火

选择故障内容执行检测计划，维修措施指引和故障码说明的维修保养措施一致，具体方法如下：

1) 检查起动继电器的功能，如有必要，更新继电器或 CAS。
2) 如果继电器正常，则检查起动机供电电压，必要时更新。
3) 如果起动机供电电压正常，则单独检查起动机功能，必要时进行更新。

通过点击起动/停止按钮可开始车辆起动。通过总线端 KL.30 为直流机供电。如果发动机已起动，将抑制起动机小齿轮处的超越离合器，起动机小齿轮现在由飞轮驱动。基于起动机小齿轮和齿圈之间的大传动比（约 15:1）可能导致起动机损坏，起动机小齿轮将自动停止。

起动机通过插接器直接连接到总线端 KL.30 和总线端 KL.50L。CAS 控制单元或 FEM 控制单元或 BDC 控制单元通过总线端 KL.50L 控制起动继电器。该起动继电器是继电器和电磁铁的组合件。起动继电器具有两个线圈：吸引线圈和保持线圈。

起动机工作时，两个控制线圈控制活动铁心，使起动齿轮与飞轮齿圈啮合。如果电磁开关关闭，将通过总线端 KL.30 为直流电机提供电压。同时，由于关闭电磁开关，移入线圈将短路。仅能通过吸引线圈保持电磁开关。如果发动机已起动，吸引线圈将不通电换档。因此打开电磁开关，蓄电池和直流电机之间的电路已中断。车辆起动机控制电路图如图 4-27 所示。

接下来在起动状态下测量 KL.50L，正常时，发动机起动时电压为 12V，成功起动后电压变为 0。自动熄火及仪表熄灭时，发动机起动时 12V，成功起动后变为 8~9V，然后熄火。在故障详细说明中，可以看到这句话"通过回读进行导线测量：回读电平 > 阈值高"。根据起动机工作原理分析，CAS 通过 KL.50 控制起动机起动和关闭。当发动机起动后，CAS 通过总线信息已经知道发动机成功起动并正常工作，因此会断开 KL.50 控制，结束起动机工作。

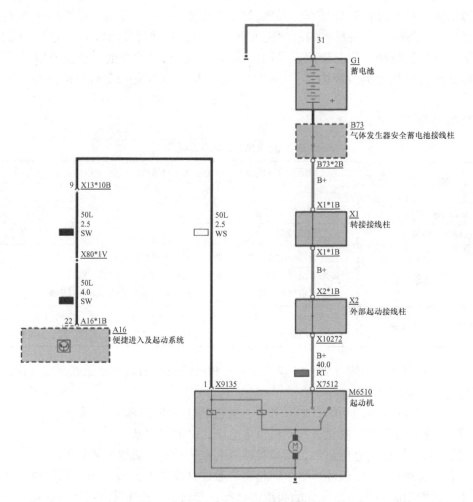

图 4-27 起动机控制电路图

如果 CAS 断开 KL.50 的控制，那么这根线是不该有电的，如果这个时候这条线仍然有电，则会记录故障信息。故障的可能原因有起动机故障、CAS 内部故障、控制线路故障等几个方面。

故障排除 测量线路对地、正极、导通均正常，无短路现象，可排除线路故障。故障现象不是一直存在，属于偶发性故障，故障不出现的时候什么都是好的，正常起动的时候 CAS 都能正确输出控制信号，CAS 坏的概率较低。故障码指向比较明确，而且经过分析，起动机吸合接触片如果不回位则能解释通此故障现象。判断为起动机继电器的搭接片机械故障，导致无法回位，CAS 识别到 KL.50 有反馈电压，将电源都断掉起保护作用。更换了起动机，经多次试车，故障现象没有再次出现，故障排除。

> **技巧点拨**：便捷进入及起动系统（CAS）或前部车身电子模块（FEM）或车身域控制器（BDC）通过总线端 KL.50L 将电压接通到起动继电器。借助起动继电器和中间轴，或者行星齿轮变速器将通过飞轮齿圈干预起动机小齿轮。在起动机小齿轮啮合后，将以起动转速驱动发动机曲轴。

二、奔驰 E200 轿车无钥匙起动系统故障

故障现象　一辆奔驰 E200 轿车，发动机型号为 274920，因无钥匙起动系统不能正常工作而进厂检修。据车主反映，该车无钥匙起动功能失效，需将遥控钥匙插入仪表台下方的读卡槽内才能起动发动机。

故障诊断　接车后，试车验证故障现象，将遥控钥匙插入仪表台下方的读卡槽内（图 4-28），按下起动按钮，发动机顺利起动；将遥控钥匙从读卡槽里取出，再次尝试起动发动机，按下起动按钮，发动机无法起动，仪表信息提示中心显示“遥控钥匙探测不到”和“将遥控钥匙放在标记的位置，查看用户手册”的提示信息。按下遥控钥匙上的解锁和闭锁按钮，车辆可以正常解锁和闭锁车门，且遥控钥匙上的指示灯能正常点亮；此外，车主提供了该车的另一把遥控钥匙，经测试故障现象依旧，由此可初步排除遥控钥匙有故障的可能。

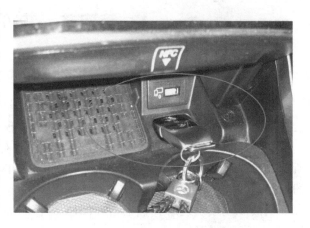

图 4-28　将遥控钥匙插入读卡槽

连接专用故障检测仪（XENTRY），进入无钥匙起动控制单元（N69/5），读取到故障码“B1A5013—前部 LF 天线功能失效，电路断路”（图 4-29）。根据故障码的提示，判断可能的故障原因有前部 LF 天线（A2/60）故障、无钥匙起动控制单元（N69/5）故障及相关线路故障等。

N69/5 - KEYLESS GO (KG)

MB object number for hardware	213 901 82 03	MB object number for s
Diagnosis identifier	000041	Hardware version
Software version	16/07 000	Boot software version
Hardware supplier	Kostal	Software supplier
Control unit variant	KG213_KG213_0041	

Fault	Text
B1A5013	Front LF antenna 'KEYLESS-GO' has a malfunction. There is an open circuit.
	Name
	Frequency counter
	Main odometer reading
	Number of ignition cycles since the last occurrence of the fault

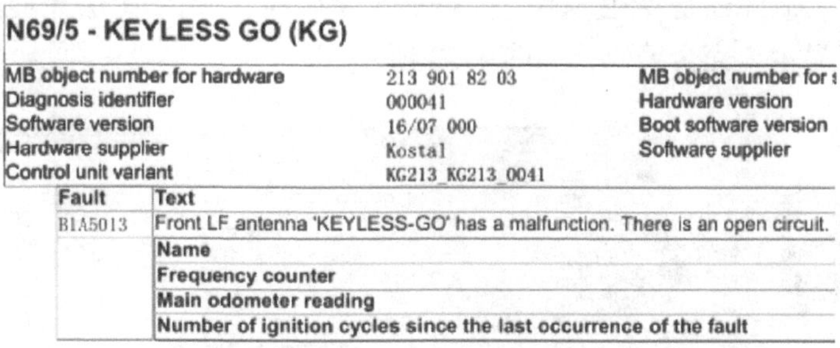

图 4-29　XENTRY 读取到的故障码

本着由简到繁的故障诊断原则，维修人员决定先检查 A2/60 与 N69/5 之间的线路，分别找到位于仪表台中央面板下的 A2/60 导线插接器和位于行李舱内右侧饰板下的 N69/5 导线插接器，确认导线插接器插接牢固。断开导线插接器，测量 A2/60 与 N69/5 之间线路的导通性，导通情况良好，且无短路故障。然而，维修人员在将导线插接器装复时，发现 N69/5 一侧的端子（端子 22，与 A2/60 端子 2 相对应）弯曲变形（图 4-30），看来这就是导致故障的原因。

图 4-30　N69/5 端子 22 弯曲变形

故障排除　对 N69/5 端子 22 进行处理并清除故障码后试车，故障排除。

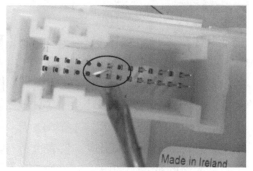

技巧点拨：后经询问车主得知，该车前不久曾发生过追尾事故，导致右后侧受损。怀疑故障是事故修复过程中维修人员操作不当，造成 N69/5 端子 22 变形，导致线路断路，最终引起无钥匙起动系统不能正常工作的故障。

第四节　其　他　车　系

一、保时捷帕拉梅拉自动起停功能异常

故障现象　一辆 2011 年保时捷帕拉梅拉，行驶里程 74164km。车主反映自动起停功能会自动熄火，可是松开制动踏板不会自动起动，仪表提示如图 4-31 所示，需重新开关钥匙。

故障诊断　对车辆进行试车，发现故障现象存在，与车主反映的情况相符，如图 4-32 所示。在熄火时仪表未显示自动起停符号，用 PIWSI 检查车辆没有故障码。引起这种故障的原因有时间不足、电流过高、蓄电池电量过低、蓄电池温度过高、DC/DC 变换器故障等。当故障现象出现时我们通过 PIWSI 检查网关及车辆重新起动的实际值，都没有出现异常。

此时无相关数据有问题。怀疑网关的程序错乱，对车辆进行全车编码，车辆移交，断电，故障还是存在。不过在对全车编码时，DME 无法完成编码，单独编码也无法完成，系统显示未完全编码，如图 4-33 所示。

图 4-31　故障现象 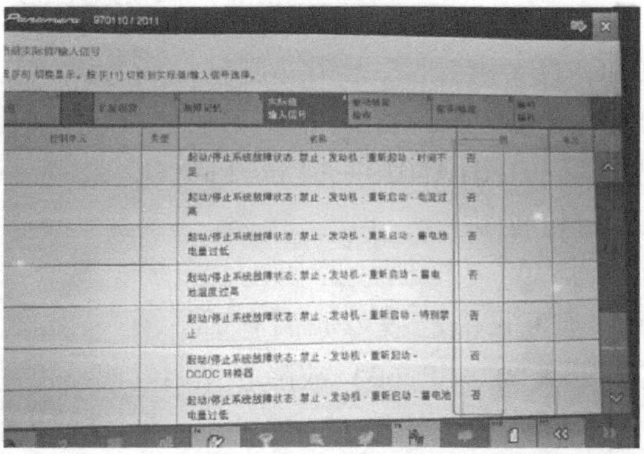　　　　　　　图 4-32　读取到的故障信息

此时怀疑车辆数据不对导致不能对 DME 编码，需看与系统所给的编码是否一致，发现"起动/停止系统恢复"这一项是空白，而原车的编码是"642–起动/停止功能"，如图 4-34 所示。选择 642 后对全车编码，试车故障未出现，仪表也显示了自动起停的符号，如图 4-35 所示。

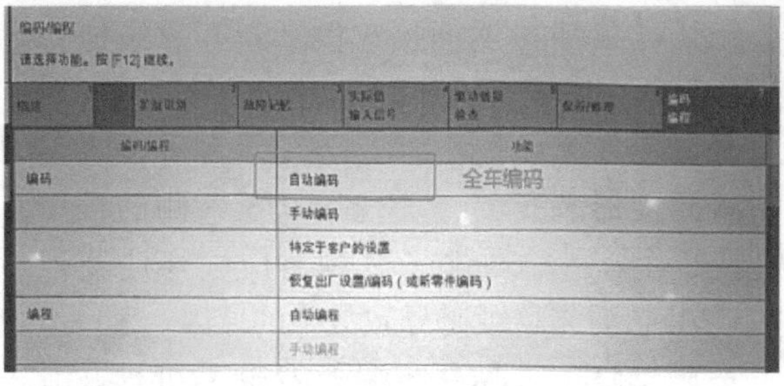

故障排除　选择正确的编码 642，

图 4-33　对全车进行编码

故障排除。

> **技巧点拨**：由于现在车辆程序增多，不一定需要换件才能解决问题，学会合理运用 PIWIS 所给的信息（实际值），可以提高工作的效率。

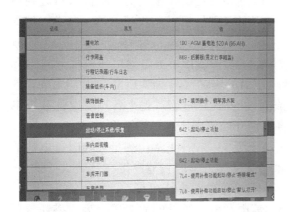

图 4-34　选项为空白

图 4-35　车辆恢复正常

二、江铃顺达发动机难起动

故障现象　一辆 2015 年的江铃顺达，搭载 JX493ZLQ4 发动机，配备博世 EDC17 电控系统，行驶里程 4.3 万 km。车主反映，早上发动机难起动，需要两三次操作才能起动；车辆行驶过程中，发动机经常会自动熄火，重新起动发动机，发动机能够勉强起动，此时发动机加速无力，组合仪表上发动机故障灯和 SVS 故障灯有时会点亮。

故障诊断　接车后首先试车验证故障现象，在热机状态下，起动发动机，约 6s 才能起动，组合仪表上发动机故障灯自检后熄灭，SVS 故障灯自检后长亮。连接故障检测仪，读取故障码，读取到的故障码如图 4-36 所示。记录并尝试清除故障码，故障码可以清除，SVS 故障灯熄灭。将发动机熄火后重新起动，SVS 故障灯再次点亮，读取故障码，读得故障码"P2269—燃油传感器自测故障"。根据故障码提示检查燃油传感器导线插接器，发现红色电源线在导线插接器根部几乎快要断裂。修复燃油传感器电源线，清除故障码后试车，发动机难起动及自动熄火的故障依然存在。

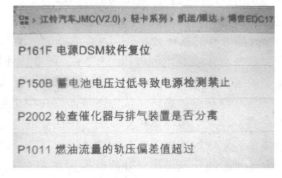

图 4-36　读取到的故障码

根据以往维修经验，结合读得的故障码 P1011 及该车的故障现象，怀疑燃油共轨压力不足。更换燃油滤清器，并清洗低压燃油管路。起动发动机瞬间，读取燃油共轨压力实际值，只有202bar（1bar=100kPa），不正常；起动发动机后计量单元占空比只有17%（正常应为18%以上），也不正常。难道是喷油器密封性不良？带着这样的疑问，依次拆下4个喷油器的回油管，发现每个喷油器的回油量都比较大，不正常。拆下4个喷油器，安装到喷油器试验台上检测，4个喷油器的喷油量和密封性均不符合要求，于是更换4个喷油器并做好调试，装复后试车，发动机顺利起动。进行路试，发动机不再出现自动熄火的现象。于是交车，并嘱咐车主后期使用过程中继续观察。

4天后的早上，天气有点冷，车主打来电话反映发动机再次无法起动。维修人员赶到现场发现，起动机运转，发动机无法起动。检查供油油路正常，拆掉空气滤清器，向进气歧管里喷发动机冷起动液，发动机仍然无法起动。连接故障检测仪读取故障码，读取到的当前故障码为"P161F—电源DSM软件复位"，历史故障码为"P150B—蓄电池电压过低导致电源检测禁止"。想用故障检测仪读取起动时燃油油轨压力的实际值，发现ECU重启，无法读取到燃油油轨压力的实际值，怀疑蓄电池亏电造成起动时ECU重启。找来备用蓄电池和搭电线，对车辆进行搭电起动，发动机顺利起动，将车辆开回修理厂进一步检修。

维修人员先用万用表测量静态时蓄电池的电压，为13.5V，正常；测量起动时蓄电池的电压，为11V，正常。将万用表红色表笔连接蓄电池正极，黑色表笔连接在发动机搭铁点，起动时测得的电压为8.9V，终于明白之前ECU存储"蓄电池电压过低"故障码的原因了。根据以往的维修经验，ECU电源低于9V就会存储蓄电池电压过低的故障码。为何搭铁位置不同测得的起动电压也不同，并且相差2.1V？带着这个疑问，维修人员对发动机舱和驾驶舱进行仔细检查，发现该车是用来运输危险品的，出于安全考虑，在蓄电池旁加装了控制蓄电池负极断开的手动电源总开关。

查阅相关资料，结合该车实际布线情况，画出其起动工作原理图（图4-37），1号搭铁点为蓄电池搭铁点，2号搭铁点为车架搭铁点，3号搭铁点为发动机搭铁点。起动时，测量蓄电池负极与1号搭铁点间的电压，为1V，存在接触不良现象；测量1号搭铁点和3搭铁点间的电压，为0.8V，也存在接触不良现象。更换手动电源总开关，把连接2号搭铁点的发动机搭铁跨接线直接连接到1号搭铁点上；起动发动机，起动机运转更加有力，发动机也更容易起动；测量蓄电池负极与发动机搭铁间的电压，只有0.2V，正常，但发动机故障灯、SVS故障灯有时候还会点亮，且读取到的故障码仍为P161F和P150B。起动时，读取发动机相关数据流，ECU电源电压为9.5V，正常。怀疑ECU故障，误存储故障码，但又找不到同车型的ECU进行互换测试，此时故障诊断陷入僵局。

重新整理维修思路，认为还是需要在供电电源上找出突破口，决定对ECU供电电源进行检测。找来1根搭电线，一端连接在蓄电池正极上，另一端连接万用表红色表笔，将万用表黑色表笔依次连接图4-37中的熔丝、仪表底盘段导线插接器端子及主继电器端子87，起动发动机瞬间，测得熔丝处的电压为0.4V，正常；测得仪表底盘段导线插接器端子的电压为1.6V，不正常；测得主继电器端子87的电压为2.1V，不正常。根据上述的检查结果，维修人员断开仪表底盘段导线插接器，发现端子氧化腐蚀；拆解主继电器，发现内部触点烧蚀，至此，故障点已明确。

故障排除 清理仪表底盘段导线插接器端子上的氧化物，并更换主继电器，用上述同样的方法，分别测量仪表底盘段导线插接器端子、主继电器端子87与蓄电池正极之间的电压，

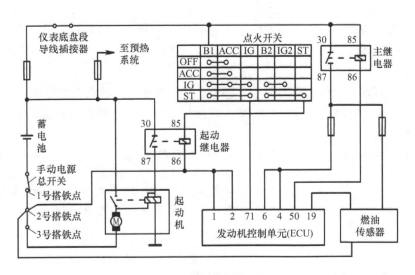

图 4-37 起动工作原理图

均为 0.6V，正常。清除故障码后试车，发动机故障灯和 SVS 故障灯不再点亮，于是将车辆交还给车主。一个月后打电话回访，车主反映车辆一切正常，至此，故障彻底排除。

技巧点拨：对于造成各插接器、熔丝盒的端子、导线等相关部件腐蚀氧化的现象，多为相关部位进水所致，由此造成的后果却是非常严重。因此，在日常用车维护中，特别是洗车时，避免高压水枪直接冲洗相关电器部件，如果进水将造成严重后果。

三、雪佛兰科鲁兹起动机不运转

故障现象　一辆 2015 年雪佛兰科鲁兹轿车，发动机型号为 L2B，行驶里程 2.3 万 km。车辆起动时，能听见起动机吸合的声音，但起动机不运转。

故障诊断　接车后观察，车况良好。接通点火开关，仪表盘上的各指示灯点亮，起动发动机，能听见起动机吸合的"哒哒"声，但起动机不运转，从现象上来看，类似蓄电池亏电。断开点火开关，测量蓄电池的静态电压，为 11.95V，正常。使用扳手转动曲轴 360°，无卡滞现象。由于蓄电池电压充足，起动机吸合正常，但起动机不运转，故将车辆举升，测量起动机的正极电缆端电压，为 0V，不正常；查阅该车维修手册，根据电路图（图 4-38）找到起动机正极电缆在蓄电池熔丝盒处的连接端子，测量该端子的电压，也为 0V，不正常。观察蓄

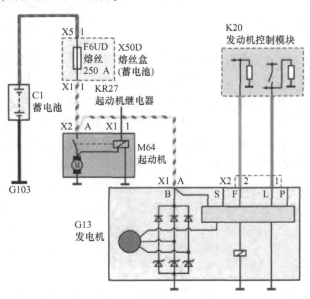

图 4-38 科鲁兹轿车起动和充电电路图

电池熔丝盒发现，与蓄电池正极相连的还有一处熔丝规格为250A的端子，测量该端子的电压，为12V；将起动机主电缆和此端子临时跨接，接好蓄电池正负极电缆，起动发动机，发动机顺利起动。

检查250A熔丝，熔丝熔断。询问车主得知，该车曾拆卸过交流发电机，怀疑维修人员在拆卸交流发电机时未将蓄电池负极断开，导致发电机正极电缆和车架接触短路，而起动机和发电机共用正极电缆。

故障排除 更换250A熔丝后试车，发动机顺利起动。

> **技巧点拨**：对于蓄电池到起动机间的主电源线，目前多数车型是不设置熔丝的，因在起动机起动瞬间通过上百甚至几百安培电流，会导致熔丝因电流过大而熔断，造成不必要的麻烦。

四、雷克萨斯NX200t起动机无法工作

故障现象 一辆雷克萨斯NX200t车型，配置8AR-FTS发动机，行驶里程6000km。车主反映车辆无法起动，如图4-39所示。

图4-39 故障现象

故障诊断 把车辆拖至店内修理，将电源模式切换至IG状态，发现停机和起动取消指示灯闪烁，尝试起动车辆，当踩下制动踏板，按下起动开关的时候，只能听到"嗒"的一声，起动机并不能正常工作，故障确认存在。可能的故障原因包括：认证ECU故障、起动线路故障、起停ECU故障、ST继电器故障、2号ST继电器故障以及起动机本身故障。

使用诊断仪进入起停ECU系统，发现有故障码，如图4-40所示。

保存其故障码，尝试删除故障码，发现可以删除，但是只要再次起动，故障码就会再次出现，说明故障一直存在。接着查看故障码的定格数据，发现其State of External BBC（车辆环保驾驶转换器总成）的状态从-3帧的Normal（正常）变化成了Low Vol（低电压），因此才会有故障码。

接着找到车辆环保驾驶转换器总成，使用万用表测量其插头A8的11号端子BIN与6号端子GND之间的电压（图4-41），发现在电源模式为OFF的状态下依然有12V电压，无任何异常，接着将电源模式切换至IG状态，再次查看其State of External BBC的状态，如图4-42所示，无任何异常。

第四章 汽车起动系统实用维修技能与技巧

*N/A = 不提供

参数	-3	-2	-1	0	1	单位
Vehicle Spd1 (ABS/VSC)	0.00	0.00	0.00	0.00	0.00	km/h
Steering Angle	-6.0	-6.0	-6.0	-6.0	-6.0	deg
Steering Angle Velocity	0	0	0	0	0	deg/s
Battery Current	-23.04	-34.77	-42.40	-42.40	-42.64	A
Brake Boost Pressure	76	75	75	75	74	kPa(abs)
Brake Negative Pressure	24.96	25.44	26.03	26.07	26.42	kPa
Ambient Temp Sensor	8.9	8.9	8.9	8.9	8.9	C
Stop&Start of Eng State	IG	IG	IG	IG	IG	
Stop & Start A/C Mode	Normal	Normal	Normal	Normal	Normal	
Idling Stop Rate	0	0	0	0	0	%
Total Idling Stop Rate	0	0	0	0	0	%
Integrated Current	6116.39	6102.84	6081.82	6081.13	6059.48	A-sec
Cranking Time	0.00	0.00	0.00	0.00	0.00	ms
Min Voltage (Cranking)	0.00	0.00	0.00	0.00	0.00	V
Min Volt (After Cranking)	0.00	0.00	0.00	0.00	0.00	V
Master Cylinder Pressure	3.12	3.24	3.28	3.30	3.34	Mpa
Status of Battery Charge Control	Stop and Start Restriction Mode	Stop and Start Restriction Mode	Stop and Start Restriction Mode	Stop and Start Restriction Mode	Stop and Start Restriction Mode	
State of BBC	Normal	Normal	Normal	Normal	Normal	
BBC Check Result	Normal	Normal	Normal	Normal	Normal	
State of External BBC	Normal	Low Vol	Low Vol	Low Vol	Low Vol	
External BBC Overcurrent History	No	No	No	No	No	
Atmosphere Pressure	101	101	101	101	101	kPa(abs)

图 4-40 故障码

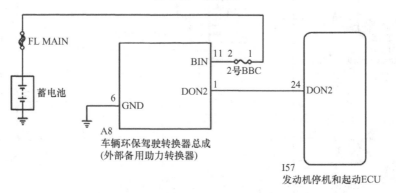

图 4-41 NX200t 车型电路图 1

参数	值	单位
Status of Battery Charge Control	Stop and Start Restriction Mode	
State of BBC	Normal	
BBC Check Result	Normal	
State of External BBC	Normal	
External BBC Overcurrent History	No	

图 4-42 数据流

难道是蓄电池的问题？于是使用万用表测量蓄电池的电压为13V左右，正常。从万用表的测量和数据流的反馈来看，车辆环保驾驶转换器总成本身不存在故障，联想到出现故障码的时候，BBC的状态为电压低，怀疑是由于起动故障导致车辆环保驾驶转换器总成在一段时间内没有接收到正常的电压从而报故障码。因为在出现故障码后，可以进行删除，且故障码不会再次出现，只有等再次起动后，故障码才会出现，所以必须要先解决起动故障。

在每次起动的过程中，发现出现"嗒"的声音来源于起动机的小齿轮，可以判断出起动机的小齿轮在按下起动按钮的时候可以正常伸出来，但是起动机的电动机不会正常工作。根据其电路图进行分析，如图4-43所示。

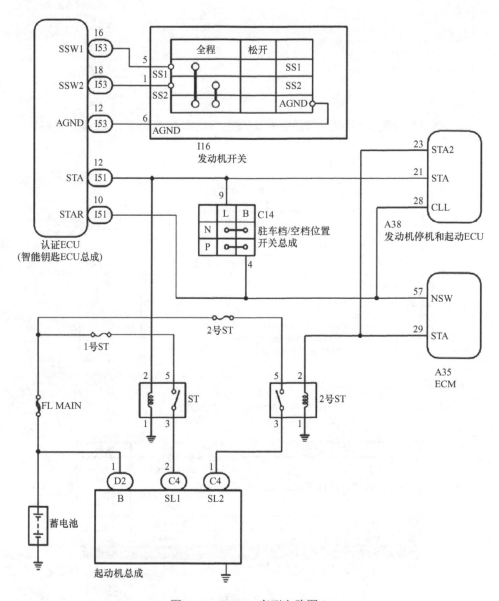

图4-43　NX200t车型电路图2

当踩下制动踏板并按下起动开关的时候，认证 ECU 的端子 STAR 输出 12V 电压，这时候 ST 继电器会吸合，从而起动机的小齿轮会工作，输出的 12V 电压同时也会输入至起停 ECU 的 STA 端子；当起停 ECU 的 STA 端子接收到 12V 的电压（起动信号）后，起停 ECU 的 STA2 端子同时也会输出 12V 电压，用来结合 2 号 ST 继电器，从而使起动机的电动机工作。从故障现象来判断，能听到起动机的小齿轮工作的声音，可以判断出其认证 ECU 的 STAR 端子已经输出 12V 电压，并且 ST 继电器能够正常结合；从小齿轮可以工作的另外一方面可以判断出，在电源模式处于 IG 状态下，其认证 ECU 的 STAR 端子接收到的是低电位，说明 P 位、N 位开关良好，且从认证 ECU 的 STAR 端子到 P 位、N 位开关到 ST 继电器的线圈到搭铁这条线路不存在断路的情况。另外起动机的电动机没有工作，分为两部分：一是起停 ECU 的 STA 端子并没有接收到起动信号（也就是 12V 电压输入）或者是其起停 ECU 的 STA 端子到 ST 继电器的这条线路存在与搭铁短路；二是起动机的电动机的控制部分以及线路出现故障（包含 2 号 ST 继电器以及起动机本身）。接着找到 2 号 ST 继电器，拔下继电器，短接继电器的 3 号和 5 号，发现起动机的电动机可以正常运转。这说明起动机本身没有损坏。

故障排除 接着决定查看起停 ECU 的 STA 端子是否在起动的时候有 12V 电压输。将杂物箱拆下，发现线路已经断路；拆下空调滤芯，发现已经被老鼠咬坏，于是更换空调滤芯后对线束进行修复，并安装防鼠网。再次起动车辆，车辆恢复正常。

> **技巧点拨**：发动机通过起停系统控制停机后起动时（高电气负载），车辆环保驾驶转换器总成（外部备用助力转换器）辅助蓄电池提供电压，以防由于向导航系统提供的电源电压降低导致禁用功能。当收到自发动机停机和起动 ECU 的请求后，如果重新起动发动机时，高电气负载导致蓄电池电压降低，则车辆环保驾驶转换器总成（外部备用助力转换器）有助于保持电源电压。车辆环保驾驶转换器总成（外部备用助力转换器）的端子 DON2 接收自发动机停机和起动 ECU 的电源电压辅助请求，并从怠速模式切换至辅助模式。通过起停系统控制起动发动机时，如果车辆环保驾驶转换器总成（外部备用助力转换器）未保持规定的电压，则向发动机停机和起动 ECU 发送故障信号。

第五章

汽车照明信号系统实用维修技能与技巧

第一节 奔驰/宝马车系

一、奔驰 GLC260 左外后视镜的防眩光功能失灵

故障现象 一辆 2018 年奔驰 GLC260 4MATIC 车型，配置 274.920 发动机，行驶里程 13022km。车主反映车辆的左外后视镜的防眩光功能失灵了。

故障排除 查看此车资料，装备有内部/外部后视镜自动防眩光功能（代码 249）。

自动防眩车外后视镜和车内后视镜中的后视镜玻璃具有电致变光防眩光功能，此功能由后视镜玻璃上的一层电解质凝胶来实现，该层凝胶根据所施加电压的变化来控制其透光性，也就是改变镜片的发暗的程度。

此功能的前提条件包括：①车内照明未开启；②无过电压或低电压；③电路 15R 接通；④倒档未接合。

内部后视镜通过后视镜防眩前向光线传感器（A67h1）感测环境光线，而通过后视镜防眩后向光线传感器（A67h2）感测照射在后视镜玻璃上的光线。车内后视镜评估这些输入因素并将后视镜防眩请求通过车顶局域互联网（LIN B13）发送至前信号采集及促动控制模组（SAM）控制单元。前信号采集及促动控制模组（SAM）控制单元通过车内控制器区域网络（CAN）将防眩信息发送至左前车门控制单元（N69/1）。左侧车门控制单元接收防眩信息并向左侧外部后视镜的后视镜防眩装置（M21/1h1）提供相应的促动电压。内部后视镜的玻璃通过启用内部后视镜防眩（A67h3）自动发挥防眩光功能。如果在后视镜防眩或倒档接合期间打开任一内部照明，防眩光功能就会中断，如图 5-1 所示。

检查后发现此车在车内后视镜上加装了一个行车记录仪，如图 5-2 所示，整个将车内后视镜镜片给遮挡了，导致 A67h2 向后后视镜防眩光线传感器无法接收到后面车辆前照灯的光线，使得车内后视镜向前和向后两个光线传感器在夜晚行驶时感测到的光线强度始终差别不大，防眩光功能也就一直不被激活。

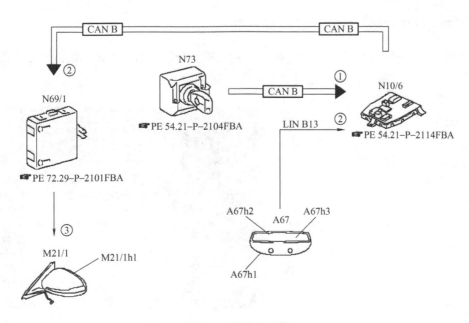

图 5-1 防眩光功能

1—端子15R，状态 2—后视镜防眩，请求 3—后视镜防眩，促动 A67—车内后视镜 A67h1—向前后视镜防眩光线传感器 A67h2—向后后视镜防眩光线传感器 A67h3—车内后视镜防眩 CAN B—车内控制器区域网络（CAN） LIN B13—车顶局域互联网（LIN） M21/1—左侧外部后视镜 M21/1h1—后视镜防眩 N10/6—前部信号采集及促动控制模组（SAM）控制单元 N69/1—左侧前车门控制单元 N73—电子点火开关控制单元

图 5-2 加装设备位置

故障排除 拆除加装的行车记录仪后，故障排除。

> **技巧点拨**：另外一种行车记录仪的加装方法是将原车的车内后视镜拆除、弃用，加装一个全新的车内后视镜，这样不仅防眩光功能失灵，还会导致蓝牙电话通话时对方听不到声音、智能互联座席服务人员听不到声音的故障，原因是这两个功能的传声器都集成在车内后视镜中。

二、奔驰 GLC300 左前照灯一直点亮

故障现象　一辆奔驰 GLC300，配置 274 发动机，行驶里程 29km。车主反映车辆的左前照灯一直点亮，直至蓄电池电量耗尽，车辆无法起动。

故障诊断　此车已经没有一点电量，通过搭电起动后，仪表显示左前驻车灯故障。而且，在测试功能的时候发现左前驻车灯和应急灯都不能点亮，并且左前照灯的近光灯一直点亮，如图 5-3 所示。

图 5-3　左侧前照灯

测试发现与车主所述现象一致。连接诊断仪对电控系统进行快速测试，首先删除一些不必要的故障码，清除后的相关故障码如图 5-4 所示。

经电控测试发现左前照灯控制模块与左前 LED 控制模块没有被检测到，并且右侧前照灯控制模块与左侧前照灯控制模块有通信故障。看来故障诊断思路已经很明确了，结合故障现象和电控测试综合分析，故障点应该就在左前照灯控制模块。再进一步分析左前照灯控制模块的功能原理图可知，左前照灯控制模块通过外围 CAN 与外面的控制模块进行信息交流，而它通过 LIN 线与左前 LED 控制模块进行信息交流，功能原理图如图 5-5 所示。

E2n9 - 右侧大灯 (SG-SW-R)　　- i -

梅赛德斯一奔驰硬件号	222 901 79 01	梅赛德斯一奔驰软件号	253 902 89 00
诊断标识	001101	硬件版本	14/25 001
软件状态	14/42 013	引导程序软件版本	14/39 000
硬件供应商	Lear	软件供应商	Lear
控制单元型号	HLI_FR253_B17_Variante		

事件	文本	状态
U118A00	与"左侧大灯光程调节"控制单元的通信存在故障。	A+S

A+S=当前并且已存储

LIN: E2n7 - 右前LED外部照明促动模块 (AMLAB-R)　　- ✓ -

梅赛德斯一奔驰硬件号	253 905 09 00	诊断标识	00010A
硬件版本	14/25 000	引导程序软件版本	14/24 002
控制单元型号	LCU_FR253_LCU_000110		

图 5-4　故障码

图 5-5 中的 E1n9 是左前照灯控制模块，而 E1n7 是左前 LED 控制模块。它们之间是主从控制关系，E1n9 是主控制模块，E1n7 是从属单元，它们通过 LIN 线沟通。按照这样的控制逻辑关系，如果左前照灯控制模块不能被找到，那么左前 LED 控制模块也一定不能被找到了。因此这个故障的关键点在于左前照灯控制模块，可能是左前照灯控制模块的供电搭铁故障，或者是 CAN 线故障。其电路如图 5-6 所示。

故障排除　测量前照灯控制模块供电 12V，测量前 SAM 过来的 30L 电压为 12V（这个前 SAM 过来的 30L 是控制信号，没有它前照灯同样不能点亮）。测量 CAN 线电压 CAN - H2. 6V、CAN - L2. 4V，正常，搭铁电阻正常。接下来根据导向测试左右对调前照灯控制模块，对调后故障现象消失，故障排除，故障点就在左前照灯控制模块，订货更换。前照灯控

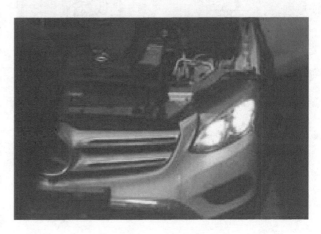

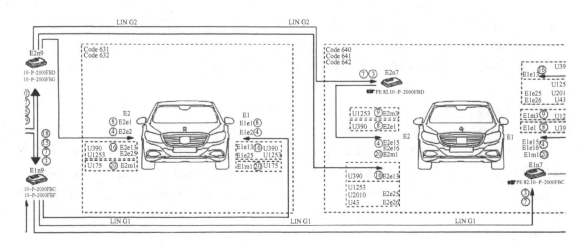

图 5-5　功能原理图

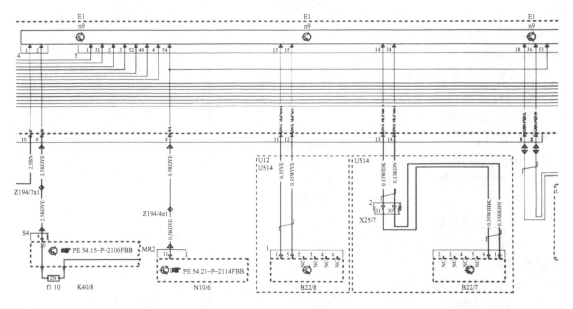

图 5-6　左前照灯控制电路

制模块如图 5-7 所示。

> **技巧点拨**：故障的诊断要从控制逻辑和功能控制上入手，这样才能透彻地分析故障点。

三、宝马 525Li 开前雾灯时右前照灯闪烁

故障现象　一辆 2016 年宝马 525Li，配置 N52 发动机，行驶里程 10265km。车主反映每次打开前雾灯时，右前照灯都会

图 5-7　前照灯控制模块

闪烁一会儿才会稳定，仪表上伴随有前雾灯失效的提示。

故障诊断 接车后反复测试，确实如车主所说。尝试在不开雾灯的情况下，开关前照灯工作正常，只要一打开前雾灯，右前照灯就不停地闪烁10s后才工作正常，雾灯的工作很正常。

引起此故障的原因有：①灯光开关故障；②右前照灯氙气灯泡、氙气灯模块损坏；③前照灯控制线路故障；④前雾灯及其线路故障；⑤车辆配置错误；⑥FRM内部损坏。

根据故障现象分析，此问题与前雾灯有关系。尝试同时拔掉两个前雾灯插接器，开关雾灯时故障依旧。分析灯光开关的电路图得知，该开关是由LIN线与FRM通信，而且雾灯状态也能在仪表上显示并且开关正常，排除了灯光开关故障。接下来同时对调了氙气灯模块及灯泡，故障也没有改变。继续测量右前照灯的供电线，发现供电电压在打开雾灯时很不稳定，这是什么原因造成的呢？

连接ISID诊断，存在很多故障码，删除后依然有左前雾灯断路或对正极短路故障码，故障当前存在。拔掉左前雾灯时，故障码没有改变，当拔掉右前雾灯时，报右前雾灯损坏的故障码，插上右前雾灯后故障可以清除，说明右前雾灯的工作是正常的，左前雾灯的故障一直存在。左前雾灯与右前照灯有什么关系吗？查阅相关电路图，如图5-8、图5-9所示。

依据电路图发现，左前雾灯与右前照灯的控制供电线同为脚步空间模块，分别为A58*3B插头的37号与38号针脚。是两根线有问题还是脚步空间模块内部有问题呢？

尝试在FRM处把A58*3B插头的37号针脚（左前雾灯）的插针挑掉后，再把插头插好，打开前雾灯时右前照灯工作正常，左前雾灯的短路故障码也变为"损坏"，但是左前雾灯却在不受控制的情况

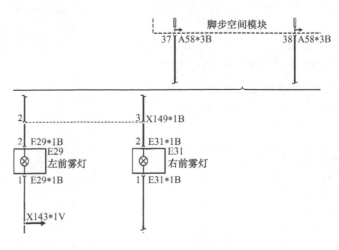

图5-8 前雾灯控制电路

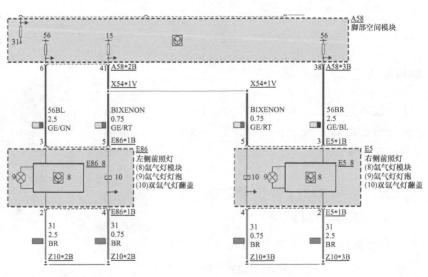

图5-9 前照灯控制电路

下亮起，而且与右前雾灯同时点亮。测量左右两个雾灯的供电线，发现两个雾灯的供电线短路。根据电路图显示左前保险杠角处有两前雾灯的转接插头 X149 * 1B，如图 5-10 所示，会不会是插头处进水导致的呢？

拆检发现该插头确实被维修过，且线路连接比较混乱，该插头的搭铁线与左前雾灯的供电线连在一起，左前雾灯的供电线与右前雾灯的供电线接在了一块，如图 5-11 所示。

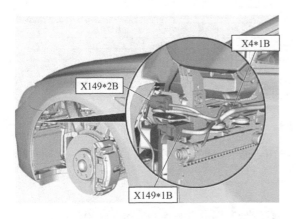

图 5-10　插头 X149 * 1B 位置

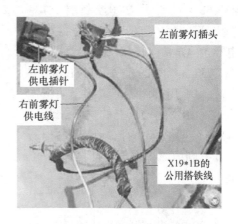

图 5-11　连接线路

修复线束后，打开雾灯，左右前照灯工作正常，但是显示屏却仍然报前雾灯失效的故障，查阅资料发现该车为 2012 款车型，应该配置的前雾灯是卤素灯，而该车却装了 LED 雾灯（LED 雾灯是在 2013 年 7 月之后才开始使用）。询问车主得知，该车之前改过雾灯，为了不让显示屏报警，我们用工程师版系统更改了前雾灯的配置。

故障排除　修复前雾灯线束，并更改车辆的雾灯配置。

> **技巧点拨**：该车由于左前雾灯的供电线短路，而该线恰好与右前照灯的控制线紧挨着，造成打开雾灯时脚步空间模块内部给右前照灯的供电不稳定，从而引发了打开雾灯后右前照灯闪烁的故障。在我们维修灯光问题时一定要注意该车的配置，因为很多车都可能改装过灯光。维修时要多查阅相关资料及电路图，才能更快检查出无关联故障的原因。

四、宝马 GT 535i 右后雾灯不工作

故障现象　一辆 2011 年进口宝马 GT 535i 车型，搭载 N55 发动机，行驶里程 3.6 万 km。车主反映，组合仪表提示右后雾灯失效，接通后雾灯开关，右后雾灯不工作。

故障诊断　接车后试车，接通后雾灯开关，左后雾灯亮起，右后雾灯不亮。用故障检测仪（ISTA）检测，脚部空间模块（FRM）中存储有故障信息：FRM 800F75—右侧后雾灯损坏（图 5-12）；执行故障引导检测计划，显示 FRM 的供电、搭铁及相关总线均正常，推断故障存在于右后雾灯灯泡或相关线路上。

拆卸右后雾灯灯泡，与左后雾灯灯泡对调后试车，左后雾灯亮起，右后雾灯还是不亮，这说明右后雾灯灯泡没有问题。查看相关电路（图 5-13），将试灯一端连接在右后雾灯导线

插接器 E58*1B 端子 2（控制端子）上，另一端连接在导线插接器 E68*1B 端子 1（搭铁端子）上；接通后雾灯开关，左后雾灯亮起，试灯不亮；用万用表测量导线插接器 E68*1B 端子 2（控制端子）上的电压，为 0V（正常应为蓄电池电压），异常。连接 FRM 导线插接器 A58*2B 的适配器 612340（图 5-14），用万用表测量导线插接器 A58*2B 端子 10 上的电压，为 12.4V，说明 FRM 的控制信号输出

图 5-12 脚部空间模块（FRM）中存储的故障码

正常，推断故障出在导线插接器 A58*2B 端子 10 与导线插接器 E68*1B 端子 2 之间的线路上。

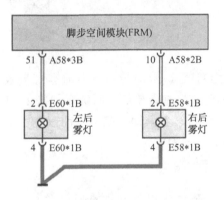

图 5-13 左后、右后雾灯控制电路

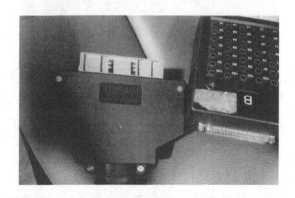

图 5-14 FRM 导线插接器 A58*2B 的适配器 612340

断开点火开关，测量导线插接器 A58*2B 端子 10 与导线插接器 E68*1B 端子 2 之间导线的电阻，为 ∞，说明这根导线断路。但是这根导线从驾驶人位置到行李舱，线路比较长，而且基本都是固定在车身大线束上的，到底会在哪里发生断路呢？拆检行李舱的饰板，发现在行李舱的右侧有一捆线束连接车内和车外，并且用防水橡胶保护套包着；取下防水橡胶保护套，剥开线束，发现线束中有 3 根导线已断掉（图 5-15），且其中一根导线的颜色为黑白色，推断该导线就是右后雾灯的控制线。

故障排除 使用专用夹线钳、对接器及防水热缩套管对断路的导线进行修复（图 5-16），修复后重新包裹线束，并使导线排列位置不会在开启和关闭行李舱时发生干涉。处理完毕后试车，右后雾灯工作正常，故障排除。

技巧点拨：对于相关线路故障的诊断，线路容易出现问题的部位往往是插接器、熔丝盒、线路连接处等，因此在查找故障时，这些部位应作为重点进行检查诊断。

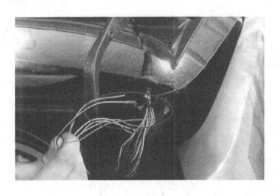 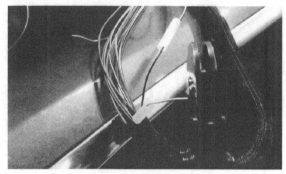

图 5-15　断路的导线　　　　　　　　图 5-16　使用专用工具修复断路的导线

第二节　奥迪/大众车系

一、奥迪 A6 右前照灯不亮

故障现象　一辆 2010 年产一汽奥迪 A6L C6 轿车，搭载 BPJ 型 2.0T 发动机，行驶里程 27230km。车主反映开启前照灯开关后，左前照灯点亮而右前照灯不亮。

故障诊断　接车后确认故障，开启前照灯开关，观察左前照灯点亮而右前照灯及右侧日间行车灯不亮。分别开启左、右转向灯，观察左前转向灯闪烁而右前转向灯不闪烁，说明右灯组整体工作不正常。

查询电路图得知，右前照灯、右日间行车灯及右转向灯均由车载控制单元 J519 通过不同线路供电，搭铁点只有一个，若搭铁点虚接电流将不能顺畅流通。首先检查右侧 A 柱下方的搭铁点，正常；拔开右前照灯 T14b 插头，测量接地线 T14b/5 及 T14b/7 对地电阻为 0.2Ω，正常。

通过以上检查排除了可能性大的故障点，接着检查右灯组的正极供电（图 5-17）。开启前照灯开关，测量前照灯供电线 T14b/6 电压为 5V，不正常；测量供电线 T14b/9、T14b/10、T14b/12 电压均为 5V，不正常。检查至此可判定右前照灯、右侧日间行车灯、右侧转向灯不亮的原因是电压低。接着测量 J519 的插脚 B9、C15、A1、A4 电压均为 5V，不正常。

故障排除　阅读 J519 供电电路图（图 5-18）：J519 的 T12/12 为前照灯供电，测量 T12/12 电压为 5V，不正常；熔丝 SB33 为 T12/12 送电，检查 SB33 熔丝，发现插脚表面有轻微烧蚀，插入后较松动。

判断熔丝 SB33 与插孔接触不良，调整 SB33 插孔，插牢熔丝，试验右前照灯点亮，右灯组的所有灯光均工作正常。

技巧点拨：电路图中注明 SB33 保护车载电网控制单元 J519，此线进入 J519 后就看不出来通向哪个用电器，因此本案例是由用电器反向查找到熔丝 SB33，虽然花费一些时间，但也是一种故障诊断思路。

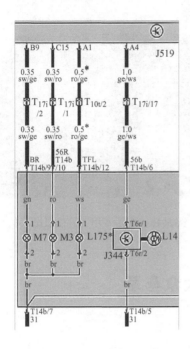

图 5-17　右灯组电路图

J519—车载电网控制单元　M7—右前转向灯
M3—右侧停车灯　L175—右侧日间行车灯
J344—右侧氙灯控制单元　L14—右侧氙灯

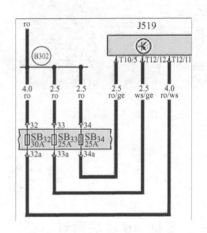

图 5-18　J519 供电电路图

J519—车载电网控制单元　B302—集线点
SB—熔丝盒

二、奥迪 A6L 仪表显示停车并检查制动液液位

故障现象　一辆奥迪 A6L 轿车，配置 CDN 发动机、0AW 变速器，行驶里程 63749km。打开钥匙或者起动车辆，仪表显示停车并检查制动液液位，如图 5-19 所示。

故障诊断　诊断仪检测仪表控制单元无任何故障码，制动液液位正常。该制动液液位警告信号触点 F34 电路图如图 5-20 所示。

故障原因大致有以下几个方面：①制动液液位警告信号触点 F34 故障；②线路故障；③车载电网控制单元 J519 故障；④仪表故障；⑤其他故障。

图 5-19　仪表显示信息

该车传感器很好拆装，而进行线路检查则需要拆装仪表饰板，因此先替换一个制动液液位警告信号触点 F34，之后故障依旧。拆解相关部件，测量线路。经检测，T2ae/1 为传感器接地线，正常；T2ae/2 制动液液位警告信号触点 F34 到车载电网控制单元 J519 的信号线断路，如图 5-21 所示。

拆解后仔细对线路进行检查，发现该线束已被老鼠咬断，如图 5-22 所示。

故障排除　修复相关受损的线束，试车故障排除。

> **技巧点拨**：该例故障比较简单明了，通过检测线路就可以找到故障点。通过该案例提醒大家在冬季时，很多小动物会到车上取暖，也会将车上物件和线束咬坏，大家在维修工作中要注意这方面原因引起的问题。

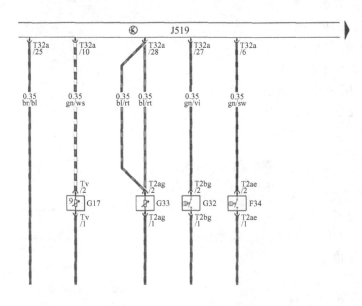

图 5-20　F34 信号触点电路图

F34—制动液液位警告信号触点　G17—车外温度传感器
G32—冷却液不足显示传感器　G33—风窗玻璃清洗液液位传感器
J519—车载电网控制单元

图 5-21　F34 线路断路测量　　　　图 5-22　线束断路

三、大众速腾信号喇叭不响

故障现象 一辆大众速腾轿车，两个信号喇叭在进行功能测试时都不响。按喇叭按钮时驾驶舱内听不到部件动作的声音，到车外靠近仔细听喇叭，连细微的声音也没有。

故障诊断 拔下一个喇叭插头，用万用表的电压档检测，在打开点火开关并按下喇叭按钮时测到12V的电压，但另一个喇叭并没有响，测到的只是个虚电压。此车的喇叭是由车载电网控制单元控制的。用诊断仪检查时，电子中央电气系统内有"信号喇叭启动断路"的故障记录，如图5-23所示。

图5-23 故障码

读取车载电网控制单元的数据流31组第三区时，按喇叭按钮时也能读到喇叭按钮已按下的信号，如图5-24所示。做车载电网控制单元执行元件测试（图5-25），按喇叭按钮时，两只喇叭还是没有声音。由于车辆配置的不同，车载电网控制单元也分不同的版本，本车是低版本的，查找相应的电路图，如图5-26所示。

图5-24 数据流

控制端正常，检查SC36熔丝正常。检查熔丝时发现此车加装了用电设备的线束连接到熔丝盒处，因为遇到过很多车都加装类似导航、倒车影像、座椅加热、行车记录仪等电子设备，所以没有在意。继续检查熔丝到J519的红黄色供电线，拆下左下护板时发现其中的一个加装设备座椅加热的电源线也连接到与J519连接的红黄色线束上，经确认正是SC36熔丝到J519的红黄色供电线（图5-27），而且这些线的连接处已能看到有过热烧蚀。

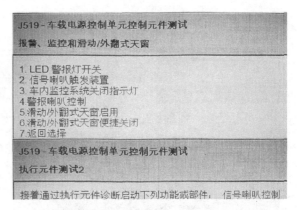

图5-25 元件测试

用手一拉红黄线就脱开了，已被烧断，如图5-28所示。此车因加装设备连接线束处理不当，造成过热烧断，导致J519的喇叭供电线断路而使喇叭不响。

故障排除 修复被烧断的线束。

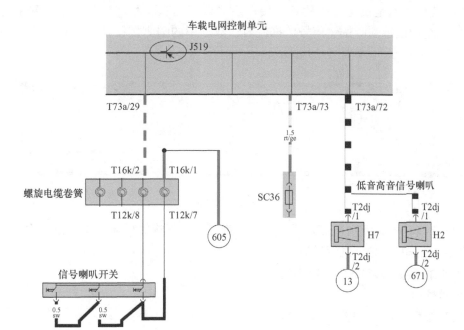

图 5-26 信号喇叭控制电路图

605—接地点，上部转向柱上　13—接地点，发动机舱右侧接点
671—接地点，左前纵梁上　SC36—熔丝，双音喇叭和车载电网控制单元

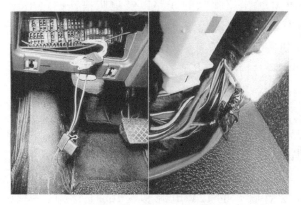

图 5-27 红黄色供电线

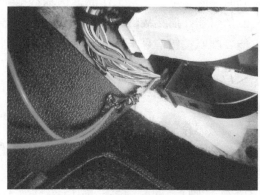

图 5-28 红黄色供电线断开

技巧点拨：对于车辆外加设备的加装原则，取电时要从熔丝盒的备用熔丝取电，并且线路要单独走向，这样在出现问题时容易诊断。

四、桑塔纳轿车起动后喇叭按不响

故障现象　一辆 2015 年产桑塔纳轿车，行驶里程 9843km。打开点火开关，按喇叭正常；起动后，喇叭只能响一两次，然后再也按不响了。经检测无故障码。

故障诊断　该车的这个故障在其他修理厂更换过喇叭（1 对）、气囊（带喇叭按钮），检查过喇叭线束，但是没能排除故障。接车后对该车喇叭线路进行了排查，并未有什么发现，在09系统中读取喇叭按钮信号数据流时，数据中的喇叭按钮信号无论是在喇叭响或不响都显示为"未按下"，如图5-29所示。

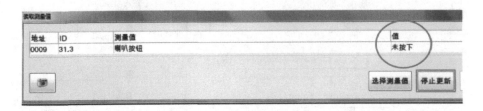

图5-29 数据流

这就给该喇叭的故障判断带来了难度，很难说喇叭不响的故障点在按钮的输入端还是在喇叭电源的输出端。经过分析可知，喇叭不响可能有以下原因：

1）喇叭按钮信号未输入至BCM：

① 喇叭按钮故障。

② 喇叭按钮至BCM线路故障。

2）BCM故障。

3）BCM输出至喇叭的线路以及喇叭搭铁回路故障。

接下来只能对该系统进行检测。喇叭不响时用万用表测试，喇叭输入电压为0。在打开钥匙时喇叭是可以正常工作的，这基本排除BCM输出至喇叭的线路以及喇叭搭铁回路出现故障的可能。那么故障应该归结至BCM本身对喇叭无电源输出。BCM无电源输出只有两种可能：喇叭按钮信号未输入至BCM（没有收到按喇叭的信息）；BCM本身故障。基于已经更换过带喇叭按钮的主气囊，并对按钮线束也进行过排查，因此BCM本身故障的可能性是非常大的。于是更换了BCM，结果故障未能排除，至此结论为BCM没有收到喇叭的按钮信号。

喇叭工作原理如图5-30所示，BCM（J519）通过LIN总线接收喇叭按钮信息，当接收有按钮信号后，再对喇叭输出12V电源，喇叭才会鸣响。而多功能转向盘控制单元J453的LIN总线（T6o/3针脚）要输出信号，也必须接收喇叭按钮H输入的搭铁信号（T6o/4针脚），同时满足一根15号线（T6o/2针脚）的12V电源和（T6o/1针脚）接地线接地。

喇叭按钮H（主气囊上）已经更换过，多功能转向盘控制单元J453上4条线经排查均无短路/断路的情况，那么难道是LIN总线有信息传递障碍？产生了这样的想法，于是通过示波器调取了该LIN线波形，在BCM的T73b针脚处取样，如图5-31～图5-33所示。

从以上波形测试中可以看出：点火开关打开，按钮未按下与按下以及起动后按下按钮的波形，再随意取出一个周期对比还是有细微区别的，尽管我们不知道这些区别具体传递了什么样的不同信息，但至少可以说明LIN总线传递信号并不存在问题。那么问题分析到此处就已经很明确了，故障点的最大可能就是多功能转向盘控制单元J453，如图5-34所示。

故障排除 更换多功能转向盘控制单元J453，故障得以排除。

第五章 汽车照明信号系统实用维修技能与技巧

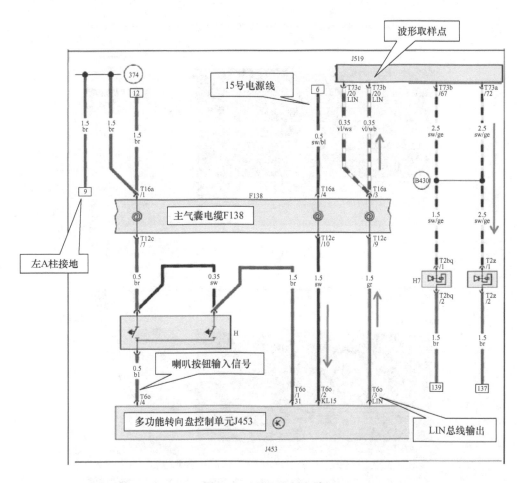

图 5-30 喇叭控制电路

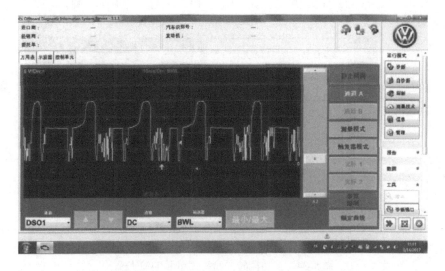

图 5-31 LIN 波形（点火开关打开，按钮未按下）

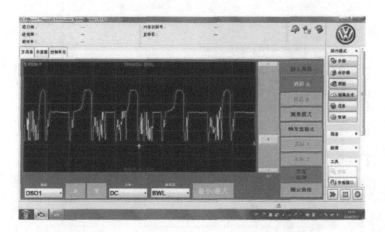

图 5-32　LIN 波形（点火开关打开，按下按钮，喇叭鸣响时）

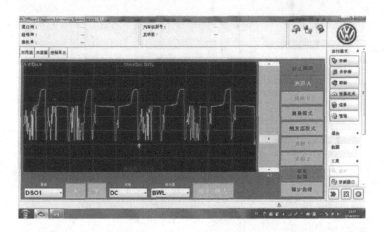

图 5-33　LIN 波形（起动发动机，按下喇叭按钮，喇叭不响）

图 5-34　多功能转向盘控制单元 J453 位置

技巧点拨：通过该故障的排查可以得到一个经验，就是如果今后再遇到这种在点火开关打开时喇叭能按响，而发动机起动后却又按不响的情况，基本就可以排除线路、喇叭、BCM、按钮等的可能，直接更换多功能转向盘控制单元基本就可排除故障，而无须大费周折去逐一排查。当然也有些特殊情况可能导致此经验失效，这里无法推测，但至少可以直接替换多功能转向盘控制单元一试（该经验也适用于上汽大众产的朗逸、Polo等多种车型）。再则导致此故障如此难查的另一个原因是当初在读取数据流时，打开点火开关喇叭明明能按响，而又读到喇叭按钮"未按下"的数据。在车辆恢复正常后再次调取该数据，此时数据流也恢复了正常，如图5-35所示。

直到故障排除后才真正明白，当时读到的"未按下"实际上就已经明确指明了没有按钮信号输出。

图 5-35　正常数据流

五、高尔夫 6 代车型左转向灯长亮

故障现象　一辆 2014 年高尔夫 6 代车型，行驶里程 11275km。其左转向灯长亮。

故障诊断　只要把点火开关打开，左转向灯长亮；打开右转向灯开关时，右转向灯亮；打到左边时也是右转向灯亮；放到中间关闭位置时左转向灯亮；把钥匙拔出来后，左边停车灯亮。

可能原因有转向开关损坏、转向盘控制单元损坏、车载电子控制单元损坏、线路存在故障以及其他方面的故障。

首先用 VAS5052A 检查全车电控单元，只有 16 转向控制单元有 1 个故障码（图 5-36）：控制单元编码不正确，静态。故障码一直清不掉，断电试车也是检测到一样的故障码。检查

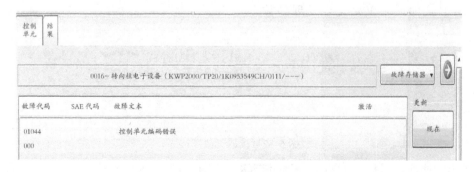

图 5-36　故障码

转向盘控制单元编码为0001532，用引导功能对该控制单元进行编码，对该车的配置进行逐步的选择，最后得出的结果还是0001532。

为验证该编码的正确性，找了一辆配置相同的车查看转向盘控制单元编码也是0001532，确定编码正确。由于09车载电子控制单元没有故障码，确定09车载电子控制单元应该正常。读16-08-001，开关位于关的位置时还是显示左转向，位于右转向时显示右转向，位于左转向时显示右转向。初步认为是开关错误信号给16转向盘控制单元，或者是转向盘控制单元内部的错误信号给车载电子控制单元。

拆解开关和控制单元，在没有装开关的情况下装上控制单元，左转向灯还是亮，确定是控制单元损坏，而不是开关损坏。

由于该车型的配件没有库存，维修人员小心拆开外壳，发现转向开关的几处插头已生锈，造成几个插头虚接，给控制单元一个错误的开启信号，与巡航的线路也有部分虚接，造成配置与原车相冲突，引起编码不正确的故障码。

故障排除 对相关部位进行除锈处理后，清除故障码，试车故障排除，车辆恢复正常。

> **技巧点拨**：要找到给车载电子控制单元的信号源，根据信号源找问题。比如该车是转向灯长亮，那么是车载电子控制单元控制转向灯工作，究竟是本身的故障还是另外的控制单元给的信号让它工作；再分析得知是转向盘控制单元给信号让它工作，这里面又分控制单元损坏产生错误信号和开关损坏后的错误信号给控制单元两个方向。因此根据信号源找问题不失为一个好的方法。

六、宝来轿车前部车内照明灯闪烁

故障现象 一辆2016年的宝来轿车，配置1.6L发动机、自动变速器，行驶里程56886km。车辆的前部车内照明灯开关在打开状态，照明灯亮时，闭锁车门后，照明灯不能正常熄灭，开始闪烁；在中央电气控制单元J519中出现连续的类似继电器吸合/断开的声音。

故障诊断 维修人员首先确认故障现象，将前部车内照明灯开关调整到打开状态，照明灯正常点亮，遥控闭锁车门后，照明灯频繁闪烁；在中央电器控制单元J519中出现连续的类似继电器吸合/断开的声音。在门控位置及关闭位置时，闭锁车门后观察无此现象。

接下来使用专用诊断仪VAS6150B检查，09中央电气控制单元中无故障码存储（图5-37），其他控制单元也未发现异常。

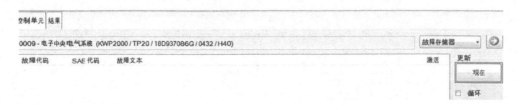

图5-37 读取无故障码

由于车内照明灯可以正常点亮，通过查阅电路图（图5-38）确认供电/搭铁正常；而关闭点火开关闭锁车门后，车内照明灯应该熄灭。

第五章 汽车照明信号系统实用维修技能与技巧

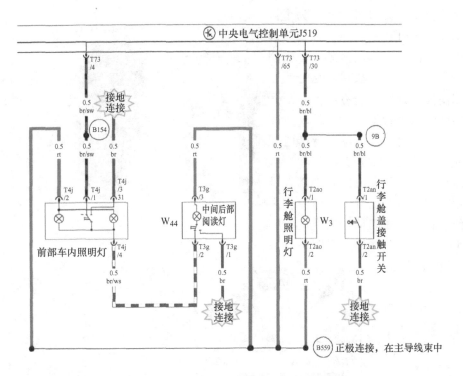

图 5-38 中央电气控制单元 J519 控制电路

而此车闭锁后照明灯闪烁且中央电气控制单元 J519 内部有继电器工作的声音,照明灯闪烁频率和继电器工作的声音基本一致,说明并没有完全切断正电输出,而是以间断的形式输出供电。为什么会产生此种现象呢?会不会是中央电气控制单元 J519 出现故障导致的此现象呢?思考至此,维修人员将故障范围锁定为以下几方面:①中央电气控制单元 J519 供电搭铁线路故障;②中央电气控制单元 J519 软件故障(软件配置、编码);③中央电气控制单元 J519 本身故障。

通过以上分析进行排查,首先检查了中央电气控制单元 J519 的供电/搭铁线路,检查结果供电正常,搭铁良好;接着对中央电气控制单元 J519 进行了软件配置、在线编码(排除软件故障),之后试验故障依旧;为了准确地判断故障,采用备件替换的方法,替换了一个新的中央电气控制单元试验,故障依然没有排除。

此时维修人员意识到可能是对电路图分析不准确,导致故障排查出现了偏差。于是重新查阅电路图进行分析,观察发现前部车内照明灯、中间后部阅读灯、行李舱照明灯均是由中央电气控制单元 J519 通过 T73/65 针脚输出正电。

观察至此,维修人员考虑到,闭锁后开启中间后部阅读灯、行李舱照明灯,是否也存在闪烁现象呢?接着试验确认,将前部照明灯、中间后部阅读灯开关调整到打开状态,打开行李舱盖,行李舱锁调到闭锁状态,行李舱盖接触开关处于未闭合状态(即行李舱盖关闭状态位置),遥控闭锁车门后观察前部照明灯、中间后部阅读灯、行李舱照明灯均存在闪烁现象。

从以上试验来看,出现闪烁的部件有前部照明灯、中间后部阅读灯、行李舱照明灯。通过电路图可以看出前部照明灯、行李舱照明灯,除共用供电线路以外,还分别有一条线路与中央电气控制单元 J519 相连接。为了排除是其中某一部件存在故障，尝试通过断开其中一个回路（即断开某一个照明灯）试验，观察故障现象有无变化。

根据由简到繁的检查方法，先断开行李舱照明灯的插接器试验，发现故障现象消失。如果是线路故障，行李舱照明灯不能点亮，行李舱灯可以正常点亮，可以排除线路问题；接着维修人员使用万用表测量行李舱灯的两个针脚之间的阻值，正向测量阻值较大，反向测量阻值为无穷大；测量结果表明该灯内部应有二极管与灯泡串联。

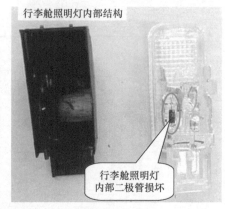

图 5-39　行李舱照明灯

于是拆开行李舱照明灯后部罩盖（图 5-39），发现内部有一个二极管。针对该二极管进行测量：正向测量阻值为 5.22MΩ，反向测量阻值为无穷大；与正常的行李舱照明灯进行对比（图 5-40），

正常备件：正向测量阻值为0.793MΩ

故障件：正向测量阻值为5.22MΩ

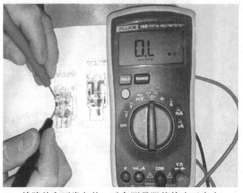

故障件和正常备件：反向测量阻值均为无穷大

图 5-40　行李舱照明灯测量

正常行李舱照明灯测量结果：正向测量阻值为 0.793MΩ，反向测量阻值为无穷大。

故障排除　将正常的行李舱照明灯安装到故障车上试验，故障现象消失，故障排除。

技巧点拨：车内照明灯是由中央电气控制单元 J519 提供电源的，开关调整到打开位置后，中央电气控制单元 J519 是通过 T73/65 针脚输出正电，前部照明灯内部接通 T4j/3 针脚的搭铁线路，此时前部照明灯长亮；闭锁后中央电气控制单元 J519 应切断 T73/65 针脚正电输出，照明灯熄灭。

第三节　通用车系

一、2016 款凯迪拉克 XTS 后遮阳帘不工作

故障现象　一辆 2016 款凯迪拉克 XTS，行驶里程 7900km，使用前部车顶控制按键和后座椅扶手处按键均不能控制升起后窗遮阳帘，检查无相关故障码，故障一直存在。

故障诊断 通过查阅维修手册，后窗电动遮阳帘控制系统由以下部件组成：后窗遮阳帘模块、后窗遮阳帘开关、后部音响控制模块、后窗遮阳帘电动机、车身控制模块（图5-41）。

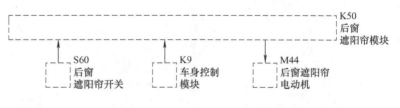

图5-41 后窗电动遮阳帘控制系统

后窗遮阳帘的操作：后窗遮阳帘由遮阳帘模块控制，模块必须接收一个来自遮阳帘开关的输入信号，仅快速运动可用。遮阳帘开关是瞬时型开关，操作者有两个可用位置：正常关闭位置、瞬时遮阳帘开启位置。

当系统通电时，遮阳帘有5种不同模式：待机模式、快速伸展、快速收缩、快速倒档、倒档超控。其中倒档超控为当遮阳帘上升或伸展时，变速器移至倒档，遮阳帘将自动收缩。当车辆置于倒档时，遮阳帘开关输入不能控制遮阳帘位置。

遮阳帘模块包括根据从遮阳帘开关和倒车灯信号电路接收的输入信号来控制伸展或收缩遮阳帘的逻辑电路。控制开关是瞬时型开关，位于车顶控制台和后座椅音响控制模块中。模块根据接收来自开关和倒车灯信号电路的输入控制后窗遮阳帘电动机。当变速器移至倒档时，车身控制模块向倒车灯和遮阳帘模块施加电压；当模块接收到该电压输入信号时将收缩当前伸展的遮阳帘，并将不执行任何遮阳帘开关输入信号。同时它将禁止快速伸展指令。

因为前后两个开关都不能进行控制，所以需要检查的部分如下：
1）后车窗遮阳帘模块的电源、接地电路。
2）开关信号输入电路。
3）后遮阳帘电动机控制电路。
4）车身控制模块的倒档电压信号（维修手册要求低于1V）。

经过检查：1、2、3项全部正常，如图5-42所示的第4项车身模块的X7-2号针脚输出（点火开关位于ON时为4.15V，点火开关位于OFF时为4.05V），正常车辆均应为0。是不是由于这个接近5V的电压造成模块进入倒档超控模式了呢？排除此5V电压故障需要首先了解倒车灯电路（图5-43）。

车身模块在收到变速器模块的倒档信号时，输出电源电压至倒车灯电路（X7-2号针脚）使倒车灯点亮。非倒档时撤销此电源电压。此电源为发动机舱熔丝盒的F32UA（15A熔丝）供电至BCM的X5-4号针脚，然后由BCM进行控制供给倒车灯电源。

进一步验证，拔下BCM X7插头测量模块端2号针脚电压为12V，此电压明显并不是电源电压（因为不能点亮倒车灯，只是被拉低至接近5V），可以判定这是通过模块内部保护电阻之后的电压。拔下上述F32UA熔丝后再次测量BCM X7-2号针脚电压为5.19V，说明BCM内部仍然有5V检测类的电压，但是与故障本身无关，我们不用去关注车身模块内部的结构。

正常车辆的BCM X7插头拔下后2号针脚电压也是12V。X7-2号针脚原理如图5-44所示，X7-2电压通过倒车灯灯丝接地后电压降为0，正常，目前为接近5V显然需要检查倒

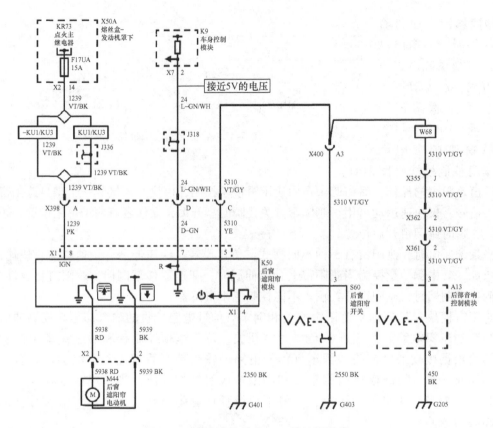

图 5-42 车身模块的 X7-2 号针脚异常

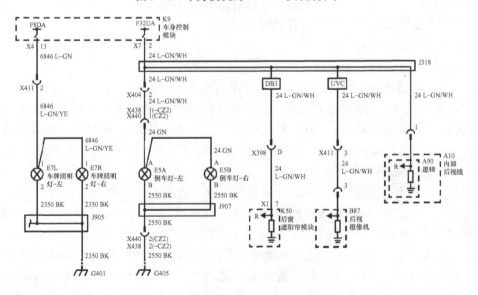

图 5-43 倒车灯电路

车灯是否存在问题。

故障排除 经过检查果然发现问题,车主在外更换了两个 80W 高亮度倒车灯泡,而原车倒车灯泡则分别为 16W。更换为原车倒车灯泡后故障解决,后遮阳帘工作正常。

技巧点拨：此故障表面是后遮阳帘故障，实际是由于倒车灯电路的阻值改变，引起后遮阳帘模块信号电压升高，进入倒档超控模式引起的不能工作。由于系统没有故障码，倒车灯也可以正常工作，如果不仔细分析相关控制原理很有可能会走弯路，造成错误诊断。维修故障时一定要先清楚控制原理和过程，才更容易找出"蛛丝马迹"。

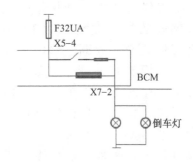

图 5-44　X7-2 号针脚原理图（非内部构造图）

二、2017 款昂科威新车前照灯不能关闭、故障灯全亮

故障现象　一辆 2017 款昂科威，是行驶里程才 76km 的全新车，自动前照灯停用功能失效，仪表上的所有指针都指向最低位，故障警告灯全部点亮，音响娱乐系统无法工作，信息中心提示公众维修信息。

故障诊断　维修人员接车后，连接故障诊断仪对全车进行故障扫描，结果显示了 31 个故障码，大部分的故障码都显示与组合仪表失去通信，进入组合仪表调取故障码，并查看和指针式仪表有关的数据流，发现仪表模块不能通信。查阅维修手册关于仪表的电路图（图 5-45），对仪表的供电和接地进行检测。

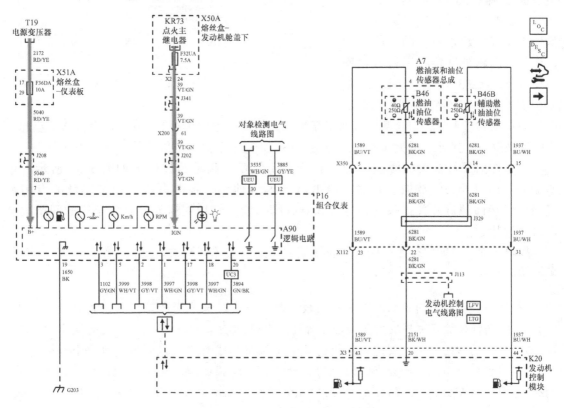

图 5-45　2017 款昂科威仪表电路图

经检查仪表的供电和接地都正常，将仪表的插头复位，用 DBDT 软件进行低速网络诊断，诊断结果如图 5-46、图 5-47 所示。该故障车低速 GM LAN 的工作电压在 3～4V 之间，属于正常，但是检测到的状态显示低速 GM LAN 网络中的控制模块没有仪表，而且还缺少很多控制模块，低速 GM LAN 的工作电压正常，说明低速网络线没有对正、负极短路和线间短路的情况。

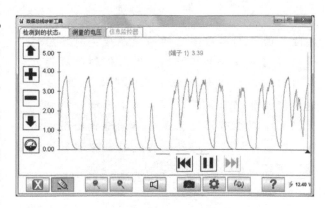

图 5-46　昂科威低速网络诊断结果

根据 DBDT 软件的检测结果，结合低速网络的电路图（图 5-48、图 5-49），对故障进行解析。经过对电路图的分析和查看，发现隔离低速 GM LAN 网络上的模块都没有进行通信，为了验证故障，从 X84 插头（诊断接口）的 1 号针脚跨接一根数据线到 JX203 集线器，此时仪表的指针功能恢复，故障警告灯全部熄灭，音响娱乐系统的功能也得以恢复。问题被锁定在串行数据网关模块和 JX203 插头之间。测量 K56X1 插头的 15 号针脚到 JX203 的

图 5-47　昂科威低速网络数据流

电阻为 0.02Ω，正常。与同型号试驾车互换网关模块（不用编程），故障现象转移，至此一个问题被解决。接下来解决前照灯的控制问题，先查看前照灯的电路图（图 5-50）。

在操作前照灯开关的时候将开关打到关闭位置，此时的数据流如图 5-51 所示。很明显，前照灯开关的数据没有输入给 BCM，断开前照灯控制开关，用带熔丝的专用跨接线，跨接前照灯开关插头的 5 号和 6 号针脚，前照灯功能恢复。至此车辆的问题被全部排查完毕。

故障排除　更换串行数据网关模块并编程，更换前照灯开关。更换后清除全车故障码，车辆功能恢复。

> **技巧点拨**：此车遇见的两个故障比较简单，仪表故障是由于网关模块内部故障造成的。K56 串行数据网关模块用于处理多个 GM LAN 总线之间的通信，并用作隔离安全网络与不安全网络的网关。创建该模块的目的是缓解总线负载，以支持网络安全和新的主动式增强型安全功能，例如有限能力的自动驾驶和增强的碰撞避免。K56 串行数据网关模块被用作所有功能信息的帧到帧网关。K56 串行数据网关模块用作主高速 GM LAN 总线、

网关扩展高速 GM LAN 总线、网关隔离高速 GM LAN 总线和底盘高速 GM LAN 总线之间的网关。K56 串行数据网关模块还用作主低速 GM LAN 总线和网关隔离低速 GM LAN 总线之间的网关。K56 串行数据网关模块和故障诊断仪之间的通信通过主高速 GM LAN 总线完成。前照灯故障是由于前照灯开关故障造成的，在检测时要通过数据流、电路图和车载网络诊断工具进行综合诊断分析。

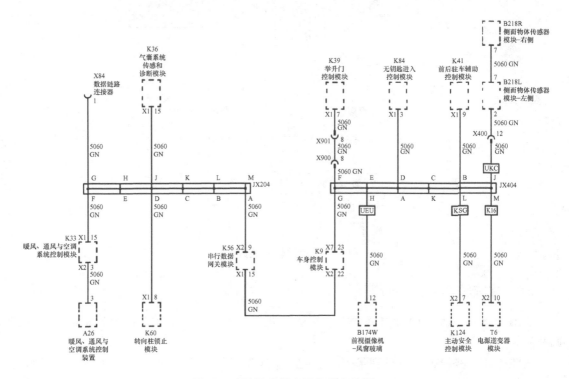

图 5-48　昂科威低速网络的电路图 1

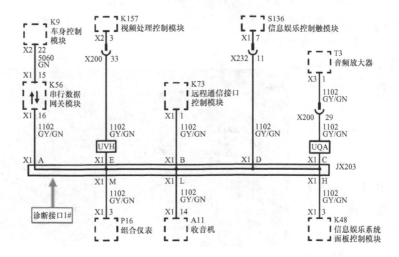

图 5-49　昂科威低速网络的电路图 2

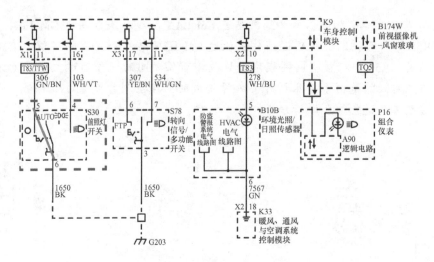

图 5-50 昂科威前照灯电路图

参数名称	数值
自动前照灯停用开关	不活动
近光继电指令	激活

图 5-51 前照灯开关数据流

三、君威轿车前照灯异常

故障现象 一辆 2010 年君威轿车，行驶里程 75301km。车主反映仪表显示前照灯水平调节故障。

故障诊断 经检查故障现象存在，车主反映属实，如图 5-52 所示。维修前车主反映车身右前部刚出过小事故，更换过右前照灯。维修人员根据车主描述做了常规性的检查，检查了前照灯外部及线束插头等，未发现任何异常，前照灯可以正常点亮。

维修人员接上故障诊断仪读取故障码，如图 5-53、图 5-54 所示。根据故障码和故障现象初步判断故障原因可能有以下几种：

1）线路系统存在故障。

2）前照灯控制模块存在故障。

3）前照灯、传感器、执行器故障。

自动前照灯高度调节系统由下列部件组成：左镇流器模块、右镇流器模块、左侧前照灯高度调节执行器、右侧前照灯高度调节执行器、前照灯控制模块、前照灯高

图 5-52 故障现象

图 5-53 故障码 1

图 5-54 故障码 2

度调节传感器（前）、前照灯高度调节传感器（后）。查阅电路图，如图 5-55 所示。

前照灯打开状态下，测量左、右前照灯插头处 7 号针脚，电压为 11.87V 和 11.66V。此测量结果说明 K26 前照灯模块与左右前照灯通信线路正常，未发现有断路或短路现象。证明主、从关系线路正常，并且已更换过前照灯总成，故障仍存在。如图 5-56 所示，测量 F19UA、F64UA、F18UA，电压均正常，G108、G109 接地良好。

故障排除 维修人员在测量电压的过程中发现在用万用表表笔测量 F18UA 电压时，前照灯光束上下晃动了一下，此时维修人员赶紧用手按在熔丝上，仪表故障现象消失了，诊断仪检测故障码为历史故障，并且可以清除故障码。拔除熔丝检查，熔丝盒内部插座明显大于其他熔丝插座，熔丝插头有松动现象。修复熔丝盒，如图 5-57 所示，故障排除。

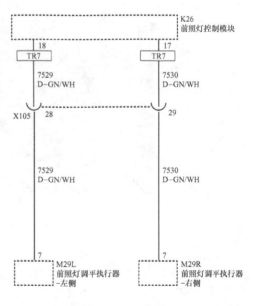

图 5-55 电路图 1

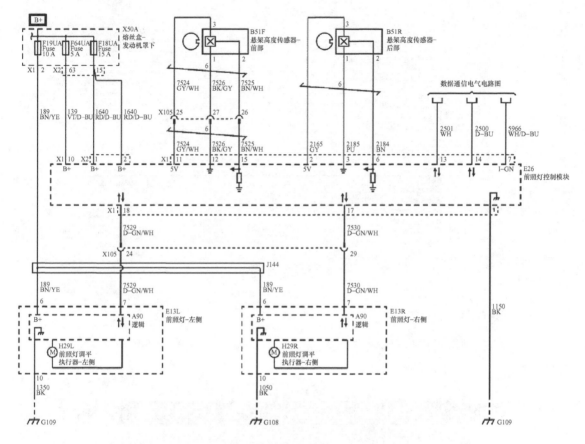

图 5-56 电路图 2

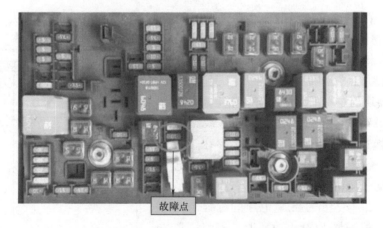

图 5-57 故障点

技巧点拨：①通信类故障诊断相对有点麻烦，需要平时的总结与积累；②根据故障现象结合 SBD 诊断流程，快速分离故障点；③维修诊断过程中注重比较隐蔽的故障点；④根据诊断结果确认熔丝盒内部插脚接触不良；⑤通信类故障的维修与排除需要掌握相关原理与维修方案，对线路的测量及模块的检测做到有的放矢。

四、凯迪拉克 ATS - L 右前照灯规律性不点亮

故障现象　一辆 2015 年凯迪拉克 ATS - L 轿车，行驶里程 15km，属于新车。PDI 检测发现起动车辆后右前照灯突然不点亮，而当维修人员做了关灯开灯操作后，前照灯又正常了。

故障诊断　这款车的前照灯是直接由 BCM（车身控制模块）单独控制，假如线路出现短路或电阻过大，那么 BCM 将会进行自保护（断电）。在做线路检查前先将比较容易判断的疑点进行排除，首先怀疑灯泡电阻是否过大，将左右前照灯灯泡对调，但故障依旧。

图 5-58　电源线与搭铁之间的电压

然后在前照灯不点亮时测量前照灯的电源线与搭铁，电压为 7.14V，如图 5-58 所示。看来这个数据有问题，7.14V 的电压是完全不能点亮前照灯灯泡的。既然测量结果是电源电压异常，那么需要判断究竟是线路问题还是模块本身故障。维修人员随后调取相关电路图进行分析，如图 5-59 所示，图中表示给左右前照灯供

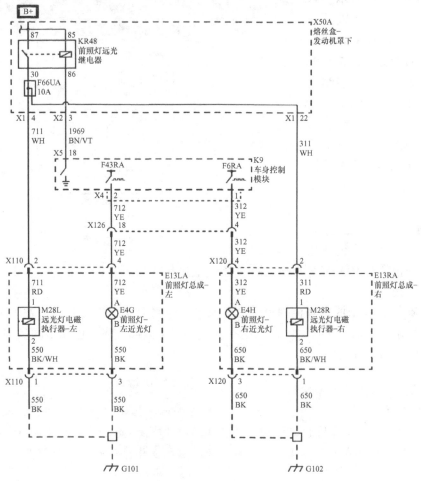

图 5-59　电路图

电的为 BCM（车身控制模块）X4 插接器的 1 号、2 号针脚，且都为黄色线束。通过人为互换 1 号和 2 号针脚，观察是否还出现右前照灯不亮的现象，可以直接判断该电源线路正常与否。互换结果是发现故障变化到左前照灯上了，由此可以判断线路正常。

故障排除 现在可以得出结论了，那就是车身控制模块（BCM）内部故障，更换后故障消失。

> **技巧点拨**：维修时的准确测量和数据采集非常重要，另外对电路图的分析也为检测部位指明了方向，这对维修人员决定维修方案有莫大的益处，不可忽视。

五、雪佛兰赛欧示廓灯不亮

故障现象 一辆雪佛兰赛欧轿车，行驶里程 1233km。该车示廓灯不亮，踩制动踏板时制动灯与示廓灯同时亮起。

故障诊断 用 RDS 诊断车辆相关的系统，发现有故障码储存，如图 5-60 所示。测试车身控制模块的灯光旋转开关数据正常。在 RDS 诊断无相关故障码的情况下，查看电路图发现示廓灯由车身控制模块直接控制并提供电源。

将灯光开关旋转到示廓灯，车身控制模块接收到信号后，车身模块给 X5 的 5 号针脚提供 12V 电源，位置灯亮起，电路如图 5-61 所示。针对故障车辆示廓灯无法亮起，根据电路图，从 X5 的 5 号针脚处直接将一根带有 10A 熔丝的导线跨接蓄电池正极，位置灯恢复正常。这证明了车身控制模块以下的线路正常。

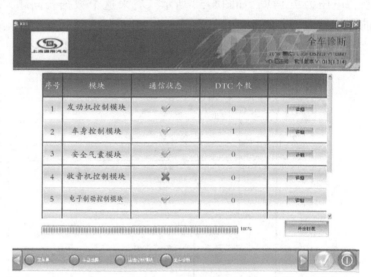

图 5-60 故障码

故障排除 根据 RDS 车身控制模块参数测量，控制示廓灯旋转开关，在 RDS 系统中车身控制模块显示开关信号正常，因此判断车身控制模块内部故障。更换了同类型车身控制模块（图 5-62）后故障排除。

> **技巧点拨**：在查找车身控制模块损坏的原因时，拆解了左尾灯总成，经观察发现示廓灯灯丝与制动灯灯丝短路（图 5-63），从而造成车身控制模块长时间在短路条件下工作，最终导致车身控制模块损坏。维修电路短路故障时，要分清故障造成了哪些部件工作不正常，然后可以依次断开相关的部件，查看数据变化，从而找到故障源。

第五章 汽车照明信号系统实用维修技能与技巧

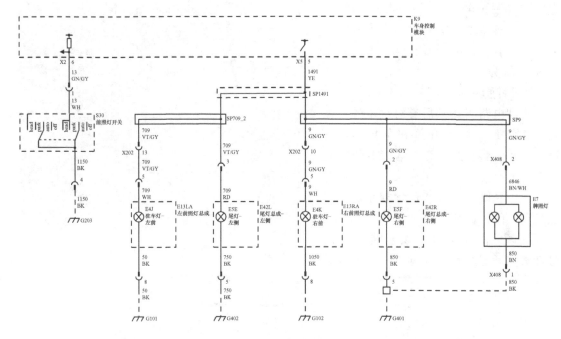

图 5-61 灯光电路

图 5-62 车身控制模块

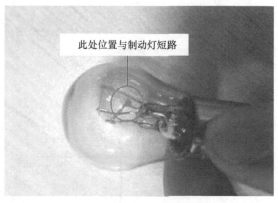

图 5-63 灯丝短路

第四节 斯巴鲁车系

一、斯巴鲁森林人后雾灯故障

故障现象 一辆 2016 年斯巴鲁森林人，配置 2.0 升自吸发动机和 CVT 变速器，行驶里程 8430km。客户报修车辆在打开点火开关后，后雾灯会发出微弱光亮，如图 5-64 所示。

故障诊断 维修人员首先确认故障现象，点火钥匙打开后，没有开启后雾灯，但后雾灯却一直微亮。维修人员初步判断可能是后雾灯线路故障、后雾灯继电器故障、开关故障或车身模块故障。打开后雾灯开关，后雾灯能正常亮起，且无异常，关闭后微亮。先查阅后雾灯

177

电路图（图 5-65），分析后再做检测。

万用表测量后雾灯处 6 号针脚和 4 号针脚，有 10.54V 的低电压，6 号针脚对地电压为 10.54V，不正常，存在短路；4 号针脚对地电阻为 0.3Ω，正常。

查阅电路图找到后雾灯继电器，发现后雾灯是由灯光开关和车身模块控制，F/B1 熔丝是直接供电，中间经过 B99 插接器及 R79 拖车插头，再到后雾灯。考虑到既然开关能正常控制后雾灯点亮和关闭，那就说明供电和控制线路没有问题，故障疑点应该是继电器 28 号针脚到后雾灯 6 号针脚这一段的线路

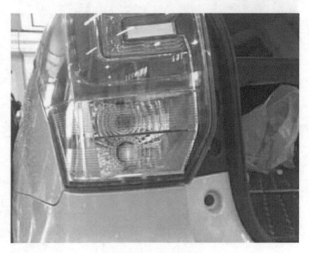

图 5-64　故障现象

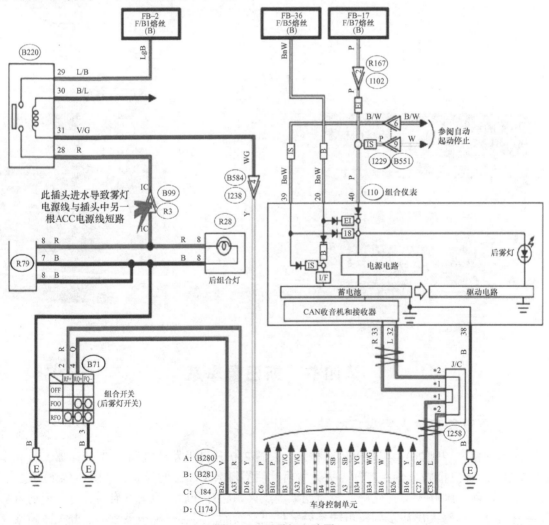

图 5-65　后雾灯电路图

之间存在和其他电路的短路。

为了证实这个猜想，维修人员关闭钥匙取下后雾灯继电器，果然发现后雾灯依然微亮。接着测量继电器 28 号针脚对地电压为 8.73V，不正常；正常情况下取下继电器，此处电压应该为 0。

故障排除　再检查拖车插头 R79 处 6 号针脚，也存在 10V 左右的低电压。显然疑点集中在 B99 插接器了，把 B99 插接器断开查看插头，发现里面居然全是水，如图 5-66 所示。至此，故障原因总算找到了，清理干净水迹后插上插接器，故障排除。随后的检查也没发现此车有漏水现象，经询问车主，水可能是不久前给车辆贴膜的时候不小心流进去的。

图 5-66　插头里面都是水

> **技巧点拨**：通过这次故障排除，我们总结出在维修此类故障时整理思路很重要。如果能在维修时结合电路图分析，有针对性地去测试相关的数据，解决故障还是很轻松的。

二、斯巴鲁傲虎远光灯长亮

故障现象　一辆 2010 年斯巴鲁傲虎，配置 2.5 升发动机和 CVT 变速器，行驶里程 156000km。客户报修车上的远光灯长亮。

故障诊断　进店后维修人员常规检查，确认故障存在，如图 5-67 所示。从故障现象分析，造成远光灯长亮的原因大致有：①开关故障；②继电器故障；③车身模块故障；④线路存在短路。

已经确认故障是在前照灯开关 OFF 状态下，远光灯长亮。维修人员查阅该车的灯光电路图进行初步分析和检测，如图 5-68 所示。先从远光灯继电器查起，该继电器 2 号针脚有长负极控制信号过来，说明继电器本身没有问题，故障应该在开关和车身模块之间。检查车身模块 A27 号针脚，有控制信号；于

图 5-67　故障现象

是怀疑开关是否存在短路现象，试着断开前照灯开关进行判断，发现断开前照灯开关插头时远光灯居然不亮了。

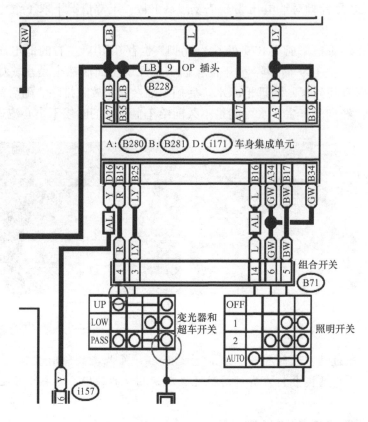

图 5-68　傲虎灯光电路图

故障排除　现在可以基本确认故障原因是前照灯开关损坏。为了查明故障开关的具体部位，维修人员对前照灯开关 4 号针脚和 7 号针脚进行测量，发现已处于短路状态。故障原因明确，更换前照灯开关总成后故障排除。

> **技巧点拨**：一个简单的电路故障，如果用替换部件的方法进行快速排除也是可以的。但并不提倡这种操作，尽管大致有了对故障的判断，还是需要进行电路分析和数据测量，取得可靠的依据，才能找到问题的根源。

第五节　丰田车系

一、丰田卡罗拉 1.2T 车型车内照明灯不亮

故障现象　一辆 2016 年一汽丰田卡罗拉轿车，搭载 9NR-FE 发动机，行驶里程 8000km，因车内照明灯不亮而进厂检修。

故障诊断　接车后首先验证故障现象，关闭 4 个车门，接通点火开关，起动发动机，发

动机顺利起动。接通车内照明灯总开关（图 5-69），车内照明灯均不亮；断开车内照明灯总开关，依次接通左侧、右侧车内照明灯开关，左侧、右侧车内照明灯均不亮；接通车内照明灯门控开关，打开驾驶人侧车门，车内照明灯仍不亮。询问客户得知，故障是前几天突然出现的，之后车内照明灯一直就没有亮过。根据上述检查，分析认为造成故障的可能原因有车内照明灯泡损坏、车内照明灯总成故障及相关线路故障。

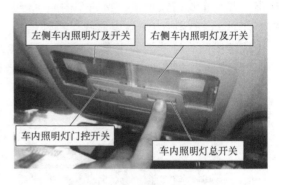

图 5-69　车内照明灯总开关

本着由简到繁的诊断思路，首先拆下车内照明灯总成上的左侧、右侧灯泡，检查确认灯泡正常。查阅车内照明灯控制电路（图 5-70），检查 DOME 熔丝（7.5A），未熔断。鉴于 DOME CUT 继电器安装在仪表板的内部，拆卸比较麻烦，维修人员决定拆卸车内照明灯总成，检查车内照明灯总成的供电和搭铁。拆下车内照明灯总成，接通点火开关，用万用表测量车内照明灯总成导线插接器 04 端子 6 与搭铁之间的电压，实际测得的电压为 0V，不正常（正常应为 12V）；测得端子 7（搭铁端子）与搭铁导通良好，这说明问题出在车内照明灯总成供电线路上。

由于车内照明灯总成供电线路大部分位于仪表板的内侧，拆卸仪表板，找到 DOME CUT 继电器（图 5-71）；取下 DOME CUT 继电器，测量 DOME CUT 继电器座端子 2 和端子 5 的电压，均为蓄电池的电压，正常。装复 DOME CUT 继电器，接通点火开关，DOME CUT 继电器没有吸合的声音，尝试更换 DOME CUT 继电器，仍然没有吸合的声音，排除 DOME

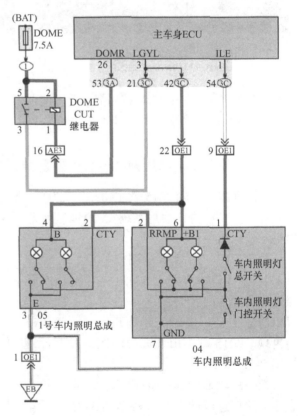

图 5-70　车内照明灯控制电路

CUT 继电器损坏的可能。再次取下 DOME CUT 继电器，用一段跨接线将 DOME CUT 继电器插座端子 5 和端子 3 短接，接通车内照明灯总开关，这时车内照明灯均正常点亮，说明 DOME CUT 继电器的控制电路出了问题。维修人员决定重点检查 DOME CUT 继电器与主车身 ECU 之间的线路是否存在断路故障。取下 DOME CUT 继电器，断开主车身 ECU 导线插接器 3A，测量 DOME CUT 继电器插座端子 1 与主车身 ECU 导线插接器 3A 端子 53 之间的电阻，小于 1Ω，正常。重新安装 DOME CUT 继电器，将主车身 ECU 导线插接器 3A 端子 53

挑出，并与车身搭铁短接，接通车内照明灯开关，车内照明灯点亮。诊断至此，说明主车身 ECU 不能给 DOME CUT 继电器提供搭铁信号，确定故障点为主车身 ECU。

故障排除　订购新的主车身 ECU（图 5-72），到货后更换上新的主车身 ECU，接通车内照明灯总开关，车内照明灯点亮。至此，故障彻底排除。

图 5-71　DOME CUT 继电器

图 5-72　主车身 ECU

技巧点拨：车身 ECU 控制取代了原来熔丝盒的控制功能，使得故障率降低、安全性提高，但在出现故障时，往往要更换车身 ECU，费用相对较高。

二、2015 款丰田皇冠 2.0T 车型前照灯故障

故障现象　一辆 2015 款丰田皇冠 2.0T 车型，车主反映，每次接通前照灯开关时，组合仪表提示"请检查前照灯系统"，但远、近光灯点亮正常；断开前照灯开关后，组合仪表上的提示信息消失。

故障诊断　用故障检测仪检测，在主车身 ECU 中读得故障码"B2431—右侧 LED 前照灯电路故障"；尝试清除故障码，故障码可以清除，但一接通前照灯开关，故障码就会再现。2015 款丰田皇冠的前照灯控制原理如图 5-73 所示。

根据故障码 B2431 的提示，决定先检查右侧前照灯总成的电路。根据图 5-74 所示电路图，依次检测右侧前照灯总成上的线路，发现右侧前照灯总成导线插接器 A35 端子 7 对搭铁短路，该端子为右侧前照灯总成与主车身

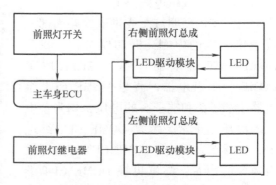
图 5-73　2015 款丰田皇冠前照灯控制原理

ECU 间的通信端子。脱开主车身 ECU 导线插接器 N4，导线插接器 A35 端子 7 依然对搭铁短路，说明右侧前照灯总成导线插接器 A35 端子 7 与主车身 ECU 导线插接器 N4 端子 3 间的线路对搭铁短路；断开中间导线插接器 NA5，导线插接器 A35 端子 7 对搭铁短路现象消失；仔细检查中间导线插接器 NA5，发现其端子 6 严重弯曲（图 5-75）。推断中间导线插接器 NA5 曾被拆装过，而由于维修人员操作不规范，中间导线插接器 NA5 端子 6 在安装时被挤

压弯曲,且与相邻的搭铁端子17短路。

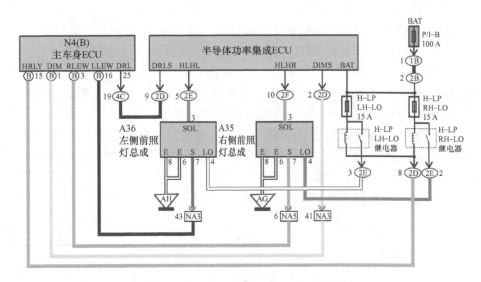

图5-74　2015款丰田皇冠前照灯控制电路

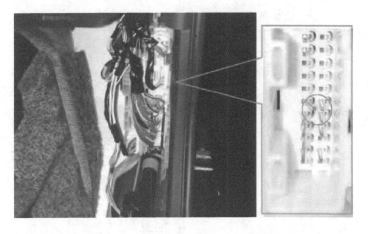

图5-75　中间导线插接器NA5端子6弯曲

故障排除　修复中间导线插接器NA5端子6后装复试车,接通前照灯开关,组合仪表提示信息消失,故障排除。

技巧点拨:2015款皇冠轿车采用LED前照灯系统,LED驱动模块分别安装在左、右前照灯总成内,前照灯开关信号传至主车身ECU,主车身ECU控制前照灯继电器工作给LED驱动模块供电,LED驱动模块点亮LED。

三、丰田凯美瑞轿车前照灯异常自动点亮

故障现象　一辆2008年的广汽丰田凯美瑞轿车,行驶里程18.6万km。车主反映,该车最近经常出现停放一夜后用遥控器遥控车辆无反应的现象,且车辆无法正常起动,有时短

时间停放车辆后发现前照灯自动点亮且无法关闭。

故障诊断 接车后,首先进行故障验证,未能发现前照灯自动点亮的现象。用故障检测仪检测,无故障码存储;根据车主描述的故障现象,分析认为是前照灯电路异常造成前照灯自动点亮放电,根据电路图(图5-76)分析,造成上述故障的可能原因有主体ECU损坏、前照灯变光器开关总成损坏、灯光控制电路继电器损坏、E43B及E43C插接器故障或前照灯清洗器控制继电器损坏等。采用替换法,首先更换主体ECU和灯光控制继电器后,将车辆停放在车库等待故障再现。第一天,车辆无异常情况发生;第二天,车辆出现无法起动的现象,蓄电池亏电,将蓄电池跨接后起动车辆,这时前照灯自动点亮,但前照灯很快便熄灭。由此可见车辆故障依旧存在,前照灯确实会在夜间自动点亮,导致蓄电池放电。再次更换E43B、E43C插接器和前照灯变光器开关总成后试车,该车前照灯突然在白天自行亮起,且操作前照灯开关、点火开关都不能关闭前照灯,而起动车辆后,前照灯却自行熄灭。

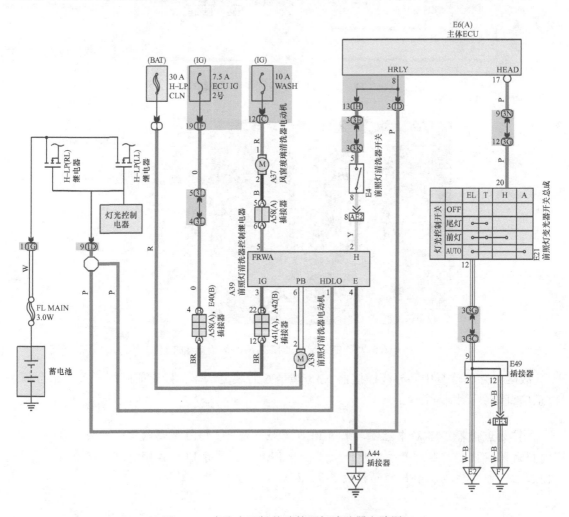

图5-76 广汽丰田凯美瑞前照灯清洗器电路图

仔细观察前照灯亮起后的情况发现,该车前照灯仅仅是近光灯单独点亮,示宽灯、尾灯都未工作,由此可见故障应该是近光灯控制电路出现异常,与前照灯变光器开关总成无关。

再次分析电路图，前照灯变光器开关总成将搭铁信号送到主体 ECU，主体 ECU 再将信号送到灯光控制电路的继电器和前照灯清洗器控制继电器，有可能是灯光控制电路继电器的控制线路出现搭铁故障。测量 HRLY 灯光控制线路的导通性，良好；测量其对搭铁之间的电阻，为∞。既然灯光控制线路都是正常的，那就说明前照灯清洗器控制继电器异常。

故障排除 更换前照灯清洗器继电器，经过一段时间的观察，车辆未再出现前照灯自动点亮现象，蓄电池也不再亏电，确认故障彻底排除。

> **技巧点拨：** 由于前照灯清洗器继电器的端子 HDLO 和端子 E 在内部出现间歇性短路，造成主体 ECU 的 HRLY 灯光控制线间歇性搭铁，导致灯光控制电路的继电器工作，前照灯便会异常点亮。

四、雷克萨斯 GX460 发动机熄火后灯光长亮

故障现象 一辆 2012 年雷克萨斯 GX460，配置 1UR – FE 发动机，行驶里程 12 万 km。车主到店后反映车辆经常出现亏电的现象，后来发现将车辆熄火后，车辆的近光灯就会一直点亮，无法熄灭，只有将蓄电池断电才可以恢复正常。另外在故障出现时，只要起动车辆，故障现象就会消失。

故障诊断 首先将车辆起动，打开灯光开关的任何一个档位，包括示廓灯、近光、远光、自动和闪光，都可以正常打开，也可以正常关闭，无任何故障现象，仪表显示也没有任何问题。将车辆熄火后，发现近光灯自动点亮，但是远光灯和示廓灯并没有点亮。查看灯光开关始终保持在 OFF 状态，尝试操作灯光开关，发现调整到远光或者闪光的时候，远光灯也一直点亮了，仪表中显示远光灯标志，但是无论怎么调整都无法关闭灯光，如图 5-77 所示。

将电源模式切换至 ACC 状态，故障依旧。与在电源模式处于 OFF 档位下的情况一样，将电源模式切换至 IG 状态后，故障立刻消失，灯光开关也可以正常操作。故障可能来自车身 ECU、灯光开关、灯光继电器或线路故障。

首先将电源模式切换至 IG 状态，使用诊断仪连接到车辆，进入主车身系统，无任何故障码存在。由于灯光开关不受电源模式的控制，哪怕在熄火的状态依旧可以通过灯光开关控制灯光的打开和关闭，而灯光会自动点亮，怀疑有可能是在熄火之后主车身 ECU 接收到了异常的灯光开关信号，才导致灯光异常点亮。另外还有可能就是车身 ECU 本身存在故障，或者是其输出控制线路存在故障。主要是从这三点考虑，于是准备先检查其灯光开关的数据流，看是否存在异常。将电源模式切换至 IG 状态，把灯光开关调整至关闭档位，查看其数据流，如图 5-78 所示。

Dimmer SW（远光灯光信号）为 OFF，Passing Light SW（闪光灯光信号）为 OFF，Auto Light SW（自动灯光开关）为 OFF，Head Light SW（Head）（近光灯光信号）和 Head Light SW（Tail）（示廓灯灯光信号）为 OFF。尝试调整灯光开关到任何位置，其数据流的反馈信号都可以正常变化，看不出任何异常。将电源模式切换至 OFF 状态，此时近光灯亮起，再次查看数据流，也无任何变化，看不出异常。从这点可以判断出，灯光开关信号不存在任何问题。如果有问题的话，其数据流上肯定会有异常的显示。那只可能是 ECU 或者是其灯光输出线路存在故障。

图 5-77　仪表显示　　　　　　　　　　　图 5-78　数据流

查看灯光控制电路，如图 5-79 所示。在没有打开灯光的情况下，其控制近光灯的端子 HRLY 和远光灯的端子 DIM 都为 12V 电压，当主车身 ECU 接收到灯光信号后，例如将近光灯打开，其 HRLY 端子的电压低于 1V（其实就是主车身 ECU 控制内部晶体管，让其端子搭铁，形成回路，从而接通继电器工作），远光灯的控制和近光灯是一样的。了解其工作原理之后，决定用万用表去测量，将电源模式调节至 IG 状态下，用万用表测量其主车身 ECU 的插头 G47 的 15 号端子 HRLY 与搭铁的电压，发现有 12V 电压，将近光灯打开后，其输出电压为 0.1V。将电源模式切换至 OFF 状态，此时近光灯异常点亮，测量其插头 HRLY 的电压，发现了异常的电压，如图 5-80 所示。

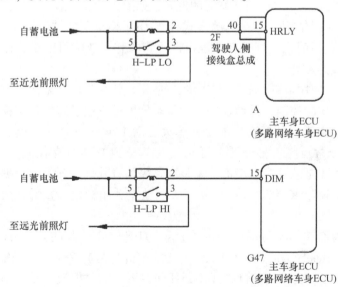

图 5-79　灯光控制电路 1　　　　　　　　图 5-80　电压测量

此时近光灯就一直点亮，那为什么会输出 4.89V 电压呢？是主车身 ECU 的问题还是其输出控制端子的控制线路本身存在问题呢？用工具将该端子挑出来，然后再次将电源模式切换至 OFF 状态，发现将车辆熄火后，近光灯没有点亮，但是远光灯一直长亮了，一时陷入僵局。

为了判断是否为输出控制线路存在问题，决定将控制近光灯和远光灯的控制端子都分别挑出来，在熄火状态下，测量其端子 HRLY 和 DIM 与搭铁是否导通。结果都没有导通的情况，与搭铁的电阻也是无穷大，说明其控制灯光的控制线路不存在任何问题。另外如果真的存在与搭铁短路的情况，那么在任何电源模式下，灯都会一直点亮。排除了控制输出线路的故障，那只有可能是主车身 ECU 内部存在故障。

由于没有同款车辆可供对调零件，对于主车身 ECU 是否损坏，还是不能完全肯定。另外一个问题，为什么把 HRLY 端子挑出来之后，在熄火后远光灯会长亮呢？是不是近光灯和远光灯之间有什么关联？忽然想到一点，就是在车辆熄火之后，近光灯会自动点亮，但是如果操作灯光开关到远光灯或者闪光的档位上，此时远光灯也就会跟着一直点亮，和近光灯一样不会熄灭。这两者之间是不是存在关联呢？这两者之间肯定是有关系的，考虑到要同时满足近光灯和远光灯点亮，必须将灯光开关调节至远光灯或者是闪光的位置上才会同时点亮，难道还是灯光开关信号出现问题？

查看电路图，如图 5-81 所示，首先要了解其灯光开关信号的控制原理和相对应的数据流。正常在灯光开关关闭的情况下，其控制的示廓灯信号端子 TAIL、近光灯信号端子 HEAD、远光灯信号端子 HU 和闪光信号端子 HF 的电压都为 12V，但是如果将灯光开关调整至相对应的档位时，其相对应的端子电压会低于 1V（意味着该端子搭铁）。例如打开示廓灯后，其 TAIL 端子会搭铁。另外观察电路图得知，示廓灯信号是单独的档位，但是近光灯打开后，示廓灯信号和近光灯信号会同时打开，远光灯信号是单独的档位，闪光信号打开的时候其远光灯信号和近光灯信号也会同时打开。

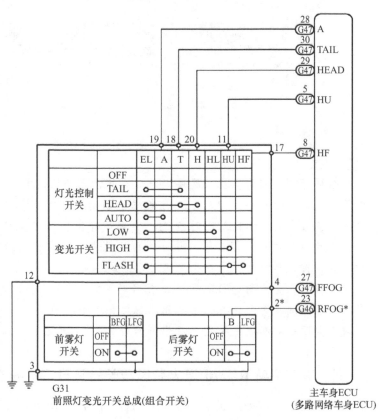

图 5-81 灯光控制电路 2

故障排除 接着再次将电源模式切换至 OFF 状态，近光灯再次点亮，然后操作远光灯信号或者闪光信号，其近光灯和远光灯都同时点亮了，这时候再次观察数据流，发现了异常，如图 5-82 所示。发现 Passing Light SW（闪光信号）为 ON，另外，由于闪光信号和远光灯信号是联动的，操作灯光开关正常闪光的时候，其数据流的远光灯信号 Dimmer SW 也应该为 ON，但是数据流上依旧显示 OFF 状态，说明肯定不是灯光开关给的信号。尝试将灯光开关的插头拔下，数据依旧显示远光灯状态为 OFF，闪光状态为 ON，说明线路本身存在问题，说明主车身 ECU 接收到了闪光信号 HF 的低电压信号（实际测量为 0.1V），而正常情况该端子应该在没有打开灯光的情况下为 12V 电压，说明线路存在问题。将主车身 ECU 的远光灯信号端子 HF 拔出来，再次将车辆熄火后，发现故障消失，只不过车辆没有了闪光的功能，但是其他功能都可以正常使用。说明就是车身 ECU 接收到了异常的闪光信号，才导致故障的出现。查看其电路图，发现灯光开关到主车身 ECU 中间有个接线盒，怀疑就是接线盒内部存在短路的情况，导致故障的出现，更换后故障顺利排除。

FR Door Courtesy SW	OFF
FL Door Lock Pos	UNLOCK
FL Door Courtesy SW	OFF
Hood Courtesy SW	ON
RR-Door Lock Pos SW	ON
RL-Door Lock Pos SW	ON
Dimmer SW	OFF
Passing Light SW	ON
Rear Fog Light SW	OFF
Front Fog Light SW	OFF
Auto Light SW	OFF
Head Light SW (Head)	OFF
Head Light SW (Tail)	OFF
Illumination Rate Info	16.13 ms
Mirror Selection SW (R)	OFF
Mirror Selection SW (L)	OFF
Mirror Position SW (R)	OFF

图 5-82　故障数据

技巧点拨：首先车主只反映近光灯有异常点亮的情况，但是在确认故障现象的时候，发现远光灯也会长亮，但是并没有考虑它们两者之间有没有关联，从而走了弯路；第二个方面，近光灯和远光灯同时点亮，要满足其条件，其实只有一个可能性，就是闪光信号，因为示廓灯并没有点亮，当时忽略了这点。因为开启远光灯时，虽然近光灯也会同时点亮，但是示廓灯并未点亮，另外要点亮远光灯，并不是说主车身 ECU 接收到了远光灯信号就会点亮，例如 Dimmer SW 信号为 ON，远光灯和近光灯就会点亮了吗？其实并不是，还需要满足灯光开关已经打开示廓灯和近光的前提下，再打开远光灯信号才会点亮，因此需要示廓灯和近光的反馈信号都为 ON，再打开远光灯信号才行。

五、雷克萨斯 RX270 熄火后风扇长转且日行灯异常点亮

故障现象　一辆雷克萨斯 RX270，行驶里程：110000km。车主进行了车辆保养后，开车回家将车辆熄火，发现无法使用钥匙进行上锁操作且车辆的日行灯一直点亮，散热风扇也一直高速运转，无法停止。尝试起动车辆，可以正常起动且仪表无任何故障灯点亮。再次将车辆熄火，发现故障依旧。

故障诊断　车辆到店后，可以正常起动，仪表无任何异常显示，但是只要将车辆熄火，等待 1s 左右，散热风扇就开始持续高速运转。该车曾在本店进行换机油保养，并做了发动机舱镀膜处理。初步怀疑故障可能是由于进水导致，因为做发动机舱镀膜之前，需要使用高压水枪清洗发动机舱。打开发动机舱，看不出任何异常，其表面已经用气枪全部吹干，一时

没有任何头绪，尝试使用诊断仪进入全车检查，发现无任何故障码。初步断定故障是进水导致的。

考虑到没有故障码，决定先确认故障现象，发现存在以下几点异常：①熄火之后，散热风扇高速运转；②日行灯异常点亮；③无法使用钥匙上锁和解锁车门；④左前门控制开关上的后视镜控制开关的 LED 灯可以点亮和熄灭。

发现了这么多异常点，可以肯定的是这些异常点肯定存在相关联的地方，决定先从散热风扇开始查起。查询电路图，如图 5-83、图 5-84 所示。

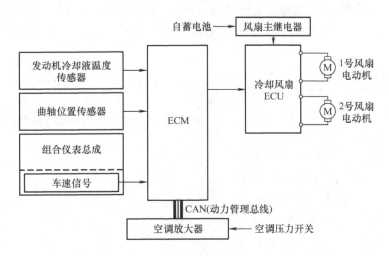

图 5-83 风扇控制原理图

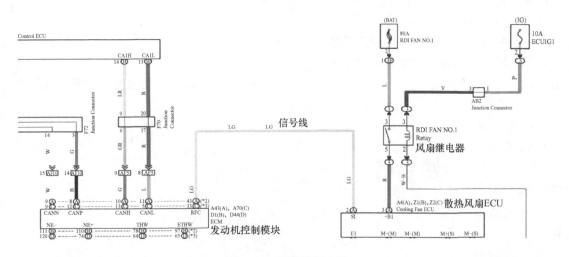

图 5-84 风扇控制电路

散热风扇是通过风扇 ECU 来控制的，发动机控制模块根据其接收的信号来判断是否需要风扇工作，然后通过占空比的信号给风扇 ECU，从而来控制散热风扇的转速。那么散热风扇为什么会在车辆熄火之后持续高速运转呢？

首先了解散热风扇的工作原理。风扇 ECU 接收 ECM 指令（RFC 信号）来控制风扇转速，以占空比形式控制。当电源为风扇 ECU 供电时，风扇 ECU 输出 12.5V 的电压到 ECM

(RFC)；ECM 根据冷却需求，内部控制 RFC 接地，接地时间长短构成占空比信号。

当 ECM 控制 RFC 不接地时，RFC 电压为 12.5V，此时占空比为 100%，风扇高速运转；RCF 完全接地时，RFC 电压为 0，占空比为 0，风扇不运转。

当电源开关为 IG ON 时，ECM 工作，可以正常控制 RFC 接地占空比，风扇转速正常控制；当电源开关为 IG OFF 时，ECM 停止工作，RFC 信号与地之间断路，这时 RFC 占空比是 100%。正常情况下，电源模式处于 IG 状态下，风扇 ECU 会正常供电工作，但是因为 ECM 工作，占空比信号会接地控制，所以风扇不会运转；在处于熄火状态下，ECM 不会工作，占空比信号不能接地，此时占空比就是 100%，但是由于风扇 ECU 没有电源输入，散热风扇也不会运转；除非在熄火状态下，风扇 ECU 存在异常供电，那风扇就会在熄火状态下高速运转。

于是重点检查风扇 ECU 的供电，发现在车辆熄火之后，风扇 ECU 的插头 A4 的 3 号端子（冷却风扇 ECU 的供电端子）存在异常的 12V 电压，正常情况下电压应该为 0，只有在将电源模式切换至 IG 状态的时候才会有 12V 的电压。从这点可以判断出存在异常的供电电压，导致散热风扇高速运转。将控制风扇的供电熔丝 10A ECU－IG1 拔下，发现风扇停止，插上去之后故障再次出现，在熄火状态下，测量该熔丝到搭铁的电压，存在异常的 12V 电压。还有一个问题是，虽然拔掉熔丝后散热风扇不运转了，但是遥控钥匙的问题依旧存在，于是使用诊断仪进入主车身 ECU，查看如图 5-85 所示关于钥匙无线上锁的数据流，发现了异常。

参数	值	单位
ACC SW	OFF	
IG SW	ON	
Parking Brake SW	OFF	
Right LaneChgFlas Turn Signal Switch	OFF	
Left LaneChgFlas Turn Signal Switch	OFF	
R or L TurnFlas Turn Signal Switch (Auto Off)	OFF	
RR Door Courtesy SW	OFF	
RL Door Courtesy SW	OFF	
Back Door Courtesy SW	OFF	
Back Door Open	Permit	
Back Door Open SW	OFF	
Hazard Switch	OFF	
Door Lock SW-Lock	OFF	
Door Lock SW-Unlock	OFF	
Door Key SW-Lock	OFF	

图 5-85　数据流

在电源模式处于 OFF 状态下，其数据 IG SW 显示的状态为 ON，说明主车身 ECU 一直认为电源模式还在 IG 状态，从而导致钥匙遥控失效。查看如图 5-86 所示电路图，因为数据流上显示主车身 ECU 的供电一直处于 IG，说明其主车身 ECU 的 IG 供电熔丝

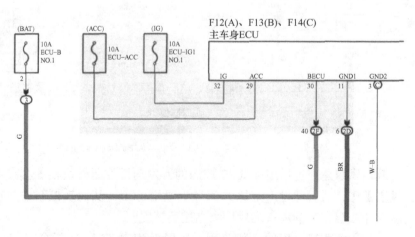

图 5-86　主车身 ECU 电路图

10A ECU-IG1 NO.1 很可能存在异常的电压。经过测量,发现在电源模式处于 OFF 状态下确实存在异常的 12V 电压输出,导致主车身 ECU 的供电状态一直为 IG 状态,从而引起车门钥匙无法正常工作以及左前控制面板上的 LED 指示灯异常点亮的故障现象。将该熔丝拔掉后,无法遥控,同时左前门控制开关上的 LED 灯的故障表现都消失了。

接着观察如图 5-87 所示电路分配图,发现这两个异常电压的熔丝的供电,需要内置 IG1 继电器和外置 IG1 继电器工作,于是先通过诊断仪查看 IG1 继电器的状态(图 5-88)。发现在电源模式切换至 OFF 状态的时候,其数据流 IG1 Relay Monitor Outside（IG1 外置继电器监视状态）为 ON,处于异常状态,正常情况应该为 OFF 状态。另外,IG1 Circuit（IG1 继电器激活电路状态）为 NG,正常情况应该为 OK 的状态。通过数据流可以很清楚地了解到,其 IG1 外置继电器处于异常的工作状态。难道是继电器的问题?对调了继电器,发现故障依旧。另外,把继电器插入的时候,还是能听到继电器工作的响声,说明继电器内部的线圈正常工作。

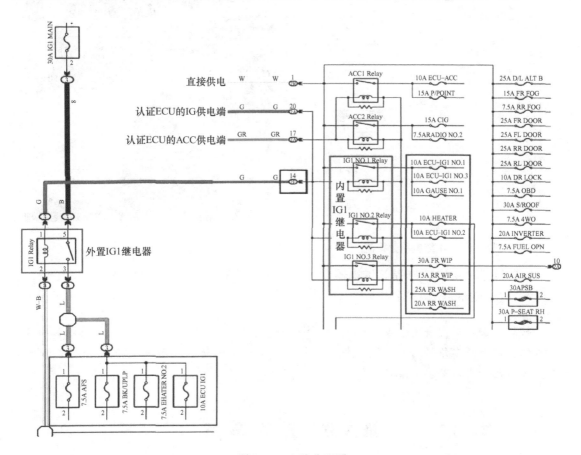

图 5-87　电路分配图

既然继电器不存在问题,那很有可能就是继电器的控制端存在问题。将外置 IG1 继电器拔下后,用万用表分别测量继电器的 1 号针脚到搭铁的电压,为 12V,异常；5 号针脚是直接供电也为 12V 电压,正常；端子 2 号和 3 号电压都为 0。重新分析才知道,由于外置 IG1 继电器的 1 号针脚存在异常电压,致使继电器插入会工作,导致外置 IG1 继电器和内置 IG1 继电器同时工作,也就是图 5-87 上标出的浅色方框部位的熔丝都会存在异常供电的表现。

接着重点检查外置 IG1 继电器的 1 号端子存在异常电压的原因。

可能的原因包括：①主车身 ECU 内部不良；②认证 ECU 到外置 IG1 继电器的线路问题；③认证 ECU 内部不良；④其他线路与电源短路。

故障排除 为了快速判断故障点，找到主车身 ECU 的插头 2F 的 14 号端子，也就是图 5-87 中深色方框处。断开之后，再次使用万用表测量外置 IG1 继电器的 1 号端子与搭铁的电压，发现依旧存在 12V，但是可以排除是主车身 ECU 和认证 ECU 的问题，只有可能是连接线路与电源电路的问题。但是车内线路并没有动过，故障点最大的可能性还是在发动机机舱内。难道是继电器内部短路？于是使用万用表测量继电器的 1 号端子与 5 号端子，如图 5-89 所示，居然呈现导通的现象，说明继电器盒内部存在问题。

图 5-88　IG1 继电路数据流　　　　图 5-89　万用表测量

找到了短路的原因，于是将继电器盒分解，发现内部确实存在进水的情况，用气枪全部吹干后，重新装好，故障彻底排除。

> **技巧点拨**：车内有关于电的部件最严重的问题是各电控单元进水，这是致命且难以排查的，广大汽车维修人员在进行相关操作时，尽量要避免水进入某些与电相关的部件，避免给自己带来不必要的麻烦。

第六节　其 他 车 系

一、路虎揽胜喇叭一直响

故障现象 一辆 2015 年的路虎揽胜，配置 TDV6 3.0L 发动机，行驶里程 59814km。车辆熄火后喇叭一直响，起动之后行驶一段距离就不响了。

故障诊断 与车主沟通得知，车辆有时候停放过程中喇叭一直响，但起动后就不响了，下雨天跑高速这种情况会出现得更频繁一点。去过好几个修理厂检查也没发现问题，现在现象更严重了,起动之后也会响,无奈之下只能把喇叭插头拔掉。询问车主喇叭按钮是否卡滞,车主说没有。接车后恢复喇叭插头,放置观察未发现车主所说现象。打开刮水器高速档位并用高压水枪模仿下雨天高速行驶的状态持续3min,也没有发现车主所说现象。

根据故障现象分析有以下可能原因:①防盗系统干预;②开关卡滞,分离不彻底;③继电器回位不好;④模块故障,控制错乱;⑤线路短路。

根据车主描述,喇叭响的时候起动后有改善,可以排除防盗系统的问题,因为车辆在防盗系统启用时无法起动着车;连接SDD诊断仪检测车辆没有故障码,进一步排除防盗系统的问题。检查喇叭开关,连续按压多次未发现回位不好的现象,因为喇叭开关附加在驾驶座气囊上,所以拆掉气囊检查,喇叭触点正常,排除开关的问题。检查继电器,继电器位于发动机舱内前风窗玻璃右下方,拆除继电器,打开检查回位良好,触点良好,排除继电器故障。此时已经把外部所有相关部件都排除了,接下来就该检查线路与模块,查询喇叭电路图(图5-90)。

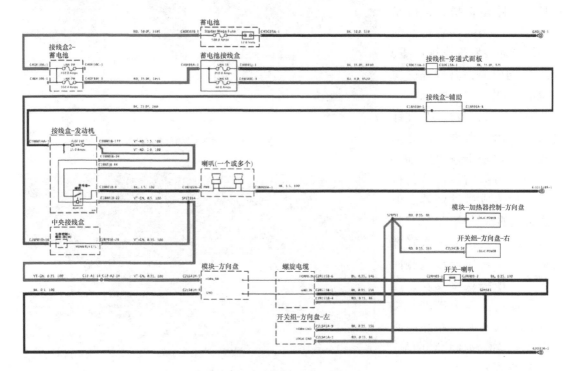

图5-90 喇叭电路图

首先从电路图上分析有以下可能:①喇叭电源线插头C1RH02A-2到继电器插头C1BB01B-8之前的线路与其他电源线短路,造成喇叭一直响;②方向盘模块插头C2LS41H-5到喇叭继电器插头C1BB01B-22之间的线路搭铁;③车身模块插头C2BP01E-28到继电器插头C1BB01B-22之间的线路搭铁;④车身模块故障导致。模块的损坏概率较低并且成本较高,本着以修为主、以换为辅的原则,先从线路查起。不过,喇叭线路比较长,检查比较费时费力,因此再次细观电路图整理思路,发现以继电器为中心,可把线路划为两大部分,主要分为车内控制线和车外电源线路。如果拔线查找的话是相当大的工程,按照新的思路查找只能等到故障现象再现的时候判定。

再次用高压水枪冲洗车辆,可是冲洗了半天也不见故障再现,于是准备进行路试。刚出厂区喇叭就开始不受控制长响了，于是返厂停车，马上拔掉喇叭继电器，喇叭不响了，这样就排除了外部喇叭电源线短路的可能。现在锁定内部控制线路，优先检查有插头的地方，逐步分段检查。首先从方向盘模块插头 C2LS41H-5 到中间插头 C12-A2-14 的线路开始检查，先拆掉方向盘上内饰板找到插头 C2LS41H，用一根细线直接把 5 号针脚与车身搭铁，喇叭长响，拆掉右前座脚坑饰板及地毯找到插头 C12-A2，本想拔掉一边插头测量线路是否搭铁，可是看到 C12-A2 插头有进水现象，拔开插头发现腐蚀严重，拔掉 14 号针脚，其内部已腐蚀脱落，如图 5-91 所示。

通过测量，发现 15 号针脚为某单元的搭铁线，这样就找到了喇叭长响的原因：由于插头内部腐蚀严重，再次进水后造成搭铁短路。但是插头上的水是哪里来的呢？顺着水迹往上找发现水好像是从右侧 A 柱风窗玻璃侧面进来的。仔细观察发现，此车曾更换过前风窗玻璃，用风枪顺着风窗玻璃外部侧面往里吹，局部漏风比较明显，如图 5-92 所示。

故障排除　更换插头，处理插接器，在风窗玻璃漏风处重新打上密封胶并用高压水枪试漏，最终故障排除。

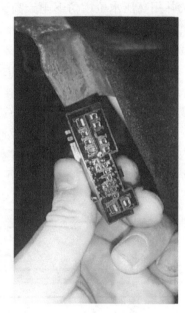

图 5-91　插头内部已经腐蚀

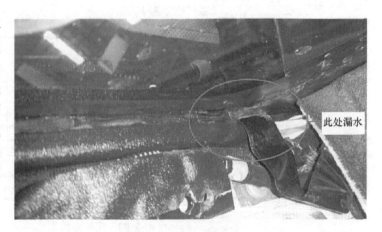

图 5-92　风窗玻璃漏水

> **技巧点拨：** 由于该车故障的偶发性造成了此次诊断的难度。综合检查过程，分析之前因为试水时间过短，没有路试，所以故障没能再现。之所以后来试车出厂就响是因为厂区内有多条减速带，经过了减速带的颠簸造成了插头针脚的短路。此次故障排除还依赖于对电路图的分析，把每一个可能原因都标出来，又进行综合判断，这样大大缩短了检查的难度与时间。

二、路虎揽胜仪表提示机油油位监测系统故障

故障现象 一辆 2012 年路虎揽胜，配置 3.0TDV6 发动机，行驶里程 10 万 km，其仪表提示"发动机机油油位监测系统故障"信息，如图 5-93 所示。

故障诊断 接车检查，仪表提示机油油位监测系统故障，故障现象确认。连接 SDD 和充电器读取故障码为 P115F-11、P0195-00、P0480-11、P250A-37、P0528-00、P0483-37、P115F-13。

图 5-93 故障现象

查看电路图，测量机油油位传感器 C3050M-1 对地电压为 0，说明传感器供电线路断路；检查 EJB 中 6 号熔丝已熔断，测量熔丝的一端发现对地电压为 0，怀疑线路存在对地短路现象。该熔丝给发动机机油油位传感器、冷却风扇以及发动机控制模块冷却风扇供电，尝试断开这几个共用供电的部件，发现断开冷却风扇电气插头 C2270 测量供电线路无对地短路现象。检查冷却风扇外观正常，安装良好，电气插头连接良好无进水现象，针脚无异常。

拆卸冷却风扇，检查耦合器安装良好，无异常损坏现象。断开耦合器上的插头，测量风扇插头 C2270 与耦合器上的插头之间的线路无断路、短路现象。连接耦合器上的插头测量 C2270-D 和 C2270-E，存在短路现象。综上检查，确认为冷却风扇耦合器故障，更换该风扇耦合器后故障排除。故障是由于冷却风扇耦合器内部短路，导致供电熔丝熔断，仪表提示机油油位监测系统故障，如图 5-94 所示。

图 5-94 熔丝熔断

故障排除 更换冷却风扇总成，故障排除。

技巧点拨：针对该故障，先是更换了机油油位传感器，却忽视了线路问题，导致故障重现。此类问题在维修中很普遍，需要我们多多检查才能排除故障。

三、捷豹 XF 旅行版前照灯清洗功能异常

故障现象 一辆 2015 年捷豹 XF 旅行版，行驶里程 46358km。车主反映前照灯清洗系统不能工作。接车检查，将车辆起动并开启前照灯，按下前风窗喷水开关，前风窗清洗功能正常，但前照灯清洗系统不工作，按下后刮水器开关发现后风窗喷水能够正常工作。

故障诊断 参阅 TOPIX 发现刮水器水壶上装有两个喷水电动机，前后风窗喷水是共用一个喷水电动机，前照灯清洗是靠另外一个电动机工作的，由此可以看出前照灯清洗喷水电动机一直不工作。此时注意到仪表中显示风窗清洗液液位过低，将刮水器水壶中的水加满，但是仪表依旧显示液位过低。查阅电路图（图 5-95），前照灯清洗的喷水电动机是由 EJB 中的 14 号继电器控制的，将继电器拔下，用电线跨接供电，此时前照灯清洗能够工作，说明前照灯清洗电动机正常无故障。前照灯清洗继电器是通过 CJB 控制线圈的负极来工作的，检查继电器的供电正常，测量 EJB 中的 C1BB01B/N2 端子到 CJB 中的 C3BP01 J/18 端子之间的电阻为 0.2Ω，正常。

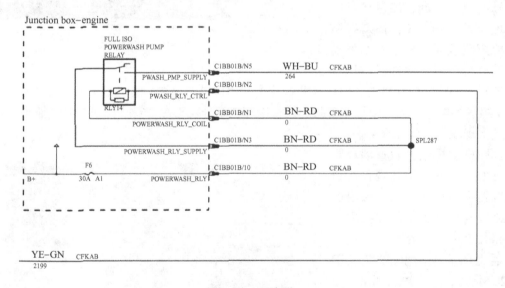

图 5-95　电路图 1

此时回想到仪表显示风窗清洗液液位过低，但事实上刮水器水壶已经加满，由此推断 CJB 一直接收到风窗清洗液液位过低的信号，因而 CJB 将前照灯清洗功能一直禁用。检查刮水器水壶液位传感器上的两根线，一根是搭铁，另外一根是到 CJB 的，如图 5-96 所示。打开点火开关检查 C1MC20/2 端子的电压为蓄电池电压，检查 C1MC20/1 对地电阻为 0.2Ω，正常。

此时突然发现仪表不再显示风窗清洗液液位过低，打开前照灯按下前刮水器喷水按钮，前照灯清洗可以正常工作，将风窗清洗液液位传感器的插头再次插上，仪表再次显示风窗清洗液液位过低，前照灯清洗功能不能工作。由此可以推断出应该是风窗清洗液液位传感器的问题，将这个传感器从水壶中拆下，如图 5-97 所示。

故障排除 此车刮水器水壶加满水仪表仍然显示水壶液位过低，这时候注意到液位传感器装在水壶中可以旋转，将此传感器旋转 180°，此时故障排除。由此可以断定是因为传感

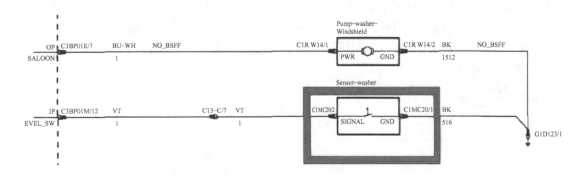

图 5-96　电路图 2

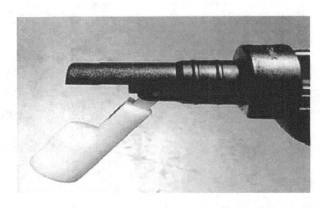

图 5-97　风窗清洗液液位传感器

器的位置安装错误从而导致此故障。询问车主得知，此车右前侧被撞过，在其他修理厂更换过右前翼子板。由此推断此传感器是在事故维修过程中没有安装到正确的位置。

技巧点拨：风窗清洗液液位传感器相当于一个机械开关，当壶中没有水的时候，传感器为闭合，当壶中加满水的时候白色的浮子漂起来从而断开。

四、玛莎拉蒂总裁行李舱打不开

故障现象　一辆 2011 年玛莎拉蒂总裁，配置 4.2L 发动机，行驶里程 56738km。车主反映该车在白天的时候行李舱可以打开，过了一夜后，第二天早上行李舱就打不开了。

故障诊断　遥控器解锁行李舱不能打开，车内按键解锁还是一样不能打开，跟车主描述的一样。

首先用机械钥匙打开行李舱，对行李舱锁电动机的电源进行初步的检测。检测发现行李舱锁电动机没有电压。初步判断可能是行李舱锁电动机的熔丝损坏，线路、行李舱锁、后尾门模块等几个方面出现问题。

首先查找电路图查看电动机的供电，如图 5-98 所示。行李舱左后 65 号 20A 的熔丝，检测正常。然后起动车辆，手动上锁，再打开尾门开关，检测电动机的供电是否正常，电动机依然没有供电。这时突然发现，在用手动上锁以后，仪表里依旧显示尾门是打开的状态。反复几次测试，发现仪表一直显示后尾门是在开启的状态，这样的话，电动机没有供电就是正常了，因为仪表一直显示开启的状态，所以模块一直没有电源输出，电动机就不工作，尾门就打不开。于是拆掉门锁检查电动机，发现电动机上有 7 根线，如图 5-99 所示。

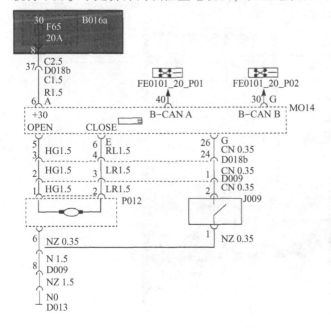

图 5-98 电路图

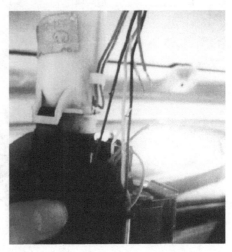

图 5-99 电动机上有 7 根线

由于玛莎拉蒂的维修资料上没有介绍门锁电动机 7 根线的具体作用，只能自己研究。首先对最容易检测的电机电阻进行测量，测得电阻是 3.8Ω，这说明电动机是没有问题的。我们简单地分析下门锁上的其他 5 根线，这些线就是门锁上锁或者解锁后的位置信号线，简单地说是一个带有阻值的开关，我们只需要检测线的阻值就行。经过反复地测试，发现在上锁的时候黄色和黑色的线有 1.7Ω 的电阻，但在解锁的状态下始终没有发现哪两根线之间有阻值，一直是不通的状态。既然是一个阻值开关，那么我们就可以在两根线之间加一个 2Ω 的电阻代替开关，以确定产生问题的位置。最后发现在红色线和蓝色线之间加上电阻再手动上锁，仪表没有显示尾门开启的状态，按下尾门的开关能听到电动机有轻微的工作的声音，而且电动机的供电也有 12V 的电压，至此问题解决。

故障排除 更换行李舱锁，装复试车，问题解决。

> **技巧点拨**：在检修这次故障时，忽略了一个细节，这却是一个很重要的信息，从而造成刚开始的时候走了一段弯路，因此在以后的维修中一定要抓住每一个细节不放过。

五、福特蒙迪欧仪表显示发动机冷却液温度高

故障现象 一辆 2016 年福特蒙迪欧，配置 1.5T 发动机和 6F35 自动变速器，行驶里程 19421km。车主反映车辆在行驶过程中仪表突然提示发动机冷却液过热，同时发动机故障灯亮起，并出现发动机抖动的现象，如图 5-100 所示。

故障诊断 接到救援电话后，首先让车主马上靠边停车并熄火。维修人员到达现场后，

首先对车辆做了一些基本检查，发动机冷却液液位正常，同时储液罐附近也没有因冷却液温度过高导致冷却液喷出的痕迹。用 IDS 检查发动机系统有以下故障码：P1023—CHT 感知器 2 电路电压高；P1285—缸盖温度过高；P1299—缸盖过热保护功能启用（图 5-101）。

同时读取发动机冷却液温度信号及缸盖温度信号数据流，发动机温度为 78℃ 左右。此时的冷却液温度并不高，因此试着起动车辆，发动机可以起动，但是出现明显的抖动现象。尝试清除发动机故障码，故障码可以清除（不是持续性线路故障）；清除故障码后再次起动车辆，发动机不再抖动。原地踩加速踏板使发动机快速升

图 5-100　仪表显示

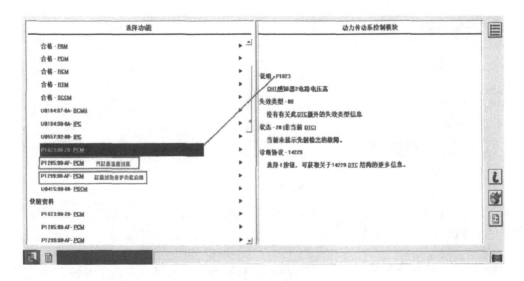

图 5-101　故障码

温，温度到达 98℃ 时风扇开始运转，风扇运转正常。通过分析读取到的冷却液温度传感器、缸盖温度传感器数据流、故障码"P1023—CHT 感知器 2 电路电压高"的含义，并结合上述基本检查结果可知，此车并没有真实地存在冷却液温度过高的现象，只是由于缸盖温度传感器或相关线路故障导致的误报现象。因为发动机冷却液温度不存在过高的现象，清除故障码后发动机各方面工作正常，所以将车辆开回店内进行进一步的检查。开车回店的路上，故障现象不再出现。经分析出现此种情况的可能原因有：①缸盖温度传感器本身间歇故障；②传感器线路间歇断路（依据故障码"P1023—CHT 感知器 2 电路电压高"）；③PCM 内部电路故障。

首先依据线路图检查缸盖温度传感器相关电路，没有存在短路、断路现象，但是发现缸

盖温度传感器插接器的插座内部簧片弹性差，因此怀疑是插接器接触不良所致。对插接器进行处理后反复试车，故障现象不再出现，同时读取缸盖温度传感器和冷却液温度传感器数据也没有发现异常情况。因为故障现象不再重现，所以交车给车主，同时告知车主如果故障现象再出现请立即和我们联系。车主在用车几天后打电话和我们联系，说上次的故障现象再次出现。我们到现场后看到的故障现象和读取到的故障码确实和上次的一模一样，由此可知本车的故障还是没有解决。由于上次已经排除了缸盖温度传感器线路故障的可能，此次重点检查缸盖传感器本身故障的可能（发动机控制模块 PCM 出故障的概率较低）。维修人员带着 IDS 读取缸盖温度传感器及冷却液温度传感器数据流反复试车，在试了近两个小时后故障现象再次出现，同时捕捉到的数据信息显示，缸盖温度传感器出现间歇性断路，断开一段时间后再次恢复正常，如图 5-102 所示。

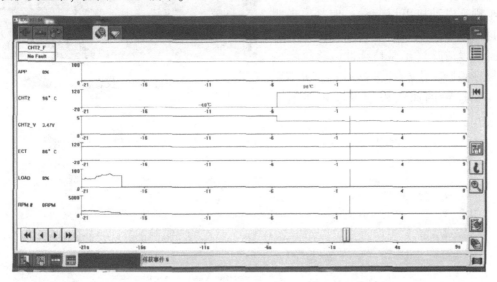

图 5-102　数据流

故障排除　　由此可以确定导致本车故障现象的真正原因是缸盖温度传感器出现间歇性断路所致，更换缸盖温度传感器后反复试车，故障不再出现，故障排除。

> **技巧点拨**：此款车型不但有冷却液温度传感器 ECT，在排气侧的缸盖上还多加了一个缸盖温度传感器 CHT，用于共同监测发动机温度的变化。CHT 传感器是一种热敏电阻装置，其电阻随着温度而变化。热敏电阻器的电阻随温度升高而减小，并随温度下降而增大。变化的电阻影响整个传感器端子的电压降，并向 PCM 提供与温度相对应的电信号。相比冷却液温度传感器而言，CHT 传感器能提供更全面的发动机温度信息，并用来推断冷却液的温度。

六、奔腾 B30 无法熄火，日间行车灯长亮

故障现象　　一辆奔腾 B30 轿车，其日间行车灯长亮，同时危险警告灯闪烁。接车后发现车辆能起动，拔下钥匙后，仪表可以关闭，只是车辆无法熄火；强制熄火后（拔下主继电器熔丝），则无法再次起动。

故障诊断 奔腾 B30 的车身网络采用 CAN 通信，CAN 通信网络有三路 CAN 和两路 LIN，BCM 兼具网关、车身控制单元、防盗控制器，胎压控制模块的功能。用 FADS 诊断仪读取故障码，如图 5-103 所示。故障码存在于 EMS 中，分别为：U012187—ABS/ESP CAN 节点超时；U013187—EPS CAN 节点超时；U015187—ACU CAN 节点超时；U012287—ASR/YRS CAN 节点超时。它们全部都是 CAN 通信故障。B30 的日间行车灯控制原理为点火开关打开，BCM 控制日间行车灯点亮；转向灯也受 BCM 的控制，BCM 又在 CAN 网络中起网关的作用，初步判断 BCM 故障。交叉验证 BCM 部件，故障依旧。

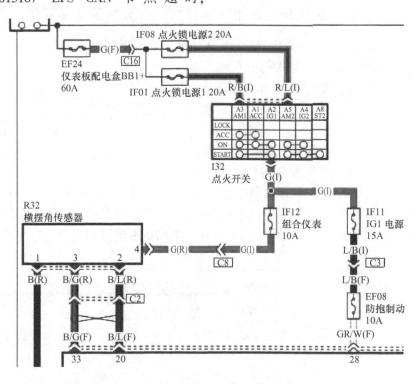

图 5-103 故障码

图 5-104 电路图

根据故障码含义，检查 EMS 的终端电阻为 123Ω，正常；检查 EMS 与 BCM 之间的 CAN H 与 CAN L 通断正常。重新整理思路，发现在未插点火钥匙时，主继电器已吸合，检查点火开关正常，拔下点火开关插头，发现主继电器仍吸合，这就可以判断无法熄火且日间行车灯长亮的原因了，因为默认的钥匙开关一直在 ON 档。检查点火开关插头，发现 G 线在点火开关关闭时仍有 3.21V 的电压，正常应为 0，根据电路图（图5-104）发现来自 C8 插接

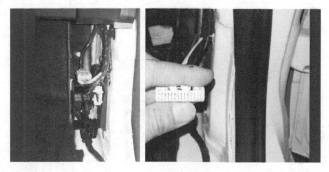

图 5-105 C8 位置及故障点

器。根据电路插接器位置图，在右侧 A 柱下方找到 C8 插接器（图 5-105），发现插接器进水，且绿色线已有锈迹，同时根据电路图发现 C8 同时为 ESP、ACU、ASR 供电，而且还控制门锁。

故障排除 清洗处理C8插接器，故障排除。反复验证，故障未再出现。

> **技巧点拨：** 通过淋水试验发现右前门铰链处由于密封的问题，存在渗水的问题，可以判断此车是因右前门车门铰链密封有问题而引起C8插接器进水导致的故障。处理右前门铰链，故障排除。

七、北京现代伊兰特轿车前照灯故障分析及电路详解

故障现象 北京现代伊兰特轿车的远、近光灯均不亮，而打开超车灯时，远近光灯均亮。

故障诊断 首先我们分析该车型近光灯电路，要想使左前照灯近光灯丝和右前照灯近光灯丝点亮，必须使其电路如图5-106所示。

而要使得前照灯近光继电器的动合开关闭合，必须要使得灯光开关打至前照灯位置，BCM接收到前照灯的开关输入信号以后控制前照灯近光继电器的线圈导通才可以。也就是参考电源→前照灯熔丝→前照灯近光继电器的线圈端子→BCM→灯光开关→搭铁，这条线路构成通路。近光灯点亮电路接通情况如图5-107所示。

图5-106 近光灯电路分析示意图

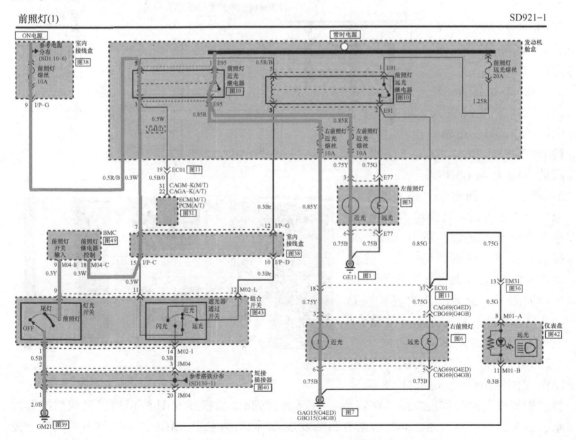

图5-107 现代伊兰特近光灯电路

根据图 5-108 所示远光灯电路，我们得知要想使得远光灯点亮，必须要使其电路如图 5-109所示。

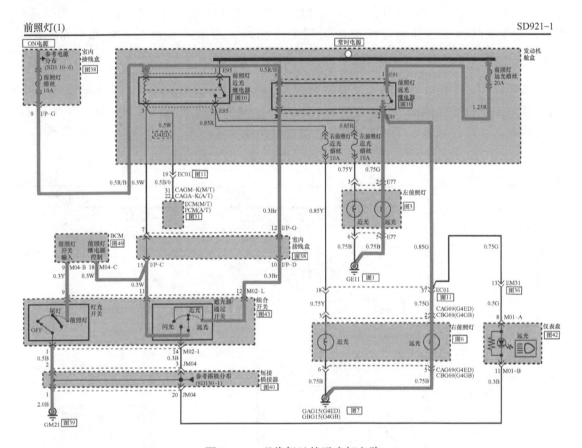

图 5-108　现代伊兰特远光灯电路

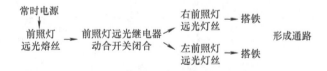

图 5-109　远光灯电路分析示意图

要想使得前照灯远光继电器的动合开关闭合，必须要使前照灯远光继电器的线圈端子构成回路，也就是参考电源→前照灯远光继电器的线圈端子→远光灯开关→BCM→前照灯开关→搭铁，这条线路导通。同时，发现以上远光电路导通的时候，近光灯和远光指示灯也同时点亮。

通过查看电路图，可以了解，将灯光开关打至前照灯位置时，近光灯点亮；先将灯光开关打至前照灯位置，然后接通远光开关，此时远光灯、近光灯和远光指示灯同时亮。根据电路图总结近光灯不亮的故障原因包括：①前照灯熔丝、左前照灯近光熔丝、右前照灯近光熔丝；②前照灯近光继电器；③BCM；④前照灯开关；⑤线路故障；⑥搭铁不良；⑦近光灯丝损坏。

远光灯不亮的故障原因包括：①前照灯熔丝、前照灯远光熔丝；②前照灯远光继电器；

203

③BCM；④前照灯开关、远光灯开关；⑤线路故障；⑥搭铁不良；⑦远光灯丝损坏。

故障排除 该车的超车灯打开的时候，远、近光灯同时亮，根据超车灯电路（图 5-110）可知，电路是没有问题的，因此可能存在的故障在图 5-111 电路中。使用万用表对这部分电路进行检测后，发现前照灯继电器控制电路断路。对故障检修后，灯光正常，故障排除。

> **技巧点拨**：车辆的远、近光灯都不亮，可以找它们共同的故障点，共有的线路、共同的搭铁点、前照灯熔丝、前照灯开关、BCM 等，这些是最可能同时引起远、近光灯不亮的原因。当然，我们也可以根据对超车灯电路无故障这一点，进一步缩小故障范围。

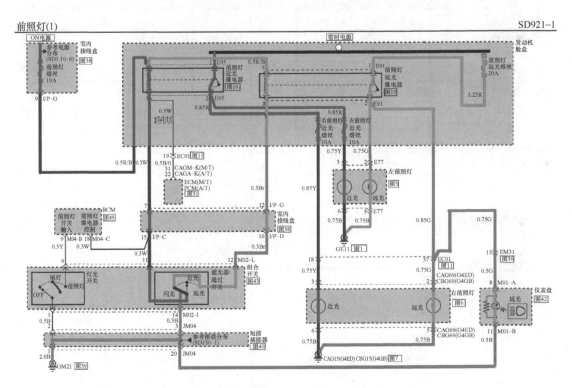

图 5-110 现代伊兰特超车灯电路

八、瑞风商务车前部示廓灯及后部尾灯均不亮

故障现象 一辆 2007 年产江淮瑞风商务车，车型代号为 HFC6500A3C8，搭载 HFC4GA 发动机和 5 速手动变速器，行驶里程 15 万 km，因前部示廓灯、后部尾灯及组合仪表灯均不亮而进厂检修。

故障诊断 接车后首先试车验证故障现象，起动发动机，将灯光开关（也称为多功能开关）置于 PARK 位置，组合仪表灯、前部示廓灯、后部尾灯及牌照灯均不亮；将灯光开关置于 HEAD 位置，前照灯点亮，组合仪表灯、前部示廓灯、后部尾灯及牌照灯仍然不亮。

查看示廓灯及尾灯控制电路（图 5-112），分析认为造成故障的可能原因包括：尾灯继电器故障；尾灯熔丝（40A）熔断；左侧尾灯熔丝及右侧尾灯熔丝（10A）同时熔断；尾灯

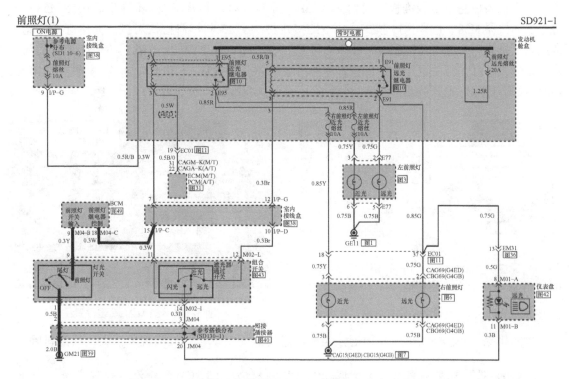

图 5-111 现代伊兰特排除超车灯电路后可能存在故障的电路

继电器控制线路故障；电子延时报警控制模块（ETACM，俗称为车身控制模块）故障；灯光开关及其线路故障等。

本着由简到繁的诊断思路对上述可疑故障点进行逐一排查。将灯光开关置于 PARK 位置，找到尾灯继电器（图 5-113），拔下尾灯继电器，用万用表测量尾灯继电器内部线圈电阻，为 94Ω 左右，正常；用尾灯继电器替换喇叭继电器（两个继电器规格型号相同），按喇叭按钮，喇叭工作正常，说明尾灯继电器正常。在安装尾灯继电器过程中，尾灯继电器并没有吸合的声音；再次拔下尾灯继电器，用万用

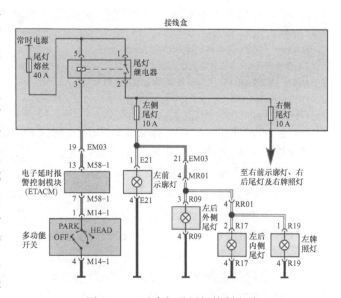

图 5-112 示廓灯及尾灯控制电路

表依次测量尾灯继电器底座端子 1、端子 5 与车身搭铁之间的电压，均为 12.3V，说明尾灯继电器供电正常；将尾灯继电器底座端子 1 与端子 2 跨接，前部示廓灯、后部尾灯、组合仪表灯及牌照灯均能正常点亮，说明上述灯泡至尾灯继电器线路正常。

拆下仪表板左下部装饰板，找到 ETACM（图 5-114），断开 ETACM 导线插接器 M58-1，将导线插接器 M58-1 端子 13 挑出，用一跨接线将端子 13 与车身搭铁短接，上述灯光均能正常点亮，排除尾灯继电器控制线路故障的可能。为了确定是 ETACM 故障，还是灯光开关及其线路故障，将灯光开关置于 PARK 位置，测量导线插接器 M58-1 端子 7 与车身搭铁导通情况，导通良好，排除灯光开关及其线路故障。诊断至此，将故障点锁定在 ETACM 上。

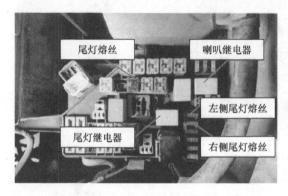

图 5-113　尾灯继电器及示廓灯熔丝安装位置

图 5-114　ETACM 安装位置

故障排除　更换 ETACM 并用遥控匹配器进行匹配后试车，故障现象消失，故障排除。

技巧点拨：瑞风商务车的电子延时报警控制模块（ETACM）分为不带防盗遥控功能与带防盗遥控功能两种。自 2010 年起，江淮瑞风商务车所有车型都配备了带防盗遥控功能的电子延时报警控制模块。更换带防盗遥控功能的电子延时报警控制模块后，需要用遥控匹配器进行匹配。

九、长安悦翔 V5 轿车近光灯不亮

故障现象　一辆 2013 年长安悦翔 V5 轿车，行驶里程 60000km，打开前照灯开关后，近光灯不亮，示廓灯和远光灯工作正常，并且发现仪表下方的熔丝盒内的继电器被烧焦。

故障诊断　初步检查，发现此车其他灯光正常，烧坏的是近光灯继电器，是一个小型塑封 4 脚继电器。从外壳的插脚部位，可以看到明显的塑料烧焦痕迹。遇到此类故障，首先想到的是不是改装引起的，但与车主交流后确认，此车没有做过任何改装。用钳形万用表检测实际流过继电器的电流，发现电流为 8A 左右，在正常范围内。那继电器为什么会烧坏呢？

这个问题暂且放下，先检查有没有其他的问题。经过检测，发现不仅仅是继电器本身烧坏，近光继电器线圈控制电源也没有。查阅此车的线路图，发现近光继电器电源来自于车身控制模块。也就是说此车是由灯光开关提供信号，经过通信线路送给车身控制模块，车身控制模块再输出 12V 电压信号，控制近光继电器线圈工作。

为了缩小故障范围，我们决定通过读取数据流来分析故障。打开近光灯后，从数据流中看近光灯是否工作，发现诊断仪不提供近光灯开关数据，没有办法判断灯光开关是否正常。但从逻辑上推理，灯光开关没有参与电流控制，其触点烧坏的可能性不大，而近光灯继电器烧坏之后可能会形成短路，进而烧坏车身控制模块中的电子元件。用万用表检测继电器线圈正极线，从继电器线圈正极到车身控制模块之间导通正常，并且没有对负极短路情况存在。

将车身控制模块拔下后，再单独给近光继电器线圈供电，近光灯正常点亮，确认是车身控制模块损坏。车身控制模块装在驾驶舱内，前排右侧杂物箱后面，控制模块型号如图 5-115 所示。

近光继电器线圈控制正极为绿黄线，车窗玻璃锁止线为细黄线。车身控制模块内部有约 5 个继电器，同时有多块型号为 2003 的功率放大集成块。

我们沿近光继电器插针，再到控制模块内部的印刷铜箔的连接走向，找到一支表面封装的晶体管，用万用表检测确认该晶体管损坏，实际位置如图 5-116 所示的红色圆圈。

图 5-115　控制模块

图 5-116　电路板

故障排除　找同型号晶体管替换后，装车试验，近光灯功能恢复正常，故障排除。

技巧点拨：此车故障是由车身控制模块损坏引起，因为近光继电器烧坏，造成短路，从而使得驱动继电器线圈的晶体管损坏（在车身控制模块内部）。近光继电器烧坏是因为原车设计有缺陷，小型塑封继电器的触点容量偏小，长时间开近光灯，产生高温，使之烧坏，建议改用功率较大的继电器来控制前照灯的远光和近光。

第六章

汽车仪表报警系统实用维修技能与技巧

第一节 奔驰车系

一、奔驰 E300 轿车仪表信息中心报警

故障现象 一辆奔驰 E300 轿车，装配型号为 272 的发动机和型号为 722.9 的自动变速器，行驶里程 8 万 km，因仪表信息中心存在多个系统报警信息而进厂检修。

故障诊断 接车后试车验证故障现象，接通点火开关，起动发动机，发动机能顺利起动，但仪表信息中心立即依次出现"左前侧故障，请去特许服务中心""右前侧故障，请去特许服务中心""预防性安全系统停止运作，参见用户手册""驻车引导功能停止运作"等一系列提示信息（图6-1）。

检查车辆各系统的功能后发现一些异常：独立影音系统（COMAND）无法打开；显示

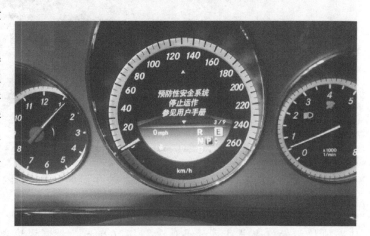

图 6-1 仪表信息中心存在多个系统报警信息

屏黑屏；前排座椅无法移动；天窗不能开启；杂物箱灯不亮；行李舱可以打开，但行李舱照明灯不亮。连接故障检测仪对车辆进行快速检测，读取到的故障码如图 6-2 所示。除此之外，还有许多控制单元存储有电压过低的故障码。

根据维修经验判断，这些部件同时损坏的可能性是非常小的，通过查阅相关电路图发现，这些报故障码的部件都是由代码为 30g 的插头供电的。与此同时，后部信号采集及促动

控制模组（后 SAM）内也存储有 30g 供电电压过低的故障码。

用故障检测仪查看 30g 的电压实际值，为 0V（图 6-3），显然不正常。接着根据故障引导，结合相关电路图（图 6-4）进行检测。首先断开点火开关，找到 30g 供电的位置（图 6-5），将其导线插接器从后 SAM 控制单元上拔下，然后测量其端子 1V 和搭铁之间的电压，实际测得的电压为 0V，不正常；接着测量端子 1V 与 F32 熔丝盒之间线路的电阻，阻值为 0.3Ω，正常。

分析电路图可知，端子 1V 为 30g 供电，端子 2V 为 30g 供电，30g 供电来自于 F32 熔丝盒，并且受 30g 继电器的控制，30g 继电器的上游为代码为 30 的插头供电，经过该继电器后变为 30g 供电，30g 继电器线圈由后 SAM 控制。测量 30 供电，为 12.3V，正常；但 30g 的电压却为 0V，说明 F32 熔丝盒没有输出 30g 的电源。故障排查的重点锁定在 F32 熔丝盒（图 6-6）。

N2/10 - 辅助防护装置（辅助防护系统（SRS））

梅赛德斯－奔驰硬件号	212 901 44 04	诊断标识	
硬件版本	10/10	软件状态	
供应商ID	158	供货商	
控制单元型号	Release_3B_0201	梅赛德斯－奔驰软件号	
系统信息	否	初始化	

故障	文本
9C1A	“前排乘客”碰撞响应式颈部保护头枕（NECK-PRO）断路。
9C14	“驾驶员”碰撞响应式颈部保护头枕（NECK-PRO）断路。

N10/2 - 后部信号采集及促动控制模组（后部信号采集及促动控制模组（SAM））

梅赛德斯－奔驰硬件号	212 901 51 01	梅赛德斯－奔驰软件号
诊断标识	000204	硬件版本
软件状态	10/12 04	引导程序软件版本
硬件供应商	Hella	软件供应商
控制单元型号	Diag_0204	

故障	文本
B1ED813	“右侧尾灯”背景照明输出端存在故障。 存在断路。
B1ED713	“左侧尾灯”背景照明输出端存在故障。 存在断路。
B10D011	右前座椅通风模拟输出端存在故障。 存在对地短路。
B170B15	右侧倒车灯输出端存在故障。 存在对正极短路或断路。
B170715	左侧倒车灯输出端存在故障。 存在对正极短路或断路。
B16B715	第3制动灯输出端存在故障。 存在对正极短路或断路。
B280315	右内侧制动灯和尾灯存在故障。 存在对正极短路或断路。
B280115	左内侧制动灯和尾灯存在故障。 存在对正极短路或断路。
B164215	左后转向信号灯输出端存在故障。 存在对正极短路或断路。
B219600	接头30g的供电电压< 7.5 V。 _
B219700	接头30g的供电电压< 8.5 V。 _
B219116	接头30g的供电电压处于有效范围之外。 低于电压 极限值。
B214B72	“休眠电流接通”开关输出端存在故障。 促动器不关闭。
B210C16	供电处于有效范围之外。 低于电压 极限值。

图 6-2 故障检测仪读取到的故障码

相应的实际值状态 供电

⚠ 接头"30g"电压	0.00V	[11.00 .. 15.50]

相应的故障代码的状态

F	B219116 '接头30g的供电电压处于有效范围之外。 低于电压 极限值。'	当前并且已存储
F	B219600 '接头30g的供电电压< 7.5 V。 _'	当前并且已存储
F	B219700 '接头30g的供电电压< 8.5 V。 _'	当前并且已存储
✔	B219117 '接头30g的供电电压处于有效范围之外。 超出电压 极限值。'	不存在

图 6-3 后 SAM 中不正常的实际值

故障排除 尝试更换 F32 熔丝盒后试车，各系统均恢复正常。

技巧点拨： 车辆此前曾因长时间停放导致蓄电池亏电，车辆无法起动，找了一个蓄电池搭电起动后，就出现了此现象。怀疑是在蓄电池亏电后，搭电的蓄电池电压有问题，从而导致故障产生。

二、奔驰 GLE320 仪表报警，无法正常行驶

故障现象 一辆奔驰 GLE320，底盘号 WDC292364，装配 276 型发动机，行驶里程 7950km。车主反映仪表上发动机故障灯亮，并且加速无力，无法正常行驶。

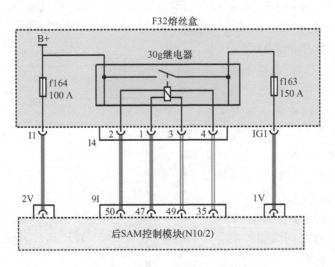

图 6-4 后 SAM 控制单元相关电路

图 6-5 后 SAM 中 30g 供电所在位置

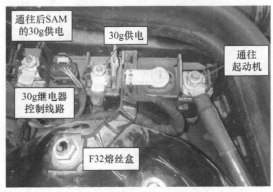

图 6-6 F32 熔丝盒位置

故障诊断 到达救援现场后,起动车辆,发现仪表上发动机故障灯亮,行驶时变速器无法正常升档,进入了应急模式,一直以 1 档行驶,于是拖回维修。连接诊断仪进行快速检测,读取到的故障码如图 6-7 所示。

此外,还存在氧传感器 1 的加热器输出端对地短路,增压空气旁通风门 2 转换阀输出端对地短路等故障码。由于故障码太多,无法判断故障点,尝试清除故障码后,并再次读取故障码,发现这些故障码都无法清除。查找 WIS,找出这些部件的电路图进行分析,如图 6-8 所示。

通过查找电路图发现,有故障的部件都存在一个共同点,就是通过 Z7/36z1 供电,Z 节点都会在线束里面,如果要找出 Z 节点测量就要把线束剥开,比较麻烦。于是继续寻找上游供电,上游供电是通过 X26 插头由 F58 熔丝盒内的 f216 熔丝供电,检查此熔丝,发现已经熔断,如图 6-9 所示。用万用表在熔丝处测量线路,发现有对搭铁短路的地方。

故障排除 经检查线路发现,发动机控制单元后部的线束已磨损搭铁。重新包扎受损线束,并用毛毡包裹支架以防止线束再次磨损,清除故障码,进行试车一切正常。

第六章 汽车仪表报警系统实用维修技能与技巧

N3/10 – 内燃机'M276 涡轮增压器'的发动机电子设备'MED177V6LA' (ME (发动机电子设备))				– F –
梅赛德斯-奔驰硬件号	276 901 61 00	梅赛德斯-奔驰软件号	000 904 10 00	
梅赛德斯-奔驰软件号	276 902 97 00	梅赛德斯-奔驰软件号	276 903 33 03	
诊断标识	022462	硬件版本	12/14 00	
软件状态	12/26 00	软件状态	16/49 00	
软件状态	17/11 00	引导程序软件版本	12/26 00	
硬件供应商	Bosch	软件供应商	Bosch	
软件供应商	Bosch	软件供应商	Bosch	
控制单元型号	M276LA_VC16			
故障	文本			状态
P059800	冷却液节温器对地短路。			A
P003700	氧传感器2 (汽缸列1) 的加热器输出端对地短路。			S
姓名			首次出现	最后一次出现
研发数据 (HEGOD_tiS2B1LRD1yEval)			0.00s	0.00s
研发数据 (HEGOD_tiS2B1LRTranEval)			0.00s	0.00s
研发数据 (HEGOD_tiS2B1RLD1yEval)			0.00s	0.00s
研发数据 (HEGOD_tiS2B1RL.TranEval)			0.00s	0.00s
研发数据 (HEGOD_tiS2B2LRD1yEval)			0.00s	0.00s
研发数据 (HEGOD_tiS2B2LRTranEval)			0.00s	0.00s
研发数据 (HEGOD_tiS2B2RLD1yEval)			0.00s	0.00s
研发数据 (HEGOD_tiS2B2RLTranEval)			0.00s	0.00s
P024500	低压涡轮增压器输出端对地短路。			A
P023A00	"增压空气冷却器冷却液泵"的促动装置存在电气故障或断路。			A
P06DB00	燃烧发动机机油泵的气门促动对地短路。			A
P045800	燃油挥发排放控制装置 净化阀对地短路。			A+S
姓名			首次出现	最后一次出现
控制器区域网络 (CAN) 信息'燃油泵脉冲负载系数'			33.00%	41.00%
研发数据 (Epm_stOpMode)			48.00	48.00
同步器的状态			30.00	30.00
研发数据 (Mfvd_redcuradp)			0.00%	0.00%
车速			0.00	0.00

图 6-7 读取的故障码

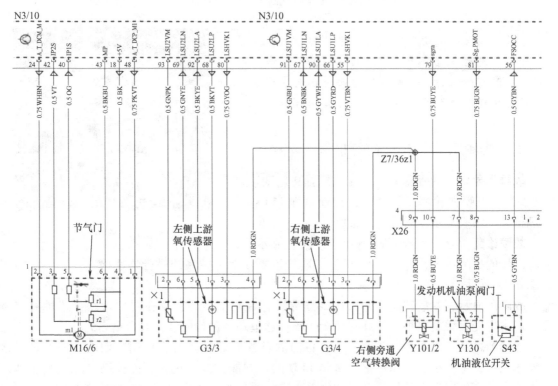

图 6-8 相关部件电路图

211

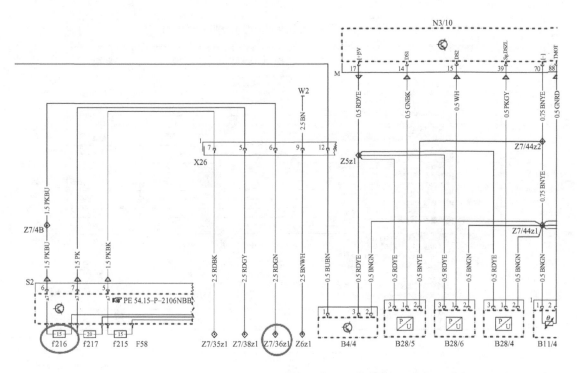

图 6-9　发动机控制单元相关电路图

技巧点拨：此款发动机由于设计的原因，发动机控制单元后部有个固定线束的支架，并且线束经过支架时有股拉力，如果经常过颠簸路面，线束晃动就会出现磨损搭铁的情况，如图 6-10 所示。

三、奔驰 E 级轿车转向灯报警

故障现象　一辆奔驰 E 级轿车，配置 9 速变速器、274 型缸内直喷涡轮增压发动机，行驶里程 15494km。车辆行驶中仪表显示左后转向灯报警。

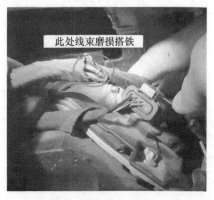

图 6-10　磨损的线束

故障诊断　接车后验证故障现象，仪表显示了左后转向灯的故障信息，如图 6-11 所示。连接诊断仪对电控系统进行快速检测，相关故障码如图 6-12 所示。

故障码显示，左后转向信号灯的诊断导线存在功能故障，存在对地短路。感觉有点奇怪，通常灯光报警就是报某个灯有什么问题，这里却在说诊断线，有点莫名其妙。

在诊断之前还是有必要了解一下，目前的新款 E 级轿车灯光控制方面的功能原理。该车全车没有一个传统的白炽灯泡，都是 LED 的，智能控制变色和智能控制灯光亮度。外部灯光的亮度都可以根据外界的亮度变化而变化，通过光线传感器传递外界的亮度信号，传给相关的控制单元，以此信号来控制灯光的亮度。通过查阅此故障中的左转向灯的控制原理图（图 6-13）可知，大致的传递路线是转向灯开关到转向柱模块，转向柱模块通过 Flex-E 传递到点火开关，点火开关通过 CAN-B 到前 SAM，再从前 SAM 通过 CAN-B 到后 SAM，后 SAM 促动两后尾灯中的转向灯，这样转向灯的促动过程就完成了。分析清楚了转向灯的促动原理后，既然有故障码就从故障码入手，故障码的导引检测如图 6-14 所示。

导引检测说得很清楚：检查左后尾灯到后 SAM 的诊断导线。总结前面的分析，导致故障的可能原因有：①左后尾灯内部故障；②左后尾灯到后 SAM 的线路故障；③后 SAM 故障。检查线路之前要搞清楚它的电路图，后 SAM 对左后尾灯的控制电路如图 6-15 所示。

图 6-11　仪表显示

图 6-12　故障码

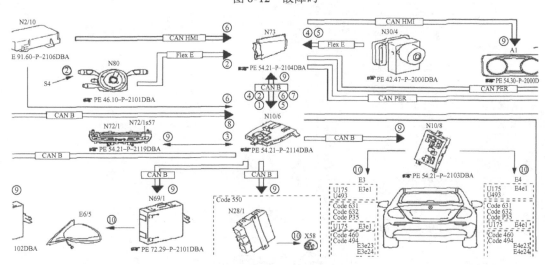

图 6-13　转向灯控制原理图

图 6-15 就是后 SAM 到左后尾灯的诊断线路的电路图，其中左后尾灯上的 10 针脚就是诊断线。这个诊断线是新的东西，以前的尾灯上没有这个东西，既没培训过它的功能原理，也没有培训过它的诊断方法。所幸右后尾灯同样有这个诊断线，可以用对比的诊断方法来测量它。用右后尾灯好的诊断线的测量数据来对比左后诊断线的数据，这样就可以大致判断哪里有问题了。测量了右后诊断线的电压如图 6-16 所示。

检查部件'部件'E3（左尾灯单元）'的诊断导线'。

检测的前提条件
- 部件'N10/8（后部信号采集及促动控制模组（SAM）控制单元）'的供电正常。（接头30）
- 存在相应的故障代码或存在投诉。

相应的实际值状态

姓名	实际值	标准值
接头30.1电压	12.2V	[11.0 .. 15.5]
接头30.2电压	12.2V	[11.0 .. 15.5]

相应的故障代码的状态
- B164C11 左转向信号灯的诊断导线存在功能故障。存在对地短路。 当前并且已存储 F

可能的原因和补救措施
- 测量控制单元'N10/8（后部信号采集及促动控制模组（SAM）控制单元）'部件'部件'E3（左尾灯单元）'的诊断导线'之间的电'导线。
- 根据相应的电路图检查连接到部件'部件'E3（左尾灯单元）'的诊断导线'的导线。
- 室

图 6-14 故障码导引检测

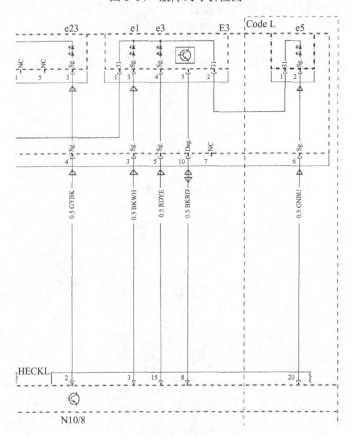

图 6-15 左后尾灯控制电路图

测量右后尾灯的诊断线的电压为1.396V，但是数值不断变动，看来是一个控制电压；测量左后诊断线，惊喜地发现，它的电压为0V，如图6-17所示。

故障排除 再把左后尾灯的插头拔掉测量电压还是0，看来可以排除左后尾灯的问题了，问题多半出在后SAM或者线路上，测量诊断线到后SAM的线路电阻，该电阻为0.2Ω，没有问题。升级后SAM，故障依旧，果断对调后SAM部件后故障排除。但是此故障还有一个奇怪的地方，虽然仪表报的是左后转向灯故障，但是左后转向灯的实测值和功能是好的，

 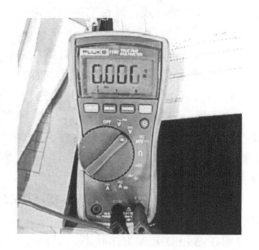

图 6-16 右后诊断线电压　　　　　图 6-17 左后诊断线电压

真是百思不得其解。因为奔驰新款 E 级轿车是全 LED 的灯光系统，所以这个诊断线是什么功能，还有待验证。

> **技巧点拨**：总结此故障，新的知识点，新的故障现象，没有现成的资料和诊断经验，用对比的诊断方法可以解决问题。这说明在平时的诊断过程中，灵活运用诊断方法是相当重要的。

四、2017 款奔驰 E300 左侧日间行车灯报警

故障现象　一辆 2017 款奔驰 E300，搭载 272 型发动机，行驶里程 25845km。车主反映车辆的左前、右前日间行车灯在一定前提下能够正常亮起，但是仪表上显示"白天行驶灯，左侧"的报警提示信息。

故障诊断　接车后，把车停到阳光下，左右两侧的日间行车灯均能正常点亮，但仪表上一直显示"白天行驶灯，左侧"报警提示信息，与车主描述的故障现象一致。

根据该车的灯光系统构成，分析导致该故障的可能原因有：①左侧日间行车灯本身存在问题；②左侧日间行车灯插头虚接或者损坏；③左侧日间行车灯的插头线路存在短路或者断路；④前 SAM 损坏；⑤雨量光线传感器损坏。

根据仪表故障提示信息，说明右边亮起也是正常的，暂时可以排除前 SAM 故障和雨量光线传感器故障。本着从简到繁的检修原则，首先拔下左侧日间行车灯的插头，发现两个日间行车灯的插头与插针都被更换过，很有可能是端子接触不好导致左前侧日间行车灯出现故障；再拔下右侧日间行车灯的插头，并与左侧的插头进行比对，发现左侧的插头插针比右侧的要松旷许多。简单处理左侧插头并装好后试车，仪表依旧显示"白天行驶灯，左侧"故障。

连接专用诊断仪进行检测，没有发现任何与日间行车灯有关的故障码。于是进入前 SAM，激活日间行车灯，当单击灯泡 1 时，左侧日间行车灯正常亮起；当单击灯泡 2 时，右侧日间行车灯也正常亮起；当单击灯泡 3 时，左右日间行车灯都正常亮起；当单击关闭所有操纵时，所有灯泡也都正常熄灭。

按正常思维方式，通过上述测试可以得出以下结论：
1）左右日间行车灯的插头工作正常。
2）前 SAM 到左右日间行车灯的线路正常。
3）左侧日间行车灯灯体本身无故障。
4）右边日间行车灯亮起来时，左边日间行车灯应该也是亮起的。

为了进一步验证上述结论，又将故障车从车间开到户外阳光下进一步测试。通过测试发现：当右侧日间行车灯亮起的时候，左侧日间行车灯也同步点亮，但仪表上还是显示"白天行驶灯，左侧"的故障提示信息。正常情况下，既然左右侧日间行车灯均能正常点亮灯，仪表上就不应该显示故障提示信息。

考虑到日间行车灯采用的是 LED 型光源，有可能是 LED 光源内部局部出现异常或者内部的某一颗或者几颗 LED 小灯泡不亮，只是我们肉眼没有感觉到而已。为此，接下来就开始检测左侧 LED 光源工作状态。对调左右 LED 光源，如果仪表出现"白天行驶灯，右侧"的故障提示信息，则可以断定是左侧 LED 光源出现问题。但是，对调以后，故障车仪表上依旧显示"白天行驶灯，左侧"的故障提示信息。据此可以排除左侧日间行车灯的 LED 光源问题，并重新装复左右 LED 光源。

通过上述检测及分析，已基本排除左侧日间行车灯的 LED 光源、线路和插头等方面的故障，接下来的检查重点只剩下前 SAM 了，而且有可能是前 SAM 的内部逻辑分析处理传输存在问题。根据上述诊断思路，接下来需要检查确认左右侧日间行车灯线路是否存在异常。由于要拆线检查，费事费工，需要拆很多东西，而且也不易检测，考虑到故障车右侧日间行车灯一直正常，系统只是提示左侧日间行车灯异常，决定先拆下前 SAM。之后，把前 SAM 上控制右侧日间行车灯的线与控制左侧日间行车灯的线进行对调，然后再查看故障提示信息。

查阅故障车的日间行车灯相关电路图（图 6-18）后发现，只需要在前 SAM 上把左侧日间行车灯 E1/3 上 20M 区的 10 号针脚与右侧日间行车灯 E2/3 上的 21M 区的 15 号针脚挑出来互换一下即可。把这两个针脚的位置互换之后，也就意味着左右控制方式的互换，当激活左侧日间行车灯的时候，右侧日间行车灯应该亮起，当激活右侧日间行车灯的时候，左侧日间行车灯亮起。

互换上述两个针脚之后，借助诊断仪进行激活，结果发现控制方式发生了改变，说明互换成功。完成上述两个针脚的互换工作之后，再次将车开出车间测试，结果仪表依旧显示"白天行驶灯，左侧"的故障提示信息。根据测试结果分析：如果左侧控制线路有问题的话，现在仪表显示的故障信息应该是"白天行驶灯，右侧"，而依旧提示左侧日间行车灯故障，则充分证明左侧日间行车灯的控制线路不存在问题。据此，通过逐一排除的方法，就可以锁定故障点是前 SAM。

故障排除　更换前 SAM 后，该车故障被彻底排除。

> **技巧点拨**：这是一个灯光报警的故障案例，看似简单，其实里面蕴藏着很多东西。在诊断故障时需要逐步进行认真分析，并想尽一切可能的办法对所有可能的故障原因逐一进行排除和验证，最终都会水落石出。需要注意的是，在分析故障原因时，我们的思维要具有一定的发散性，在熟练掌握逻辑控制方式的基础上，灵活应用诊断验证方法，常常能事半功倍。尤其是在检查线路的过程中，变换一下诊断思路，往往会有惊喜出现。

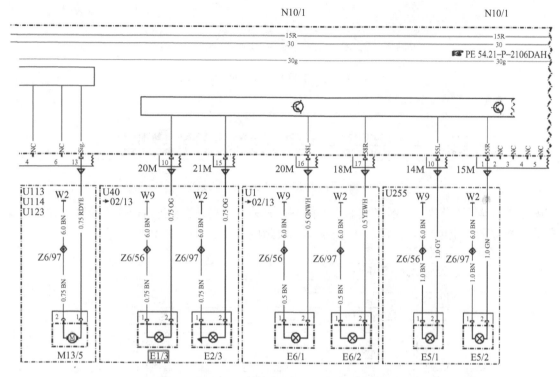

图 6-18 故障车日间行车灯电路图
E1/3—左侧日间行车灯 E2/3—右侧日间行车灯 E6/1—左前示廓灯
E6/2—右前示廓灯 E5/1—左侧前雾灯 E5/2—右侧前雾灯

五、奔驰 R320 车燃油警告灯异常点亮

故障现象 一辆 2017 年产奔驰 R320 车型,搭载 M276 型发动机,行驶里程 1 万 km。车主反映,组合仪表上的燃油警告灯点亮,到加油站加满燃油后,燃油警告灯仍然点亮;操作行李舱开启按钮,行李舱无法打开。

故障诊断 接车后首先试车验证故障现象,接通点火开关,起动发动机,正常;观察组合仪表,发现发动机故障灯和燃油警告灯点亮;操作行李舱开启按钮,行李舱无法打开;操作灯光开关,车辆后部灯光均不工作,但是组合仪表中并没有灯光故障提示;踩下制动踏板,挂入倒档,倒车影像不显示。用奔驰专用检测仪对车辆进行快速检测,发动机控制单元内存储了故障码"P206711—右侧燃油传感器对搭铁短路"和"P046211—左侧燃油液位传感器对搭铁短路"(图 6-19);后 SAM 控制单元内存储了故障码"90DC—左侧燃油液位传感器电路短路"和"90DA—右侧燃油液位传感器电路短路"(图 6-20)。记录并尝试清除故障码,故障码无法清除。

根据故障引导测试,需要检查燃油液位传感器。查阅燃油液位传感器相关电路图,燃油液位传感器的导线插接器 X18/3 的位置比较特殊(不容易拆卸),维修人员决定从故障现象着手检查。操作灯光开关,踩下制动踏板,挂入倒档,用故障检测仪读取后 SAM 控制单元数据流(图 6-21),发现车辆后部灯光的实际值均为"关闭"(正常情况下应为"打开"),同时后 SAM 控制单元的供电电压始终为 0.8V(正常情况下,应为蓄电池的电压),不正常。

编码	文本	状态
P206711	右侧油位传感器对地短路。存在对地短路。	当前的
P046211	左侧油位传感器对地短路。存在对地短路。	当前的

图6-19　发动机控制单元内存储故障码

编码	文本
90DC	部件B4/1（燃油显示传感器，左侧半只油箱）或连接部件的导线短路。
90DA	部件B4/2（燃油显示传感器，右侧半只油箱）或连接部件的导线短路。

图6-20　后SAM控制单元内存储故障码

推测上述故障现象与后SAM控制单元工作不良有关，分析认为造成后SAM控制单元工作不良的可能原因有供电故障、后SAM控制单元故障以及相关线路故障。

控制单元：SAMH7

编号	名称	实际值
020	E3e2（左侧尾灯和驻车灯）	关闭/打开
021	E4e2（右侧尾灯和驻车灯）	关闭/打开
022	E3e4（左侧刹车灯）	关闭/打开
023	E4e4（右侧刹车灯）	关闭/打开
025	E3e5（左侧后雾灯）	关闭/打开
026	E4e5（右侧后雾灯）	关闭/打开
027	E3e3（左侧倒车灯）	关闭/打开
028	E4e3（右侧倒车灯）	关闭/打开
029	E3e1（左侧转向信号灯）	关闭/打开
030	E4e1（右侧转向信号灯）	关闭/打开
038	E19/3（左侧尾门牌照灯），E19/4（右侧尾门牌照灯）	关闭/打开

控制单元：SAMH7

编号	名称	实际值	单位
012	总线端30	0.80	V

图6-21　后SAM控制单元数据流

根据后SAM控制单元相关电路图，检查后SAM控制单元（N10/8）供电端熔丝F79和熔丝F80，熔丝未熔断。找到后SAM控制单元，它位于行李舱备胎坑右后部（图6-22）。断开后SAM控制单元导线插接器B和导线插接器E，依次测量导线插接器B端子1和导线插接器E端子1与车身搭铁之间的电压，均为14.3V，正常；测得导线插接器B端子2和导线插接器E端子2搭铁正常，排除后SAM控制单元供电及相关线路故障的可能。将故障点锁定在后

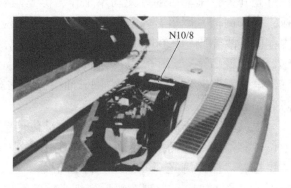

图6-22　后SAM控制单元

SAM 控制单元上，维修人员尝试对后 SAM 控制单元进行升级，无最新软件；对后 SAM 控制单元进行编码操作（SCNcoding），不能成功完成。诊断至此，确定后 SAM 控制单元内部故障。

故障排除　更换后 SAM 控制单元后试车，故障现象彻底消失。

> **技巧点拨**：对于奔驰车燃油警告灯故障，经过详细检测，最终确定后 SAM 控制单元故障，更换总成费用高，但是相对比较可靠。

六、奔驰 E300 燃油表不显示

故障现象　一辆奔驰 E300 轿车，装配 274 型发动机，行驶里程 11120km。车主反映车辆的燃油表不显示。

故障诊断　接车后起动车辆，发现仪表上的燃油表不能显示，除此之外，无任何报警。连接诊断仪进行快速检测，读取到故障码（图 6-23），故障码的含义为左侧油位传感器对正极短路。

```
N118 - Control unit 'Fuel pump' (FSCU08)                                    -F-
MB object number for hardware    000 901 72 02    MB object number for software   000 902 56 33
MB object number for software    000 903 26 10    Diagnosis identifier             00330B
Hardware version                 13/43 000        Software version                 15/47 000
Software version                 16/19 000        Boot software version            11/20 000
Hardware supplier                Continental      Software supplier                Continental
Software supplier                Continental      Control unit variant             FSCM_GEN4_Programmstand_
                                                                                   x30B
Fault    Text                                                              Status
P206600  The left fuel level sensor has a malfunction.                     S
P206800  The left fuel level sensor has a short circuit to positive.       A+S
                                                              S=STORED, A+S=CURRENT and STORED
```

图 6-23　燃油泵控制单元故障码

首先根据故障码进行引导检测，但是故障引导提示，该故障码可以忽略和删除，检测结束。故障引导并没有提供可信的检测步骤。尝试对燃油泵控制单元进行升级后，仪表上的燃油表可以正常显示，于是交予车主观察使用。但是半个月后，车主再次来店反映燃油表不能显示。详细询问车主得知，故障都是出现在刚加过油后，平时一切正常。进入燃油泵控制单元查看实际值，发现左侧油位不能显示，但是燃油泵的占空比及电流都是正常的，如图 6-24 所示，因此车辆起动及行驶没有受到影响。

拆掉后排座垫，拔掉插头 X18/3，测量左右两个油位传感器的阻值，即 X18/3 的 2 号及 3 号针脚，还有 1 号和 4 号针脚，结果显示不导通。对比测量正常车的两个油位传感器也是处于不导通的状态，说明电路图（图 6-25）标示是错误的。

故障排除　在燃油泵控制单元中有 3 个燃油液位的实际值，B4/1 和 B4/2 的实际值因为有故障或者拔下插头的情况下，都会显示为 0.00L。实际值"燃油量"是由 B4/1 和 B4/2 相加得来的，但是只要 B4/1 或 B4/2 有一个因为故障显示为 0，那么仪表上的燃油表便不能正常显示。在实际值中可以看到，右侧油位实际值和燃油量实际值都可以显示，说明燃油泵控制单元自身可以计算出燃油量，怀疑是燃油泵控制单元发送了错误信号，造成仪表上的燃油表不能显示。于是和正常车互换了燃油泵控制单元后，交予车主观察使用。谁知仅一周后，故障再次出现。于是发报告取得厂家技术部门同意后，更换了燃油箱，故障一直没有再出现。

	缩写	编号	姓名	实际值	标准值
	ME（发动机电子设备）	957	发动机转速	096 1/min	[500 .. 1200]
	燃油系统控制单元（FSCU）08	214	蓄电池电压	13.70V	[10.50 .. 15.50]
	燃油系统控制单元（FSCU）08	035	点火开关的状态	接通	接通
	燃油系统控制单元（FSCU）08	947	通过控制器区域网络（CAN）信息发送的燃油需求	是	是
	燃油系统控制单元（FSCU）08	351	燃油泵电流	2.73A	
	燃油系统控制单元（FSCU）08	867	燃油泵电压	5.00V	
	燃油系统控制单元（FSCU）08	995	燃油泵转速	2567 1/min	
	燃油系统控制单元（FSCU）08	074	燃油泵当前的占空比	36%	
	燃油系统控制单元（FSCU）08	809	燃油压力	5.4bar	
	燃油系统控制单元（FSCU）08	461	燃油量	25.20L	
	燃油系统控制单元（FSCU）08	009	B4/1（燃油箱燃油液位指示器液位传感器，左侧）	0.00L	
	燃油系统控制单元（FSCU）08	247	B4/2（燃油箱燃油液位读数液位传感器，右侧）	25.60L	

图 6-24　读取的数据

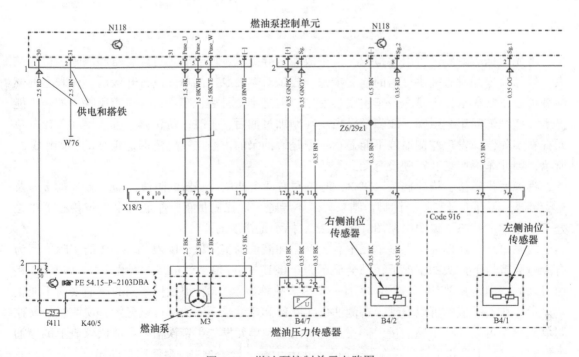

图 6-25　燃油泵控制单元电路图

技巧点拨：对于奔驰车型的高度集成控制系统来说，更换单个部件不能解决问题，就要更换总成。

七、奔驰 E200 前照灯故障

故障现象　一辆 2012 年产奔驰 E200 轿车，底盘型号为 212，发动机型号为 271，行驶里程 15 万 km。车主反映该车仪表显示"智能照明系统停止运作"提示信息（图 6-26）。

故障诊断　检查前后灯光正常，使用诊断仪进行快速检测，左侧氙气灯控制单元报故障码"900A—局域互联网（LIN）故障"。读取左侧氙气灯控制单元实际值，供电电压为 14.3V（标准值 10.5~15.0V），正常；但是氙气灯燃点电压 0.0V（标准值 68.0~117.0V），不正常。同时，维修人员发现左侧前照灯不亮了，怀疑氙气灯有问题，于是对左右侧灯泡进行对调，然后打开前照灯开关，发现灯光亮了，但是仪表上还是报故障。再用诊断仪进行检测，发现还是报相同的故障码。维修人员分析这是线路问题或前照灯控制单元故障造成的，于是拆开左侧前照灯检查，发现前照灯控制单元有进水的痕迹。由此可见，故障应该是由于前照灯控制单元处密封不严，导致左侧氙气前照灯时亮时灭。

故障排除　更换左侧前照灯控制单元并进行密封处理（图 6-27），故障排除。

图 6-26　仪表提示

图 6-27　前照灯控制单元

技巧点拨：进水是造成左侧前照灯控制单元不能正常工作的重要原因，因此，在日常的使用及维护中要做好相关部件的密封和保护工作。

八、奔驰 S320 COMAND 显示屏无法开启

故障现象　一辆奔驰 S320 轿车，行驶里程 1460km。车主反映该车的 COMAND 显示屏开关不起作用，并且仪表出现报警信息。

故障诊断　接车后起动车辆，仪表上立即出现"交通标志辅助功能停止运作"等信息，同时发现 COMAND 显示屏打不开，操作开关也没有反应。检查发现，操作所有按钮开关，除应急灯开关正常外，其余均没有反应。连接诊断仪读取故障码，发现有与底盘 FlexRay、

电子点火开关、COMAND 控制单元等通信方面的故障码，如图 6-28 所示。同时发现，在控制单元列表中少了 4 个控制单元，分别为 COMAND 控制单元（A40/3）、COMAND 显示屏（A40/8）、TPAD 触摸垫（A105）和 COMAND 操作单元（A40/9）。根据功能原理，COMAND 控制单元在这些系统中是网关作用，准备重点检查 COMAND 控制单元。根据电路图（图 6-29），检查了 F1/6 熔丝盒里的 f322 熔丝正常（COMAND 系统 309 供电熔丝），拆掉 COMAND 控制单元，测量其搭铁也正常。

故障排除　对 COMAND 控制单元进行断电处理后，故障依旧；接着准备对 CAN 线进行测量，W221 车型上与 A40/3 相连的是 CAN A 和 CAN F，而 W222 车型上则是 CAN A 和 CAN HMI，实际测量 CAN A 为 2.4V、2.5V，正常；CAN HMI 为 2.5V、2.7V，也在正常范围内。于是判断为 COMAND 控制单元内部故障，订货更换后，系统恢复正常，故障彻底排除。

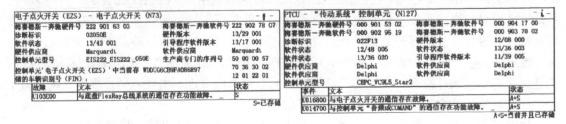

图 6-28　车辆故障码

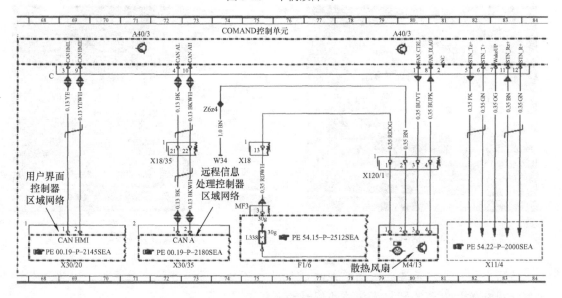

图 6-29　COMAND 控制单元电路图

> **技巧点拨**：COMAND 系统包括显示屏、控制器、功能按钮和电话键区，主要控制车内音响功能、导航系统、车载电话、多媒体播放和车辆综合控制系统。COMAND 系统中控台液晶屏上分为导航、收音机、媒体、电话、车辆五个分级菜单。具体操作时可以通过三种方式来控制，分别是中央扶手箱前的旋钮、空调区域的快捷键以及多功能方向盘上的按键。

第二节 宝 马 车 系

一、宝马 X1 灯光报警故障

故障现象 一辆宝马 X1 车型，型号是 E84，配置 N20 发动机，行驶里程 17353km。车主反映仪表中的灯光故障灯经常点亮，已经维修过两次了。

故障诊断 通过了解情况，得知每次灯光故障灯报警的时候进行检查，发现都是右前照灯上的转向信号灯不亮；重新熄火再起动或者行驶一会儿又自行恢复正常。此前更换了转向灯座带灯泡和转向信号灯插头的针脚，并拆下前保险杠检查了线路。用诊断仪诊断有故障码"FRM 右前行驶方向指示灯损坏，"如图 6-30 所示，故障频率多次，执行检测计划控制转向灯均正常。

持续时间		0 分钟 56.53 秒 (18.10.2017 14:20:17.132 … 14:21:13.666)		
故障代码存储器				
SGBD	BNTN	设码编号	说明	里程数
CAS	---	0x00A127	CAS 发动机控制的信号错误	6736
CAS	---	0x00D904	CAS：K-CAN 线路故障	456
DXC_90	---	0x006F74	信息（发动机控制，0x308）缺失，接收器 DSC，发射器 DME 11704-DDE	
DXC_90	---	0x006F8F	信息 (HDC 按钮操作，0x31A) 缺失，接收器 DSC，发送器 IHK 456 A	
DXC_90	---	0x00D37D	信息（FZD/RLS，0x226）缺失，接收器 DSC，发射器 FZD/RLS	632
FRM_70	---	0x009329	FRM 前雾灯按钮损坏	1276
FRM_70	---	0x00932A	FRM 后雾灯按钮损坏	1630
FRM_70	---	0x009CB2	FRM 大灯光线水平调整电位计损坏	1732
FRM_70	---	0x009CBD	脚部空间模块：后部车门触点短路	648
FRM_70	---	0x00A8B1	FRM 右前行驶方向指示灯损坏	1735

图 6-30 故障码

为了更准确地解决这个故障，确认到底是前照灯还是模块或者线路的问题，查阅电路图（图 6-31），并带上万用表进行路试，多次试到有灯光报警。打开右转向开关，发现右前照灯上的转向灯不亮，进行就地测量，右前照灯插头 X13421 的 12 号针脚对地电压 12V，4 号针脚接地电压为 0。通过测量验证了从 FRM 输出到右前照灯插头是没有问题的。为了验证是否是前照灯内部接触不好的问题，将右前照灯转向信号灯的位置拍了两下，转向信号灯就正常了。

故障排除 拆检前照灯，前照灯外观均正常，拆检前照灯所有后盖和转向信号灯座，检查前照灯后部插头到转向信号灯处线路正常。在检查转向信号灯座和前照灯连接的地方时，发现间隙很大，如图 6-32 所示。与其他车对比，此处接触不好造成转向信号灯经常报警，为了一次性解决问题，更换了右前照灯总成，试车后故障解决。

技巧点拨：针对故障最好的思路是能确认到故障，并进行相关隔离，问题虽然简单，但是实际维修多次造成了客户的不信任，因此基本的检查很重要。

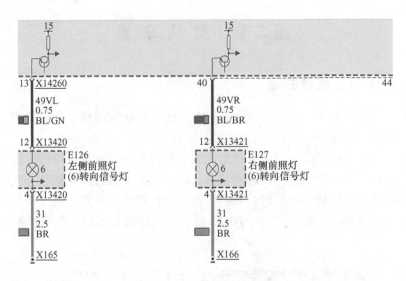

图 6-31 前照灯控制电路图

图 6-32 间隙位置

二、宝马 120i 右前近光灯报警

故障现象 一辆 2011 年宝马 120i，车型代号为 F20，行驶里程 9000km。车主反映车辆的仪表中出现报警提示"右前近光灯失效"。

故障诊断 接车后发现仪表中近光灯报警现象依然存在。打开车辆的灯光，进行实际检查，车辆的右前近光灯不亮，左前近光灯和其他车灯则可以正常点亮。拆除右前近光灯目测检查，右前近光灯丝并没有烧断，用万用表测量也没有发现断路、短路现象。把左右两侧的近光灯对调测试，右前近光灯仍然不亮，左侧可以正常点亮。

接下来连接 ISID 进行诊断检测，读取灯光系统相关的故障码有：8041A5——一个或多个输出端已超出允许的短路循环数（可设码）；804195—右侧近光灯短路。

选择故障内容执行检测计划，系统分析 FEM 控制模块至少有一个输出端过多对地短路而被禁用。该故障必须高度优先处理，因此直接在短路处理中进行分路。在测试步骤中处理 FEM 控制模块和 REM 控制模块的所有短路问题。系统提示右近光灯输出端对地短路点过多，因此被禁用，建议修复线路短路。近光灯、远光灯电路图如图 6-33 所示。

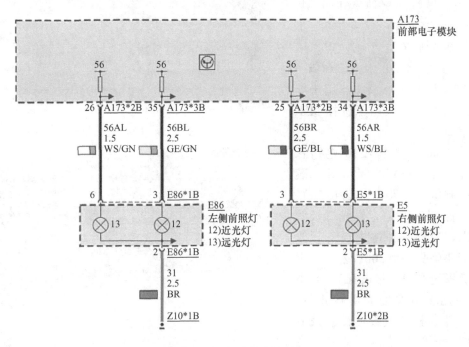

图 6-33　灯光控制电路

实际测量右前近光灯至 FEM 控制模块之间的线路并无短路、断路现象。在下一测试步骤中，将重新开通该输出端。为了激活输出端必须进行总线端切换，并且输出端必须打开。而因短路而被禁用的右近光灯输出端无法再启用，必须更换 FEM 控制模块。

测量右前近光的供电 E5 * 1B 的 3 号针脚只有 2.5V 左右的供电；测量左前近光灯 E86 * 1B 的 6 号针脚有 12V 左右的供电。直接从前部电子模块 FME 处测量，结果一样，因此最终和检测计划分析的一致，为 FEM 内部故障。对车辆进行编程设码，故障无法排除。

故障排除　更换 FEM，再对车辆进行编程设码，右前近光灯可以正常点亮，灯光报警的现象排除，故障排除。

第三节　奥迪/大众车系

一、奥迪 A6L MMI 系统操作单元失效

故障现象　一辆奥迪 A6L 轿车，操作变速杆旁的 MMI 系统操作单元（E380）无法选择 MMI 系统主菜单选项。

故障诊断　根据故障现象，初步怀疑 E380 及其线路有故障。检查 E380 的相关线路，无异常。在维修实践中，E380 进水（如不小心洒进饮料及水淹车等）损坏的故障比较常

见，由此推断该车故障是由E380损坏引起的。由于更换E380的价格较贵，与客户协商后决定拆检E380。

带GPS导航的奥迪A6L车型，其E380中控旋钮有6个感应点，不带GPS导航的则有2个感应点。该车带GPS导航，E380中控旋钮有6个感应点，其中4个感应点用于导航，另外2个感应点用于选择MMI系统主菜单选项。

拆检E380，根据E380电路板（图6-34、图6-35）绘制MMI系统主菜单控制旋钮电路图（图6-36），再根据电路图依次检查发光二极管（用万用表二极管档测量发光二极管时，一定要串联一个300Ω左右的电阻，避免发光二极管被击穿）、光电二极管（用手电筒照光电接收管，同时用万用表检测其导通性）及其供电回路，结果发现5V三端稳压器与发光二极管L1间的供电电路存在断路故障。顺着E380电路板上的线路走向仔细检查，发现有一处线路腐蚀，如图6-35所示，怀疑故障是由此引起的。

故障排除 用刀片刮开腐蚀部位的绝缘漆面，用酒精清洗铜箔位置；然后用电烙铁在铜箔处上助焊剂，再用锡焊焊接好腐蚀处；最后用酒精洗干净焊接点，并涂上绝缘油漆。经过上述处理后装复E380试车，E380功能恢复正常，故障排除。

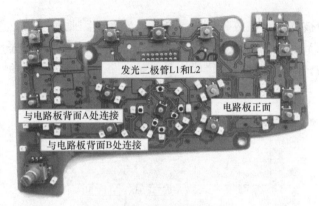

图6-34　E380电路板正面

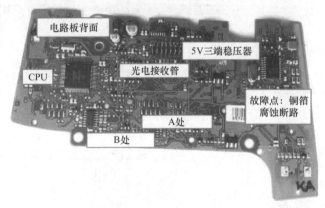

图6-35　E380电路板背面

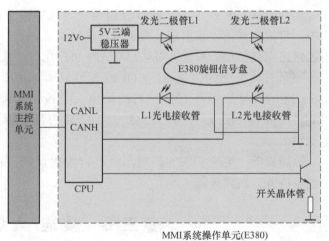

图6-36　MMI系统主菜单控制旋钮电路

技巧点拨：E380中控旋钮是根据光学原理制作的，由发光二极管、信号盘、光电二极管及电控电路等组成。E380中控旋钮与信号盘连接，操作旋钮时发光二极管和光电二极管（发光二极管与光电二极管一一对应）产生光电信号，CPU接收到光电信号后进行处理，然后输出相应的指令至MMI系统主控单元。

二、奥迪 A6L 行驶中仪表突然黑屏

故障现象　一辆奥迪 A6L，配置 2.5L 发动机，行驶里程 172865km。车主反映车辆在行驶过程中有时突然仪表黑屏，重新开闭点火开关后故障消失。

故障诊断　维修人员用诊断仪检查多个控制单元内有如图 6-37 所示故障码记录。

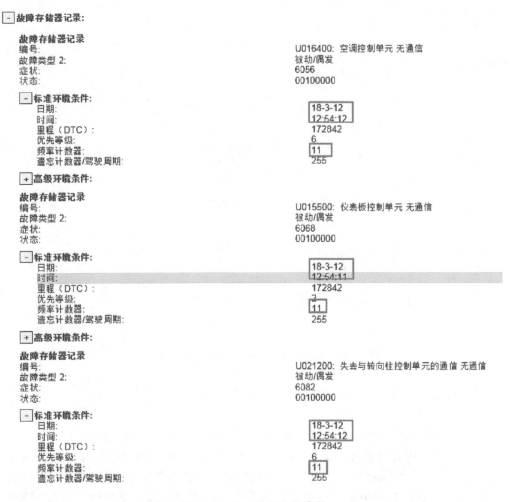

图 6-37　控制单元内故障码

根据诊断仪引导型测试计划进行检查，由于是偶发故障，检查均显示各控制单元通信正常，无法找到故障原因。维修人员根据故障码检查了仪表 J285、转向柱控制单元 J527、空调 J255 和网关 J533 之间的数据总线和插接器，没有发现明显故障现象。但车主反映故障出现过好几次，要求一次解决故障。在这种情况下介入了诊断分析。

首先详细梳理了故障诊断报告，得出以下有效信息：①发动机、变速器、网关等多个控制单元报故障码"仪表 J285、转向柱控制单元 J527 和空调 J255 失去通信"；②与网关无法通信的这几个控制单元自己报故障码"U10AA00：数据总线显示/操作损坏被动偶发"；③这几个控制单元无法通信时前后时间相差 1s，可以说完全一致（根据控制策略，

时间响应不一致）；④故障频率是 11 次，说明故障真实存在；⑤诊断报告中没有倒车影像控制单元 6C 地址码，也就是说系统认为 6C 在本车不存在。

接着查阅了该车的网络拓扑图，发现 J285、J527、J255、J772、J446 同属于显示和操作 CAN，如图 6-38 所示。

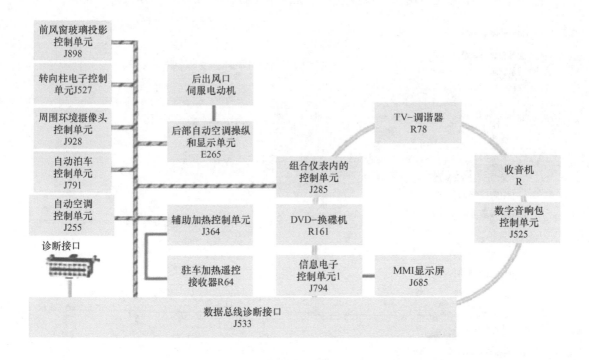

图 6-38 显示和操作 CAN 总线拓扑图

查阅相关电路图可知，J285、J527 和 J255 共用位于中央通道右侧的 45 号搭铁点，如图 6-39、图 6-40 所示。

根据上述条件综合分析认为是某个控制单元突然发生故障，导致显示和操作 CAN 总线所有控制单元都无法进行通信。鉴于 J285、J527、J255 共用 1 个搭铁点，如该搭铁点存在松动现象可能导致多个控制单元无法通信。首先应检查该搭铁点是否可靠有效。其次倒车影像控制单元 J772 在诊断报告中没有显示相关信息，根据以往经验，不是整车没有装备该控制单元，就是控制单元本身损坏。应重点检查该控制单元是否有进水氧化或是替换验证该控制单元的有效性。

故障排除 检查位于仪表台中央右侧的搭铁点，发现该搭铁点接触可靠没有虚接现象。接着检查位于行李舱右侧的倒车影像控制单元，此时发现该车的倒车影像控制单元并没有安装在此处。进一步检查发现在驻车辅助控制单元 J446 上有转接插接器，且与该车倒车影像摄像头线路并联在一起，如图 6-41 所示。原来此车倒车影像为加装件，加装的控制单元从 J446 插接器处获得电源；并且将该倒车影像控制单元通过 J446 并入显示和操作 CAN 总线内。拆除该控制单元后，车主使用 3 个月故障也没有再出现，确认故障排除。

第六章 汽车仪表报警系统实用维修技能与技巧

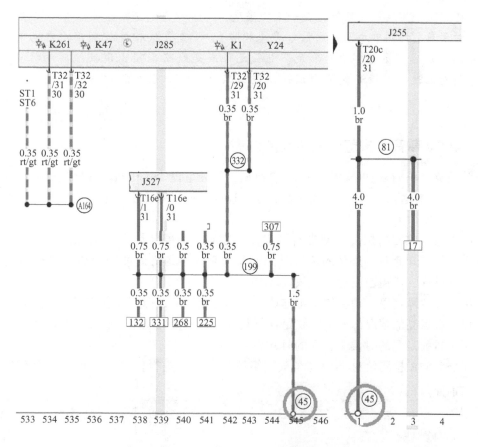

图 6-39　J285、J527、J255 共用搭铁电路图

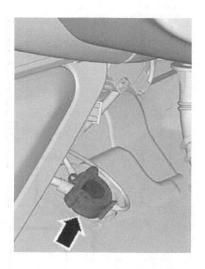

图 6-40　45 号搭铁点位置

图 6-41　J446 处转接插接器

229

技巧点拨：排除偶发故障存在一定的难度，排除时首先要把基础检查工作做细做精；其次，对于多个控制单元无法通信（多个故障），应重点找相关控制单元之间有什么共同联系点；最后，要清楚控制单元、电气元件或是线路虚接出现故障时的特点，这样才能有针对性地进行检查或是尝试性措施。只有不断积累和总结各种案例才能提高一次修复率。

三、2010 款高尔夫灯光故障警告灯亮

故障现象　一辆 2010 款高尔夫 1.4T 车型，行驶里程 75030km。其灯光故障灯点亮，但检查外部灯光均正常，因为这个故障在其他修理厂更换了好几轮灯泡，但换来换去还是故障依旧。

故障诊断　该款高尔夫车型带有灯光监测装置，当外部灯光（前照灯、示廓灯、转向灯、制动灯等）出现灯泡烧坏的现象时，该车仪表盘中的灯光故障警告灯就会点亮，提醒驾驶员更换灯泡，避免造成意外事故。

仔细验证故障现象，确实如车主描述，全车灯光正常，但灯光警告灯依然点亮。仔细询问车主第一次点亮的情况，车主反映是在行驶的过程中突然点亮了，而且有时候亮、有时候就熄灭了，目前是亮的时候多、灭的时候少。

用 VAS5054A 检测仪对 J519（车载网络控制单元）进行检测，发现里面存有多个故障码，以右前照灯的故障码居多，有右侧近光灯、右侧远光灯、右侧雾灯断路等。由于车主在其他修理厂已经将这些灯泡换过多次，故障依旧，应该不是这些灯泡的质量问题引起的故障。那么，为什么灯光故障灯会亮呢？

根据该车灯光系统电路图（图 6-42），检查发现右侧的前照灯近光、远光以及右前雾灯分别接在 J519 中的不

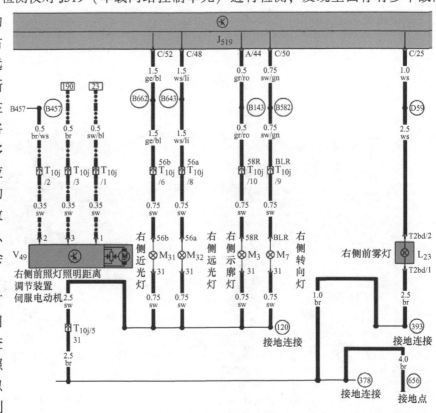

图 6-42　高尔夫灯光系统电路图

同针脚中,同时损坏的可能性很小。由于这些灯光都可以正常控制亮灭,J519损坏的可能性也不大。正在百思不得其解的时候,忽然想起车主描述的故障现象,起初亮的时候少,后来越来越多,现在就灭不了了。从这个描述上看,这个故障现象应为接触不良的典型现象。

这些灯的搭铁良好,其火线是由J519进行分别控制的,难道它们有公共的火线吗?通过查找得知,在发动机舱内的电控箱熔丝盒中的F16熔丝为30A,控制着左侧示廓灯、左后转向灯、右前转向灯、右侧倒车灯、左侧制动灯、右侧近光灯、右侧远光灯、右侧前雾灯和牌照灯。既然有共用的控制火线的熔丝,那么是熔丝出问题了?

打开发动机舱盖,拆开熔丝盒盖,找到该熔丝,拔下检查,发现熔丝底座已经烧蚀损坏了(图6-43)。熔丝由于烧蚀导致高温变形,在接触位置粘满了熔化的塑料,熔丝底座接触弹片也因烧蚀而退火,导致变形失去了弹性。与车主沟通,建议更换该熔丝盒,而由于该熔丝盒价格上千,车主要求进行修理,于是对该熔丝盒进行尝试修理。

在拆卸前,先拍一张清晰的照片,因为有些熔丝位置是空位,如果缺少这个环节的话,就很难将众多的熔丝准确无误地插回去了(图6-44)。

图6-43 烧蚀损坏的熔丝底座

图6-44 熔丝盒全貌

故障排除 拆下侧面附加的SA熔丝盒接线,并取下该熔丝盒,用专用的T40工具拧下中央的固定螺钉,拆下熔丝盒可以发现该熔丝盒下方为一组大插头,下部的插座固定在底座上(图6-45)。

拆下固定在熔丝盒正面的6个小螺钉,取下SA熔丝盒的火线绝缘垫,均匀地往外拉动熔丝盒面,就可以拉出该面板,后部的连接位置就一览无余了(图6-46)。观察烧蚀的熔丝座,确实已经无法再使用。如果从里面焊线出来,一则不美观,二则也影响可靠性。仔细观察,发现这些接触底座为冲压夹在底座接触片上的,用适当工具将弹片撬下来。由于该车有空位的熔丝座,对照之前拍的位置照片,很容易就可以找到一个同样规格的未使用的弹片。用同样的方法取下,来个移花接木,调换一下位置,固定好后,按原位置还原。

由于烧蚀的弹片已移到一个用不到的空位上,对该车的使用无任何影响。还原后多次试车,故障现象不再出现。经过对熔丝盒的拆卸、分解、维修,完美地排除了故障。这种故障,在速腾车型上也有发生,大家可以参照这个方法进行检查维修。一周后回访车主,故障现象再没出现过,故障被彻底排除。

图 6-45 熔丝盒底部固定插座

图 6-46 熔丝盒底部面板

技巧点拨：发动机舱内的熔丝 SB16 控制的电器设备比较多，导致负载电流较大。由于采用插接的方式，时间长了，就容易发生接触不良的现象，产生接触电阻，引起发热。产生的高温将熔丝的塑料外壳熔化，渗入触点处，造成更严重的虚接，从而恶性循环。由于虚接，导致提供给灯光的电流比正常值小很多，超出了控制单元认可的正常检测范围，使控制单元在检测的时候认为该灯泡断路。

第四节 其他车系

一、丰田凯美瑞无法遥控打开车门

故障现象 一辆 2006 年广汽丰田凯美瑞轿车，行驶里程 23.3 万 km。车主反映该车无法遥控打开车门，用机械钥匙打开车门后在仪表盘多功能显示屏上一直显示"未检测到钥匙"；车主更换另外一把钥匙试验，发现仪表盘上仍然显示"未检测到钥匙"；车主使用应急起动方法起动车辆，仪表盘的多功能显示屏上还是显示"未检测到钥匙"。

故障诊断 接车后试车验证故障现象，故障现象与车主反映的一致，即使是采用应急起动的方法起动车辆，仪表盘的多功能显示屏上一直显示"未检测到钥匙"，踩下制动踏板发现起动开关上的起动指示灯没有任何反应；检查车辆相关熔丝，没有发现异常。根据故障现象分析，可能的故障原因包括：遥控钥匙故障、发动机起动开关故障、车门控制接收器故障、防盗及智能控制系统线路故障，以及防盗及智能控制系统 ECU 故障。

根据维修手册检查车门控制接收器控制线路，未见短路或断路现象；用 IT-Ⅱ使用手动模式进入智能及起动系统检测故障码，发现存储有故障码"B2784—天线线圈开路/短路""B278A—锁定器充电故障 VC5 搭铁短路"。记录并尝试清除故障码后试车，故障依旧，故障码无法清除。

查阅维修手册发现，故障码 B2784 的确切含义是"发动机点火开关内部钥匙天线线圈开路/短路"。根据该车电路图（图 6-47）测量电源开关（E52）导线插接器的端子 10（CODE，内部钥匙天线线圈）与认证 ECU（E58）导线插接器的端子 9（CODE）之间的控制线路，未见短路或断路现象；测量电源开关（E52）导线插接器的端子 9（TXCT）与认证 ECU（E58）导线插接器的端子 8（TXCT）之间的控制线路，没有短路或断路；再测量电源开关（E52）内部的接通情况，未见异常。根据上述检测结果确定电源开关（E52）良好。

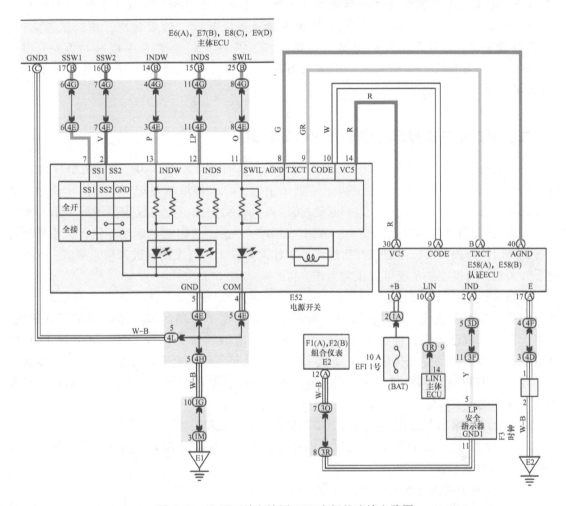

图 6-47　电源开关和认证 ECU 之间的连接电路图

查阅维修手册，当电源开关（E52）的电源线路开路或短路时会出现故障码 B278A，测量电源开关（E52）导线插接器端子 14（VC5）与认证 ECU（E58）导线插接器的端子 30（VC5）之间的控制线路，未见短路或断路现象；测量认证 ECU（E58）导线插接器的端子 30（VC5）与车身搭铁之间的电压，发现不管是在什么状态该端子的电压都为 0V，而正常情况下，在按下电源开关（E52）时该端子的电压应为 4.6～5.4V，当钥匙不在车内时该端子的电压应低于 1V；再测量电源开关（E52）导线插接器端子 8（AGND）与认证 ECU（E58）导线插接器的端子 40（AGND）之间的控制线路，未见短路或断路现象；测量认证 ECU（E58）导线插接器的端子 17（E）与车身搭铁之间的电阻，搭铁良好。根据以上检测结果分析，应该是认证 ECU（E58）内部 VC5 电源电路损坏，导致认证 ECU（E58）没有电源供应给电源开关（E52），进而导致故障发生的。

故障排除　更换认证 ECU 并重新注册登记钥匙后试车，故障排除。

> **技巧点拨**：认证 ECU 在没有任何线路改动的情况下损坏有点蹊跷，推测可能是车辆受外界原因破坏过原车防盗系统，导致认证 ECU 损坏。对于该故障，在维修手册中没有提供太多相关测量数据标准及元件检测的数据，通过认真分析检查及了解其控制原理，结合修理时常用的换件排除法，也能快速有效地排除故障。该案例中，维修技师通过查阅维修手册，测量每根线的短路或断路情况，关键是测量 E58 导线插接器端子 30（VC5）与车身搭铁之间的电压，一直为 0V，与标准值不一样，从而找到故障根源，最终排除故障。

二、丰田凯美瑞显示屏显示"未检测到钥匙"

故障现象　一辆 2007 年广汽丰田凯美瑞轿车，车辆型号为 ACV40，发动机型号为 2AZ-FE，行驶里程 26.4 万 km。车主丢失了一把车钥匙，要求再重新登记一把新的车钥匙。4S 店维修人员完成车钥匙登记后，进行起动/接通点火开关操作，此时仪表显示屏显示"未检测到钥匙"；但将钥匙贴近点火开关，听到"滴滴"声后，可以顺利起动车辆；携带新钥匙进行无线门锁开关锁及行李舱盖开启操作，工作无异常；进行无钥匙进入功能测试，操作门把手开关锁，门锁控制系统可以正常运作。

故障诊断　根据故障现象分析导致该故障的可能原因包括：①新钥匙本身电量不足；②车内振荡器本身或相关线路故障导致未形成有效的电子振荡区域，进而识别不到钥匙；③电子振荡区域已形成，但钥匙发出的停机码未能有效传输至认证 ECU；④认证 ECU 内部故障，导致起动信号未传输至发动机 ECU；⑤认证 ECU 与发动机 ECU 之间的传输错误；⑥发动机 ECU 内部故障；⑦新钥匙与此车不匹配；⑧新钥匙内部故障，导致信号传输不良；⑨其他相关故障。

根据故障排除基本法则，按照以下步骤对该车进行故障诊断：

1）连接 IT-Ⅱ读取故障码，无故障码存储，用 IT-Ⅱ查看相关数据流，未发现明显异常数据。

2）更换新钥匙的电池后试车，故障依旧。

3）用 IT-Ⅱ执行主动测试功能，检查钥匙是否在振荡区域内，分别在乘员舱前部、乘员舱后部、行李舱、车辆后部 700mm 区域内、驾驶人侧车门 700mm 区域内进行测试，均能发出"滴滴滴"的声音，这说明电子振荡区域已经形成，并且可以识别到钥匙。

4）用原车钥匙起动发动机，不管钥匙位于乘员舱内任何地方，发动机均可以顺利起动，这说明从钥匙发送停机码开始到发动机 ECU 之间的部件及线路不存在任何通信故障或不良。

5）由于用新钥匙进行无线遥控进入及无钥匙进入功能均可以正常工作，这说明钥匙与认证 ECU 的应答器码传输不存在任何故障。

6）用新钥匙贴近点火开关，听到"滴滴"声后，可以顺利起动车辆，这说明智能钥匙

第六章 汽车仪表报警系统实用维修技能与技巧

的停机码也可以被认证 ECU 及停机系统 ECU 所识别并认可。

通过上述检测基本上可以确定该车的故障根源在于新钥匙本身，但通过零件 EPC 系统查询可知，该钥匙的版本适用于此车。由于钥匙匹配之后，无法重复使用于其他车辆，不能擅自更换另一新钥匙进行测试。至此故障诊断工作陷入僵局。

再仔细端详原车钥匙和新钥匙，查看新旧钥匙背面电装公司的钥匙 CMLT ID 码、MODEL 编码及钥匙芯片编码，无意中发现新旧两把钥匙的 ID 码及 MODEL 编码不一样（表6-1）。再取出另外一把新钥匙，CMLT ID 码和 MODEL 编码和原车钥匙一样，但通过零件 EPC 系统查询，却说该钥匙不适用，尝试用 IT-Ⅱ进行匹配登记，但 IT-Ⅱ显示钥匙无法匹配。

表 6-1　钥匙的 EPC 零件码、CMLT ID 码、MODEL 编码和芯片编码信息

钥匙状态	EPC 零件码	CMLT ID 码	MODEL 编码	芯片编码
原车钥匙	89904-06022	2005DJ1817	14AAS-01	271451-0140
检测不到的钥匙	89904-06022	2009DJ4676	14AAS-02	271451-0140
无法匹配的钥匙	89904-06100	2005DJ1817	14AAS-01	271451-3370

故障排除　将三把钥匙均进行拆解，发现原车钥匙和匹配后出现检测不到的新钥匙芯片编码均为 271451-0140，但 CMLT ID 码却不一样；而显示无法匹配的钥匙芯片编码为 271451-3370。这说明该车故障就是新更换的钥匙本身和车型不适合，故而决定重新调货（EPC 零件码为 89904-06022）更换。新钥匙到货后，重新添加钥匙后试车，故障排除。

> **技巧点拨：** 通过此故障可知，即使是新的部件也可能存在异常，应细心去观察其不同之处，同时要虚心听取多方建议；对于智能钥匙，在 EPC 编码不确定的前提下，可用芯片编码进一步确认；至于钥匙外壳上配件制造商标示的 CMLT ID 码与 MODEL 编码，所代表的含义还有待进一步咨询。在此，建议厂家对于部件有更改或更新时，其所对应的车型或年款，应该能从部件的外观或标识上进行分辨区别。很多维修技师在故障诊断时虽然已经对故障点确认了，但在更换配件后往往会因为配件本身原因或安装不良导致故障无法消除，此时很多维修技师往往不会去证实更换的配件是否正常，从而导致故障诊断陷入僵局。本案例具有代表性，希望广大维修技师引以为戒。

三、名爵 MG3 变速器故障灯点亮

故障现象　一辆 2013 年产名爵 MG3 轿车，搭载 AMT 变速器。车主反映，该车在行驶中，变速器故障灯突然点亮，接着车辆无法加速，只能低速行驶。

故障诊断　接车后试车，起动发动机，组合仪表上的变速器故障灯点亮（图 6-48）。用故障检测仪（VDS）检测，在变速器控制模块（TCM）中读取历史故障码：P1743—离合器位置传感器（CPS）信号过高。

脱开离合器位置传感器导线插接器，发现该导线插接器内的端子已发霉；检查离合器位置传感器的端子，无腐蚀及变形。清洗离合器位置传感器导线插接器后装复试车，故障依旧。

查看相关电路（图 6-49）得知，离合器位置传感器与变速器控制模块间有 1 个中间导

线插接器（BY013 和 GB013）。依次测量离合器位置传感器与变速器控制模块间 3 条线路的导通性，发现离合器位置传感器导线插接器 GB012 端子 1 与变速器控制模块导线插接器 BY113 端子 59 间线路的电阻为 111.2Ω，异常，而其他 2 条线路的导通性均正常。

检查离合器位置传感器与变速器控制模块间的线束，脱开中间导线插接器（BY013 和 GB013），发现该导线插接器内部有水渍，且 BY013 端子 18 和 GB013 端子 18 均已发霉（图 6-50）。由水渍的颜色推断进入中间导线插接器的液体为发动机冷却液。仔细检查发现，该导线插接器旁边的发动机冷却液出水管的卡箍为非原装件。询问车主得知，几个月前该车前部发生过碰撞，为此更换了冷凝器、散热器、发动机冷却液出水管和进水管及其他附件。由此推断，上次事故维修时维修人员未做好防护，导致发动机冷却液顺着线束流进了中间导线插接器。

故障排除 清洗中间导线插接器后装复，清除 TCM 系统数据，完成变速器档位自适应学习后试车，故障排除。

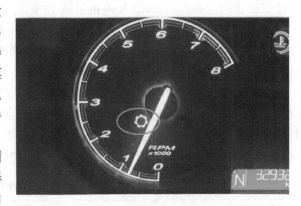

图 6-48 变速器故障灯点亮

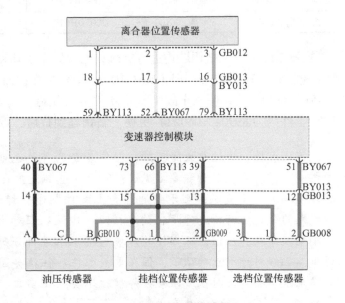

图 6-49 离合器位置传感器电路

技巧点拨：汽车出现的故障中，因进水腐蚀造成故障产生的情况占有比较大的比重，当故障发生时，比较难以确定故障部位，甚至很多情况下这类故障也没有相应的故障信息，这是在诊断时需要特别注意的。

 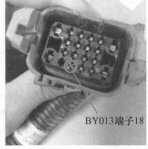

图 6-50 中间导线插接器端子

四、路虎揽胜喇叭不响

故障现象　一辆路虎揽胜，配置 3.0L 柴油发动机，行驶里程 188048km。车主反映该车的喇叭不响。

故障诊断　接车后按喇叭按钮，喇叭不响，情况属实。

此故障现象有以下几个原因：①线路问题；②熔丝或继电器损坏；③供电问题；④喇叭开关；⑤喇叭坏了。

本着从简单到复杂的思路来解决问题。先用试灯测量熔丝处有没有电，结果试灯亮，正常。然后测量喇叭插头的供电情况，结果正常。此时判断是喇叭坏了。

向厂家订购了一个新的喇叭，到货后装上测试，结果还是不响。难道订的新喇叭有问题？再用试灯测量插头，试灯亮，说明有电。接下来猜测可能存在虚接，用万用表测电压，供电也没问题。这个时候想到这个喇叭有可能分正负极，然后就把喇叭插头的插针互换了一下，如图 6-51 所示。重新装上，喇叭正常工作。事后经过查找资料发现，现在的喇叭都是靠晶体管来控制的，由于之前用触点控制容易把触点烧蚀。

图 6-51　把喇叭插头插针互换

电子喇叭的电路由振荡电路和功率放大电路组成，如图 6-52 所示。其原理如下：如果振荡器的 T_2 截止，则 T_3 截止，此时 T_4、T_5 导通，喇叭线圈有电流通过，产生电磁力吸动膜片；振荡器的 T_2 导通，则 T_3 导通，此时 T_4、T_5 截止，喇叭线圈中无电流通过，膜片复位；调整 R_6 大小，就是调整 T_2 截止时间的长短，即通电时间的长短，改变膜片的振幅，直接控制喇叭音调的高低。

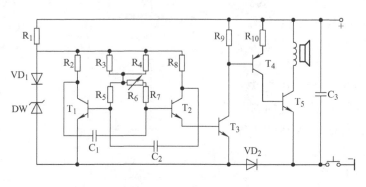

图 6-52　电子喇叭电路

故障排除 更换喇叭和互换喇叭正负极插针。

> **技巧点拨**：一个看似简单的问题，如果不懂工作原理的话，在维修时会令人无从下手。只有把工作原理弄明白了才能更快更准确地找到问题，在今后的维修过程中还需要不断地学习理论知识，才能在实际的修车过程中有思路，不会被问题弄得毫无头绪。
>
> 这个故障也是多次出现的，这与厂家设计有关，出现过换新的喇叭不响的现象，这个设计改变了传统的控制模式，使部分维修人员误认为是配件质量有问题。

五、2013 款凯越开前照灯刮水器自动刮起

故障现象 一辆 2013 款凯越轿车，行驶里程 5 万 km。车主反映按喇叭时喇叭不响，开前照灯开关时前照灯亮但刮水器却自动刮起。

故障诊断 检查后发现与车主描述一致，更换前照灯开关后故障依旧，但是发现开左转向灯时两个前雾灯发暗。

用万用表测量电压，按喇叭开关时，插接器 X0 的 19#端子有 12V 电压输出，喇叭却不响。难道是喇叭搭铁线路断路或搭铁不良引起的？查看前照灯以及喇叭电路图（图 6-53）发现有个共同的搭铁点 G104 和 G102。

既然前照灯和喇叭有共同搭铁点，搭铁有故障为何造成喇叭不工作、前照灯却正常工作？而且开前照灯时刮水器却自动刮起。查看刮水器电路图（图 6-54）时发现前照灯插接器 X2 的 6#端子向 G201 搭铁点形成了回路同时也向前刮水器开关有分支过去，又和 G201 形成了回路。这才会造成在开前

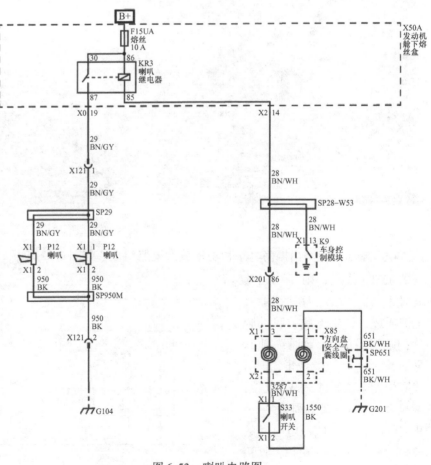

图 6-53 喇叭电路图

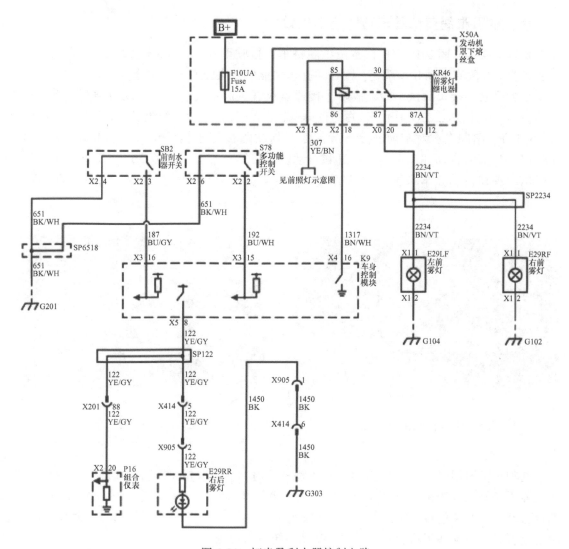

图 6-54 灯光及刮水器控制电路

照灯时刮水器自动刮起。

那为什么开左转向灯时雾灯会发暗呢？当开左转向灯时如果搭铁 G102 和 G104 发生断路那么就会造成左转向灯无法形成回路，从而输出的电压在熔丝盒内流向雾灯形成了原本并联的雾灯电路变成串联在转向灯电路中，从而导致开左转向灯时两前雾灯发暗。

从以上分析表明搭铁点 G104 和 G102 出现了故障。从维修手册中找出搭铁点分布图，搭铁点 G102 和 G104 在发动机舱左侧。找到搭铁点 G102 和 G104 后检查发现，故障是由于安装报警器时搭铁线未紧固造成接触不良所致。

故障排除 打磨并重新紧固搭铁点后故障排除。

技巧点拨：本案例的故障现象是典型的搭铁不良造成的，由于共用搭铁线，导致出现一些奇怪的故障。

六、本田雅阁自动驻车功能偶尔失效

故障现象　一辆 2015 年广汽本田雅阁轿车，行驶里程 2 万 km，搭载 2.0L 发动机和自动变速器，并配有自动驻车系统，因自动驻车功能偶尔失效而进厂检修。

故障诊断　接车后试车验证故障，接通点火开关起动发动机，发动机顺利起动，按下自动驻车（BRAKE HOLD）开关，仪表盘上的自动驻车系统指示灯能正常点亮（图 6-55）。陪同车主对车辆进行路试，踩下制动踏板使车辆停稳，自动驻车系统工作，此时仪表盘上的自动驻车系统指示灯和自动驻车灯均能点亮（图 6-56）。反复试车，确实会偶尔出现在自动驻车系统启动的情况下，自动驻车系统指示灯熄灭，与此同时自动驻车功能关闭。

图 6-55　自动驻车系统指示灯点亮　　　　图 6-56　自动驻车系统指示灯和自动驻车灯均点亮

驾驶车辆返回修理厂，连接 HDS 对车辆进行检测，调取相关控制单元内存储的故障码，无故障码存储。查阅相关资料可知，自动驻车系统集成在 VSA 控制单元内，VSA 控制单元综合自动驻车开关信号、座椅安全带信号、车速信号、自动变速器档位信号、制动信号等，决定是否启用自动驻车功能，并适时对制动系统进行控制。

根据上述检查结果，判断故障可能原因包括：安全带信号异常、自动驻车开关故障、仪表控制单元故障（自动驻车开关信号由仪表控制单元通过 F-CAN 总线传递给 VSA 控制单元）、VSA 控制单元故障、相关线路故障等。

本着由简到繁的原则对上述可疑故障点进行排查。首先对座椅安全带的信号进行排查。在故障发生时，按下座椅安全带锁扣，取出安全带，仪表盘上座椅安全带指示灯点亮，将安全带插入锁扣中，座椅安全带指示灯熄灭，且插入安全带后自动驻车系统指示灯也并未恢复点亮，这说明座椅安全带信号应该是正常的。

故障排除　查阅相关电路图（图 6-57），短接自动驻车开关（不通过自动驻车开关，直接给仪表控制单元提供搭铁信号）后试车，故障依旧，说明自动驻车开关应该是正常的；尝试更换仪表控制单元后试车，故障依旧，排除仪表控制单元故障的可能；尝试更换 VSA 控制单元后试车，故障未再出现，于是将车交还给车主。两周后进行电话回访，确认故障彻底排除。

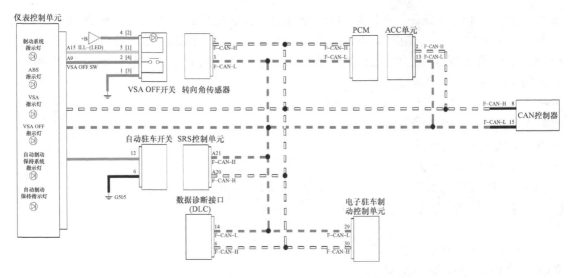

图 6-57 自动驻车系统相关电路

技巧点拨：自动驻车系统集成在车辆稳定控制系统（VSA）控制单元内，VSA 控制单元综合自动驻车开关信号、座椅安全带信号、车速信号、自动变速器档位信号、制动信号等，决定是否启用自动驻车功能，并适时对制动系统进行控制。在系好安全带的情况下，接通点火开关起动发动机，按下自动驻车开关（开关控制搭铁），自动驻车开关向仪表控制单元发出搭铁信号，仪表控制单元点亮位于仪表盘上的自动驻车系统指示灯，并通过 F-CAN 总线将自动驻车开关的搭铁信号传递给 VSA 控制单元，VSA 控制单元即进入工作准备状态。当驾驶人踩下制动踏板使车辆停稳后，自动驻车灯点亮，VSA 控制单元通过控制电磁阀，以维持制动管路内的压力，使车辆保持静止。

七、保时捷卡宴起动后仪表显示 PSM 故障

故障现象　一辆 2016 年保时捷卡宴，配置 3.0L 发动机，行驶里程 15200km。车辆偶尔出现起动后仪表显示 PSM 故障，还有底盘系统故障等多个故障灯点亮，重新起动车辆后等待几秒故障自动消失。

故障诊断　试车检查，故障无法重现，用诊断仪检测有多个偶发的故障码，都是底盘 CAN 系统的控制单元通信故障。分析可能的原因包括：①底盘 CAN 线路故障；②底盘 CAN 网络系统的控制单元故障；③网关故障。连接示波器检测底盘 CAN 波形正常。画出底盘 CAN 网络系统示意图及 CAN 线路连接和针脚，如图 6-58 所示。

检查各个控制单元 CAN 针脚，连接良好，没有发现

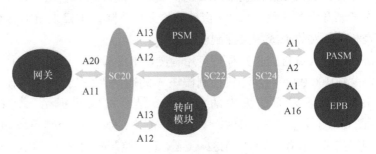

图 6-58 底盘 CAN 网络系统示意图

问题。摇晃底盘 CAN 线路，故障未再现。测量底盘 CAN 线路，无短路、断路现象。因为此车没有配备 PDCC、全轮驱动和后差速锁控制单元，所以根据线路图只需检查节点 SC20 和 SC24，没有发现故障。由于没法再现故障，也没有找到故障点，打电话给车主询问故障出现时车辆及外界环境的一些情况。车主反映故障发生在夜里或者凌晨比较冷的情况下，起动车辆会出现故障，白天没有发生过。分析此故障可能与温度有关，于是尝试对网关、EPB、PSM、PASM、转向柱模块进行物理降温。

当对 PASM（电子减振控制系统）模块物理降温时故障再现，捕捉到故障波形为 CAN 高对地短路的波形，如图 6-59 所示。同时我们还发现此车后部悬架高度高于正常值，尝试校准，无法校准到正常高度。

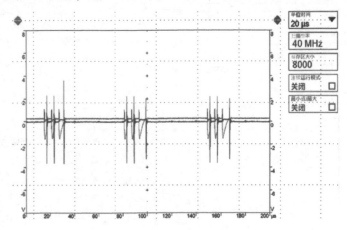

图 6-59 发生故障时波形

故障排除 更换 PASM 模块，模拟相同环境试车，故障未再出现。

> **技巧点拨**：低温时 PASM 模块内部短路。对于这类偶发故障，必须要询问车主故障发生的具体细节，每一个细节可能都是我们查找故障的关键点。我们在诊断过程中还发现 PASM 右后水平传感器信号线的线路图标注错误，B17 应为空脚，B18 应为传感器信号。

八、福特蒙迪欧仪表黑屏

故障现象 一辆 2013 款蒙迪欧轿车，搭载 2.0L GTDI Ecoboost 发动机和 6 速手自一体变速器，配备人机交互 SYNC 2 代娱乐系统，行驶里程 5.5 万 km。该车前一天使用一切正常，第二天一早起动车辆后，仪表黑屏，中央多媒体显示屏长亮。

故障诊断 接车后试车验证故障，接通点火开关，起动发动机，发动机顺利起动。仪表盘黑屏，中央多媒体显示屏长亮，接通空调开关，空调系统不工作，娱乐系统也不工作，操作玻璃升降器开关，4 门车窗玻璃均无法升降。维修人员初步分析造成上述故障的可能原因是相关线路故障或相关控制模块故障。

维修人员首先连接福特专用检测仪 IDS 检测，读取故障码，ABS 控制模块内存储有故障码 "U0100 00—与发动机控制模块 A 的通信丢失"；其他控制模块内部也存储了以 "U" 开头的有关网络通信丢失的故障码。结合故障码提示，查看该车模块网络通信拓扑图（图 6-60），总结发现 HS3-CAN 和 MS-CAN 上的控制模块均失效。利用故障检测仪 IDS 做网络测试，HS1-CAN、HS2-CAN 上的控制模块合格，HS3-CAN 和 MS-CAN 上的控制模块依然失效，验证了上面的总结。

第六章 汽车仪表报警系统实用维修技能与技巧

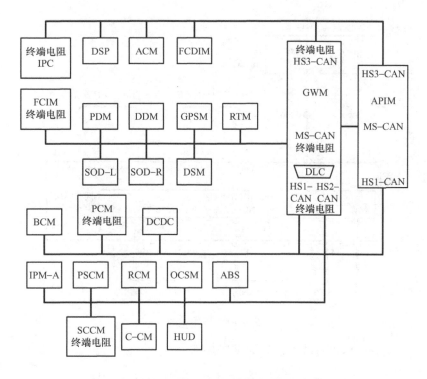

图 6-60 网络通信拓扑图

ABS—制动防抱死系统　ACM—音频控制模块　APIM—附件通信接口模块　BCM—车身控制模块
C-CM—自适应巡航控制模块　DCDC（VQM）—DC/DC 变换器模块　DDM—左前门模块
DLC—诊断接口　DSM—驾驶人侧座椅模块　DSP—功率放大模块　FCDIM—4.2 英寸显示屏（低配车配置，该车不配备）
FCIM—前控制接口模块　GPSM—全球定位系统模块　GWM—网关模块　HS1-CAN—高速 CAN 网络
HS2-CAN—高速 CAN 网络　HS3-CAN—高速 CAN 网络　HUD—抬头显示模块　IPC—仪表控制模块
IPM-A—前图像处理模块 A　MS-CAN—中速 CAN 网络　OCSM—乘客席占位传感器模块
PAM—驻车辅助模块（该车整合到 BCM 内部，图中不标出）　PCM—动力控制模块　PDM—右前门模块
PSCM—转向助力模块　RCM—安全气囊模块　RTM—遥控接收器模块　SCCM—转向柱控制模块
SOD-L—左侧盲点监测模块　SOD-R—右侧盲点监测模块

根据检测的结果分析不可能那么多控制模块供电、搭铁或模块本身同时出现故障，应该是 HS3-CAN 和 MS-CAN 的共同处有故障。根据网络电路（图 6-61），维修人员断开网关模块（GWM）导线插接器 C2431，用万用表测量导线插接器 C2431 的端子 13 和端子 24 的电压，均为蓄电池电压，正常；测量端子 1、端子 14 对搭铁的电阻，均为 0.03Ω，正常，说明 GWM 供电和搭铁正常。测量端子 15 和端子 22 的电压，均为 2.3V，端子 16 和端子 23 的电压，均为 2.8V，电压正常（正常 CAN-对搭铁的电压为 2.2~2.4V，CAN+对搭铁的电压为 2.6~2.8V）；断开蓄电池负极电缆，用万用表测量端子 15 和端子 16 之间的电阻，为 123Ω，端子 22 和端子 23 之间电阻，为 125Ω，均正常；依次测量端子 15、端子 16、端子 22、端子 23 与电源及搭铁间的导通性，不存在短路故障。诊断至此，初步判定为 GWM 内部故障，由于仓库没有新的 GWM 零件，于是从同型号试乘试驾车上拆下 GWM 装到故障车上，试车检验，故障排除；将故障车的 GWM 装到试乘试驾车上试车，故障重现，确认 GWM 内部故障。

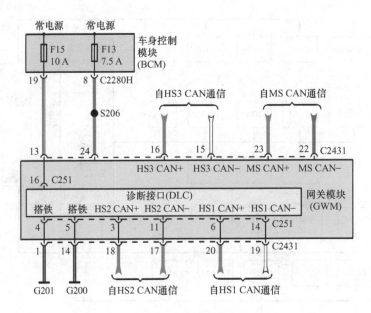

图 6-61 网络电路

故障排除 更换 GWM 后试车，故障彻底排除。

技巧点拨：本例故障属于典型的网络通信故障，经过各方面检测，最后确认网关出现故障，更换后故障得以排除。

第七章

刮水系统实用维修技能与技巧

第一节 刮水系统电路分析

一、查找汽车刮水/洗涤电路故障

汽车刮水器是用来清扫汽车风窗玻璃上的雨雪和尘埃的装置，是汽车不可缺少的重要部件。除此以外，汽车刮水器在停止状态还有一个关键功能要求——自动复位功能，即刮水器在停止工作时，刮水器的刮片能自动停止在汽车风窗玻璃下沿的规定区域，其目的是不阻挡驾驶人的视线。

目前，虽然汽车的种类较多，但刮水器电动机的控制形式却只有两种，即刮水器电动机的正极型控制和负极型控制。图7-1是刮水器电动机的控制电路原理图。所谓正极型控制，就是刮水器电动机的低速、高速控制是通过向刮水器电动机的低速、高速电刷引线端线路输入正电而使电动机运转；负极型控制则是控制其搭铁线路。

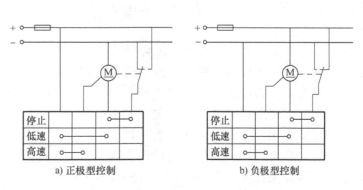

图7-1 刮水器电动机控制电路原理

图7-1所示刮水器电动机控制电路中没有间歇控制电路。当出现刮水器电动机不工作的故障时，可通过以下方法查找电路故障。

1. 正极型控制电路故障的查找

拔下刮水器电动机控制电路接线插头，接通点火开关，用试灯检测，应有一个插孔有电

(即复位电源线)。如果无电，检查刮水器熔丝；如果有电，接通刮水器开关的低速档位，用试灯检测，低速插线孔应有电，开高速档位，低速端接线的电断开，高速插线孔有电。通过检测，线路供电都正常，则是刮水器电动机有问题，否则，检查相关线路和刮水器控制开关。

2. 负极型控制电路故障的查找

拔下刮水器电动机控制电路接线插头，接通点火开关，用一试灯检测，应有 2 个插孔有电（即电刷供电线和电动机复位电源线）。如果无电，检查刮水器熔丝；如果有电，接通刮水器开关的低速档位，用试灯检测，试灯的一端接刮水器的电源线，另一端接低速插线孔时试灯应亮，开高速档位，低速端接线的搭铁断开（即试灯熄灭），原来接低速端插孔的试灯一端线接高速端插孔，试灯应亮。通过检测，线路控制都正常，刮水器不工作，则是刮水器电动机有问题，否则，检查相关线路和刮水器控制开关。

3. 刮水器电动机不能自动复位故障的查找

不管是正极型控制或是负极型控制的刮水器电动机控制电路，在检修这类故障时应把握好两个关键检查点（即刮水器控制开关和电动机的复位电源线）。刮水器控制开关在断开时，复位线应与低速控制线是相通的。在检查了复位电源、开关控制及开关到刮水器电动机间线路都正常的情况下，刮水器电动机不能自动复位的故障原因则是刮水器电动机本身的问题。

4. 一汽佳宝 CA6361A1 微型客车刮水器电路故障查找

图 7-2 是一汽佳宝 CA6361A1 微型客车刮水器电动机控制电路原理图。此车使用的刮水器电动机控制形式为正极型控制，与图 7-1 相比，增加了间歇继电器控制电路，当使用洗涤器电动机时，刮水器电动机会同步低速转动。

当刮水器电动机不工作时，故障的查找可参考前述的正极型控制电路故障的查找方法进行。在检修刮水器电动机没有间歇的故障时，接通点火开关后应先按一下洗涤器电动机按钮，看刮水器电动机是否会转动，如果会转动，并且会自动停，则检查刮水器开关及开关到间歇继电器间线路；如果电动机不会转动，则拔下间歇继电器，检测继电器的供电状况。从图 7-2 所示的电路中可以看出，当刮水器开关断开时，间歇继电器的插座上应有一根线有电；当刮水器开关在间歇档位时，间歇继电器的插座上应有 2 个插孔有电。如果无电，则检查相关线路；如果有电，间歇继电器处的搭铁线又良好，则插好间歇继电器，检测间歇继电器向刮水器开关的输出线上是否有间歇供电并有触点吸合声。如果没有，则是间歇继电器有问题；如果有，检查间歇继电器到刮水器开关间线路和刮水开关。

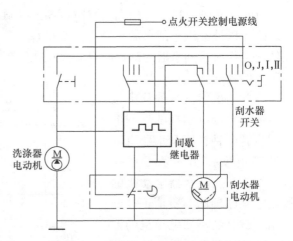

图 7-2 一汽佳宝 CA6361A1 微型客车刮水器电动机控制电路原理图

第七章 刮水系统实用维修技能与技巧

5. 东风 EQ3208G 型平头柴油自卸车刮水器电路故障查找

图 7-3 所示是东风 EQ3208G 型平头柴油自卸车刮水器电动机控制电路原理图。此车使用的刮水器电动机控制形式为负极型控制。

当刮水器电动机不工作时，故障的查找可参考前述的负极型控制电路故障的查找方法进行。在检修刮水器电动机没有间歇档位的故障时，接通点火开关后应先按一下洗涤器电动机按钮，查看刮水器电动机是否会转动。如果会转动，并且会自动停，则检查刮水器开关及开关到间歇继电器间线路；如果电动机不会转动，拔下间歇继电器，检测继电器的供电状况。从图 7-3 所示的电路图中可以看出，间歇继电器的供电线只有一根线路，与图 7-2 所示电路中的间歇继电器相比，不同之处就是图 7-2 所示的刮水器开关开间歇档位时，是向间歇继电器

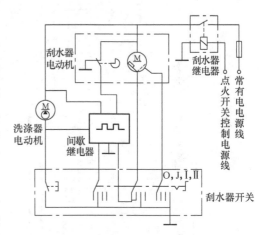

图 7-3 东风 EQ3208G 型柴油自卸车刮水/洗涤电路原理图

输送正电，而图 7-3 所示的电路中，当接通刮水器开关的间歇档位时，刮水器开关控制的是间歇继电器的搭铁。当检测间歇继电器的供电正常后，插好间歇继电器，用一导线一端搭铁，另一端接继电器处开关过来的间歇控制线，此时如果电动机有间歇转动，检查继电器到刮水器开关间线路和刮水器开关；如果仍无间歇，把刮水器开关拨到间歇档位，用一试灯，一端接继电器的电源，另一端接间歇继电器到刮水器开关的另一接线。如果试灯亮，检查刮水器开关和开关到继电器间线路；如果不亮，则是间歇继电器有问题。

> **技巧点拨：** 汽车上使用的刮水器电动机都是具有双速控制功能的。其驱动部分是一个微型永磁直流电动机，电动机转动时，通过蜗杆蜗轮减速器减速增矩，再经曲柄、连杆，将蜗轮输出轴的旋转运动变为刮水器摇臂的左右往复式摆动。

二、分析不同刮水器控制系统电路

1. 桑塔纳志俊轿车刮水器控制系统电路

由图 7-4 可知，2009 年产桑塔纳志俊轿车刮水器除高速档外，低速档和间歇档均由刮水器继电器（J31，又叫 19 号继电器）控制。下面具体分析一下各档位的控制电路。

1）低速档控制电路。当刮水器开关（E22）处于低速档时，刮水器的控制电路为：75X 号电源→熔丝 S17→E22 端子 T8y/2→E22 端子 T8y/→J31 端子 7/53S→J31 内部常闭触点→J31 端子 9/53M→刮水器电动机（V）端子 T5af/2→V 端子 T5af/1→搭铁。

2）高速档控制电路。当 E22 处于高速档时，刮水器的控制电路为：75X 号电源→熔丝 S17→E22 端子 T8y/2→E22 端子 T8y3→V 端子 T5af/4→V 端子 T5af/1→搭铁。

3）间歇档控制电路。当 E22 处于间歇档时，刮水器的控制电路为：75X 号电源→熔丝 S17→E22 端子 T8y/2→E22 端子 T8y/7→J31 端子 10/I，此时 J31 工作，使常闭触点断开、

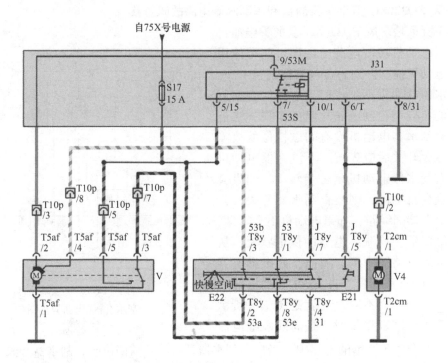

图 7-4 桑塔纳志俊轿车刮水器控制系统电路
E21—洗涤器开关 E22—刮水器开关 J31—刮水器继电器 V—刮水器电动机 V4—洗涤器电动机

常开触点闭合；75X 号电源→熔丝 S17→J31 端子 5/15→J31 内部常开触点→J31 端子 9/53M→V 端子 T5af/2→V 端子 T5af/1→搭铁，此时 V 低速工作 1 次，然后 J31 控制常闭触点接通、常开触点断开，V 停止工作。J31 周期性地控制常闭触点和常开触点断开与闭合，从而使 V 间歇工作。

4）洗涤档控制电路。当接通洗涤器开关（E21）时，刮水器的控制电路为：75X 号电源→熔丝 S17→E22 端子 T8y/2→E22 端子 T8y/5→洗涤器电动机（V4）→搭铁，同时 E22 端子 T8y/5 输出的电压还传送至 J31 端子 6/T，J31 控制 V 低速工作 3 次。

5）复位电路。当 E22 处于 OFF 档时，若刮水片尚未回到设定位置，V 的复位电路起作用，V 低速运转，直到刮水片回到设定位置，即 V 两端均搭铁，其控制电路为：75X 号电源→熔丝 S17→V 端子 T5af/5→V 端子 T5af/3→E22 端子 T8y/8→E22 端子 T8y/1→J31 端子 7/53S→J31 内部常闭触点→J31 端子 9/53M→V 端子 T5af/2→V 端子 T5af/1→搭铁。

技巧点拨：桑塔纳志俊轿车刮水器控制系统电路包括低速档控制电路、高速档控制电路、间歇档控制电路、洗涤档控制电路、复位电路。

2. 车身控制模块控制型刮水器控制系统电路

如图 7-5 可知，2009 年产宝来轿车刮水器采用车身控制模块控制型刮水器控制系统电路，在所有档位下，刮水器电动机均由车身控制模块（J519）控制，且刮水器电动机控制模块（J400）与刮水器电动机（V）集成为一体。

J519 通过端子 T73a/27 接收刮水器开关（E22）低速档请求信号，然后通过端子 T73/69

向 J400 发送低速档控制信号；J519 通过端子 T73a/53 接收 E22 高速档请求信号，然后通过端子 T73/71 向 J400 发送高速档控制信号；J519 通过端子 T73a/62 接收 E22 间歇档请求信号，然后通过端子 T73/69 向 J400 发送间歇档控制信号（在间歇档时刮水器电动机低速工作，因此低速档与间歇档的控制信号输出端子一样，区别在于控制信号不同）；J519 通

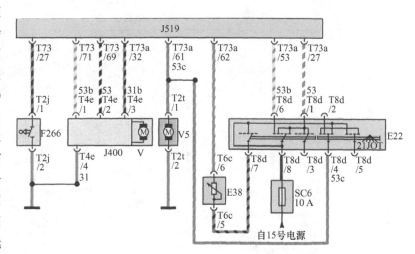

图 7-5 宝来轿车刮水器控制系统电路
E22—刮水器开关　E38—刮水器间歇运行调节器
F266—发动机舱盖接触开关　J400—刮水器电动机控制模块
J519—车身控制模块　V—刮水器电动机　V5—洗涤器电动机

过端子 T73a/61 接收 E22 洗涤档接通信号，然后通过端子 T73/69 向 J400 发送低速档控制信号，使刮水器电动机在洗涤器电动机工作时低速工作；J519 通过端子 T73a/32 接收 J400 的搭铁信号来确定刮水器电动机已复位，如果接收不到搭铁信号，J519 通过端子 T73/69 控制刮水器电动机低速工作，直至刮水器电动机复位。另外，在间歇档时，可以通过调节刮水器间歇运行调节器（E38）设定不同的间歇时间。

3. 车身控制模块与总线控制型刮水器控制系统电路

如图 7-6 可知，2009 年产迈腾轿车刮水系统采用车身控制模块与总线控制型电路。刮水器开关（E22）的档位请求信号直接传送至转向柱控制模块（J527），然后经过 CAN 线传送至车身控制模块（J519），最后 J519 通过 LIN 线向刮水器电动机控制模块（J400）发出相应的指令，控制刮水器电动机作出相应的动作。J519 接收到洗涤档请求信号后，控制洗涤器电动机继电器（J729）动作，使洗涤器电动机（V5）工作。

该车还装备了雨量和光照识别传感器（G397，安装在车内后视镜底座上），用于自动刮水器和自动前照灯的控制。图 7-7 为该车刮水器控制系统通信网络，其中 ABS 控制模块（J104）向 J519 提供车速信号，作为调节刮水器电动机转速的参考信号；J519 是 LIN 线的主节点，J400 和 G397 均为从节点。

4. 大众车系刮水器控制系统故障诊断

通过对比上述三类刮水器控制系统的电路可知，刮水器继电器控制型电路中的导线数量较多，车身控制模块控制型电路中的导线数量较少，车身控制模块与总线控制型电路中的导线数量很少，这表明集成电路技术和总线技术的应用减少了电路中的导线数量。而随着导线数量的减少，刮水器控制系统电路的分析就变得简单多了，其实这也意味着故障诊断变得简单。

当刮水器继电器控制型刮水器出现故障时，维修人员只能根据故障现象，逐段对相关电路进行排查，但由于线路较多，一般诊断范围较大，诊断起来比较麻烦；而当车身控制模块

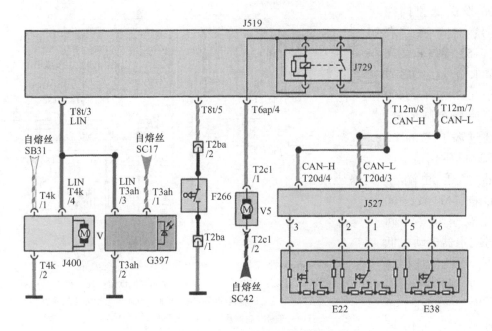

图 7-6 迈腾轿车刮水器控制系统电路

E22—刮水器开关　E38—刮水器间歇运行调节器　F266—发动机舱盖接触开关　G397—雨量和光照识别传感器
J400—刮水器电动机控制模块　J519—车身控制模块　J527—转向柱控制模块　J729—洗涤器电动机继电器
V—刮水器电动机　V5—洗涤器电动机

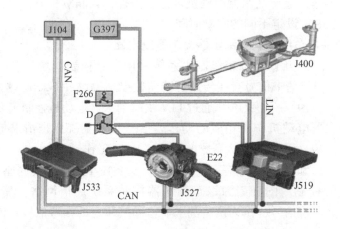

图 7-7 迈腾轿车刮水器控制系统通信网络

D—点火开关　E22—刮水器开关　F266—发动机舱盖接触开关　G397—雨量和光照识别传感器
J104—ABS 控制模块　J400—刮水器电动机控制模块　J519—车身控制模块　J527—转向柱控制模块　J533—网关

控制型及车身控制模块与总线控制型刮水器出现故障时，不仅需要排查的线路变少了，而且还可以用故障检测仪查看车身控制模块（J519）中有无相关故障码存储，如故障码 00897（图 7-8）、故障码 00153（图 7-9）等，并且还可以从车身控制模块或转向柱控制模块（J527）中读取刮水器数据流，如刮水器开关档位信号、发动机舱盖接触开关信号等（图 7-10），这样就大大缩小了诊断范围。

第七章 刮水系统实用维修技能与技巧

车辆车载诊断 004.01-查询故障存储器 成功执行该功能 3 检测到故障	09-中央电气电子设备 3C8937049E Bordnetz-SG　H54 编码 长 经销编号 00079
00897 风窗玻璃清洗泵-V5 对正极短路	006

图 7-8　车身控制模块中存储的故障码 00897

车辆车载诊断 004.01-查询故障存储器 成功执行该功能 3 检测到故障	09-中央电气电子设备 3C0937049AJ Bordnetz-SG　H54 编码 长 经销编号 00079
00153 驾驶员侧车窗玻璃刮水器电动机-V216 无信号/通信 静态	004

图 7-9　车身控制模块中存储的故障码 00153

以发动机舱盖接触开关（F266）信号为例，为了防止刮水器损坏，在装有 F266 的大众车型上，当 J519 检测到发动机舱盖为打开状态时，刮水器的工作将会受到限制，如部分速腾轿车在打开发动机舱盖时，刮水器各档位均不工作，而部分宝来车在打开发动机舱盖时，刮水器只有间歇档不工作。如果某车因 F266 信号错误而导致刮水器工作不正常，维修人员在忽略了 F226 信号作用的情况下进行故障诊断，将会走很多弯路。

J519-读取BCM测量值块	
读取值块	
测量值	结果
负荷管理	未启动
风窗玻璃刮水器间歇刮水	接通
车窗玻璃刮水器固定速度，第一档	关闭
车窗玻璃刮水器固定速度，第二档	关闭
风窗玻璃刮水器间歇刮水电位计	3级
右前车门开关	车门开启
左前车门开关	车门关闭
左后车门开关	车门关闭
右后车门开关	车门关闭
发动机舱盖触点开关	打开

图 7-10　车身控制模块中的刮水器数据流

技巧点拨：车身控制模块是一个"黑匣子"，维修人员从线路上是无法理清车身控制模块输入信号与输出信号间的关系的（这些关系只能通过查阅相关技术资料才能弄清），因此有时在故障诊断时，容易忽略某些输入信号的作用，从而使故障诊断走很多弯路。

三、2003 款别克君威刮水器和洗涤器控制电路分析

2003 款别克君威轿车采用电动机反转复位型刮水器系统，由电源、刮水器电动机、刮水器开关及刮水器电动机内部控制模块四部分组成，它采用两个 5 端子继电器和脉冲定时器（电子控制模块）相结合的控制方式，具有调整、低速、间歇、除雾和洗涤功能。操作手柄如图 7-11 所示，刮水器和洗涤器的电路如图 7-12 所示。其控制系统的独特

图 7-11　别克君威刮水系统操作手柄

之处在于刮水器电动机反向运转,并配合外部复位机构使刮水片停在汽车前风窗玻璃最低位置。

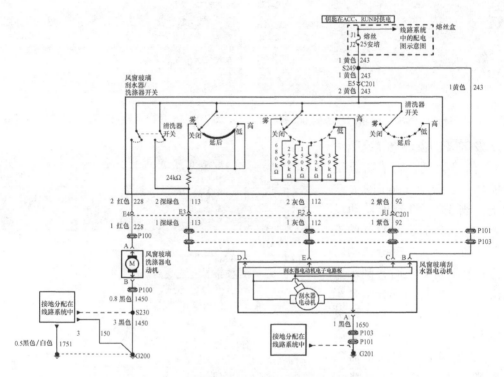

图 7-12　别克君威轿车刮水器和洗涤器电路

1. 刮水器的工作过程

1)低速工作。刮水器开关位于"Lo"位置时,电源"+"→25A熔丝→分成3路:直接给刮水器电动机端子B供电;经刮水器开关给刮水器电动机端子E供电;经刮水器开关,24kΩ电阻(图7-12中R_1)给刮水器电动机端子D供电,刮水器电动机端子A接地。

2)高速工作。刮水器开关位于"Hi"位置时,电源"+"25A熔丝→分成4路:直接给刮水器电动机端子B供电;经刮水器开关给刮水器电动机E端子供电;经刮水器开关,24kΩ电阻给刮水器电动机端子D供电;经刮水器开关给刮水器电动机端子C供电,刮水器电动机端子A接地。

3)间歇工作。刮水器开关位于"Delay"位置时,刮水器电动机端子D、E、B供电,端子A接地。间歇时间由端子E的电压控制。

4)除雾工作。刮水器开关位于"Mist"位置时,刮水器电动机端子D、E、B供电,端子A接地。此档为点动,若刮水器开关一直接通此位置,电动机以低速形式工作,若刮水器开关点动一次,则电动机低速完成一次动作并返回停止位置。

5)风窗玻璃清洗工作。当按下洗涤器开关(PUSH)时,电源"+"→25A熔丝→分成2路:经洗涤器开关给洗涤器电动机端子A供电;经洗涤器开关给刮水器电动机端子D供电。当洗涤器开关断开后,洗涤器电动机通过由低速继电器施加的电压在低速下刮洗2~4次。

6)停机复位。刮水器开关从任何位置断开时,刮水器完成最后一次刮洗并停止。当刮水器开关处于"off"位置时,刮水器电动机仅端子 B 供电压,当刮洗结束刮水器开关断开时,控制电路反向运转刮水器电动机,配合外部复位停止机构复位,直到电动机内停止开关断开。

2. 控制模块对刮水器电动机的控制

刮水器电动机内部控制模块对刮水器电动机的控制电路如图 7-13 所示。

1)低速时。T2 基极为常高电平,T2 导通,继电器 K2 常开触点闭合,电源经端子 B→K2 常开触点→刮水器电动机→K1 常闭触点→端子 A→搭铁。

2)高速时。T2 基极为常低电平,T2 截止,C 端子供电,电源经 C 端子→刮水器电动机→K2 常闭触点→端子 A→搭铁。

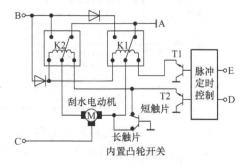

图 7-13 刮水器电动机的控制电路

3)间歇工作时。端子 D、E 的供电,使脉冲定时控制电路(定时电路)工作,在 T1 和 T2 的基极得到一个相反工作的脉冲信号(脉冲宽度可由外部电阻值调节),当 T2 基极为高电平脉冲时,T2 导通,电动机以低速形式正向运转,当 T2 基极为低电平脉冲时,T1 基极为高电平脉冲,T1 导通,T2 截止,K1 继电器常开触点闭合,同时内复位开关断开,电源经端子 B→K1 常开触点→刮水器电动机→K2 常闭触点→端子 A→搭铁,电动机反向运转,配合外复位机构使刮水片落在风窗玻璃最底端。

4)除雾工作时。端子 D 通过外接 24kΩ 电阻供电 1 次(为点动时,若长时间通电,则与低速工作方式相同),T2 基极得到 1 个脉冲信号(脉冲宽度由 24kΩ 电阻决定),电动机低速运转 1 次后复位。

3. 刮水器电动机复位的控制

如上所述,当刮洗结束而刮水器开关断开时,控制电路反向运转刮水器电动机,实现停机复位功能。刮水器电动机的反转原理是改变直流电动机的电流方向,如图 7-12 所示,当刮水器开关置于"OFF"位,且刮水片运动到前风窗玻璃低端处时,刮水器电动机内置凸轮把复位触片(长、短)均顶开,外电路使端子 D 供电(图 7-13),同时,脉冲定时控制电路内电容经晶体管 T1 放电,使 T1 导通一段时间,K1 继电器线圈被通电,K1 常开触点闭合(此时,端子 D,E 断电,T2 一直处于截止状态)电源经 B→K1 常开触点→刮水器电动机→K2 常闭触点→端子 A→搭铁,刮水器电动机被反向通电,刮水器电动机反向运转,外复位机构在刮水器电动机带动下底板反转时,棘爪与凸耳抵住,下底板不转,月形板下销轴嵌在下底板长槽内,月形板不转,偏心圆板继续转,推动月形板,将月形板上销轴移出上盖板的凹槽,月形板推动曲柄臂向外移,内部停止开关触动后,刮水器电动机停止反转,使刮水片停在更低的位置。

4. 刮水器系统控制电路的检测

刮水器系统控制电路检测的思路是:首先检查熔断器是否熔断、插接器是否松脱、线路有无断路;然后检查开关是否正常;最后检查电动机及控制模块。

1)线路与插接器的检测。用万用表检查刮水器熔丝是否开路,将点火开关设在运行(RUN)位置,用直流 20V 电压档测量刮水器/洗涤器开关插接器 C201 端子 E5 至搭铁的电压（图7-12），应为电源电压；断开刮水器电动机插接器，测试刮水器电动机各端子的电压。2003款别克君威2.0轿车刮水器电动机各端子电压见表7-1。

表7-1　2003款别克君威2.0轿车刮水器电动机各端子电压　　（单位：V）

刮水器开关位置	端子B	端子C	端子D	端子E
Mist	10.5~15	0	≤1	10.5~15
Off	10.5~15	0	0	0
Delay	10.5~15	0	≤1	≤1
Lo	10.5~15	0	≤1	10.5~15
Hi	10.5~15	10.5~15	≤1	10.5~15

2）刮水器电动机的检测。将刮水器电动机从总成上拆下，将刮水器电动机负电刷接蓄电池负极，正电刷和偏置电刷各接蓄电池正极一次，如果两次刮水器电动机都平稳转动，且接偏置电刷时转速较高，则说明刮水器电动机正常，否则应检修或更换刮水器电动机。

3）控制继电器的检测。先用数字式万用表检测两个5端子继电器（或熔丝盒内两个速度控制继电器）的线圈通断情况，若线路与刮水器电动机正常，电路故障仍然存在，则更换控制模块。

> **技巧点拨**：别克君威轿车的刮水器采用了继电器和电子模块的控制系统，因此，在分析与检测刮水器系统时，要求必须掌握控制模块的控制方式，这对分析检测刮水器系统具有重要的意义。

四、2009款别克君威刮水器和洗涤器控制电路分析

2009款别克君威2.0轿车刮水器系统电路如图7-14所示。

1. 停机复位控制

与2003款别克君威2.0轿车刮水器系统相比，在2009款别克君威中，将速度控制继电器（图7-13中K2）放到了熔丝盒内，上述的电子电路则放入了车身控制模块中，取消了刮水器电动机反转控制继电器（图7-13中K1），刮水器电动机采用永磁式；刮水器电路有一个自回位装置，该装置由涡轮和凸轮板组成，目的是在刮水器开关接通时使电路暂时接合，用以实现停机复位功能。

2. 转速控制

车身控制模块接收高、低两个电压信号，即图7-14中车身控制模块的两端子20、13（相当于图7-13中端子C、E）和一个搭铁信号。高电位信号用于决定刮水器的高速运行，低电位信号通过使用电阻器阶梯来决定刮水器的低速运行、间歇式运行和除雾操作，前风窗玻璃洗涤器开关信号电路用于决定洗涤器运行。

> **技巧点拨**：车身控制模块通过两个输出来控制刮水器速度（高速或低速）继电器，对于新款别克君威车身控制模块内电路的间歇控制，可以用上述相似方法分析。

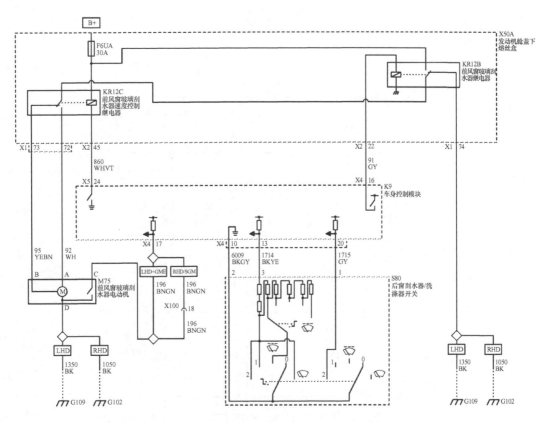

图 7-14 2009 款别克君威 2.0 轿车刮水器系统电路

五、别克凯越无雨量传感器的风窗刮水系统及洗涤系统检修

1. 系统的组成和功能

无雨量传感器的风窗刮水系统及洗涤系统主要由刮水器电动机、刮水器臂、刮水片、刮水器/洗涤器开关（图 7-15）、洗涤液罐、电动洗涤液泵、喷嘴和软管等组成。该系统具有刮水器高速、低速或间歇动作、刮水器关闭、刮水片复位、洗涤风窗和自动空调控制等功能。

图 7-15 别克凯越刮水器/洗涤器开关

2. 系统的控制原理

系统的控制电路如图 7-16 所示。系统各种功能的控制原理如下。

1）刮水器的高速控制。当把刮水器/洗涤器开关切换至高速位置时，即可实现刮水器的高速动作。刮水器的高速控制电路为：15 号线→插接器 C201 的 30 号端子→熔丝 F16→插接器 C201 的 1 号端子→刮水器/洗涤

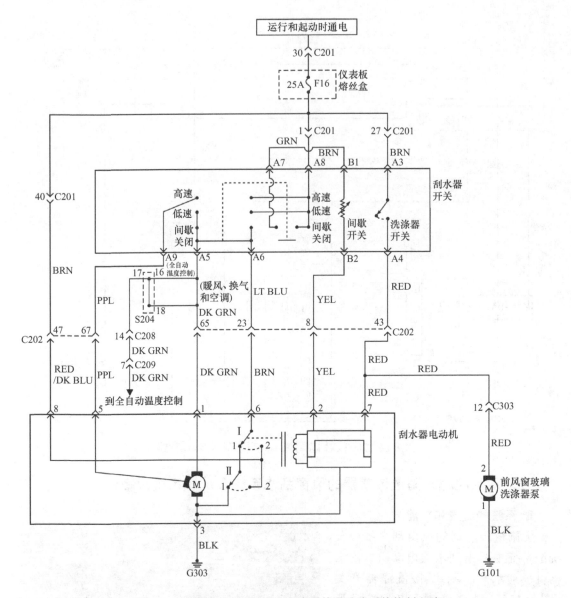

图 7-16 无雨量传感器的风窗刮水系统及洗涤系统控制电路

器开关的 A8 号端子→刮水器/洗涤器开关的 A9 号端子→插接器 C202 的 67 号端子→刮水器电动机的 5 号端子→刮水器电动机→刮水器电动机的 3 号端子→搭铁点 G303。

2) 刮水器的低速控制。当把刮水器/洗涤器开关切换至低速位置时,即可实现刮水器的低速动作。刮水器的低速控制电路为:15 号线→插接器 C201 的 30 号端子→熔丝 F16→插接器 C201 的 1 号端子→刮水器/洗涤器开关的 A8 号端子→刮水器/洗涤器开关的 A5 号端子→插接器 C202 的 65 号端子→刮水器电动机的 1 号端子→刮水器电动机→刮水器电动机的 3 号端子→搭铁点 G303。

3) 刮水器的间歇动作控制。当把刮水器/洗涤器开关切换至间歇位置时,即可实现刮水器的间歇动作。刮水器的间歇动作控制电路为:15 号线→插接器 C201 的 30 号端子→熔丝 F16→插接器 C201 的 1 号端子→刮水器/洗涤器开关的 A8 号端子→刮水器/洗涤器开关的

A7号端子→刮水器/洗涤器开关的B1号端子→间歇开关→刮水器/洗涤器开关的B2号端子→插接器C202的8号端子→刮水器电动机的2号端子→间歇控制器→刮水器电动机的3号端子→搭铁点G303。

间歇控制器通电动作，使刮水器电动机内的开关Ⅰ从位置1切换至位置2，刮水器电动机开始间歇动作。其控制电路为：15号线→插接器C201的30号端子→熔丝F16→插接器C201的40号端子→插接器C202的47号端子→刮水器电动机的8号端子→开关Ⅰ的2号端子→刮水器电动机的6号端子→插接器C202的23号端子→刮水器/洗涤器开关的A6号端子→刮水器/洗涤器开关的A5号端子→插接器C202的65号端子→刮水器电动机的1号端子→刮水器电动机→刮水器电动机的3号端子→搭铁点G303。

当改变间歇开关的电阻时，间歇控制器可以改变刮水器动作的时间间隔。

4）刮水片自动复位的控制。当把刮水器/洗涤器开关切换至关闭位置时，若刮水片没有复位，则刮水器电动机内的开关Ⅱ从位置1切换至位置2。刮水器电动机将继续动作，直至刮水片复位。此时刮水器电动机的控制电路为：15号线→插接器C201的30号端子→熔丝F16→插接器0201的40号端子→插接器0202的47号端子→刮水器电动机的8号端子→开关Ⅱ的2号端子→开关Ⅰ的1号端子→刮水器电动机的6号端子→插接器C202的23号端子→刮水器/洗涤器开关的A6号端子→刮水器/洗涤器开关的A5号端子→插接器C202的65号端子→刮水器电动机的1号端子→刮水器电动机→刮水器电动机的3号端子→搭铁点G303。

5）电动洗涤器泵的控制。当把刮水器/洗涤器开关切换至洗涤位置时，电动洗涤器泵动作，同时刮水器动作。电动洗涤器泵的控制电路为：15号线→插接器C201的30号端子→熔丝F16→插接器C201的27号端子→刮水器/洗涤器开关的A3号端子→刮水器/洗涤器开关的A4号端子→插接器C202的43号端子→插接器C303的12号端子→电动洗涤器泵→搭铁点G101。

电动洗涤器泵动作的同时，刮水器电动机内的间歇控制器通电动作。

6）自动空调除雾模式的控制。在自动空调系统处于"AUTO"模式，且自动空调系统控制器接收到刮水信号1min后，自动空调系统控制器即自动切换至除雾模式（空调压缩机工作，空气循环处于外循环状态）。

此时刮水信号电路为：15号线→插接器C201的30号端子→熔丝F16→插接器C201的40号端子→插接器C202的47号端子→刮水电动机的8号端子→开关Ⅱ的2号端子→开关Ⅰ的1号端子→刮水电动机的6号端子→插接器C202的23号端子→刮水器/洗涤器开关的A6号端子→刮水器/洗涤器开关的A5号端子→插接器C208的14号端子→插接器C209的7号端子→自动空调系统控制面板的B7号端子。

由于刮水器的动作，使开关Ⅱ有规律地在位置1与2之间切换。刮水信号电压也在0V与12V之间有规律地变化。

在刮水器停止动作20s后，自动空调系统回复至原来状态。

3. 刮水系统的检修

1）风窗刮水系统不工作，应进行以下项目的检修：

① 熔丝F16是否熔断。

② 刮水器/洗涤器开关的A8号端子与电源间的电路是否有故障。检查方法：用一端接地良好的测试灯，另一端接到刮水器/洗涤器开关的A8号端子，点火开关转至接通位置时，

测试灯若不亮，则此电路有故障（包括断路、电路中电阻过大、接触不良或对地短路）。

③ 刮水器/洗涤器开关是否有故障。检查方法：把刮水器/洗涤器开关置于高速位置，用一端接地良好的测试灯，另一端接到刮水器/洗涤器开关A9号端子，点火开关转至接通位置时，测试灯若不亮，则刮水器/洗涤器开关有故障。

④ 刮水器电动机是否有故障。检查方法：脱开刮水器电动机导线侧插接器，将测试灯一端接到刮水器电动机导线侧插接器的5号端子，另一端接到刮水器电动机导线侧插接器的3号端子。把点火开关转至接通位置时，若测试灯亮，则刮水器电动机有故障。

⑤ 刮水器电动机的3号端子与搭铁间电路是否有故障。检查方法：断开刮水器电动机导线侧插接器，用一端接蓄电池正极的测试灯，另一端接到刮水器电动机导线侧插接器的3号端子，若测试灯不亮，则此电路有故障。

2）风窗刮水系统无高速档，应进行以下项目的检修：

① 刮水器/洗涤器开关是否有故障。检查方法与前文所述相同。

② 刮水器/洗涤器开关的A9号端子与刮水器电动机的5号端子之间电路是否有故障。检查方法：用一端接地良好的测试灯，另一端接至刮水器电动机的5号端子。当点火开关接通，且把刮水器/洗涤器开关置于高速位置时，若测试灯不亮，则此电路有故障（包括断路、电路中电阻过大、接触不良或对地短路）。

③ 刮水器电动机是否有故障。检查方法与前文所述相同。

3）风窗刮水系统无低速档，应进行以下项目的检修：

① 刮水器/洗涤器开关是否有故障。检查方法：用一端接地良好的测试灯，另一端接至刮水器/洗涤器开关的A5号端子，当点火开关接通时，若测试灯不亮，则刮水器/洗涤器开关有故障。

② 刮水器/洗涤器开关的A5号端子与刮水器电动机的1号端子之间电路是否有故障。检查方法：用一端接地良好的测试灯，另一端接至刮水器电动机的1号端子，当点火开关接通，且刮水器/洗涤器开关置于低速位置时，若测试灯不亮，则此电路有故障（包括断路、电路中电阻过大、接触不良或对地短路）。

③ 刮水器电动机是否有故障。检查方法：断开刮水器电动机导线侧插接器，将测试灯一端接到刮水器电动机导线侧插接器的1号端子，另一端接到刮水器电动机导线侧插接器的3号端子。点火开关转至接通位置时，若测试灯亮，则刮水器电动机有故障。

4）风窗刮水系统无间歇档，应进行以下项目的检修：

① 刮水器/洗涤器开关是否有故障。

② 刮水器/洗涤器开关的A7号端子与B1号端子间电路是否有故障。

③ 刮水器/洗涤器开关的B2号端子与刮水器电动机的2号端子间电路是否有故障。

④ 熔丝F16与刮水器电动机8号端子间电路是否有故障。

⑤ 刮水器电动机是否有故障。

技巧点拨：通过刮水器/洗涤器开关可以实现刮水器的高速、低速或间歇动作，以及刮水器关闭和洗涤功能，此外在刮水器/洗涤器开关关闭时，还可以实现刮水片的自动复位功能。通过间歇开关还可以实现刮水器动作时间间隔的调节。当风窗刮水系统处于工作状态，且自动空调系统处于自动控制时，自动空调系统能够自动切换至除雾模式。

六、别克凯越有雨量传感器的风窗刮水系统及洗涤系统检修

雨量传感器安装在风窗玻璃内侧，紧靠后视镜位置。雨量传感器能产生红外线，并以45°角照射到风窗玻璃上。若风窗玻璃干燥，则被反射回的红外线较多。若风窗玻璃上有水，则被反射回的红外线较少。风窗玻璃反射回的红外线随风窗玻璃上水的多少而相应变化，雨量传感器就是根据风窗玻璃反射回的红外线多少来感知雨量大小的。当刮水器/洗涤器开关置于"AUTO"位置时，刮水器能根据雨量传感器感知的雨量大小自动改变动作速度的快慢。其控制电路如图7-17所示。

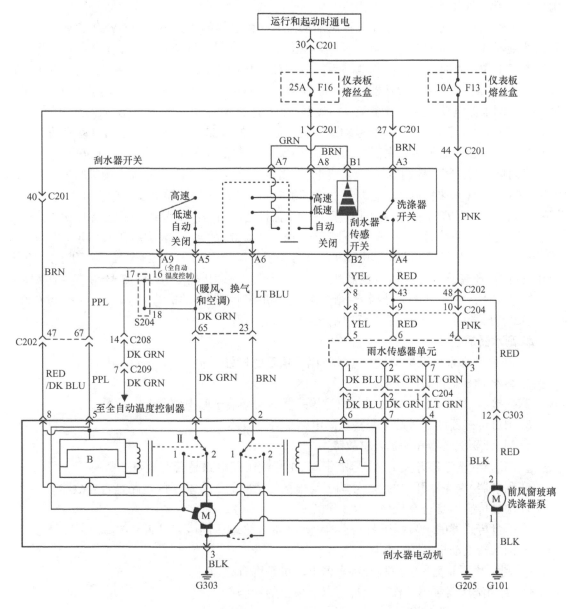

图7-17　有雨量传感器的风窗刮水系统及洗涤系统控制电路

1. 刮水器的工作过程

当刮水器/洗涤器开关置于"AUTO"位置时，雨量传感器的控制电路为：15号线→插接器C201的30号端子→熔丝F16→插接器C201的1号端子→刮水器/洗涤器开关的A8号端子→刮水器/洗涤器开关的A7号端子→刮水器/洗涤器开关的B1号端子→雨量传感器开关→刮水器/洗涤器开关的B2号端子→插接器C202的8号端子→插接器C204的8号端子→雨量传感器的5号端子→雨量传感器。

雨量传感器的5号端子上有电压时便处于工作状态。当改变雨量传感器开关的位置时，雨量传感器5号端子的电压也相应变化。而雨量传感器根据其5号端子电压的高低，在不同雨量时，控制刮水器动作速度也相应变化。

当雨量小时，雨量传感器通过控制刮水器电动机6号端子的电压（0V或12V）来控制间歇控制器A的间歇时间。当间歇控制器A工作时，开关Ⅰ从位置1切换至2，刮水器以较慢的速度工作。此时刮水器控制电路为：15号线→插接器C201的30号端子→熔丝F16→插接器C201的40号端子→插接器C202的47号端子→刮水器电动机的8号端子→开关Ⅰ的2号端子→刮水器电动机的2号端子→插接器C202的23号端子→刮水器/洗涤器开关的A6号端子→刮水器/洗涤器开关的A5号端子→插接器C202的65号端子→刮水器电动机的1号端子→开关Ⅱ的2号端子→刮水器电动机→刮水器电动机的3号端子→搭铁点G303。

当雨量大时，间歇控制器A工作的同时，雨量传感器通过控制刮水器电动机的7号端子的电压（0V或12V）来控制间歇控制器B的间歇时间。当间歇控制器B工作时，开关Ⅱ从位置2切换至1，刮水器以较快的速度工作。此时刮水器控制电路为：15号线→插接器C201的30号端子→熔丝F16→插接器C201的40号端子→插接器C202的47号端子→刮水器电动机的8号端子→开关Ⅰ的2号端子→刮水器电动机的2号端子→插接器C202的23号端子→刮水器/洗涤器开关的A6号端子→刮水器/洗涤器开关的A5号端子→插接器C202的65号端子→刮水器电动机的1号端子→开关Ⅱ的1号端子→刮水器电动机→刮水器电动机的3号端子→搭铁点G303。

雨量传感器的7号端子用来反馈刮水器动作的快慢。

2. 刮水器的检修

1）风窗刮水系统无自动档，应进行以下项目的检修：
① 熔丝F16是否熔断。
② 插接器C201的30号端子与雨量传感器的4号端子间电路是否有故障。
③ 雨量传感器的3号端子与搭铁间电路是否有故障。
④ 刮水器/洗涤器开关是否有故障。
⑤ 刮水器/洗涤器开关的A7号端子与B1号端子间电路是否有故障。
⑥ 刮水器/洗涤器开关的B2号端子与雨量传感器的5号端子间电路是否有故障。
⑦ 雨量传感器是否有故障。
⑧ 雨量传感器的1号端子与刮水器电动机的6号端子间电路是否有故障。
⑨ 刮水器电动机是否有故障。

2）刮水片不能复位，应检查刮水器电动机是否有故障。

3）电动洗涤器泵不工作，应进行以下项目的检修：
① 熔丝F13是否熔断。
② 熔丝F16与刮水器/洗涤器开关的A3号端子间电路是否有故障。

③ 刮水器/洗涤器开关的 A4 号端子与电动洗涤器泵的 2 号端子间电路是否有故障。

④ 电动洗涤器泵的 1 号端子与搭铁间电路是否有故障。

⑤ 刮水器/洗涤器开关是否有故障。

⑥ 电动洗涤器泵是否有故障。

> **技巧点拨**：该系统除常规风窗刮水系统及洗涤系统的组成和功能外，还有以下特点：刮水器电动机内间歇控制器由原来的 1 个增加为 2 个；刮水器/洗涤器开关的间歇位置由自动位置取代；刮水器/洗涤器开关内的间歇开关改为雨量传感器开关，并配置了雨量传感器。

七、日产天籁轿车电动刮水器系统电路分析

日产天籁轿车电动刮水器（只有前刮水器）采用 CAN 数据总线控制，具有低速刮水、高速刮水、间歇刮水、点动刮水、自动复位及洗涤等功能。

1. 电路组成及基本原理

如图 7-18 所示，天籁轿车电动刮水器电路由组合开关、车身控制模块（BCM）、发动机舱智能电力分配模块（IPDM E/R）、前刮水器电动机总成、前洗涤器电动机及 CAN 数据总线等组成，其中发动机舱智能电力分配模块由 CPU、前刮水器继电器、前刮水器高速继电

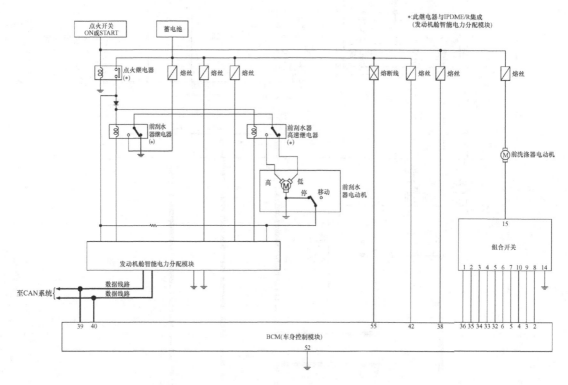

图 7-18　日产天籁轿车电动刮水器电路

器、点火继电器和熔丝组成。BCM 负责接收组合开关或前刮水器电动机总成复位开关信号，并通过 CAN 数据总线将前刮水器请求信号发送给 IPDM E/R，然后由 IPDM E/R 控制前刮水器继电器和前刮水器高速继电器的工作状态，从而控制前刮水器电动机的工作状态。

2. 电路分析

日产天籁轿车电动刮水器的组合开关（图 7-19）有 MIST（点动刮水）、LO（低速刮水）、HI（高速刮水）、INT（间歇刮水）、OFF（自动复位）和 WASHER（洗涤）等档位。依据图 7-20、图 7-21 对各档位的电路进行如下分析：

图 7-19 日产天籁轿车电动刮水器组合开关

1) 当组合开关位于 LO 档时，BCM 接收刮水器低速档信号，然后通

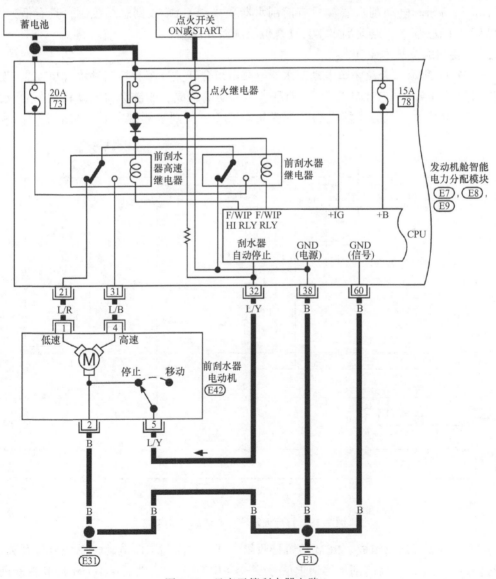

图 7-20 日产天籁刮水器电路 1

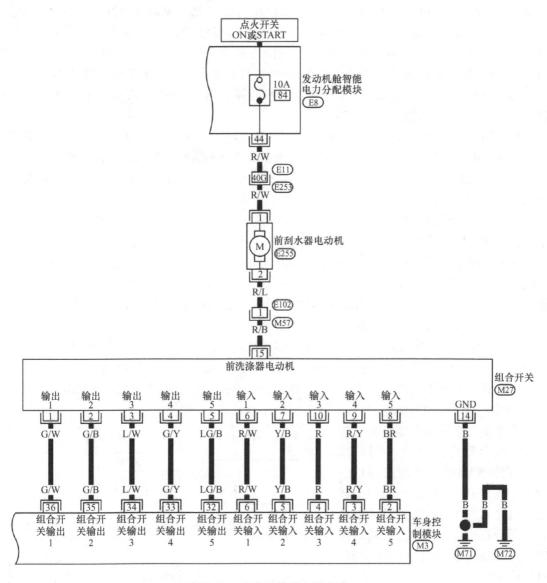

图 7-21　日产天籁刮水器电路 2

过 CAN 数据总线向 IPDM E/R 发送刮水器低速请求信号，当 IPDM F/R 接收到此请求信号后，前刮水器继电器通电，常开触点闭合，前刮水器电动机低速运转。整个电路回路为：电源正极→20A 熔丝→前刮水继电器常开触点→前刮水器高速继电器常闭触点→IPDM E/R 端子→21→前刮水器电动机端子 1→前刮水器电动机→前刮水器电动机端子 2→搭铁→电源负极。

2）当组合开关位于 HI 档时，BCM 接收刮水器高速档信号，然后通过 CAN 向 IPDM E/R 发送刮水器高速请求信号，当 IPDM E/R 接收到此请求信号后，前刮水器继电器和前刮水器高速继电器均通电，常开触点均闭合，前刮水器电动机高速运转。整个电路回路为：电源正极→20A 熔丝→前刮水器继电器常开触点→前刮水器高速继电器常开触点→IPDM E/R 端子 31→前刮水器电动机端子 4→前刮水器电动机→前刮水器电动机端子 2→搭铁→电源负极。

3) 当组合开关位于 OFF 档时,若 IPDM E/R 端子 32 通过复位开关检测到刮片不在风窗玻璃底部时,前刮水器电动机将继续工作,直到刮片到达风窗玻璃底部为止。当刮片达到风窗玻璃的底部时,前刮水器电动机端子 5 与端子 2 接通而搭铁,IPDM E/R 端子 32 检测到此信号后,IPDM E/R 通过 CAN 数据总线向 BCM 发送刮水器自动停止信号,当 BCM 接收到此信号后,BCM 通过 CAN 向 IPDM E/R 发送刮水器停止信号,IPDM E/R 控制刮水器电动机停止工作。其电路与低速档电路相同。

4) 当组合开关位于 INT 档时,BCM 根据刮水器分度盘位置和车速来判断前刮水器间歇操作的间隔时间,并向 IPDM E/R 发送前刮水器间歇请求信号。其电路与低速档电路相同。

5) 当组合开关位于 MIST 档时,刮水器低速操作循环一次然后停止。其电路与低速档相同。

6) 当组合开关位于 WASHER 档时,BCM 接收刮水器洗涤档信号,然后控制组合开关搭铁,前洗涤器电动机工作。整个电路回路为:电源正极→点火开关→10A 熔丝→IPDM F/R 端子 44→前洗涤器电动机端子 1→前洗涤器电动机端子 2→组合开关端子 14→搭铁→电源负极。当 BCM 检测到前洗涤器电动机工作 0.4s 或更长时间,BCM 将控制前刮水器低速工作;当 BCM 检测到洗涤器开关位于 OFF 时,低速刮水操作循环约 2 次后停止。

3. 天籁轿车电动刮水器电路故障诊断及排除

出现故障时,首先根据电路原理分析可能的故障位置,然后设计出故障诊断流程图,最后应用 CONSULT-Ⅱ和万用表进行诊断。下面以前刮水器不工作的故障为例说明诊断思路。

一辆日产天籁轿车前刮水器不工作。首先依据电路原理分析出可能的故障位置为熔丝、组合开关、BCM、IPDM E/R、前刮水器电动机、前刮水器电动机搭铁线、组合开关与 BCM 之间的线路、BCM 与 IPDM E/R 之间的 CAN 数据总线或 IPDM E/R 与前刮水器电动机之间的线路;然后设计出故障诊断流程图(图 7-22);最后按照故障诊断流程图进行故障诊断,具体诊断步骤如下:

1) 利用 CONSULT-Ⅱ确定 RCM 是否接收到组合开关的信号。方法如下:

① 连接 CONSULT-Ⅱ后,接通点火开关。

② 在 CONSULT-Ⅱ上选择"BCM"。当"DATA MONITOR(数据监控)"上显示有"WIPER(刮水器)"时,观察"FR WIPER INT""FR WIPER LOW""FR WIPER HI"是否能根据组合开关的操

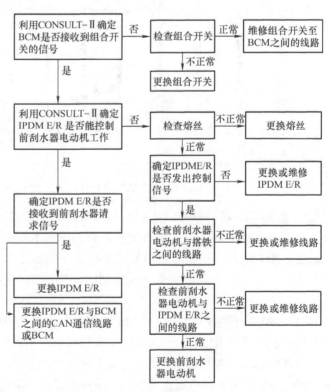

图 7-22 日产天籁轿车电动刮水器不工作故障诊断流程

作在 ON 和 OFF 之间切换。若不能，则说明组合开关或组合开关至 BCM 之间的线路出现故障，应进一步检查；若能，则转到下一步骤。

2) 利用 CONSULT-Ⅱ 确定 IPDM E/R 是否能驱动前刮水器电动机工作。方法如下：

① 在 CONSULT-Ⅱ 上选择 "IPDM E/R"，然后选择 "SELECT DIAG MODE"（选择诊断模式）画面上的 "ACTIVE TEST"（主动测试）。

② 选择 "SELECT TEST ITEM"（选择测试项目）画面上的 "FRONT WIPER"（前刮水器），按下 "H1" 或 "LO" 时，观察刮水器电动机是否能实现高速或低速运转。若能，则转到下一步骤；若不能，则应检查熔丝，若熔丝正常，则跳至最后一个步骤。

3) 确定 IPDM E/R 是否接收到前刮水器请求信号。方法如下：

① 在 CONSULT-Ⅱ 上选择 "IPDM E/R"，然后选择 "SELECT DIAG MODE" 画面上的 "DATA MONITOR"。

② 观察前刮水器开关处于 "LOW" 和 "HI" 时，"FR WIPREQ"（前刮水器请求信号）是否相应变成了 "LOW" 和 "HIGH"。若是则应更换 IPDM E/R；否则，则说明 IPDM E/R 与 BCM 之间的 CAN 通信线路或 BCM 出故障，应进一步检查。

4) 确定 IPDM E/R 是否发出控制信号。方法如下：

① 在 CONSULT-Ⅱ 上选择 "IPDM E/R"，然后选择 "SELECT DIAG MODE" 画面上的 "ACTIVE TEST"。

② 选择 "SELECT TEST ITEM" 画面上的 "FRONT WIPER"，按下 "HI" 或 "LO" 时，测量前刮水器电动机端子 4 或端子 1 的电压，观察是否为电源电压。若为电源电压，则应进一步检查前刮水器电动机、IPDM E/R 与前刮水器电动机以及前刮水器电动机之间的线束；若无电压，则应更换或维修 IPDM E/R。

> **技巧点拨**：天籁轿车刮水器电路出现故障会导致刮水器不工作、刮水器无高速档、刮水器仅高速档正常、刮水器间歇时间无法调节、刮水器间歇时间不受车速控制、刮水器无法停止、刮水器无法复位及洗涤档刮水器不工作等现象。

八、速腾刮水控制系统的故障诊断

由于大众汽车公司近年来在 PQ35（包括 PQ46）平台所制造的车型上大量运用了总线技术，使得很多车辆维修人员对一些系统的结构、原理进行学习的难度有所增加，现针对速腾刮水控制系统的结构原理作详细介绍。

1. 速腾刮水控制系统的组成及功能

速腾刮水控制系统由刮水器电动机控制单元（J400）、刮水联动杆、刮水片、刮水臂、车辆中央电器控制单元（J519）、刮水开关（E）、转向柱开关模块（J527）、点火开关（D）、发动机舱盖接触开关（F266）、雨量传感器（6397）、网关（J533）、CAN 数据总线、ABS 控制单元（J104）及轮速传感器等组成（图 7-23）。速腾车型的刮水控制系统除了正常的刮水清洗作用之外还有下列一些特殊功能。

1) APS 功能。APS 功能就是刮水片可变停留位置功能。为了防止刮水片在刮水控制系统关闭后复位时的停留位置一直不变会引起刮水片的橡胶部分变形，每两次关闭刮水控制系

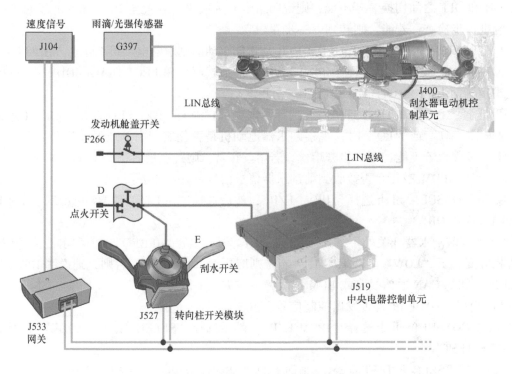

图 7-23　速腾刮水控制系统的组成

E—刮水开关　F266—发动机舱盖接触开关　G397—雨滴/光强传感器　J104—ABS 控制单元
J400—刮水器电动机控制单元　J519—中央电器控制单元　J527—转向柱开关模块　J533—网关

统或每 5 次关闭点火开关后，刮水片的停留位置会被重新设定，就是刮水片在停止位置之前的运动方向有时是从上向下的，有时是从下向上的，以防刮水片提前变形失效。APS 功能是可以关闭的，如果需要拆装更换刮水臂时 APS 必须关闭，只有这样才能确定刮水臂的最低位置。APS 功能的关闭可用 VAS5051 的引导功能进入车辆中央电器控制单元内关闭（图 7-24）。当关闭 APS 功

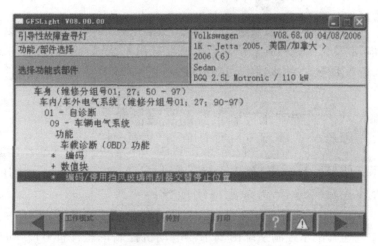

图 7-24　关闭 APS 功能的步骤

能后不能马上激活，在 100 个刮水循环后 APS 功能将自动激活。

2）刮水防阻控制功能。当刮水器在摆动过程中遇到障碍物或冻结在风窗玻璃上时，刮水器电动机控制单元会进行 5 次尝试推动，如果失败，刮水器停在此位置不动以保护刮水器电动机及刮水联动杆不被损坏。清除障碍后，需再次拨动刮水开关，刮水控制系统才会继续工作。

3）发动机舱盖控制。在车辆停止时，打开发动机舱盖后，刮水控制系统的功能将被禁止。当打开发动机舱盖，且车速在 2～16km/h，刮水控制系统的功能同样被禁止，但当再次拨动刮水开关后，刮水控制系统的功能将被激活。当车速大于 16km/h 时，尽管发动机舱盖被打开，刮水控制系统的功能会保持工作状态不受影响，直至车速低于 2km/h 后，刮水控制系统的功能重新被禁止。车辆中央电器控制单元是在接收到发动机舱盖接触开关的信号及 ABS 控制单元的车速信号后控制刮水器电动机控制单元的。

4）服务或冬季位置。断开点火开关 20s 内，将刮水开关打到点动档（Tip）位置，这时刮水器将运动到最顶端位置并保持停止不动（图 7-25），此刻可以更换刮水片（刮水片正常停止位置是有部分隐藏在发动机舱盖内的）；在冬季还可以将刮水臂抬起，防止结冰。重新接通点火开关后，如果再次拨动刮水开关或车速大于 2km/h 时，刮水片将自动回位。当打开发动机舱盖后，此项功能将被禁止。

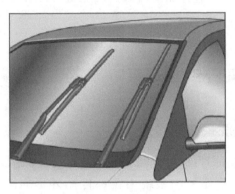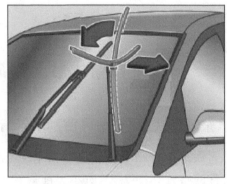

图 7-25 刮水器运动到最顶端位置并保持停止不动

5）雨量传感器可以控制刮水器的刮水速度。雨量传感器装于内后视镜底部，由发光二极管、光电二极管组成（图 7-26）。雨量传感器收到雨点大小信号，自动调节刮水器间歇档速度。雨量传感器通过发光二极管发射出一束光，若前风窗玻璃是干的话就全部反射回来，光量反射到光电二极管上，说明雨量小；前风窗玻璃是湿的话，则反射到光电二极管上的光弱，说明此刻雨量大。雨量传感器把此信号传递到刮水器电动机控制单元，雨量越大刮水器的刮水速度越快。

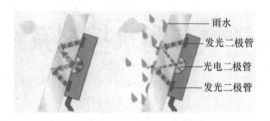

图 7-26 雨量传感器的组成

6）刮水器的刮水速度随车速变化控制。在刮水开关置于间歇档上时，刮水器的频率、速度是与车辆的行驶速度成正比的。

2. 刮水控制系统的检测

如果遇到刮水控制系统的功能缺失或工作不正常，可分为以下几个步骤检测：

1）用故障诊断仪读取故障码，如有故障码先按故障码检测。
2）检查供电及搭铁是否正常。
3）可用 VAS5051 的功能引导进入车辆电器控制单元的刮水控制系统，以确定是 J519

的前端还是后端的故障。

4）如果刮水控制系统能工作，可排除刮水器电动机控制单元及 J519 到 J400 的通信部分。重点检查信号输入部分，可在读取测量数据块内读取每个输入信号（包括刮水开关的档位、发动机舱盖接触开关等），如信号都正常则更换 J519。

5）如果做功能自诊断时刮水控制系统不能工作，则要重点检查 J519 以后的部分。包括 J400 及 J519 到 J400 的通信部分。检查时如果 J400 的供电及搭铁和至 J519 的 LIN 线都正常，可以用示波器检查 LIN 上的波形，如波形正常就换 J400，如波形不正常就换 J519。

> **技巧点拨**：现在很多车辆的某个功能都会用到一些附加信号，这点千万不可忽视，要引起重视。比如如果遇到速腾的刮水控制系统在车辆静止时不工作就要检查发动机舱盖接触开关；如果遇到新款宝来的刮水控制系统有时或一直没有间歇档就要检查发动机室舱接触开关的信号；又比如老款宝来在拔了钥匙打开车门后，还能用升降开关控制玻璃升降，就要检查车门闭锁开关等。

第二节 东风雪铁龙车系

一、东风雪铁龙 C5 前风窗刮水器清洗系统的作用

东风雪铁龙 C5 轿车前风窗刮水器系统电路原理图如图 7-27 所示。前风窗刮水器清洗系统主要部件的布置如图 7-28 所示，前风窗刮水器清洗系统主要部件的外形如图 7-29 ~ 图 7-31 所示。

1）雨水阳光传感器的作用：
① 检测有无雨水和雨量的大小。
② 检测车外光线的强弱。
③ 将雨水和阳光信号通过 CAN 车身网传递给智能控制盒（BSI），BSI 可根据该传感器的信号，控制刮水器电动机自动工作和前照灯自动点亮。

2）转向盘下转换模块的作用：
① 解读刮水器开关发送的自动刮扫、间歇刮扫、低速和高速刮扫、风窗玻璃和前照灯清洗的请求信号。
② 把刮水器开关的上述请求信号通过 CAN 车身网传递给智能控制盒（BSI）。

3）风窗玻璃清洗泵的作用：在发动机舱控制盒 PSF1 的控制下，向前风窗玻璃喷水，清洗前风窗玻璃。

4）前照灯清洗泵的作用：在发动机舱控制盒 PSF1 的控制下，向左、右前照灯灯罩表面喷水，清洗左、右前照灯灯罩表面上的灰尘、杂质等。

5）左、右刮水器电动机 ECU 的作用：
① 解读从发动机舱控制盒 PSF1 通过 LIN 网传送过来的刮水器的控制指令。
② 控制左、右刮水器电动机同步，并协调地进行自动刮扫、间歇刮扫、低速刮扫和高速刮扫。

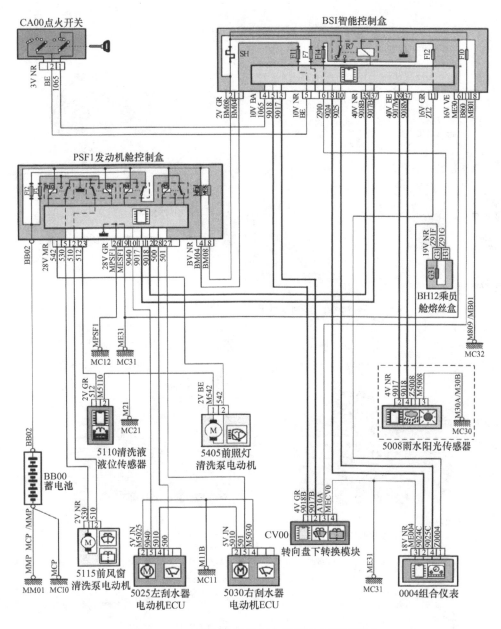

图 7-27 C5 轿车前风窗刮水器系统电路原理图

6）清洗液液位传感器的作用：检测清洗液液位的高低，当清洗液液位过低时，发出报警信号。

7）前照灯清洗喷嘴的作用：在近光灯或远光灯点亮和前风窗玻璃清洗时，将前照灯清洗泵输送过来的清洗液喷向左、右前照灯罩外表面，清洗灯罩外表面。前照灯清洗喷嘴是一个机械元件，其工作压力为 200kPa 以上，无电路连接。

技巧点拨：东风雪铁龙 C5 前风窗刮水器清洗系统的功能比较强大，可以完成刮水系统的各种常见功能。

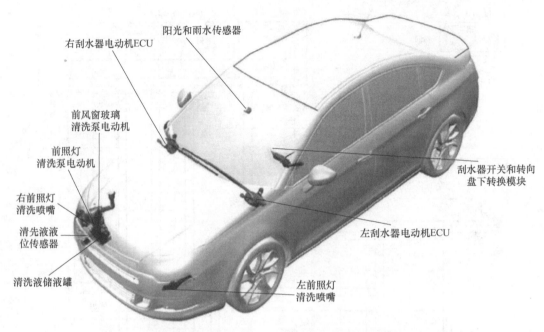

图7-28 前风窗刮水器清洗系统主要部件的布置

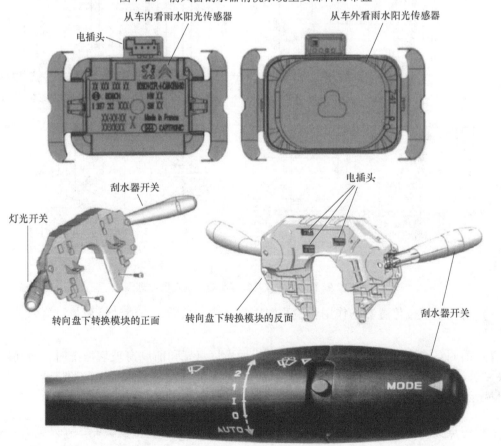

AUTO：点动兼自动档；0：关闭档；I：间隙档；1：低速档；2：高速档

图7-29 雨水阳光传感器、转向盘下转换模块和刮水器开关的外形

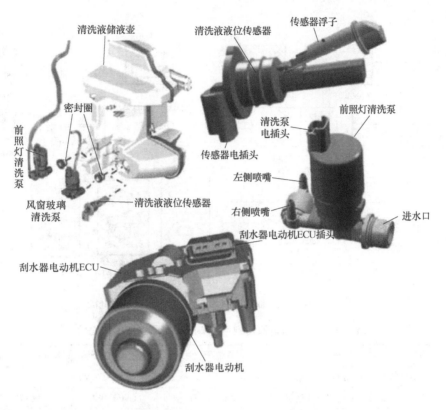

图 7-30 刮水器电动机 ECU、液位传感器、前照灯清洗泵等

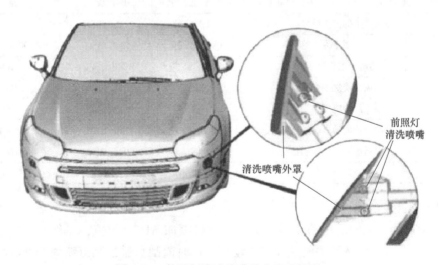

图 7-31 前照灯清洗喷嘴的布置和外形

二、东风雪铁龙 C5 前风窗刮水器清洗系统电路分析

经过对 C5 轿车前风窗刮水器系统电路原理图的分析,可将该系统的工作原理简化成图 7-32 所示的框图,对框图的说明见表 7-2。现根据图 7-27 和图 7-32 将前风窗刮水器清洗系统电路原理进行解读。

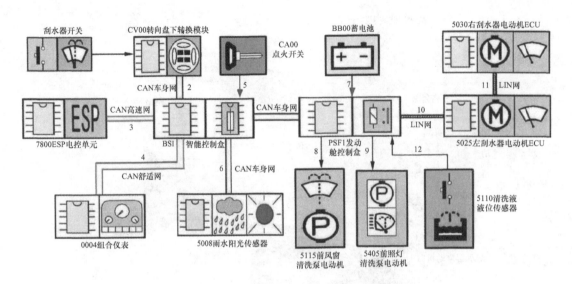

图7-32 C5轿车前风窗刮水器清洗系统的原理框图

表7-2 C5轿车前风窗刮水器清洗系统原理框图的说明

连接号	信 号	信号性质	发生器/接受器	电路图中对应的导线编号
1	刮水器开关的刮扫和清洗请求	开关信号	刮水器开关/CV00	无
2	刮水器开关的刮扫和清洗请求	CAN车身网信号	CV00/BSI	9017B、9018B
3	车速信息	CAN高速网信号	7800/BSI	9000、9001（图中未画出）
4	刮水器系统的自动刮扫和清洗液液位报警信息	CAN舒适网信号	BSI/0004	9024、9025
5	点火开关的点火信号	开关信号	CA00/BSI	1065
6	有无雨水和雨量大小信号	CAN车身网信号	5008/BSI	9017、9018
7	蓄电池的供电	模拟信号	BB00/PSF1	BB02
8	前风窗清洗指令	模拟信号	PSF1/5115	510、530
9	前照灯清洗指令	模拟信号	PSF1/5405	542
10	对左、右刮水器电动机的控制指令	LIN网信号	PSF1/5025	9040
11	对右刮水器电动机的控制指令	LIN网信号	5025/5030	5010
12	清洗液液位信号	开关信号	5110/PSF1	512

1. 刮水器开关的档位

1）将刮水器开关向后拨动一下（即从0位置扳向AUTO位置，见图7-29），松手后开关自动回位，进入刮水器开关的点动兼自动档，此时前刮水器在风窗玻璃上来回刮扫一次停在起始位置，同时组合仪表0004上提示自动刮水器启用，如图7-33所示。当前风窗刮水器清洗系统进入自动刮水器模式后，如雨水阳光传感器检测到前风窗玻璃上有雨水时，左、右刮水器电动机自动开始工作。下小雨时，左、右刮水器电动机自动慢速工作；下大雨时，左、右刮水器电动机自动快速工作。

2）将刮水器开关向前拨动到 I 位置，进入刮水器开关的间歇档，此时前刮水器按照以下循环工作：在风窗玻璃上来回刮扫一次→停几秒钟→在风窗玻璃上来回刮扫一次→停几秒钟。

3）将刮水器开关向前拨动到 1 位置，进入刮水器开关的低速档，此时前刮水器在风窗玻璃上来回低速刮扫。

4）将刮水器开关向前拨动到 2 位置，进入刮水器开关的高速档，此时前刮水器在风窗玻璃上来回高速刮扫。

2. 前刮水器电动机的控制

将点火开关 CA00 旋至点火档，点火开关将点火信号通过导线 1065 传递给智能控制盒 BSI，BSI 接收到点火信号后，则唤醒 CAN 高速网、CAN 车身网、CAN 舒适网、LIN 网进入工作状态，为在各电控单元之间

图 7-33　组合仪表上提示自动刮水器启用

传递信息作准备。当车载网络（注：这里指 CAN 网和 LIN 网）唤醒后，发动机舱控制盒 PSF1 控制内部的继电器 R5 通过导线 500 和 501 分别为左、右刮水器电动机 ECU 提供工作电源。刮水器开关通过内部的触点将请求控制前刮水器点动刮、间歇刮、低速刮、高速刮等信号传递给转向盘下转换模块 CV00，CV00 将这些请求信号通过 CAN 车身网线 9017B 和 9018B 传递给智能控制盒 BSI，BSI 则将控制前刮水器点动刮、间歇刮、低速刮、高速刮的指令通过 CAN 车身网线 9017B 和 9018B 传递给发动机舱控制盒 PSF1，PSF1 则通过 LIN 网线 9040 将 BSI 对前刮水器的控制指令传递给左刮水器电动机 ECU。在左、右刮水器电动机 ECU 构成的 LIN 网络中，左刮水器电动机 ECU 是主 ECU，右刮水器电动机 ECU 是从 ECU。左刮水器电动机 ECU 通过 LIN 网线接收从 PSFI 传递过来的前刮水器的控制指令后，一方面通过 LIN 网线 5010 将对前刮水器的控制指令传递给右刮水器电动机 ECU，另一方面它指挥并协调（注：因左、右刮水器电动机各自独立驱动一个刮水臂工作，如左、右刮水器电动机动作不能同步和协调，二者就会产生干涉碰撞）右刮水器电动机 ECU 共同实现对左、右刮水器电动机的点动兼自动、间歇、低速、高速等控制。

3. 前刮水器的回位控制

为了不使前刮水片停在前风窗玻璃的中间位置而影响驾驶人的视线，无论前刮水器工作到什么位置，当关闭刮水器开关后，前刮水器都应持续工作到它的起始位置才能停下来，这就叫刮水器的回位控制。为了实现回位控制，在左、右刮水器电动机 ECU 内置了一个回位位置传感器，通过东风雪铁龙的汽车专用诊断仪可检测到在刮水器电动机工作时该传感器的信号，如图 7-34 所示。左、右刮水器电动机 ECU 根据回位位置传感器的信号，可实现对左、右刮水器的回位控制。

4. 前风窗玻璃和前照灯的清洗控制

将刮水器开关向上抬起（放下后刮水器开关自动回位），刮水器开关通过内部的触点将请求控制前风窗清洗的信号传递给转向盘下转换模块 CV00；CV00 将这一请求信号通过 CAN 车身网线 9017B 和 9018B 传递给智能控制盒 BSI；BSI 则将控制前风窗清洗泵的指令通过 CAN 车身网线 9017B 和 9018B 传递给发动机舱控制盒 PSF1；PSF1 再通过内部继电器 R9 和 R10 控制清洗泵电动机 5115 工作；在电动机 5115 的驱动下，前风窗玻璃清洗泵向前风窗

玻璃喷水。同时，PSF1 还通过 LIN 网线 9040 将清洗前风窗的指令传递给左刮水器电动机 ECU，于是在左刮水器电动机 ECU 的指挥下，左、右刮水器电动机驱动左、右刮水片来回刮扫三次。

在前风窗玻璃清洗泵电动机工作时，如通过车灯开关接通近光灯或远光灯，车灯开关通过内部触点将点亮近光灯或远光灯的请求传递给 CV00；CV00 将这一请求信号通过 CAN 车身网线 9017B 和 9018B 传递给 BSI，BSI 则将控制前照灯清洗泵工作的指令通过 CAN 车身

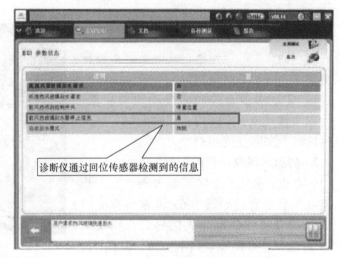

图 7-34　回位传感器传递的刮水器回位信息

网线 9017B 和 9018B 传递给发动机舱控制盒 PSF1，PSF1 再通过内部继电器 R11（原理图中未画出）和导线 542 控制前照灯清洗泵电动机 5405 工作。

5. 清洗液液位过低时的报警

清洗液液位传感器检测清洗液液位的高低，当前风窗玻璃清洗泵电动机工作时，如清洗液液位不足时，传感器将报警信号（低电位搭铁信号）通过导线 512 传递给 PSF1；PSF1 通过 CAN 车身网线 9017 和 9018 传递给 BSI，BSI 通过 CAN 舒适网线 9024 和 9025 传递给组合仪表 0004；0004 在仪表盘中显示"风窗洗涤液不足"，提示驾驶人添加风窗玻璃清洗液。

6. 其他功能

1）热保护功能。有时由于刮水器刮片老化、风窗玻璃脏污且无水等原因，刮水器在玻璃上刮扫时运行阻力很大，甚至刮水器被卡住不能运行；刮水器电动机因工作电流增大，而发热量增大。为了防止刮水器电动机过热烧损，在刮水器工作时，左、右刮水器电动机 ECU 始终监测回位位置传感器的信号（注：刮水器正常工作时，刮水片在风窗玻璃上每来回刮扫一次，回位位置传感器就发送一个回位信号）。如果左或右刮水器电动机 ECU 长时间收不到传感器的回位信号，就说明左或右刮水器运行受阻，此时左、右刮水器电动机 ECU 会同时切断左、右刮水器电动机的供电，实现左、右刮水器电动机的热保护功能。

2）根据车速自动调整前刮水器速度。为了使驾驶人集中注意力专心开车和将前风窗玻璃上的雨水刮扫干净，ESP 电控单元 7800 将车速信号通过 CAN 高速网线 9000、9001 传递给智能控制盒 BSI，BSI 通过回位位置传感器传递的回位信号检测前刮水器的运行速度。当车速提高或降低时，BSI 将车速信息通过 CAN 车身网线 9017B 和 9018B 通知发动机舱控制盒 PSF1，PSF1 则通过 LIN 网线 9040 通知左刮水器电动机 ECU，由左、右刮水器电动机 ECU 根据车速信息控制，将左、右刮水器的刮扫速度自动调高或调低一个级别。

3）降级运行功能。当转向盘下转换模块 CV00 与智能控制盒 BSI 之间的 CAN 车身网线 9017B 和 9018B 都断路后，刮水器开关发出的所有刮扫和清洗请求信号 BSI 就无法收到了（这时灯光开关发出的信号 BSI 也收不到了）。此时前风窗刮水器清洗系统从最坏的角度设想，车辆仍需要行驶，且天黑在下雨，于是当发动机运行时，左、右刮水器电动机 ECU 控

制左、右刮水器自动间歇运行，且自动点亮近光灯，以保证驾驶人仍有较好的视线，驾驶车辆安全回家。这就是前风窗刮水器清洗系统的降级运行功能。

> **技巧点拨**：东风雪铁龙C5前风窗刮水器清洗系统的辅助功能包括热保护功能、降级运行功能以及可以根据车速自动调整前刮水器速度的功能。

三、东风雪铁龙 C5 前风窗刮水器清洗系统典型故障诊断

C5轿车的前风窗玻璃刮水器清洗系统典型故障见表7-3。

表7-3 C5轿车前风窗玻璃刮水器清洗系统典型故障

故障点	故障现象	故障说明
CV00上CAN车身网线9017B、9018B都断路	刮水器和灯光开关失效，接通点火开关点火档后，左、右刮水器自动工作并在风窗玻璃上间歇刮扫	这是前风窗刮水器清洗系统的一种降级运行模式，目的是提供一定的视线，使驾驶人能够驾驶车辆安全回家
BSI至PSF1之间的CAN车身网线9017B、9018B都断路	同上	同上
PSF1为5025左刮水器电动机ECU的供电线500断路	无论接通刮水器开关的哪个档位，左、右雨刮器都不工作	左刮水器电动机ECU因无供电不工作，同时它也不把BSI对刮水器的控制指令传递给右刮水器电动机ECU
PSF1为右刮水器电动机ECU供电的导线501断路	无论接通刮水器开关的哪个档位，右刮水器都不工作，左刮水器只在风窗玻璃左边的小范围内低速刮扫	右刮水器电动机ECU因无供电不工作，左刮水器电动机ECU不知道右刮水器的位置，为防止干涉，左刮水器在小范围刮扫
左刮水器电动机ECU为右刮水器电动机ECU传递指令的LIN网线5010断路	同上	右刮水器电动机ECU因不能从LIN网线5010上获得刮水器的控制指令而不工作，为防止干涉，左刮水器在小范围刮扫
PSF1向左刮水器电动机ECU传递刮水器控制令的LIN网线9040断路	接通点火开关的点火档后，左、右雨刮器自动工作，且在风窗玻璃上间歇刮扫	LIN网线9040断路后，无论刮水器开关发出什么档位的刮扫请求，左、右刮水器电动机ECU都接受不到刮水器的控制指令，此时刮水器系统为了提供一定的驾驶视线，同时也为了提示驾驶人刮水器系统有故障，于是控制左、右刮水器在风窗玻璃上间歇刮扫
清洗液液位传感器上的导线512搭铁	尽管清洗液液位在报警液位之上，只要将刮水器开关扳到风窗玻璃清洗档，组合仪表0004上就显示警告信息	当清洗液液位不足时，液位传感器就通过导线512传递给PSF1一个搭铁信号，此时组合仪表上就显示"风窗洗涤液不足"的警告信息
5405前照灯清洗泵上的导线542断路	接通前照灯开关的近光灯或远光灯档，同时将刮水器开关扳到风窗玻璃清洗档，前照灯清洗泵不工作	导线542断路后，前照灯清洗泵因供电电路被切断而不工作

第三节　典型刮水系统实用维修技能与技巧

一、宝马 X1 后窗刮水器工作异常

故障现象　一辆 2014 年宝马 X1（E84），行驶里程 50000km。车主反映车辆的后窗刮水器工作异常，只要开前照灯开关并且按下后雾灯开关，后窗刮水器就自动工作。

故障诊断　接车后首先验证用户反映的故障现象，打开前照灯 2 档并按下后雾灯开关时，后窗刮水器自动工作，后雾灯的亮度根据后刮水器的摆动有周期性的变化。连接 ISID 进行诊断检测，读取和故障现象相关的故障存储如下：①00A6CD‐JBE—后窗刮水器卡住；②00A8BF‐FRM—左侧后雾灯/两级制动信号灯损坏；③00A8C0‐FRM—右侧后雾灯/两级制动信号灯损坏；④00A8BF‐FRM—后雾灯/两级制动信号灯损坏。

根据故障码和故障现象初步判定为线路故障，可能的原因如下：①后雾灯正极线与后刮水器电动机线存在短路；②后雾灯与后刮水器搭铁出现问题（需确认是否同一搭铁）；③JBE 内部故障刮水器、风窗玻璃清洗泵和前照灯清洗装置的泵由接线盒电子装置（JBE）控制单元控制。刮水器开关与转向柱开关中心（SZL）连接。开关状态通过 F‐CAN 发送至 DSC 控制单元，然后由 DSC 控制单元通过 PT‐CAN 发送至 JBE 控制单元。在自动运行模式下，雨天/行车灯传感器（RLS）记录降雨强度，它将数据通过 LIN 总线发送至车顶功能中心（FZD），然后 FZD 将降雨强度通过 K‐CAN 发送至 JBE。

下列刮水器/清洗装置的继电器安装在前部配电器中：①刮水器继电器 K36（可单独更新，未安装在车型系列 E7x 中）；②刮水器继电器/刮水器档位 1/2 转换继电器 K37（不可单独更新）；③后窗刮水器继电器 K91（可单独更新）；④前照灯清洗装置继电器 K6（生产日期在 2007 年 3 月之前可单独更新）。

后窗刮水器控制电路图如图 7-35 所示。其车身接地的点是共用节点 X494，如图 7-36 所示，包括尾灯、抗干扰滤波器、行李舱插座等。测量刮水器电动机的负极线与搭铁点的阻值为无穷大，测量后雾灯负极线与搭铁点的电阻值为无穷大，由此可以初步确定故障原因。拆解维修发现 ISTA 给出的搭铁点位置存在误差，实际查找搭铁点在 C 柱上部，如图 7-37 所示。

故障排除　紧固螺钉后，反复验证刮水器电动机、后雾灯，工作恢复正常，故障排除。

> **技巧点拨**：这是一起因搭铁不良而造成的故障，这类故障的典型现象就是打开这个用电器，但却会使其他用电器工作，诊断这类故障的快捷方法就是检查它们的共同搭铁点。

二、2013 款奔驰 GLK300 后刮水器持续工作

故障现象　一辆 2013 款奔驰 GLK300，搭载 M272 V6 自然吸气发动机，配有后风窗玻璃清洗系统，因后刮水器持续工作无法关闭而进店维修。

故障诊断　接车后试车验证故障，接通点火开关，接通后刮水器开关，后刮水器开始工作，然而关闭后刮水器开关后，后刮水器仍然持续工作，只有断开点火开关才能使后刮水器停止工作；再次接通点火开关后，一切就会恢复正常。经过反复测试，确认每次使用后刮水

第七章 刮水系统实用维修技能与技巧

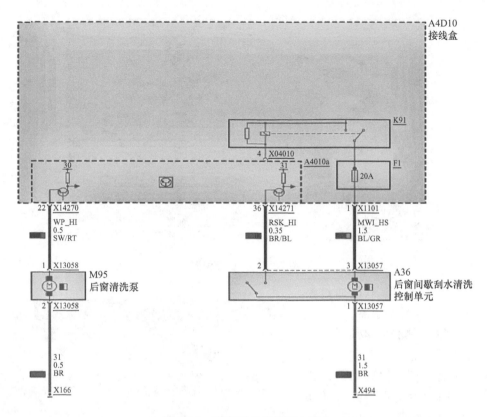

图 7-35 后窗刮水器控制电路 1

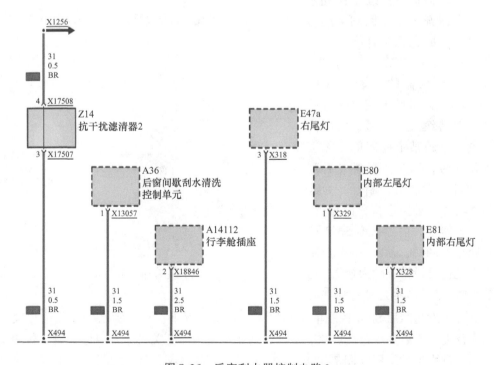

图 7-36 后窗刮水器控制电路 2

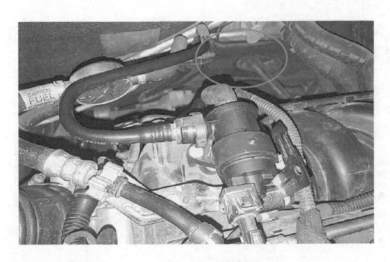

图 7-37　搭铁点位置

器后，就无法关闭了，只能通过断开点火开关来关闭后刮水器。

连接故障检测仪读取故障码，无相关故障码存储；读取后刮水器开关位置的实际值，发现当后刮水器持续工作时，后刮水器开关的实际值显示为“未操纵”（图 7-38），由此可知，后刮水器持续工作并不是因后刮水器开关无法回到关闭位置而引起的。那究竟是什么原因导致后刮水器开启后就无法关闭了呢？

S4（组合开关）
实际值

编号	姓名	实际值	标准值
695	S4s1 （转向信号灯开关）	未操纵	
319	S4s2（大灯闪光灯和远光灯开关）	未操纵	
646	S4s4 （车窗玻璃清洗装置开关）	未操纵	
890	S4s5 （雨刮器开关）	未操纵	
595	后车窗雨刮器	未操纵	

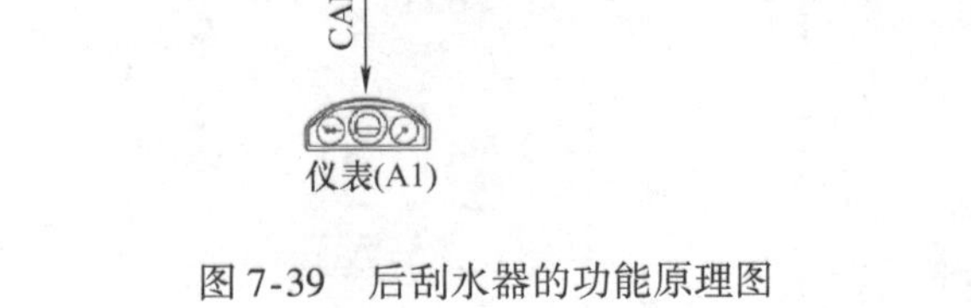

图 7-38　后刮水器开关的实际值显示为“未操纵”

查看后刮水器的功能原理图（图 7-39），判断故障原因可能有后刮水器开关持续发出信号、信号传递过程中经过的某个控制单元无法处理关闭信号，以及执行器（后刮水器电动机）无法自行断开。为此可以利用功能原理图进行分段排查。由于后刮水器开关信号在前 SAM 控制单元处分为两路，从前 SAM 控制单元入手进行分段排查较为合适。

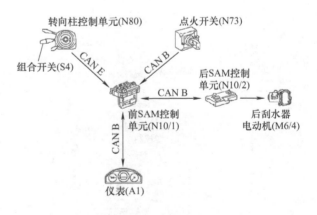

图 7-39　后刮水器的功能原理图

前 SAM 控制单元会将后刮水器开关信号分别发送给后 SAM 控制单元和仪表。正常情况下，当后刮水器开关位于关闭位置时，仪表盘上应无后刮水器开启状态显示；而当后刮水器开关位于开启位置时，仪表盘上会高亮显示后刮水器的图标（图 7-40），因此可以通过观察仪表盘，判断后刮水器开关信号的传递情况。

操作后刮水器开关，发现当后刮水器开关处于接通状态时，仪表盘上能够高亮显示后刮水器的图标；当断开后刮水器开关时，仪表盘上后刮水器的图标熄灭。由此可知，前 SAM 控制单元能够将正确的信号传递给仪表，这表示在整个信号传递路线上位于前 SAM 控制单元之前的控制单元都正确传递了信号。由此可以确定组合开关、转向柱控制单元及前 SAM 控制单元是正常的，故障点应该在后 SAM 控制单元、后刮水器电动机及相关线路上。

图 7-40　仪表盘上高亮显示后刮水器的图标

查看后刮水器电路（图 7-41），后刮水器电动机有 3 根线，分别是供电、搭铁和信号线。既然后刮水器可以通过断开点火开关来停止其工作，且再次接通点火开关后，后刮水器不会自动持续工作，那么可以排除后刮水器电动机线路存在短路或断路等情况。因此只需要排查后 SAM 控制单元和后刮水器电动机即可。

结合电路图分析可知，在后刮水器持续工作时，维修人员只需人为断开刮水器电动机的控制线路（后刮水器电动机导线插接器端子 2）即可判定故障点。断开控制线路后，如果后刮水器停止工作，说明后 SAM 控制单元有问题；如果后刮水器依然持续工作，则说明后刮水器电动机有问题，无法自行停止。

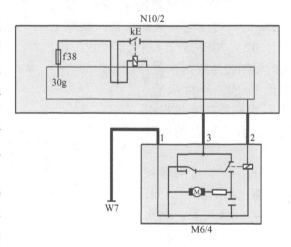

图 7-41　后刮水器电路
f38—熔丝　M6/4—后刮水器电动机　kE—继电器　W7—搭铁点

于是维修人员断开刮水器电动机的控制线路，发现后刮水器依然持续工作，由此可以判定故障点为后刮水器电动机。

故障排除　更换后刮水器电动机后试车，故障排除。

> **技巧点拨**：了解掌握后刮水器的工作过程如下：组合开关（S4）将后刮水器开关信号传递给转向柱控制单元（N80），接着 N80 将信号通过底盘控制器区域网络（CAN E）发送给前 SAM 控制单元（N10/1），再由 N10/1 将信号通过车内控制器区域网络（CAN B）发送给后 SAM 控制单元（N10/2），由 N10/2 直接控制后刮水器电动机（M6/4）工作；与此同时 N10/1 还将此信号通过 CAN B 发送给仪表（A1），A1 再将后刮水器开启状态显示在仪表盘上。

三、沃尔沃 XC90 刮水器自动工作

故障现象 一辆 2005 年产沃尔沃 XC90，搭载 2.9T 发动机，行驶里程 22 万 km。车主反映，只要接通点火开关，刮水器就会自动工作。

故障诊断 接车后试车，接通点火开关，发现刮水器确实会自动工作，偶尔会停止一会儿，且停止位置不固定，然后继续工作。尝试拨动刮水器开关，发现刮水器不受控制。打开发动机舱盖检查，发现在刮水器自动工作时，发动机舱熔丝盒中的一个继电器（图 7-42）会发出"嗒嗒"声。查看发动机舱熔丝盒盖上的熔丝及继电器说明，得知发出"嗒嗒"声的继电器为刮水器间歇继电器（ST2）。拔下 ST2，刮水器停止工作，由此可知，导致刮水器自动工作的直接原因是 ST2 异常吸合。那么接下来只要找出引起 ST2 异常吸合的原因即可。

图 7-42 发出"嗒嗒"声的继电器

分析该车刮水器控制电路（图 7-43）可知，操作刮水器开关，刮水器开关信号传递至转向盘模块（SWM），然后 SWM 通过 LIN 通信将刮水器开关信号传递至中央电子模块（CEM），最后由 CEM 通过控制 ST2 和刮水器高/低速继电器（ST1）的工作状态，以使刮水器电动机按照刮水器开关信号工作。CEM 通过导线插接器 C 端子 3 控制 ST1，通过导线插接器 C 端子 4 控制 ST2，通过导线插接器 C 端子 31 接收刮水器电动机回位信号。当 ST2 吸合时，刮水器电动机低速运转，供电电路为：蓄电池正极→熔丝 11B/7→ST2 端子 87→ST2 端子 30→ST1 端子 30→ST1 端子 87a→刮水器电动机端子 4→刮水器电动机端子 2→搭铁点 31/93。当 ST1 和

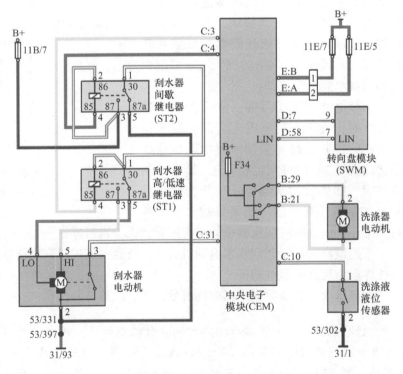

图 7-43 刮水器控制电路

ST2 同时吸合时，刮水器电动机高速运转，供电电路为：蓄电池正极→熔丝 11B/7→ST2 端子 87→ST2 端子 30→ST1 端子 30→ST1 端子 87→刮水器电动机端子 5→刮水器电动机端子 2→搭铁点 31/93。将刮水器开关置于 OFF 位时，CEM 将继续控制 ST2 吸合，直到刮水器电动机回到设定位置，此时刮水器电动机内部的回位开关与搭铁相通。若 CEM 间歇控制 ST2 吸合，则刮水器电动机低速间歇运转。CEM 在接收到来自 SWM 的洗涤档请求信号时，通过接通其内部开关使洗涤器电动机工作。

由于故障只在点火开关接通后才会出现，可以排除 ST2 内部触点对电源短路及 ST2 控制线路对搭铁短路的可能，即 ST2 异常吸合是由 CEM 主动控制的。结合该车刮水器控制原理分析，推断引起 ST2 异常吸合的可能原因是 CEM 接收了错误的刮水器开关信号或刮水器电动机未回位信号，或者是 CEM 损坏。

用故障检测仪检测，由于不是专用故障检测仪，虽然能检测到 SWM（读取 SWM 数据流可查看刮水器开关信号）和 CEM（CEM 为刮水器控制系统的主控单元，读取相关故障码可缩小故障范围），但是均无法进行通信。尝试进入发动机控制模块（ECM），也无法通信，而该车发动机工作正常，由此判断所使用的故障检测仪无法对该车进行检测。

在驾驶人侧仪表板下方找到 CEM（图 7-44），依次脱开其背面的导线插接器，导线插接器均连接可靠，且无进水腐蚀等异常现象。除了导线插接器 C（图 7-45），装复其他导线插接器；将试灯一端接蓄电池正极，一端接导线插接器 C 端子 4 对应的 CEM 端子（图 7-46）；接通点火开关，试灯时而点亮，时而熄灭，且间隔时间无规律，说明 CEM 确实在主动控制 ST2 偶尔吸合。试着将导线插接器 C 端子 31 对应的 CEM 端子搭铁（模拟刮水器电动机回位信号），发现试灯依旧时而点亮，时而熄灭，说明故障与刮水器电动机回位信号无关；接着脱开导线插接器 D（上面连接有 LIN 线及 CAN 线，CAN 线为双绞线，容易识别），试灯还是时而点亮，时而熄灭，由此排除 CEM 通信异常引起该故障的可能。诊断至此，判断 CEM 损坏。

图 7-44　CEM 的安装位置

图 7-45　CEM 导线插接器

故障排除　更换 CEM 后试车，接通点火开关后刮水器不再自动工作，且操作刮水器开关，各档位均工作正常，故障排除。

技巧点拨：沃尔沃的 CEM（Central Electronic System，中央电子模块组）是汽车的中央控制模块，相当于人的大脑，它同时也起到网关的作用。

四、名爵5轿车后刮水器电动机不工作

故障现象 一辆2012产名爵5轿车,搭载1.5T发动机,行驶里程5万km。车主反映,后刮水器不工作。

故障诊断 接车后,维修人员陪同车主试车验证故障,接通点火开关起动发动机,发动机顺利起动,接通后刮水器开关,后刮水器不工作;接通程控式后洗涤/刮水器开关,洗涤正常,刮水器仍不工作,故障现象属实。查阅该车

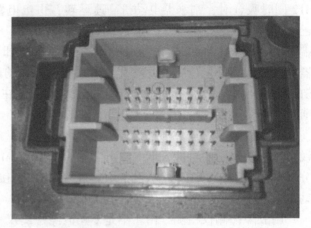

图7-46 导线插接器C对应的CEM端子

的维修记录,车身后部有过1次钣金事故维修。用故障检测仪检测,车身控制单元里存储了故障码"B1107—后刮水器停止开关执行器卡滞",记录并尝试清除故障码,故障码可以清除。断开点火开关,重新起动发动机,接通后刮水器开关,故障码再次存储。读取刮水器系统相关数据流,发现后刮水器选择开关和后刮水器允许继电器均显示为"打开"。根据上述的检查结果,结合该车故障现象进行分析,判断故障原因可能是后刮水器电动机故障、BCM故障和线路故障。

本着由简到繁的诊断思路对上述可疑的故障点进行排查,根据后刮水器相关电路(图7-47),维修人员首先拆卸行李舱盖饰板,断开后刮水器电动机导线插接器BD087,接通点火开关和后刮水器开关,用万用表测量后刮水器的供电,即导线插接器BD087端子3的电压,为0V,正常应为蓄电池电压,说明后刮水器的供电异常。进一步检查熔丝EF33,熔丝正常。拆卸行李舱右侧饰板,找到后刮水器继电器(图7-48),接通点火开关和后刮水器开关,刮水器开关有吸合声;断开点火开关,测量后刮水器继电器导线插接器

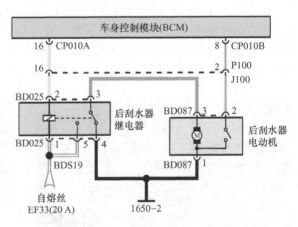

图7-47 后刮水器相关电路

BD025端子3与后刮水器电动机导线连插接器端子3之间的导通情况,导通良好,无断路,排除线路故障的可能。

难道是后刮水器继电器内部触点有故障?带着这个疑问,维修人员从同款试乘试驾车上拆下后刮水器继电器,安装到故障车上试车,后刮水器仍然不工作。再次断开后刮水器电动机导线插接器BD087,测量导线插接器BD087端子3的电压,为蓄电池电压,说明此时后刮水器的供电恢复正常。测量后刮水器电动机导线插接器BD087的端子1和搭铁之间的导通情况,发现有电阻,电阻在65~104Ω范围内波动,正常值应低于1Ω。维修人员找到1650-2搭铁点(图7-49),发现搭铁点固定螺栓居然未拧紧,致使搭铁点表面已经烧蚀并

覆盖了一层氧化膜。推测之前在做钣金事故维修时，拆卸过该搭铁点的固定螺栓，装配时忘记拧紧。

图 7-48　后刮水器继电器

图 7-49　1650-2 搭铁点

故障排除　更换后刮水器继电器，用细砂纸认真打磨处理 1650-2 搭铁点表面，重新拧紧搭铁点的固定螺栓，后刮水器电动机刮水功能恢复正常，故障彻底排除。

> **技巧点拨**：这是一起在事故维修中没有拧紧搭铁线所造成的故障，作为维修人员，工作时要做到细心、细致、一丝不苟，否则会给维修车辆带来新的问题，同时也会给维修工作带来麻烦，这是作为维修人员基本的工作态度。

五、雷克萨斯 ES240 刮水器间歇性不工作

故障现象　一辆雷克萨斯 ES240 轿车，配置 2AZ 型发动机，行驶里程 25 万 km。车主到店反映刮水器间歇性不工作，只有高速档位，没有低速和间隙档位，但是洗涤器操作一切正常，要求对车辆进行检查。

故障诊断　接车后起动车辆，发现刮水器恢复正常，随意怎么操作都无任何故障现象。于是和车主沟通，得知故障并不是一直存在，有的时候就是好的，长时间使用都无任何问题；而一旦故障出现，就会一直存在故障。并且车主告知，在车辆停放较长一段时间后，故障就会出现。于是将车辆熄火，停放一段时间后，故障再次出现，刮水器只有高速档。怀疑故障部位：刮水器电动机、刮水器开关、线路及刮水器继电器。

首先判断是否为刮水器开关的问题，将刮水器开关拆下来使用万用表进行测量。其电路如图 7-50 所示。

将开关调节至 HI 位置，用万用表测量 E28 的 2 号端子 +B 与 4 号端子 +2 之间的电阻为 0.2Ω；将开关分别置于 MIST 以及 LO 档位，测量 3 号端子 +1 与 2 号端子 +B 之间的电阻为 0.2Ω；接着将开关置于 OFF 档位，测量 3 号端子 +1 与 1 号端子 +S 之间的电阻为 0.2Ω；将开关置于 AUTO 档，测量 9 号端子 AUTO 和 10 号端子 E 之间的电阻为 0.2Ω。接着测量 7 号端子 VR1 与 8 号接档刮水器电动机插头的电压，来判断是否是电动机故障，如图 7-51 所示。

故障排除　拔下插头 A50，检查 2 号端子 B 与 4 号端子之间的电压为 12V；测量 4 号端子与搭铁的电阻为 0.6Ω，说明刮水器电动机的供电和搭铁是良好的。接着将刮水器开关调

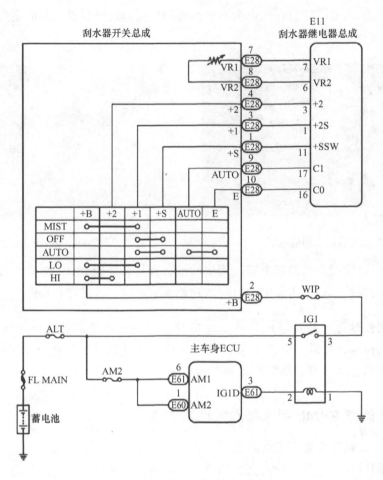

图 7-50　电路图 1

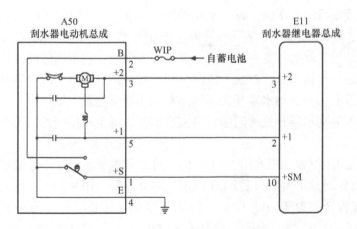

图 7-51　电路图 2

至低速档，测量 5 号端子 +1 与 4 号端子 E 之间的电压为 12V，说明供电是良好的，而刮水器电动机未动作，故判断是刮水器电动机损坏，替换一个新的刮水器电动机后故障排除。

技巧点拨：刮水器的结构如图7-52所示。刮水器电动机使用永久铁氧体磁铁电机，刮水器电动机包括电动机本身的传动装置。传动装置对电动机输出减速，刮水器电动机用三种电刷：低速电刷、高速电刷和普通电刷（供接地）。在减速部分有一凸轮开关，因此刮水器将每次停在同样的位置。切换电动机转速，当电动机旋转时，在电枢线圈中产生一反电动势，它起限制电动机旋转的作用。在低速运行时，当电流从低速电刷流入电枢线圈，产生大的电动势，结果是电动机以低速旋转。高速运行时，当电流从高速电刷流入电枢线圈，产生小的反电动势，结果是电动机以高速旋转。

将电刷拆下来后，发现低速电刷和高速电刷都存在一定的磨损，才导致刮水器电动机不能正常工作。

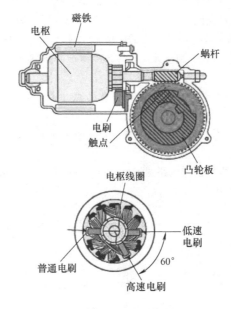

图7-52 刮水器结构

参 考 文 献

[1] 刘春晖. 汽车电工入门必会技能200问 [M]. 北京：机械工业出版社，2014.
[2] 刘春晖，薛金燕. 汽车电工维修快速入门60天 [M]. 2版. 北京：机械工业出版社，2014.
[3] 李明诚，鲍迪. 汽车维修经验与技巧集锦 [M]. 北京：机械工业出版社. 2010.
[4] 李明诚. 最常用汽车检修操作与设置技巧 [M]. 北京：机械工业出版社. 2014.
[5] 嵇伟. 汽车故障诊断与典型案例分析 [M]. 北京：机械工业出版社. 2011.
[6] 李明诚. 空调压缩机的控制原理及维修要点 [J]. 汽车维修与保养，2012（5）：64-66.
[7] 宋波舰. 东风雪铁龙C5各电控系统电路图解析（六）——自动空调系统电路 [J]. 汽车维修与保养，2015（6）：98-101.
[8] 徐宗炯. 专家解读2010款捷达空调电路 [J]. 汽车维修与保养，2011（7）：61-66.
[9] 田林波. 东风雪铁龙世嘉自动空调电路分析 [J]. 汽车维修技师，2015（7）：129-130.
[10] 杨增雨. "逐点电压法"在汽车电路检查中的应用 [J]. 汽车维修与保养，2015（7）：44-46.
[11] 金亚峰. 奥迪车蓄电池监控装置控制单元工作原理及其故障排除 [J]. 汽车维护与修理，2015（2）：79-80.
[12] 杨忠颇，高惠民. 浅析新一代汽车充电系统的变化特点（上）[J]. 汽车维修与保养，2014（10）：66-68.
[13] 杨忠颇，高惠民. 浅析新一代汽车充电系统的变化特点（下）[J]. 汽车维修与保养，2014（12）：56-58.
[14] 宋波舰. 东风雪铁龙C5各电控系统电路图解析（四）——前风窗刮水器清洗系统电路 [J]. 汽车维修与保养，2015（2）：104-107.